1

空から見る葛西

撮　影/㈲東洋航空写真社
撮影日/2017年 12月28日

3

東京近郊路線図

凡例（路線）：新幹線、総武線、中央本線、中央快速、京浜東北（根岸）線、横須賀線・総武線快速（湘南新宿ライン）、山手線、鶴見線、横浜線、武蔵野線、京葉線、常磐線、南武線、宇都宮線（東北線）、高崎線・湘南新宿ライン、東西線、半蔵門線、北総線、都営浅草線、都営三田線、都営大江戸線、つくばエクスプレス、横浜市営地下鉄、私鉄、私鉄モノレール、副都心線、日暮里・舎人ライナー、成田スカイアクセス

上野東京ライン
①高崎線・宇都宮線（東北線）ー上野ー東京ー東海道線に乗り入れ
②常磐線ー上野ー東京ー新橋ー品川止まり

を経由し北関東各県と
予定されており、江東区は独自調査を進めている。2030年代の開業を目指す。

CONTENTS

葛西カタログ2022-2023

10 〈グルメ特集〉
おうち時間が楽しくなる
地元でテイクアウトグルメ

12 KASAI穴場グルメ

13 鶴岡市東京事務所

14 新川お散歩

16 葛西臨海公園

18 行船公園

20 公園＆バスMAP付き
KASAIの公園へ行こう

33 地下鉄博物館

34 ドクターの横顔／頼れる街の専門医

35 「整骨院」でからだメンテナンス

36 お花見

38 年間イベントカレンダー

44 葛西ストリート案内

46 東京ディズニーリゾート

航空写真 02　　葛西マップ 04　　東京近郊路線図 06

項目別INDEX 50

56　葛西はこんな街

58　葛西の寺院・神社

61　公共機関〈公共施設・交通機関・教育機関〉
　　江戸川区児童相談所はあとポート 64

72　子ども食堂

73　子育てお役立ち情報

83　健　康〈病院・医院・接骨整骨・薬局・介護〉

112　熟年者を支えるサービス

123　おしゃれ〈美容室・エステ・ファッション etc.〉

132　タワーホール船堀

133　グルメ〈テイクアウト・宅配・外食・食品〉

146　健康サポートセンター

147　住まい〈ライフライン・リフォーム・不動産 etc.〉

154　江戸川区のがん検診

155　くらし〈ショッピング・専門家に相談する・葬祭 etc.〉

168　区民健康施設

169　趣味・ペット・車

180　駐輪場&レンタサイクル

181　塾・習い事・スポーツ

191　江戸川総合人生大学

192　スポーツ施設

198　葛西区民館／葛西事務所

199　コミュニティ〈公共団体・ボランティア・サークル〉

200　コミュニティ会館／新川さくら館／図書館
　　ボランティアセンター 209

216　葛西の歴史

224　電車時刻表／バス時刻表

237　ごみの出し方

240　コインパーキング

244　非常持ち出し品チェック表

協賛店一覧　243

かさいnews

63　江戸川区がLINE公式アカウント開設

SDGs

67　「SDGsラッピングバス」がお披露目

68　「ともに、生きる。江戸川区プロジェクト!」
　　を本格始動

162　SDGs推進月間
　　「SDGs Month in EDOGAWA」

para Sports

189　全国初
　　「東京パラリンピック22競技"できる"宣言」

スポット

153　山形県鶴岡市と友好都市盟約40周年

174　鶴岡市の森林組合から
　　「庄内あつみ杉」のステップシャワースタンド

178　『魔女の宅急便』をモチーフにした
　　デザインマンホールカードを配布

212　「みんなの田んぼ」で田植え体験

おうち時間 が楽しくなる
ティクアウトグルメ

地元で

気軽にお店に行って、おうちでご飯を楽しむ。最高の時間に花を添える、あなただけの「ジモトグルメ」を探してみて。

銀座に志かわ　葛西店

通常の天然水よりもpH値の高い「アルカリイオン水」を仕込み水に使用。絹のようにしっとりとした耳、淡雪のような口どけのほんのりとした甘さが特徴「高級食パン」が人気。2022年2月より、希少価値が高い朱鞠（しゅまり）小豆を使用した粒あんをたっぷりと練りこんだ「水にこだわる高級あん食パン」を発売。生で食べるも良し、トーストにすれば全く異なる味わいが楽しめる。お世話になっている方へのギフトや、自分へのご褒美にいかが？

唯一無二の食パンをお楽しみください

🏠 中葛西3-18-10-1F
☎ 03-6663-8088
🕐 10:00〜18:00（売り切れ次第終了）
休 不定休

↑「水にこだわる高級食パン」
まずは何も付けずにどうぞ

小池寿司食堂　葛西市場

ボリューム満点 手づくり市場メシ！

市場の職員や近隣に勤める従業員で賑わう「小池寿司食堂」。お店すぐそばの駐車場は一般の人も利用可能なので、車で気軽に来店できる。お持ち帰りの定食はもちろん、UberEatsでお弁当・お惣菜の注文もOK。スタミナ満点、パワー溢れる「市場メシ」をご堪能あれ。

🏠 臨海町3-4-1葛西市場管理棟1F
☎ 03-3878-2033
🕐 7:00〜15:00
休 日曜・祝日（水曜休日の場合あり）

朝7時より営業！

シフォンケーキ工房
花笑みしふぉん

素材の味にこだわったやさしい風味でお子さんのおやつにも安心。1カット220円〜 250円（税込）、1ホール1,800円（税込）でテイクアウトOK（※ホールは2日前までの予約要）。季節に合ったシフォンケーキは合計10種類以上。その中から毎日10種類のフレーバーが店頭に並ぶ。お店での飲食も可能。家でもお店でもホッとしたひと時をどうぞ。

- 所 中葛西8-11-7-1F
- 電 ☎050-3393-3838
- 時 10:00〜21:00（水・木・金は11:00〜）
- 休 月曜・火曜

ふわっふわでぷるっぷる！日替わり〝10種超え〟のフレーバーで毎日楽しめます♪

←午後のティータイムに

まいもん

好きな料理を選んで詰め合わせるオーダー弁当（要予約）に、手作りのお惣菜・お弁当などでお客さまをおもてなし。お惣菜単品の販売もしている、夕食のプラス1品などにもおすすめ！

- 所 中葛西4-7-1-1F
- 電 ☎03-6663-9720
- 時 月〜金曜11:00〜19:00
    土曜11:00〜18:00
- 休 日曜・祝日

ボリュームたくさんのお弁当、パーティー用のオードブル注文もOK!

好きなおかずを選んで→
自分だけのオードブル!

葛西橋
東西線
まいもん　●スポーツセンター
西葛西中　　　　　葛西親水 四季の道　　銀座に志かわ
←南砂町　西葛西駅 西葛西図書館　　葛西駅　地下鉄博物館　　　葛西店
　　　　　　　　　　　　　　　　　　　　　　　　　　　　　←浦安
子供の広場　　　　　　　　　葛西警察署前の通り　　葛西警察署
　　　四季の道　　　シフォンケーキ工房　　　　　東葛西
　　　　　　　　　　花笑みしふぉん　　　　　けやき公園
新川通り　　　　　　　　　　　　　　　　　環七通り
　　　　新田の森　　　　　　　　　　　　　左近川親水緑道　※交番
　　　　公園　　　　　東武ストア　　　　　　　　　　　ホームズ
　　　　　　　　　　葛西南高　　　　　　　東葛西小　　　葛西店
　　　　　　　左近通り　　　　　　　　　　　　　　アリオ
　　　　　　　ファミリー　　　　　　　　　　　　　葛西
　　　　　　　スポーツ広場
　　　　小池寿司食堂
　　　　葛西市場　●　　交番
←新木場　　　　　　　　　　　　　●オリンピック
　　　　　　　　　　　　国道357号
　　　　　　　　　葛西臨海公園駅　　　　JR京葉線
　　　　葛西臨海公園　　　　　舞浜

KASAI

穴場グルメ

「おいしいものをしっかり食べたい！」
そんな希望を叶えてくれるお店を紹介。
駅近ではないというハードルを越えたその先に、
おいしい幸せが待っています。

葛西市場内に車を止めてご来店ください

オーダー調理の「市場メシ」
ご堪能あれ！

日替わりランチ	870円
生姜焼き定食	840円
辛ネギチャーシュー麺	750円
炙り豚バラ焼豚丼（ラーメンセット）	900円

※価格はすべて税込みです

小池寿司食堂　葛西市場

臨海町3-4-1葛西市場管理棟1F
OPEN／7:00〜15:00
日曜・祝日定休（水曜休日の場合有）

tel.03-3878-2033

揚げたて！できたて！屋形船の天丼をお家で召し上がれ♪

あみ幸天丼	780円
とり天丼	580円
お子様天丼	500円
天ぷら盛り合わせ一人前	700円

※価格はすべて税込みです

屋形船　あみ幸

江戸川5-31-6（駐車場有）
OPEN／月〜金11:00〜14:00、16:00〜19:00
　　　土日祝 11:00〜19:00　　定休日／水

tel.03-3680-5755

枝豆の王様だだちゃ豆にお米…
庄内を知るなら西葛西へ?!
鶴岡市東京事務所

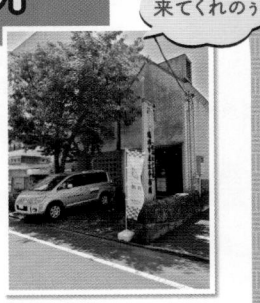

お気軽に
来てくれのぅ

区内のおまつりでよく見かける「鶴岡」の物産品。米にお酒に海の幸、山の幸とおいしいものがいっぱいだけど、そんな鶴岡市（山形県）の魅力を紹介してくれるのがここ、西葛西にある鶴岡市東京事務所。第二次世界大戦中の学童疎開が縁で区と友好都市になり、平成2年に建てられた。地元から来ている職員が「○○だのぅ」と、庄内なまりのあったかい語り口で迎えてくれる。庄内の歴史、観光、食べ物ならお任せあれ!

出羽三山（月山・羽黒山・湯殿山）をイメージした三角の屋根の建物→

国内初のユネスコ
食文化創造都市

鶴岡の歴史・文化をご紹介

事務所には観光パンフレットが多数そろえられており、いろいろな情報を知ることができる。また、米や漬け物、お菓子などの販売も行っていて、気軽に鶴岡の味覚を購入できる。

▲鶴岡のおいしい味覚を買うことができる

2月は寒鱈のどんがら汁、年4回西葛西駅前で鶴岡の特産をお届け

毎年恒例、2月11日の建国記念日には真冬の日本海で獲れた鱈を味わえる「寒鱈まつり」を船堀駅前で開催。また、年4回、西葛西駅前で「鶴岡の観光と物産展」を開催。そのほか、区民まつりや地域まつりにも鶴岡のお店が出店（出店内容は問い合わせを）しているので、鶴岡の旬の味覚を味わいに行こう。

▲「観光と物産展」

鶴岡シルク「kibiso」製品を常時展示

蚕が繭を作る際に最初に吐き出す糸は「きびそ」と呼ばれ、これがブランド名の由来になっている。保湿力に優れ、紫外線吸収力、抗酸化作用もある「きびそ」を使ったストールやバッグなどが常時展示されているので、実際に見て、触れて、ナチュラルな絹製品を実感できる。

観光の前に
お立ち寄りください

鶴岡市には、山岳修験の聖地・出羽三山やクラゲ展示種類世界一の加茂水族館など世界に認められた見どころのほか、3つの日本遺産（出羽三山、サムライゆかりのシルク、北前船）など多くの観光地もあり、これらのパンフレットを事務所で入手しよう!

● 西葛西7-28-7 ☎03-5696-6821
● 開 館／月～金曜日
　　　　　AM8:30～PM5:15
● 駐車場／1台

←日本橋　東西線
西葛西駅　　　　　浦安
●子供の広場
区球場　　　葛西中央通り
㊣第七葛西小
ココ

（西葛西駅から徒歩10分）

新川お散歩

江戸の風情を感じながら…

中川

2015年3月に完成した「新川千本桜」事業。堤防によって切り離されていた川が生活の中に戻ってきた。両岸には遊歩道、桜並木が続き、水辺へも行ける。西水門から東水門までの全長約3kmは、散歩に、ウオーキングに最適のコース。春には「新川千本桜まつり」が開催される。桜の季節はもちろん、どの季節も川沿いの道というのは気持ちいいよね。

※この新川千本桜沿川地区は平成28年度都市景観大賞に選ばれている。

西水門橋 1
西水門広場
棒茅場通り
修景土塀

2 櫓橋

3 擬宝珠橋
新川休養公園
北葛西

宇喜田橋 4
案内板

5 忍者橋〈人道橋〉
船堀幼稚園の前に架かる黒色の橋。桁隠しの小庇を設けた木屋根構造が江戸の風情を演出。

◀サトザクラ（紅豊）

4 宇喜田橋

▲擬宝珠橋から宇喜田橋を
▶一之江境川親水公園

道庭堀通り
地下駐車場入口
船堀
● 船堀幼稚園
5 忍者橋
宇喜田第一公園
宇喜田町

モニュメント

新渡橋
小江戸橋 6
新川櫓時計

▲新渡橋を渡る
新川さくら館（P000）
三角橋
千本桜記念碑
7 桜橋

1 火の見櫓と西水門橋

火の見櫓
江戸の町にあった火の見櫓のなかでも最も格式の高いものを模して造られた「新川千本桜」のシンボル。高さ15.5m、外壁と柱は杉、内部はヒノキの間伐材を使用、上屋根の角には半鐘が設置された。
● 一般開放　土・日・祝
AM10:00〜PM3:00（年末年始除く）
※桜の季節には平日も見学できる
※雨天、荒天の場合、変更あり

▲火の見櫓からの眺めは抜群
（2010.1.31西水門広場完成記念式典の日に撮影）

2 櫓橋〈人道橋〉
シンプルなデザインの木橋。唯一石張り造りの橋脚を持つ。

3 擬宝珠橋〈人道橋〉
橋名が示すように、日本古来の木橋に用いられている擬宝珠（ぎぼし）の付いた高欄が特徴。新川休養公園と対岸を結ぶ。

7 桜橋（広場橋）
地域交流の拠点「新川さくら館」とともに、新川中央ゾーンの象徴。橋のたもとの賑わいを思い起こさせる空間として設置された。

萩の花（9月）

7
桁に化粧張りを施していて、江戸情緒漂う木の橋に見える。この辺り早くから桜が植えられていて、花季節の眺めはすばらしい。

西水門広場から中川の堤防に上がると景色が一転、川の上を高速道路が走る。

修景土塀
新川周辺景観づくりの一環として、既存の壁を生かしながら江戸の景観を模した土塀に。

6 小江戸橋〈人道橋〉

お花見和船で優雅に川下り

2022 3月「新川千本桜まつり」

「新川千本桜」の完成に合わせ、2015年に第1回を開催。新川さくら館では「徳川家康と戦国武将たちの武具甲冑展」を開催。また、大江戸玉すだれ、和太鼓、おしゃらく、葛西囃子など多彩な江戸の芸が披露される。模擬店の出店やお花見和船の運航もあり。江戸情緒あふれる手漕ぎ和船からのお花見は格別。

（※イベントは中止になる場合あり）

2022 8月「金魚ちょうちんまつり」

夏の風物詩ともなった新川沿川の金魚ちょうちん。夏休み期間中、新川さくら館の軒下と合わせて約200個が飾り付けられる。夜はライトアップで一段と鮮やかに映える。「金魚ちょうちんまつり」では、金魚ちょうちん船の運航をはじめ、「浴衣撮影会」や「和船に乗って邦楽鑑賞を楽しむ集い」などを開催。

2022 11月「新川大江戸絵巻」

タイムスリップ

新川さくら館が江戸の町並みにタイムスリップ。時代劇衣装を着て新川の散策ができる。秋を彩る紅葉の新川を往く和船の運航やスタンプラリーを開催。特設ステージでは、さまざまな大道芸パフォーマンスを披露。忍者体験コーナーやキッチンカー、地元産品の模擬店も多数出店。

▶新川さくら館の花魁道中

10 宝橋〈人道橋〉

いちばん東側に架かる人道橋。川に張り出した石張りの橋台が特徴で、欄干には大きな擬宝珠。

花見橋から宝橋を眺める

小江戸橋より

古川親水公園

古川親水公園

案内板

さくら館近く、紅葉が残る

川の上の新川口児童遊園

8 新川橋

三角葛西通り

中葛西

小彼岸桜

8 新川橋

新川橋には江戸情緒を醸し出す木製の欄干が設置された。橋の両端4カ所の木製の親柱には、橋の南北の中学校から代表の生徒が揮毫した橋名が鋳物で取り付けられている。

新川橋から三角橋を

江戸川

新川大橋

環状七号線

葛西駅

9 花見橋

10 宝橋

案内板

東葛西

11 新川東水門

新川口児童遊園

案内板

ミツマタのつぼみ

新川口橋

11 東水門

旧江戸川

これまでの水門は撤去されている。耐震補強工事中。

9 花見橋〈広場橋〉と新川大橋

新川の東のゾーンの象徴。広場と橋の機能を併せ持ち、賑わいを演出する空間になっている。

海を感じる
広々とした公園

葛西臨海公園

四季折々に楽しませてくれる葛西臨海公園。園内を隅から隅までめぐってみると、意外な楽しみ方を再発見できちゃうかも!

大きなお花畑

大観覧車周辺と展望広場の2カ所に広がる総面積約10000㎡のお花畑。冬には水仙、夏にはヒマワリが見られる。

一面の水仙の花

↑2020デザイン花壇の完成。11色12種の花々が咲き競う

クリスタルビュー

ガラス張りの展望棟からは東京湾が一望でき、ビルの間に沈むサンセットは格別! 元旦・初日の出の時刻には特別に開館される。

●通常開館時間
AM9:00〜PM5:00(入館は4:30まで)
※改修工事のため閉館中(2022年5月まで予定)

★ラムサール条約に登録!
都立葛西海浜公園

渚橋から海側は、東西2つの人工渚の広がる葛西海浜公園。「西なぎさ」の砂浜では春は磯遊び、夏は水遊びが楽しめる。「東なぎさ」は陸地とつながっていない、立入禁止の自然環境保全エリア。2018年10月ラムサール条約に登録された。

■海風の広場／西なぎさ東側の芝生では、スポーツカイト(高さ制限40m)の利用がOK!
●問い合わせ／☎03-5696-4741
(葛西海浜公園 港湾局所轄)

←西なぎさから見た東なぎさ

バーベキュー広場

手ぶらでOKのバーベキュー場。食材&器具完備のライトプラン(一人2980円〜)等選べる。要予約、2カ月前より予約受付開始。

●利用時間／AM10:00〜PM4:00
(季節により変動あり)
●問い合わせ／☎03-6808-5701
(AM9:30〜PM5:00)
●休み／年末年始、12〜2月の毎週水曜日

鳥類園

ウォッチングセンターでは望遠鏡での野鳥観察ができ、土・日・祝に野鳥に詳しい専門スタッフが常駐。散策路にある観察舎や観察窓からは間近に野鳥が見られ(無料)、毎月1回野鳥のガイドツアーが行われる。

ダイヤと花の大観覧車

葛西臨海公園のシンボル、日本最大級地上117mの大観覧車。お天気なら房総半島から富士山まで一望でき、ここから見る夜景はサイコー!

●営業時間／平日AM10:00〜PM8:00、土・日・祝・春夏冬休みAM10:00〜PM9:00、大晦日AM10:00〜元旦AM8:00(券売は20分前まで)
※状況により営業時間が異なる場合あり
●運休日／1月第4・5水曜日、2月の全水、3〜12月(8月除く)第3水曜日
●料金／一般(3歳以上)800円、70歳以上400円
●問い合わせ／☎03-3686-6911

都立葛西臨海公園

臨海町6丁目 ☎03-5696-1331(葛西臨海公園サービスセンター)
東京都公園協会ホームページ
http://www.tokyo-park.or.jp/park/format/index026.html

"うみ号"と"なのはな号"

パークトレイン

カラフルな"うみ号""なのはな号"は、園内約3.1kmを周遊する汽車型の乗り物。周遊時間はたっぷり25分。

●料金／中学生以上350円、3歳〜小学生・70歳以上150円
●運休日／水曜日(水曜日が祝日の場合はその翌日)・元日

※新型コロナ感染拡大状況により、掲載内容が変更となる場合があります

ホテルシーサイド江戸川
Hotel Seaside Edogawa

　豊かな自然に囲まれた江戸川区立の宿泊施設。2階には宿泊者専用の大浴場も。客室(和室・洋室)からの眺めはリゾート感満点。また宿泊者以外の人も利用できる宴会場・レストランもあり。

●問い合わせ／☎03-3804-1180
(ホテルシーサイド江戸川　江戸川区所轄)

葛西臨海水族園
Tokyo Sea Life Park

　約600種類の海の生物たちが勢揃い。ドーナツ型大水槽で見られるクロマグロの群泳や日本最大級のペンギン展示などは圧巻の一言。イベントも盛りだくさん。また、屋外には関東周辺のかつての自然豊かな環境が再現されている。

●営業時間／AM9:30 ～ PM5:00(入園はPM4:00まで)
●休園日／毎週水曜日(祝日の場合翌日休園)12月29日～翌年元日
●料金／小学生以下と都内在住・在学の中学生は無料、一般700円、中学生250円、65歳以上350円
●問い合わせ／☎03-3869-5152
https://www.tokyo-zoo.net/zoo/kasai

※新型コロナウイルス感染症対策のため、通常と開園状況が異なる場合あり。公式HPで確認を。

クロマグロ
です

葛西臨海水族園年間イベント　※日付は予定なので、必ず事前に確認を

日程	イベント名	内容
5／4(水・祝)	『みどりの日』	入園無料
5／5(木・祝)	『こどもの日』	中学生まで入園無料(都外の中学生も)
9月中旬	『老人週間』	60歳以上の人は入園無料
10／1(土)	『都民の日』	入園無料
10／10(祝)	水族園の誕生日を記念して	入園無料

すぃ～

←渓流を再現
した展示

水上バス・東京水辺ライン　Tokyo Mizube Cruising Line

渚橋の東側に発着場があり、お台場方面へのクルーズが楽しめる。

■葛西・お台場周遊 (葛西臨海公園→お台場海浜公園→葛西臨海公園)
・運賃(大人)　片道1200円　往復 2400円
・所要時間　片道約50分　往復約100分
　※増税等に伴い、運賃改定の場合もあり。
　※葛西臨海公園～お台場海浜公園～ WATERS竹芝～両国リバーセンター～浅草二天門～両国リバーセンターでの利用もあり。※定期便ではないので、乗船前に運航スケジュール等はwebサイトで確認を。
●東京水辺ライン ☎03-5608-8869 AM9:00 ～ PM5:00 月曜運休(祝日の場合は翌日)
　※webサイトは「東京水辺ライン」で検索

東京水辺ライン 航路MAP

浅草二天門
両国橋
吾妻橋
言問橋
両国リバーセンター
WATERS 竹芝
東京スカイツリー
葛西橋
隅田川
勝鬨橋
レインボーブリッジ
荒川
お台場海浜公園
東京ゲートブリッジ
葛西臨海公園
Kasai Rinkai Park

子どもからお年寄りまで一日遊べる

行船公園
Gyosen Park

充実の施設がそろった江戸川区が誇る行船公園。施設のほとんどが無料で利用できるのもうれしい。車で来園の際には、公園北隣の都営駐車場を利用しようね!

マークの見方

🚏最寄りのバス停　🅿駐車場　🚻トイレ　🌳日陰・木陰
🚼オムツ替え&着替えスペース　⛱砂 場　🎪遊 具
💧水遊び場　🏪お助けSHOP　📷問い合わせ

① 自然動物園

　なんと入場無料! レッサーパンダ、フンボルトペンギン、ベネットワラビー、オオアリクイなど約58種類の動物が見られる動物園。
　土・日・祝日の午後に行われる『飼育係のおはなし』を聞いてスタンプを集める『おはなしスタンプラリー』に参加して、動物たちからのステキなプレゼントをもらおう!

●開園時間／ AM10:00 ～ PM4:30
　(土・日・祝・夏休みはAM9:30～、11 ～2月はPM4:00まで)
●休園日／月曜 (祝休日の場合は翌日)、12月30日～1月1日
　☎03-3680-0777自然動物園

江戸川区立行船公園
北葛西3-2-1　☎03-3675-6442(源心庵)

🚏JR新小岩駅または都営新宿線船堀駅～西葛西駅「北葛西2丁目」、船堀駅～葛西臨海公園駅「行船公園前」、西葛西駅南口～新小岩駅、亀戸駅～なぎさニュータウン、葛西駅～秋葉原駅、臨海車庫～両国駅「宇喜田」
🅿公園北隣に都営宇喜田公園駐車場あり。1時間300円
🚻遊具広場(洋式・障害者用・オムツ替えシートあり)、平成庭園(洋式・障害者用)、釣り池(洋式・障害者用)、自然動物園南門(洋式)の4カ所にあり　🌳長ベンチあり
🌳大きな藤棚、あずまやあり
※飲み物自動販売機あり

シロフクロウです

クモザルだよ!

ワタボウシタマリン
背中に2021年6月生まれの2頭の子ども

ワラビー

レッサーパンダ

フンボルトペンギン

メェ～

オオアリクイ

プレーリードッグ

ふれあいコーナー

　ウサギやモルモット、チャボなどをさわったり抱っこしたりできる人気のコーナー。疑問に思ったことは、なんでも気軽に飼育係のお兄さんお姉さんに聞いてみてね!

●利用時間／ AM10:00 ～ 11:45、PM1:15 ～ 3:00、夏季AM10:00 ～ 11:45、PM2:30 ～ 3:45
※団体利用は予約が必要
※2022年2月現在、中止している

行船公園&自然動物園の年間イベント

※下記日付は予定なので、必ず事前に確認を。申し込みが必要なものもあり。

日程	イベント名	会場
4／29(金・祝)	『糞で花を咲かせよう(フンコロジー)』	自然動物園
5／4(水・祝)	『ヒツジの毛刈りショー』	自然動物園
5／29(日)	『動物カメラマンによる写真講座』	自然動物園
7／16(土)・17(日)(予定)	『金魚まつり』	行船公園
7／26(火)～29(金)	『サマースクール 1日飼育体験教室』(小3～小6対象 4回)	自然動物園
9～10月	『親子1日飼育体験教室』(小1～小2対象 4回)	自然動物園
秋以降〈日程未定〉	『動物フォトコンテスト』&展示	自然動物園
毎週土・日・祝 午後	『飼育係のおはなし』(雨天中止)	自然動物園

※新型コロナウイルス感染拡大防止のため、イベントの中止や開館時間など通常とは異なる場合があります。

❸ 平成庭園

「和」の景色が広がる平成庭園は、人気の癒しスポット。手入れの行き届いたお庭を散策するもよし、せせらぎを聞きながら清流に見入るもよし。日常とは一味違う空間で清浄な気分に。

❷ 源心庵

純和風数寄屋造りの茶室。茶道、華道、句会、会合などに利用でき、茶道具の貸し出しは無料。和室4部屋、洋室1部屋。

●休館日／12月28日〜1月4日
●使用料／3時間630円〜
☎ 03-3675-6442（源心庵）
※予約は5カ月前から受付

❹ 釣り池

釣り好きな人たちが静かに釣り糸を垂れる、無料の釣り池。ヘラブナ釣りが楽しめる。リール竿、ビンドウ、かえしのあるハリの使用は禁止。魚の持ち帰りはできないので、釣ったら返してあげよう。

❺ 遊具広場

大きな丸い石のすべり台（ジャンボスライダー）は、子どもたちに大人気！ 小さい子が楽しめる遊具が充実。この周辺にはベンチがいっぱいあるので、遊びに疲れたらひと休み。

🚻あり 🔲なし 🔲石のすべり台、鉄棒、小さな家、スプリング遊具、健康遊具

小さな家

園内MAP

西葛西駅

主池

❸ 平成庭園

❷ 源心庵

WC

WC

❹ 釣り池

水生池

❶ 自然動物園

WC

WC

❺ 遊具広場

WC

19

公園&バス
路線図
MAP

都バス系統案内

系統	起点〜終点	主な経由地
西葛20甲	西葛西駅前〜なぎさニュータウン	新田住宅・堀江団地
西葛20乙	西葛西駅前〜葛西臨海公園駅前	中央卸売市場葛西市場
西葛21	西葛西駅前〜葛西臨海公園駅前	東葛西九
新小22	西葛西駅前〜新小岩駅前	小島・葛西橋
葛西22	西葛西駅前〜新小岩駅前	一之江駅・東大松川
臨海22	西葛西駅前〜一之江駅前	普
葛海22	臨海車庫〜船堀駅前	一之江駅
平22	臨海車庫前〜平井駅前	なぎさニュータウン（本数少）
西23	臨海車庫前〜船堀駅前（本数少）	三角
葛西24	臨海車庫前〜錦糸町駅前	宇喜田小学校前・葛西通り
葛西25	臨海車庫前〜錦糸町駅前	船堀駅・菅原通り

バス時刻表は→P227を

系統	起点〜終点	主な経由地
秋26	葛西駅前〜秋葉原駅前	西葛西駅・中の橋
西葛26	船堀駅前〜東京臨海病院	西葛西駅〜東京臨海病院
西葛27	清新町〜臨海公園前（本数少）	清新町〜紅葉川高校
臨海28-1	葛西駅前〜臨海車庫	一之江橋西詰〜臨海車庫
臨海28-2	葛西駅前〜臨海車庫	中左近橋
臨海28-3	なぎさニュータウン〜臨海車庫	堀江団地
葛海29	葛西駅前〜臨海車庫	中左近橋
新小29-2	東京臨海病院〜東葛西小岩四	西葛西駅・瑞江駅前
FL01	葛西臨海公園前〜錦糸町駅前	一之江駅・菅原通り

※西葛20甲、新22、葛西22、西葛24、西葛26、西葛27、臨海28-1、臨海28-2、新小29-2は、片方向のみ
バス停（▷で示した方向のみ乗車可）

〈都バス連絡先〉
●東京都交通局江戸川自動車営業所
☎03-3687-9071
臨海支所☎03-3877-8681

───── 町界線
- - - - - 丁目界線
○──○ 普通バス停
△ 片方向バス停
レンタサイクル（→P180参照）

浦安市

KASAIの公園へ行こう!

キッズもシニアも

MAP A 南葛西

なぎさ公園

（仮）角野栄子児童文学館が建設中

南葛西7－3

総合レクリエーション公園

コスモスのころ

展望の丘からは旧江戸川がのぞめ、4月の桜、春から夏はラベンダー、秋には一面にコスモスが咲き絶好の撮影スポット!「ツツジ山」もみごと。文学館は23年7月展望の丘に完成予定。

▲昨年2021年11月にV6から寄贈されたオリーブの木「ブイロクの木」

◀旧江戸川が望める

▲工事中

ポニー広場

休日は混んでいるのですいている平日がおすすめ。ポニーに乗れるのは小学6年生まで。馬の手入れ、乗馬などの楽しい体験ができる「サマースクール」（事前申し込み）などのイベントもあるのでチャレンジしてみよう!
※サマースクールは区内小学生対象

営業時間 AM10:00〜11:30、PM1:30〜3:00（7月15日〜9月15日 AM10:00〜11:30のみ）
休業日 月曜（祝日の場合は翌平日）、年末年始※悪天候・馬場状態によっては中止のこともあり
☎ 03-5658-5720（なぎさポニーランド）
HP http://www.edogawa-kankyozaidan.jp/pony/

篠崎町

篠崎ポニーランドにも行ってみよう。馬車に乗れるよ!（江戸川区篠崎町3-12-17 江戸川河川敷内 ☎ 03-3678-7520）

🚌 葛西駅〜葛西臨海公園・コーシャハイム「南葛西第二小学校前」、西葛西駅〜なぎさニュータウン、亀戸駅〜なぎさニュータウン、船堀駅〜なぎさニュータウン、船堀駅〜葛西臨海公園「なぎさニュータウン」 🅿 旧江戸川沿い、ポニー広場近くの2カ所にあり* ♿ シャトルバス乗り場（洋式・障害者用）、遊具広場（洋式）、公園中央（洋式）、ゲートボール広場（洋式）の4カ所にあり 🪑 長ベンチ多数あり 🏠 あり ☂ なし ℹ パノラマシャトル乗り場近くに自動販売機、公園北側に大型ショッピングセンターあり

◀3つの公園をつないで走るパノラマシャトル。名前は「あおくん」と「はなちゃん」

バーベキュー広場

炊事場にはカマド（8つ）、木のテーブル席などの設備があり、仲間とのレジャーにぜひ!（要予約）
☎ 03-3675-5030富士公園サービスセンター

富士公園

"富士山"のふもとでワイルドに遊ぼう

総合レクリエーション公園

南葛西6－23

アスレチックをしたり、園内に豊富に茂った樹木エリアでは植物や昆虫と戯れたり、ワイルドな遊びを体験できるのが人気の秘密。青空ランチのゴミは必ず持ち帰ろうね!

🚌 葛西駅〜葛西臨海公園・コーシャハイム「南葛西第二小学校前」、西葛西駅〜なぎさニュータウン、亀戸駅〜なぎさニュータウン、船堀駅〜なぎさニュータウン、船堀駅〜葛西臨海公園「なぎさニュータウン」 🅿 公園東側にあり* ♿ サービスセンター（洋式・障害者用）、バーベキュー場（洋式）、富士見橋麓（洋式）の3カ所にあり 🪑 長ベンチ多数、テーブル席多数、芝生あり ☂ 木陰、屋根付きベンチあり ＜遊具広場＞ 🏠 あり ☂ なし 🎢 本格アスレチック、ブランコ、スプリング遊具、石のすべり台（大・小） ℹ 富士公園サービスセンター横に自動販売機、アリオ前の通り沿いにコンビニあり

公園お役立ち情報つき

緑道や公園が多い葛西。子どもたちは走り回ったり、遊具で遊んだり、シニア世代はのんびりしたり、お散歩にウオーキング。サイクリングもいい。天気のいい日にはバスや自転車でちょっと遠くの公園まで出かけてみよう。←公園&バス路線図MAPは前ページを

総合レクリエーション公園

色とりどりのバラと写真撮影!

フラワーガーデン

南葛西4−9、15

エントランスでは球体やケーキ型の楽しい噴水がお出迎え。バラの見頃は5月と10月。遊歩道沿いには四季の花々が。お花見もOK。

🚌 船堀駅〜なぎさニュータウン、一之江橋西詰め〜葛西臨海公園、一之江駅〜臨海車庫「総合レクリエーション公園」 🅿 公園北東角にあり* 🚻 環七側(洋式・障害者用)、芝生広場(洋式・障害者用)の2カ所にあり 🚼 環七側トイレにオムツ替えベッドあり。長ベンチ多数あり 🌳 大・小藤棚多数あり 💧 なし 🎪 あり 🎠 なし 🏪 環七沿いにファストフード店、コンビニあり、環七側トイレ前・回廊下に自動販売機あり

相撲の土俵もあるよ

総合レクリエーション公園

ファミリースポーツ広場

南葛西3−23

おちびさんに人気の遊具広場のほか、広〜い多目的広場、テニスボード、相撲の土俵などがある。秋には銀杏並木が美しい。

🚌 船堀駅〜なぎさニュータウン、一之江橋西詰め〜葛西臨海公園、一之江駅〜臨海車庫「総合レクリエーション公園」 🅿 公園南東鉄塔下にあり* 🚻 洋式・障害者用 🚼 長ベンチあり 🌳 藤棚多数あり 💧 なし 🎪 小さい子向け複合遊具(トンネル・小すべり台)、テニスボード 🏪 管理棟に自動販売機、環七沿いにコンビニあり

ドラゴンのいる公園

南葛西向辰公園

南葛西4−22−1

小さな丘のある居心地のいい公園。南葛西小学校の目の前なので、放課後友だちと遊ぶ待ち合わせに最適。丘の斜面に設置されたドラゴンのすべり台は子どもたちに人気。

🚌 西葛西駅〜なぎさニュータウン、亀戸駅〜なぎさニュータウン、船堀駅〜なぎさニュータウン、船堀駅〜葛西臨海公園「南葛西小学校前」 🅿 なし 🚻 洋式 🚼 長ベンチあり 🌳 少ない 🎪 あり 🎠 なし 🏪 ブランコ、小さな家、大すべり台 🏪 西側にスーパーあり

み〜んな集まれ!

南葛西六丁目公園

南葛西6−13−1

お砂場で遊ぼう!

小さめだが、見通しの良さが人気の公園。午前中は小さい子、午後は園児・学童と子どもの姿が絶えない。

🚌 西葛西駅〜なぎさニュータウン、亀戸駅〜なぎさニュータウン、船堀駅〜なぎさニュータウン、船堀駅〜葛西臨海公園、葛西駅〜葛西臨海公園・コーシャハイム「なぎさニュータウン」 🅿 なし 🚻 洋式 🚼 長ベンチあり 🌳 少ない 🎪 あり 🎠 なし 🏪 複合遊具(トンネル・小すべり台)、ブランコ、スプリング遊具、くねくね棒 🏪 公園東側に自動販売機あり

🔖 **マークの見方** 🚌 最寄のバス停 🅿 駐車場 🚲 コミュニティサイクルステーション 🚻 トイレ 🚼 オムツ替え&着替えスペース 🌳 日陰・木陰 💧 砂場 🎪 水遊び場 🎠 遊具 🏪 お助けSHOP 📞 問い合わせ 🏠 ホームページ

※遊具データ内の「小さい子」はだいたい3歳以下、「大きい子」は4歳(幼稚園)〜小学生くらいの子どものことです。
※「水遊び場」表記の公園は水質管理が万全ですが、「水遊び場なし」表記の公園の噴水などは水質が保証されていません。
*駐車場:最初の1時間200円、以降100円/24H

総合レクリエーション公園 QRコード®

総合レクリエーション公園

QR Translator.

総合レクリエーション公園についての情報を多言語で紹介。

西葛西

葛西で暮らす **WEB** マークのお店の詳細は 葛西で暮らすWEB で検索

水のカーテンでみんな大はしゃぎ

総合レクリエーション公園

虹の広場

西葛西7-2

わくわくしちゃうね♪

円形の広い広場。中央に噴水。ベンチではお弁当を食べたりひと休みしたり。子どもたちは思い切り走り回れる。広い芝生は赤ちゃんと遊ぶのにおすすめ。

水あそび

水のカーテン

🚌 西葛西駅～なぎさニュータウン、西葛西駅～葛西臨海公園・臨海車庫「第七葛西小前」 🅿 公園東側にあり*
🚽 洋式・障害者用 🌳 広い芝生
🚬 なし 🍼 あり ☂ ベンチ、木陰、藤棚など多数あり
🍴 なし 🏪 大通り沿いにコンビニ、ファミレスあり。手洗所前に自動販売機あり

習い事

圧倒的に高い®英検合格率と第一志望合格率

小1～高3、既卒まで対応！

「ECCの英語」×「全教科対応の個別指導塾」が特長の学習塾。広く快適な教室には、いつでも利用できる自習スペースも完備。生徒さんの自習を促して補講も行い、成績UP・東大などの志望校合格・高い英検合格率を達成しています。苦手意識が強い理系科目の対策も◎ ECCジュニアも併設。
詳細はWEBへ！

葛西で暮らす **WEB**

**ECCベストワン 西葛西
葛西中央通り校**
併設／ECCジュニア 西葛西
葛西中央通り教室

☎ 03-6808-9960
西葛西7-29-16
グランドール西葛西1F
受付時間14:00～21:00 日・祝を除く

駅近のかいじゅう公園

総合レクリエーション公園

子供の広場

西葛西6-11

がおおおお～

砂場近くに大きな恐竜が2体あり、「かいじゅう公園」の名前でおなじみ。駅前のお買物ついでにふらりと立ち寄れるのがうれしい。

▲大きいかいじゅうの中はすべり台

🚇 「西葛西駅」より徒歩3分
🅿 なし 🚽 洋式・障害者用
☂ 長ベンチあり 🌳 木陰、藤棚あり
🍼 あり 🚬 なし
🎠 小さい子向け複合遊具、すべり台、ブランコ 🏪 大通り沿いにコンビニ、ファミレスあり

今日はたんけんだー!

新田の森公園 西葛西8ー7

森のような公園。遊ぼう会による「発見きち」が開催されるのもココ(第2土曜のPM2〜日没ごろまで)。虫捕りや植物観察も楽しいね!

🚌 西葛西駅〜なぎさニュータウン、西葛西駅〜葛西臨海公園・臨海車庫「新田住宅」 🅿 なし
🚻 なし 🪑 長ベンチあり
🌳 木陰多い ❌ なし ❌ なし
❌ なし 🥤 虹の広場通りに自動販売機、食堂あり

〜商店街裏の居ごこちのよい公園

五之割公園 西葛西3ー21ー2

西葛西駅北側の商店街裏手にある便利な立地の公園。小さい子の遊具が1カ所にまとまっているから、ママも安心だね。

🚶 「西葛西駅」より徒歩8分
🅿 なし 🚽 洋式 🪑 長ベンチあり
🌿 藤棚あり 🏖 あり 🚰 なし
🛝 大きい子向け複合遊具、小すべり台、ブランコ、スプリング遊具、リフレッシュ遊具
🥤 公園北側に自動販売機あり

🚌 亀戸駅〜なぎさニュータウン、葛西駅〜秋葉原駅、臨海車庫〜両国駅「葛西橋東詰」
🅿 なし 🚽 洋式 🪑 長ベンチ、石のテーブル席あり 🏖 あり
🚰 なし 🌳 木陰、藤棚あり
🛝 大きい子向け複合遊具、キリンさんブランコ、スプリング遊具
🥤 公園東側に自動販売機、葛西橋通り沿いにラーメン屋あり

キリンさんのブランコ

じゃぶじゃぶたのしいよぉ〜

葛西親水四季の道 西葛西6ー26
ジャブジャブ池(7月〜9月)

水あそび 葛西区民館前から延びる「四季の道」の水遊び場。夏休み期間は水道水の清潔な水が入る。適度な深さで小学生にも大人気!

🚶 「西葛西駅」より徒歩10分
🅿 なし 🚽 なし 🪑 長ベンチあり
🌿 藤棚あり 🏖 なし
🚰 あり。シャワーあり
❌ なし 🥤 公園東側に自動販売機、西葛西駅方面に商店街あり

◀緑の道を歩こう

広場が2段になっている!?

小島公園 西葛西2ー7ー1

一段高くなった広場には大きい子向け複合遊具。子どもたちは二段になった広場を走りまわっている。昨年(2021)コミュニティサイクルのステーションができた。

◀コミュニティサイクルのステーションに

MAP C 中葛西

水あそび

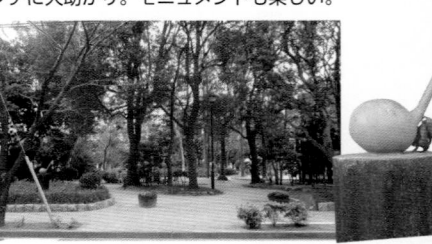

ユーカリの木のある
長島一号公園 中葛西3－21－1

区民館前＆駅近くの便利な立地。水遊び場は水の透明度に定評があり、大きな藤棚ベンチは着替えやランチに大助かり。モニュメントも楽しい。

🚍 船堀駅～なぎさニュータウン「葛西区民館前」 🅿 なし
🚻 洋式　🪑 長ベンチあり　🌳 あり　🚰 あり
🌲 木陰、大きな藤棚あり　🛝 小さい子向け複合遊具（中すべり台）、ブランコ、小さな家、ひこうき、スプリング遊具、フレンドカップ
🏪 区民館内に自動販売機、バス通り沿いにコンビニあり

ユーカリの木▶

保育所 **瞳きらきら😊すくすく元気がいっぱいです。**

◎　一人ひとりがダイヤモンド　◎
小さな瞳の中に果てしなく大きな未来が広がります。創立45年で培った楽しいデイリープログラムと毎日のお散歩。管理栄養士による手作りの美味しい給食。そして安心のセキュリティ。どこまでも個性を大切にし温かくすっぽりと包み込み、子どもたちの心身を大きく育ててまいります。

東京都認証保育所
みのり保育園
☎03-3688-2981
中葛西5-36-12グランディオ葛西2階
保育時間／月～土7:00～20:00
対象年齢／0歳（生後57日目より）
～3歳（満3歳の3月迄）
https://www.minorihoikuen.jp

（葛西駅より徒歩3分）

シンボルはタコ型遊具の細長～い公園
宇喜田東公園 中葛西1－25・26・30

南北に細長く広い敷地の園内には、3カ所の遊具広場がある。タコ風のセメント製複合遊具があるのは、葛西ではココだけ。また、梅園やバラ園もある。

タコさんみたいだね

▲公園中ほどにある梅園。柿の木も

🚍 船堀駅～なぎさニュータウン「葛西郵便局」 🅿 なし
🚻 洋式　🪑 長ベンチあり　🌳 藤棚あり　🚰 3カ所あり
🌲 なし　🛝 大・小すべり台、ブランコ、フレンドカップ、小さな家、スプリング遊具、セメントの複合遊具（大すべり台・トンネル）、小さい子向け複合遊具　🏪 公園の中央近く道路沿いにコンビニ、中華レストランあり

みんな大好き 木陰のある広場と充実の遊具

二反割公園 中葛西4-11-1

ヤッホッホー

海賊が腕を広げたデザインのブランコがユニーク！ 大小の新しいコンビネーション遊具ができました。

🚌 船堀駅～なぎさニュータウン「第六葛西小前」 🅿 なし
🚻 洋式 🪑 長ベンチあり
🌳 木陰、藤棚あり
🎪 あり 🚾 なし 🛝 海賊のブランコ、コンビネーション遊具、鉄棒
🏪 公園東側に自動販売機、葛西中央通り沿いにファミレスあり

カミナリくんに会いに行こう

新田公園 中葛西7-24-1

カミナリくん　です

藤棚の下に大きな雛壇があり、日陰に座りながら子どもの様子を見守ることができる。カミナリくんにも会えるよ！

🚌 西葛西駅～なぎさニュータウン、西葛西駅～葛西臨海公園・臨海車庫「中葛西7丁目」 🅿 なし
🚻 洋式 🪑 長ベンチ多数あり 🌳 大きな藤棚あり
🎪 あり 🚾 なし 🛝 ブランコ、すべり台、鉄棒
🏪 公園東側に自動販売機あり

不思議な楽しいオブジェがある

馬頭公園 中葛西4-17-1

かわいいお城の遊具は、子どもたちの要望によるもの。かつて荷馬車屋街だったため、馬の模様があちこちにあるよ。いくつあるか探してみよう！

🚌 船堀駅～なぎさニュータウン「第六葛西小前」
🅿 なし 🚻 洋式 🪑 長ベンチあり 🌳 木陰、藤棚あり
🎪 あり 🚾 なし 🛝 海賊のブランコ、コンビネーション遊具、鉄棒 🏪 公園東側に自動販売機、葛西中央通り沿いにファミレスあり

こん虫さがししよう!

ふれあいの森 宇喜田公園 北葛西3−5−15

▲いろいろな木々が植えられている

樹木が立ち並ぶこの公園は、植物・昆虫観察にぴったり。木の実のなるのが楽しみな柑橘類、山桃、柿、ざくろの木があるよ!

▲ビワの花

◀リスとオコジョ

- 🚌 船堀駅〜なぎさニュータウン「法蓮寺」
- 🅿 なし　🚻 洋式　🪑 長ベンチあり
- 🌳 木陰たっぷり　🏯 なし　🌸 なし　💧 なし
- 🏪 船堀街道沿いに自動販売機あり　🚬

広場でたこあげする? キャッチボールする?

都立宇喜田公園 北葛西3丁目

遊具広場

災害時には避難場所として機能する広々とした公園。野球やゲートボール、散策を楽しむ人が憩う。テーブル席が豊富なのでランチに◎。遊具広場も。

スポーツ広場

並んで立って ▶

- 🚌 船堀駅〜臨海車庫「宇喜田公園前」
- 🅿 140台収容の大駐車場あり。1時間200円
- 🚻 東側西側共通(和式・洋式・障害者用)
- 🪑 長ベンチ多数あり　🌸 藤棚あり
- 🌳 なし　🏯 なし　💧 遊具の広場あり
- 🏪 船堀街道側・公園西側にコンビニあり

長〜いすべり台はキリンさん

宇喜田川公園 北葛西1−5−10

キリンさんのローラーすべり台は、見かけといい長さといい大満足のすべり心地。立派な柳が目印の棒茅場通り近くの細長〜い公園。キリンのブランコもアリ。

- 🚌 西葛西駅〜新小岩駅「棒茅場」　🅿 なし　🚻 洋式・子ども用便座あり　🪑 長ベンチ多数あり　🌸 藤棚あり　💧 あり
- 🌳 なし　🎠 キリンロングローラーすべり台、キリンブランコ、本格アスレチック、ぶら下がりロープ、スプリング遊具、大すべり台、リフレッシュ遊具　🏪 棒茅場通り沿いに自動販売機、そば屋あり

木々が多くて気持ちいい

宇喜田中央公園

北葛西 4 − 15 − 1

木陰たっぷりのじゃぶじゃぶ池は、山のせせらぎをイメージして造られたもの。夏には子どもたちが大喜び。

水あそび

🚌 船堀駅〜なぎさニュータウン「葛西郵便局」
🅿 なし　🚻 洋式　🪑 長ベンチあり　🌳 木陰、藤棚あり　⛲ あり　🌼 あり　🛝 ブランコ、小さい子向け複合遊具、すべり台、スプリング遊具、ロープジャングルジム、本格アスレチック
🏪 葛西橋通り沿いに総合ディスカウントショップあり

ちょっとひと休み

新川休養公園

北葛西 1 − 21 − 4

新川に面し眺めのよいココは、小さい子やベビーカーママの休憩に◎。腰ひねり遊具は、ママのウエストに効きそう!?

擬宝珠橋を渡って公園へ

🚌 西葛西駅〜新小岩駅「七軒町」　🅿 なし
🚻 洋式・障害者用・子ども用便座あり
🪑 長ベンチ、テーブル席あり
⛲ 少ない　🌼 なし　🛝 なし
🛝 小すべり台、スプリング遊具、リフレッシュ遊具
🏪 棒茅場通り沿いに自動販売機、そば屋あり

超巨大な遊具にびっくり!

宇喜田さくら公園

北葛西 5 − 20 − 1

初めて大きな遊具を見たときはきっとおどろくよ。リングネットや大型の珍しいすべり台で、思いっきり遊べちゃう。もちろん小さい子用遊具もあり。春はさくらの名所。

◀ さくらの広場

🚌 船堀駅〜なぎさニュータウン「宇喜田第一住宅」
🅿 なし
🚻 洋式・子ども用便座あり
🪑 長ベンチ多数あり
⛲ あり
🌳 木陰多い、藤棚あり
🌼 なし
🛝 超大型複合遊具(ロングローラー・大・小すべり台)、ブランコ、スプリング遊具
🏪 葛西中央通り沿いに駄菓子屋あり

29

小さい子も大きい子も大満足

葛西東公園 `東葛西5−26−1`

水あそび

葛西エリアで遊具の種類が一番豊富なうえ、水遊び場まである公園。小さい子向けの遊具が1カ所にまとめられ、目が届きやすくて安心!

🚃「葛西駅」より徒歩10分 🅿 なし 🚻 洋式
🪑 長ベンチ、木のテーブル席あり 🌳 木陰、藤棚あり
🚰 あり 💧 あり 🎠 小さい子向け複合遊具(小すべり台)、スプリング遊具、ジャングルジム、フレンドカップ、鉄棒、ブランコ、大きい子向け複合遊具、リフレッシュ遊具 🥤 公園東側に自動販売機あり

さくらの広場と遊具の広場あり

東葛西さくら公園 `東葛西4−10−1`

敷地が広く、春には桜の名所として知られる。大きい子は広場を駆け回り、小さい子は充実の遊具に大満足! 2022年遊具が新しくなった。

🚃 葛西駅〜葛西臨海公園・コーシャハイム「東葛西6丁目」 🅿 なし 🚻 洋式 🪑 長ベンチあり 🌳 大きな藤棚あり 🚰 あり 💧 なし 🎠 小さい子向け複合遊具(小すべり台)、ターザンロープ、キリンブランコ
🥤 公園西側に自動販売機あり

葛西地区の発展の様子がわかる

仲町公園 `東葛西6−12`

葛西にはかつては牧場があった!

災害時にトイレになるベンチも

2014年にオープンした、まだ新しい公園。そんなに広くはないが、子どもたちが遊べるいろいろな遊具がそろっている。小さな2つの築山、葦池も。中央近くには葛西地区の発展の様子がわかる写真と沿革が書かれたパネルが設置されているので、かつての葛西に触れてみよう。

◀葛西の移り変わりを示す写真パネル

🚃「葛西駅」より徒歩約10分 🅿 なし
🚻 洋式・障害者用 🪑 ベンチあり 🌳 日陰・少ない
🚰 あり(小さい) 💧 なし
🎠 ブランコ、すべり台、小鉄棒、小ロープジャングルジム、滑車、スプリング遊具 🥤 自動販売機

小さい子のための
前津公園
まえつ

東葛西4−48−1

バリアフリー設計のコンパクトな公園は、小さい子が遊ぶには十分の広さ。敷地の約3分の1が芝生広場。

芝生がうれしいね

🚌 葛西駅〜一之江駅「雷上組」
🅿 なし 🚻 洋式 🪑 長ベンチあり
🌳 少ない 🏖 あり 🚰 なし 🛝 小すべり台 🥤 なし

大きなけやきの木がシンボル
東葛西けやき公園

東葛西6−32−8

地域の子どもたちの要望をもとに造られた、遊具のない自由遊びのための公園。桜も楽しめるよ。

🚌 葛西駅〜葛西臨海公園・コーシャハイム「第二葛西小」
🅿 なし 🚻 洋式・障害者用・子ども用便座あり 🪑 長ベンチ多数あり 🌳 少ない
🏖 なし 🚰 なし 🛝 なし
🥤 園内（手洗所横）に自動販売機あり

ライオンとクマがお出迎え
東葛西四丁目公園

東葛西4−26−10

入口にライオン・クマの赤ちゃんがちょこんと座ってお出迎えしてくれる。高鉄棒で懸垂何回できるかな？

🚌 葛西駅〜一之江駅「浦安橋」 🅿 なし 🚻 洋式 🪑 長ベンチあり 🌳 大きな藤棚あり 🏖 あり 🚰 なし 🛝 すべり台、ブランコ、スプリング遊具、高鉄棒 🥤 東側通り沿いに自動販売機あり

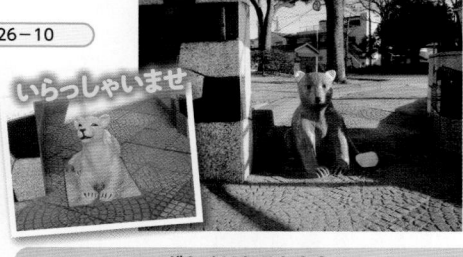

いらっしゃいませ

長いローラーすべり台とめずらしい桜「御衣黄」
雷公園
いかづち

東葛西9−21−1

丘の斜面に造られたロングローラーすべり台でヒャッホー！ 旧江戸川に面しているため、吹く風がさわやか。

長くすべれて大満足♪

▶黄緑色の桜
（御衣黄）
〈ギョイコウ〉

🚌 葛西駅〜一之江駅「雷上組」
🅿 なし 🚻 洋式 🪑 長ベンチあり 🌳 木陰あり
🏖 あり 🚰 なし 🛝 ロングローラーすべり台、キリンブランコ、スプリング遊具
🥤 バス通りに自動販売機あり

どんぐりあるかな？
東葛西どんぐり公園

東葛西9−7−1

仲良く並んだ2つの小山が目印のかわいい公園。広くはないが森のような雰囲気があり、虫や小動物に会えるかも！

みんなででかけよう

🚌 葛西駅〜葛西臨海公園・コーシャハイム「東葛西7丁目」
🅿 なし 🚻 洋式 🪑 長ベンチあり 🌳 木陰多い
🏖 あり 🚰 なし 🛝 複合遊具（ローラーすべり台）、ブランコ、鉄棒、スプリング遊具、リフレッシュ遊具
🥤 公園北側に自動販売機、アリオ前の通り沿いにコンビニと販売機あり

巨大ピラミッドとメガネ橋が目印

わかくさ公園

清新町1−4−18

広々とした公園には、木のテーブル席がたくさんあって、青空ランチにおすすめ！　お友だち家族を誘ってピクニックしよう。

ピラミッド

🚌 船堀駅〜葛西臨海公園、西葛西駅前〜臨海町2丁目団地前「清新町2丁目」🅿️ なし 🚻 洋式・子ども用便座あり 🪑 長ベンチ、東屋、テーブル席多数あり 🌳 木陰多い 🌸 あり ❌ なし 🎪 大きい子向け複合遊具、ジャングルジム、シーソー、大すべり台、ブランコ、スプリング遊具、テニスボード 🏪 清新町健康サポートセンター方面にスーパー、園内手洗所脇に自動販売機あり

里山を思わせる小川で水遊び

さざなみ公園

清新町2−8−5

浅瀬の水遊び場は小さい子の水遊びに最適。公園で遊んだ後は、隣接の清新コミ館で本を借りて帰ろう！

水あそび

緑が心地よい散歩道、夏は水遊びおまかせ

新長島川親水公園

清新町2丁目地先

細長い園内の2カ所にユニークな造りの水遊び場あり。野鳥のさえずりも聞こえる静かな緑道をお散歩してみよう。

水あそび

お水の階段だぁ

🚌 西葛西駅〜なぎさニュータウン、西葛西駅〜葛西臨海公園・臨海車庫「新田住宅」🅿️ なし 🚻 洋式・障害者用 🪑 長ベンチ、芝生あり 🌳 木陰、屋根つきベンチ、休憩小屋あり 🌸 なし ❌ あり 🎪 なし 🏪 虹の広場通り沿いと最下流手洗所前に自動販売機

🚌 船堀駅〜葛西臨海公園、西葛西駅前〜臨海町2丁目団地前「清新町2丁目」🅿️ なし 🚻 洋式・障害者用 🪑 長ベンチ、東屋 🌳 木陰、藤棚あり 🌸 あり ❌ あり 🎪 本格アスレチック、小さい子向けすべり台、ブランコ、スプリング遊具 🏪 隣接の清新町コミュニティ会館内に自動販売機あり

広大な水辺の憩いの場

新左近川親水公園

臨海町2〜3丁目

新左近川沿いの水辺に造られた広大な公園。春は湖畔沿いの桜、バラ、夏は新緑、秋はバラ、冬は冬鳥と、四季を通して景観が楽しめ、ベビーカーママのお散歩コースにおすすめ。2019年6月カヌー場オープン。「多目的カヌー場」では、初心者がカヌーに親しむことができる。（一般100円、小中学生50円/1時間）

🚌 西葛西駅〜臨海町2丁目団地前「臨海町2丁目団地前」、船堀駅〜葛西臨海公園「中左近橋」🅿️ 中左近橋南東側に200台収容駐車場あり* 🚻 デイキャンプ場（和式・洋式・障害者用）、駐車場（和式・洋式・障害者用）、遊具広場（洋式）の3カ所にあり 🪑 長ベンチ多数あり 🌳 藤棚ベンチ多数あり 〈遊具広場〉🌸 なし ❌ なし 🎪 ロングローラーすべり台、スプリング遊具、ぶら下がりロープ、遊具広場 🏪 カヌー場・駐車場公園出入口に自動販売機、臨海町団地側に大型スーパーあり

デイキャンプ場

広々とした芝生が気持ちいい区営のデイキャンプ場。「違法駐車をしない」「ゴミは持ち帰る」などのマナーはしっかり守ろうね！

利用日時 3月〜11月 AM10:00〜PM4:00（予約制）
利用料金 1区画2100円
申し込み 富士公園サービスセンター ☎ 03-3675-5030

▲カヌースラローム場

▲多目的カヌー場

電車でGO! GO!
地下鉄博物館
Subway Museum

ファミリーや友だち同士などが訪れ大賑わい。地下鉄の歴史から電車のしくみなど、とことん学べて遊べちゃう！ 一日中遊んだら、地下鉄博士になれるかも。

入館するときは自動改札を通ります

重要文化財になったー！

貴重な車両を見に行こう
「1000形（1001号車）」

昭和2年12月30日、上野〜浅草間の2.2kmを走った日本初の地下鉄1000形。その車両1001号車が2017年9月に鉄道史、交通史において歴史的価値があるとして国の重要文化財に指定された。同年8月には一般社団法人日本機械学会から「機械遺産第86号」として認定されている。

地面の下ではこんな風に地下鉄が走っている！
「メトロパノラマ」

東京メトロ9路線11本の電車（80分の1）HOゲージが、東京の地下を走る様子を再現。AM11〜、PM1〜、PM2〜、PM3:30〜平日のみ1日4回、電車が走り、その様子を見ながら各路線の解説を聞くことができる。

今日から君も運転士！
「運転シミュレーター」

博物館で一番の人気コーナー。マスコン※を動かし、本物と同じ「千代田線6000系」の動揺装置付き運転シミュレーターの運転体験ができる。「綾瀬〜代々木上原間」全区間を収録し、その区間の運転体験が可能。多くの効果音が聞こえたり、電車の揺れまで体感できるなど、臨場感たっぷり（体験できるのは、小学生以上から）。

また、異なったハンドル型式での運転体験ができる「銀座線」のほか、週替わりでの「有楽町線」「東西線」「半蔵門線」「日比谷線」の簡易シミュレーターも根強い人気。こちらは小学生以下でも体験が可能だ。係員が操作方法を教えてくれるので、初めての人や小さな子どもも、安心して楽しめる。

※マスコン…マスターコントローラーの略で、電車の速度を制御するもののこと。

「地下鉄Q&A」

平成30年12月に問題を一新、音声案内も日本語と英語から選べるようになった。問題は「初級」「中級」「上級」の3レベル。友だちと、家族と一緒に解いて地下鉄博士を目指そう。

隠れた人気スポット
「100形（129号）車両」

昭和13年に製造された100形（129号）車両。平成21年2月、経済産業省から近代化産業遺産として認定を受けた。ドアを開閉したり、マスコンやブレーキを操作して、車両の前の台車にあるモータや車輪を動かすことができる。誰でも運転士気分が味わえるので、ちびっこにも大人気のコーナーだ。

※2022年2月現在、運転室には入れません

人気スポット

INFORMATION

- 🏠 東葛西6-3-1
  （東京メトロ東西線葛西駅下車、葛西駅高架下）
- 🕐 AM10〜PM5（入館はPM4:30まで）
- 🈺 毎週月曜日（祝日・振替休日となる場合は、その翌日）、年末年始（12/30〜1/3）
- 🎫 おとな220円、こども100円（満4歳以上中学生まで）
- ☎ 03-3878-5011　🖥 www.chikahaku.jp

※感染予防対策を実施しての開館のため、HP等で最新情報を確認のうえ来館を

ちゃんとお通じありますか？ 隠れ便秘にご用心！

おかはら胃腸クリニック

　快適な生活を送る上で、便秘は放っておけない問題だ。「一日3回排便があるから大丈夫。下痢気味だから関係ない。と思っている人もいますが、それは隠れ便秘の可能性があります」と院長。

　まず、便秘の症状としては、排便が週2～3回以下、スッキリ感がない、便が固い、お腹が張る、おならの回数が増える…などが挙げられる。「毎食後に排便がある人は、前回の便がきちんと出きっていないから。便秘が悪化して下痢が長引くこともあり、自分で便秘だと気づか

ないケースも多いです」

　大きな要因の一つは「水分不足」。一日1.5ℓの水を、こまめに少量ずつ飲むのが理想。アルコールや緑茶などのカフェインは、体から水分を排出する働きがあるため控えるようにしたい。また、食物繊維を多く含む食事を摂ることも重要。「ほうれん草のお浸しやきんぴらごぼう、豆類など、昔ながらの日本食をバランスよく食べましょう。放っておくと大腸がんなどのリスクも高くなる。少しでも不安なら気軽に来院してください」

院長 岡原 由明
順天堂大学卒。同大学病院等を経て2001年開業。医学博士

住 江戸川区東葛西6-1-17第6カネ長ビル1F
☎ 03-5659-2155
時 月・火・水・金／9:00～12:30 15:00～19:00
　土／9:00～14:00
休 木・日・祝
HP http://www.okahara-clinic.com/

診療科目
胃腸内科・外科

防音に配慮した設備で
患者の気持ちに寄り添う診察・治療を行っています

柴山泌尿器科・内科クリニック

　心を癒す音楽が流れる待合室と、十分な防音を施した診察室。「恥ずかしい・心配だという気持ちを抱えた患者さまの力になりたい」と一人ひとりの気持ちに寄り添った診察・治療を行っている柴山泌尿器科・内科クリニックの柴山太郎院長。

　同クリニックでは、受診当日に尿検査の結果・診断がその場ですぐわかる。また、顕微鏡で見た尿所見をモニターで見ることができる。「尿潜血がある」と診断された人などのために、腎臓や膀胱をはじめとした超音波検査を行うのだ。

　新型コロナウイルス対策として、手指のアルコール消毒液をはじめ、待合室・診察室には紫外線照射装置・空気清浄機・加湿器を設置。患者を第一に考えた安全安心の設備で、いろいろな悩みを持つ患者にとって安心のクリニックだ。

　「トイレが近いなどの泌尿器の違和感はもちろん、いつもと違うなと気になることはなんでもご相談ください」と、柴山院長。開院から18年、患者の安心を支える頼もしい存在として、これからも診察・治療を続けていく。

院長 柴山 太郎
慶應義塾大学医学部卒業。日本泌尿器科学会認定専門医。日本人間ドック学会認定指定医。医学博士

住 江戸川区東葛西6-1-17第6カネ長ビル2F
☎ 03-5675-7223
時 月・火・木・金／9:00～12:30 15:00～18:30
　土／9:00～12:30
休 水・日・祝・土曜午後
HP http://www.shibayama-clinic.com/

診療科目
泌尿器科、男性更年期（ED）、内科（一般）、健康診断、旅行医学、各種予防接種

一般歯科・小児歯科・矯正歯科・口腔外科

歯医者嫌いも勧める、"患者に優しい" 歯科医院

長嶋雄樹 院長

「僕も歯医者が苦手でした」という院長のもと、どんな人でも安心して通えるよう、なるべく「痛くない」「怖くない」「負担が少ない」治療を心がけている。早期発見・予防に特に力を入れ、歯を守り、虫歯・歯周病に効果的な最新のクリーニング機材を導入。駅徒歩1分・平日夜7時まで・土日も診療という通いやすさも患者に優しいポイント。

http://www.claire-shika.com/

クレア歯科医院
☎ 03-3877-1855

江戸川区東葛西6-2-9武企画ビル2 6F
診療時間／平日　9:30～13:30
　　　　　　　15:00～19:00
　　　　　土　9:30～13:00
　　　　　　　14:30～18:00
　　　　　日　9:30～13:00
休診日／木・祝

皮膚科・小児皮膚科

皮膚のトラブルなら、何でも ご相談ください

細谷順 院長

ニキビ、じんましん、湿疹、(爪)水虫、脱毛症、アトピー、イボ、うおのめ、シミ、ピアス、AGA・ED治療、ニンニク・プラセンタ注射など。葛西駅前、徒歩30秒。土・日曜日も夕方5時まで診療。平成4年に開院して以来、30年間で約10万人を超える患者さんを診療。西洋・漢方医学療法から各種注射に至るまで、手腕と実績に自信を持っています。

http://www.hosoyahifuka-clinic.com

細谷皮膚科クリニック
☎ 03-5674-1230

江戸川区中葛西3-37-1-2F
(駅前30秒)
診療時間／月～金10:00～13:00
　　　　　　　14:30～19:30
　　　　　土・日　10:30～13:00
　　　　　　　14:00～17:00
休診日／水・祝・夏季・冬季

整骨院 でからだのメンテナンスを

突き指や捻挫などの急なけが、気にはなってはいるがそのままにしがちな腰の痛みやからだのゆがみなど。
気になることがあったら、国家資格を持つ「柔道整復師」が施術してくれる整骨院を知っておこう。

スポーツ障害、交通事故に強い 子育てママにも安心な鍼灸整骨院

1982年開院。東洋医学と最新機器や技術を日々融合し、交通事故によるけがの迅速な対応、スポーツ障害(日本テニス協会、日本水泳連盟、日本バドミントン協会、陸上競技、バレーボール、ラグビー、プロ野球チームトレーナー在籍)、首・肩・肘・腰・膝の痛みの治療を専門的に行います。各施術における専門家がいるので、相談してみよう。

タナカ整骨院
併設／タナカ鍼灸院
☎03-3687-6103

西葛西3-13-2　休／日・祝
受／月～金 9:00～12:00 15:00～19:00
　　土 9:00～14:00

江戸川区西葛西　タナカ整骨院 [検索]

葛西エリア お花見
Map & Data

春のひとときを楽しませてくれる "桜"。
葛西の桜スポットは多彩。桜前線がやってきたら、散歩に、
宴会に、お気に入りの場所で心ゆくまで花を堪能しよう。

P 駐車場　**🛒** 売店など近くのお店　**🚻** トイレ

↑新川両岸

都立宇喜田公園フラワープロムナード

濃いピンク、淡いピンク、白、いろんな桜がつくる花のトンネル。芝生の土手ではお花見も

↑火の見櫓広場から

1 お花見ウオーキングがおすすめ
新川両岸
P 新川地下駐車場 🚻

新川千本桜　718本　→P14も見てね

西水門から新川口橋まで護岸が整備され、新しく架けられた歩道橋たちと桜の眺めは江戸の風情。春には「新川千本桜まつり」が開催される。

2 ちょうちんで演出
宇喜田さくら公園周辺
北葛西5-20-1　**P** 🚻　92本

公園内も周りの街路樹も桜、桜。リングネットなど大型遊具が子どもたちに大人気の公園。

3 情緒あふれる撮影スポット **P** 🛒 🚻
行船公園
北葛西3-2-1　56本

平成庭園に咲くシダレザクラやソメイヨシノ。池の水面に映る様は情緒あふれ、見とれてしまう。遊具広場近くではお花見も。

↑お花見

4 小川沿いを散歩しながら
新長島川親水公
清新町2地先　🚻　47本

↑緑の中の桜も風情が

〔地図内ラベル〕

小松川千本桜
宇喜田橋
葛西第二中
新川両岸 1
都立宇喜田公園
宇喜田さくら公園周辺 2
葛西橋
行船公園 3
イオン葛西店
サニーモール
スポーツセンター
葛西橋通り
葛西親水 四季の道
西葛西中
南砂町
西葛西駅　東葛西図書館
東西線
葛西駅　地下鉄博物館
浦安
子供の広場
四季の道
葛西警察署前の通り
葛西警察署
東葛西けやき公園
東葛西さくら公園 6
環七通り
雷公園 8
交番
左近川親水緑道
新長島川親水公園 4
新田の森公園
葛西中央通り
東武ストア
葛西南高
東葛西小
ホームズ
葛西店
富士公園
新左近川親水公園 5
左近通り
ファミリースポーツ広場
アリオ葛西
フラワーガーデン 9
なぎさ公園
交番
10
11
オリンピック
12
なぎさニュータウン周辺
東葛西けやき公園
国道357号
葛西臨海公園駅
京葉線
葛西臨海公園 7
舞浜
葛西親水 四季の道
妙見島
新川口橋
葛西親水 四季の道
四季の道
葛西親水
葛西水四季の道

満開の桜と菜の花のコントラストがきれい
11 なぎさ公園 (南葛西7-3) P🚻➡

小高い丘の緑にピンクの桜がさわやか。丘のふもとでも斜面でも子どもたちが駆け回っている。パノラマシャトルが走る道沿いには2月下旬～3月に咲く河津桜も。

←丘のふもとの桜の下で　↑河津桜

←約240mにわたるソメイヨシノの並木
↓駐車場の周りの八重桜。ウコンザクラも

広場で宴会はいかが？
6 東葛西さくら公園
(東葛西4-10-1) P➡ 51本

広場をぐるりと囲むソメイヨシノ。公園の半分は、子どもたちのための遊具広場。

ホテルシーサイド江戸川付近が一番スポット
7 葛西臨海公園 (臨海町6) P🏠➡ 760本

オオシマザクラ、ソメイヨシノ、サトザクラなどが咲き誇る。

見たことある？　黄緑色の
神秘的な桜『御衣黄』(ギョイコウ)
8 雷公園 (東葛西9-21-1) 🏠➡ 10本

公園の北側に1本だけ植えられている『御衣黄』は必見。ソメイヨシノより2週間ほど遅く咲くので、お花見シーズンを逃した人はぜひここで。

御衣黄(ギョイコウ)→

さすが『花の園』見ごたえ十分
9 フラワーガーデン
(南葛西4-9、15) P🏠➡

園内はもちろん、なぎさ公園まで続く遊歩道沿いに咲き誇る桜は見事。中央広場周辺では「江戸川さくらまつり」が開催される。

桜の下でお弁当↑

⑨⑩⑪総合レクリエーション公園 478本

バーベキュー広場あたりが見どころ
10 富士公園 (南葛西6-23) P🏠➡

パノラマシャトルから見る桜並木もおすすめ。

↑バーベキュー広場

この時期団地はピンク一色
12 なぎさニュータウン周辺
(南葛西7-2) P🏠➡ 132本

団地全体に広がる花は幻想的。でも、居住地なので、ご迷惑のないように。

水面と桜の風景を楽しもう
5 新左近川親水公園 (臨海町2～3丁目)

P🏠➡ 442本

材料や器具を持ち込めば、広場でバーベキューもOK。全国でも珍しい淡黄緑色の『ウコンザクラ』が見られる。

↑新左近川マリーナ
※本数は江戸川区ホームページより

37

KASAIを遊ぼ！
年間イベントカレンダー

お金をかけず、移動時間をかけずに、地元で楽しんじゃいましょう！

※現時点（2022.2.28）で未定のところも多いので事前に確認を

 鯉のぼりこどもまつり 4月

〔なぎさニュータウン〕

集合住宅が多い葛西では、「代々の鯉のぼりを泳がせる場所がない」のが現状。南葛西のなぎさニュータウンでは、4月24日から5月5日まで大きな鯉のぼりが団地の空を立ち上るように泳ぐ。

☎090-7261-7987
なぎさニュータウン 鯉のぼり実行委員会（松井）

4月 **小松川千本桜まつり**

区内で最も見応えのあるお花見スポットで、荒川スーパー堤防沿い1.9kmにわたり1000本もの桜が咲き乱れる。大島小松川公園・自由の広場前の会場では特設ステージ、ポニー乗馬、小動物園など催しがたくさん！

🚃 行き方　都営新宿線「東大島駅」から徒歩3分
☎03-3683-5183　小松川事務所地域サービス係

年間イベントカレンダー

	日程	イベント名	会場	所在地/交通	問い合わせ	電話	MEMO
4月	24日〜5月5日（予定）	鯉のぼり掲揚（予定）	なぎさニュータウン中央広場	南葛西7-1	なぎさニュータウン鯉のぼり実行委員会（松井）	090-7261-7987（松井）	大きな鯉のぼりが団地の空を泳ぐ。AM6：30〜PM6まで
	中止	南葛西さくらまつり	フラワーガーデン	南葛西4-9	江戸川区商店街連合会南葛西支部（入船）	03-3688-1605（入船）	桜が見事な中央広場周辺で、模擬店、フリーマーケットなどの催しあり。雨天中止。
	中止	小松川千本桜まつり	小松川千本桜	小松川1〜3丁目	小松川事務所地域サービス係	03-3683-5183	南北1.9kmにわたり、咲き誇る千本の桜が有名。ステージ、ポニー乗馬、小動物園などの催しを予定。
	中止	葛西大師まいり	光明寺を出発	船堀6-8-18	スズキ	03-3689-0964	
	中止	鯉のぼりこどもまつり	なぎさニュータウン管理棟ホール	南葛西7-1	なぎさニュータウン鯉のぼり実行委員会（松井）	090-7261-7987（松井）	
5月	3・4日（予定）	花の祭典	鹿骨スポーツ広場	篠崎町8-5	区都市農業係	03-5662-0539	区内特産の花・農産物のイベント。野菜の即売やガーデニング教室、小松菜関連商品の販売など。
	4日	みどりの日記念日	葛西臨海水族園	臨海町6-2-3	葛西臨海水族園	03-3869-5152	みどりの日を記念して、この日は入園無料。
	4日	ヒツジの毛刈りショー	自然動物園	北葛西3-2-1	自然動物園	03-3680-0777	プロの毛刈り職人の実演とフェルトボール作り体験。子どもたちが毛刈りを体験＆見学。
	こどもの日	こどもの日記念	葛西臨海水族園	臨海町6-2-3	葛西臨海水族園	03-3869-5152	こどもの日を記念して、都外中学生も入園無料に！
	こどもの日	しょうぶ湯	区内全公衆浴場		区商業係	03-5662-0523	邪気を払い、厄難を除くといわれる菖蒲湯はとってもいい香り。小学生以下無料。先着順で飲み物配布。
	8日	母の日感謝の入浴デー	区内全公衆浴場		区商業係	03-5662-0523	母子一緒の入浴の場合、無料！
	中旬（予定）	江戸川区特産バラ品評展示即売会	総合文化センター前芝生広場	中央4-14-1	区都市農業係	03-5662-0539	色とりどりのバラが会場を埋め尽くす。
	26日	さわやか体育祭	陸上競技場	清新町2-1-1	区生きがい係	03-5662-0039	共生社会を実現することを目的に、熟年者、園児やその保護者、障害のある人が一同に会して行われる大規模な運動会。
	未定	お江戸投網月間	各船宿		区都市農業係	03-5662-0539	葛西臨海公園沖で昔ながらの投網を見物後、舟での食事を楽しむ。
	中止	わんぱく相撲江戸川区大会	江戸川区スポーツセンター	西葛西4-2-20	わんぱく相撲事務局（坂本）		区内の小学生が学年・男女ごとに競い、横綱を決める。優勝した男子（4〜6年）は全国大会へ。（問）wanpakuedogawa2020@gmail.com

※日付が明記してあるものは、2022年3月26日〜2023年3月の開催予定です。

左近川で真夏の夜のひとときを

6月 小岩菖蒲園

江戸川河川敷に広がる、100種5万本のハナショウブは必見！ 約2000株のアジサイも楽しめる。無料駐車場もある。

🚌 行き方　バスで都営新宿線「船堀駅」へ。都営新宿線終点「本八幡駅」で京成本線「京成八幡駅」に乗り換え、京成本線「江戸川駅」下車徒歩5分
☎03-5662-0321
区環境部水とみどりの課

7月 左近川イブニングファンタジー

真夏の夜を屋外で満喫できちゃうイベント。新田コミュニティ会館野外東側特設ステージでは、演奏会や子ども向けの映画会が。涼風に吹かれながら、夏ならではのイベントを楽しんで！

☎03-5658-7211　新田コミュニティ会館

7月 金魚まつり

夏の風情たっぷりの江戸川区の伝統産業、金魚の祭典。恒例の無料金魚すくい目当てに、行船公園の釣り池の周りには長蛇の列。さまざまな種類の金魚が水槽に並ぶ展示販売コーナー、江戸風鈴やつりしのぶなどを販売する江戸伝統工芸コーナーなどあり。

☎03-5662-0539　区都市農業係

※日程、内容は変更になることがあります。お出かけの前に連絡先などで確認してください。

	日程	イベント名	会場	所在地/交通	問い合わせ	電話	MEMO
6月	上旬〜中旬	小岩菖蒲園	小岩菖蒲園	北小岩4丁目先	区環境部水とみどりの課	03-5662-0321	見ごろを迎えた100種5万本のハナショウブを愛でながらの散策が楽しめる。
	19日	父の日 感謝の入浴デー	区内全公衆浴場	−	区商業係	03-5662-0523	父子一緒の入浴の場合、無料!
	下旬	八雲神社の祭禮	長島 香取・八雲神社	東葛西2-34-20	長島 香取・八雲神社	03-3680-2070	3年に1度開催される長島町の神社のお祭り。神輿が町内を一日中駆け巡る。次回は2022年開催予定
7月	中旬（予定）	小岩あさがお市	JR小岩駅南口付近商店街	−	区都市農業係	03-5662-0539	
	中旬	棒茅場 八雲神社祭礼	棒茅場 八雲神社	北葛西1-6-14	神社総代表	03-3687-1553	3年に1度の大祭。1日目が宵宮、2日目は祭礼（次回は2023年開催予定）。
	23日	第16回江戸川総合人生大学祭	タワーホール船堀	船堀4-1-1	江戸川総合人生大学事務局	03-3676-9075	学生自ら企画し学びの成果を発表する大学最大のイベント。卒業生や地域の人たちも参加。
	下旬	サマースクール1日飼育体験教室	自然動物園	北葛西3-2-1	自然動物園	03-3680-0777	スタッフと一緒に園内の動物のお世話をしてみよう。区内の小3〜小6の子ども対象。
	下旬	左近川イブニングファンタジー	新田コミュニティ会館	中葛西7-17-1	新田コミュニティ会館	03-5658-7211	屋外ステージで演奏会や子ども向け映画を楽しもう!
	下旬（予定）	江戸川区特産金魚まつり	行船公園	北葛西3-2-1	区都市農業係	03-5662-0539	区伝統産業の金魚の祭典。
	未定	江戸川区民ラジオ体操大会	未定	−	区スポーツ係	03-5662-1636	区内6地区を毎年巡回し、みんなでラジオ体操を実施するイベント。
8月	中旬〜下旬	町・自治会の夏祭り、盆踊り、納涼大会	各自治会内公園・学校など	−	最寄りのコミュニティ会館	−	
	中旬〜下旬	清新サ連ビア・ガーデン	清新町コミュニティ会館前庭	清新町1-2-2	清新町コミュニティ会館	03-3878-1981	近隣住民との交流を目的とした納涼ビア・ガーデン。

10月

江戸川区民まつり

毎年50万人を超える来場者が訪れる都内最大級の祭り。フラダンス、和太鼓などのステージパフォーマンスや、世界各国の食べ物が並ぶ模擬店など見どころ盛りだくさんで、1日では回りきれないかも!?

☎03-5662-0515
区コミュニティ係

みんなで行進だ！

10月 or 11月

葛西市場まつり

葛西が誇る「中央卸売 葛西市場」の祭り。広大な敷地では産地直送野菜が即売され、午前中にはほとんどが売り切れるという盛況ぶり。警察署や消防署のブースなど子ども向けの催しも豊富。大きなステージでのイベントも多数あり、近隣サークルの参加もある。

☎03-3878-2072　葛西市場自治会

年間イベントカレンダー

	日程	イベント名	会場	所在地/交通	問い合わせ	電話	MEMO
9月	17～19日	笑顔いっぱい長寿の集い	各地域のコミュニティ会館など	－	区生きがい係	03-5662-0039	敬老の日前後の週末に、お祝いのイベントを各地域にて開催。
	敬老の日	お背中流し隊	区内全銭湯	－	区孝行係	03-5662-0314	敬老の日、「お背中流し隊」の子ども達がお年寄りの背中を流し交流するボランティアを実施。
	中旬	老人週間	葛西臨海水族園	臨海町6-2-3	葛西臨海水族園	03-3869-5152	60歳以上のお年寄りは入園無料に！
	中旬	清新サークル連合会まつり	清新町コミュニティ会館	清新町1-2-2	清新町コミュニティ会館	03-3878-1981	同館で活動するサークルが日頃の成果を披露する。「笑顔いっぱい長寿の集い」同時開催。
10月	1日	都民の日	葛西臨海水族園	臨海町6-2-3	葛西臨海水族園	03-3869-5152	都民の日を記念して、入園無料に！
	第1土曜・日曜	長島　香取神社の祭り	長島香取・八雲神社	東葛西2-34-20	長島香取・八雲神社	03-3680-2070	土曜が宵宮、日曜が本祭。地域の人々がカラオケ大会、演芸大会などで楽しむ。模擬店が出る。
	上旬	アイススケート場オープン	スポーツランド	東篠崎1-8-1	スポーツランド	03-3677-1711	23区唯一、60m×30mのスケートリンクが5月31日(予定)までオープン。
	9日(予定)	江戸川区民まつり	都立篠崎公園	上篠崎1-25	区コミュニティ係	03-5662-0515	江戸川区最大の秋の祭典。パレードや子ども向けレジャーコーナーあり。
	10日	開園記念日	葛西臨海水族園	臨海町6-2-3	葛西臨海水族園	03-3869-5152	水族園の誕生日を記念して、入園無料！
	10日	銭湯の日	区内全公衆浴場	－	区商業係	03-5662-0523	小学生以下無料。ラベンダー湯。先着順で記念タオル配布。
	中旬(予定)	屋形船ハゼ釣り体験	各船宿	－	区都市農業係	03-5662-0539	

11月 えがおの家まつり

利用者が手作りした陶芸やさをり織りの製品等の自主生産販売をはじめ、保護者会によるバザー、地域自治会による模擬店、各種団体によるアトラクション等。ゲームコーナーもあり。みんなが"えがお"になるお祭り。

☎03-3680-3116　江戸川区立えがおの家

11月 江戸川「食」文化の祭典

地元江戸川の味が手ごろな価格で楽しめるグルメフェア。区特産の小松菜関連商品やえどがわグルメの屋台をはじめ、友好都市・鶴岡市などの特産物がずらりと並ぶ。また、区長杯争奪カラオケ大会も開催。のど自慢たちが熱い歌声を披露する。
※前回開催時の情報を掲載

☎03-5662-0523　区商業係

※日程、内容は変更になることがあります。お出かけの前に連絡先などで確認してください。

	日程	イベント名	会場	所在地/交通	問い合わせ	電話	MEMO
10月	10月〜11月（予定）	江戸川区文化祭	総合文化センター タワーホール船堀	中央4-14-1 船堀4-1-1	区文化課文化振興係	03-5662-1628	美術、書道、俳句などの8種目の日頃の成果を披露。2会場に分かれて開催。
	10月〜11月（予定）	葛西市場まつり	中央卸売葛西市場	臨海町3-4-1	葛西市場自治会	03-3878-2072	産地直送野菜即売。
	10月中旬〜11月下旬(予定)	影向菊花大会	善養寺	東小岩2-24-2	区都市農業係	03-5662-0539	昭和42年に始まった伝統ある菊花会。
	未定	りんかいフェスタ	臨海町コミュニティ会館	臨海町2-2-9	臨海町コミュニティ会館	03-3869-2221	同館で活動するサークルが日頃の成果を披露する。
11月	3日	スポーツセンターまつり	スポーツセンター	西葛西4-2-20	スポーツセンター	03-3675-3811	クイズ大会など子ども向けイベントもたくさん。スポーツ界の有名ゲストが来場することも。
	13日	えがおの家まつり	えがおの家	東葛西5-10-5	えがおの家	03-3680-3116	知的障害者生活介護施設の利用者と地域住民がふれあう祭り。趣向を凝らしたイベントあり。
	上旬（予定）	江戸川「食」文化の祭典	総合文化センター	中央4-14-1	区商業係	03-5662-0523	区内飲食業組合の祭典。物産販売・模擬店のテントがずらり。区長杯争奪カラオケ大会も開催。
	19・20日（予定）	産業ときめきフェア in EDOGAWA	タワーホール船堀	船堀4-1-1	産業ときめきフェア実行委員会事務局	03-5662-0525	区内のものづくり産業の発展を目的とするイベント。
	中旬	北葛西コミュニティ会館サークル発表会	北葛西コミュニティ会館	北葛西2-11-39	北葛西コミュニティ会館	03-5658-7311	同館で活動するサークルが日頃の成果を披露する。
	中旬	南葛西会館サークルフェア	南葛西会館	南葛西6-8-9	南葛西会館	03-3686-9411	同館で活動するサークルが日頃の成果を披露する。

12月 氷上フェスティバル

年に一度、スケートリンク上で繰り広げられる祭り。華麗な演技を披露するフィギュアスケートエキシビジョンや、誰でも参加できるアイスホッケーシューティングゲームなど。

☎03-3677-1711　スポーツランド

1月 寿・初春 新川江戸の賑い

獅子舞や曲芸、玉すだれなどの伝統芸能の披露や、和船の運航など、江戸情緒あふれる正月が楽しめるイベント。「羽根突き」や「たこ揚げ」、「コマ回し」などの昔遊びの道具が借りられるブースは子どもたちに大人気だ。キッチンカーをはじめ近隣飲食店による飲食ブースもある。

☎03-3804-0314　新川さくら館

大江戸すだれ

2月 節分祭

毎年多くの人でにぎわう節分祭。豆まきが夕方ということもあり、家族そろって行けるのも魅力的だ。年男・年女がまくお菓子や紅白餅で福を分けあおう。

☎03-3687-1553
棒茅場八雲神社 総代表

年間イベントカレンダー

	日程	イベント名	会場	所在地/交通	問い合わせ	電話	MEMO
	4日	ボランティアフェスティバル	未定	未定	えどがわボランティアセンター	03-5662-7671	活動内容もさまざまな区内のボランティア団体が活動を発表。
	上旬	新田コミュニティ会館サークル発表会	新田コミュニティ会館	中葛西7-17-1	新田コミュニティ会館	03-5658-7211	同館で活動するサークルが日頃の成果を披露する。
	上旬	氷上フェスティバル	スポーツランド	東篠崎1-8-1	スポーツランド	03-3677-1711	23区唯一のアイススケート場。当日は一般滑走が無料。模擬店、リンク内ではウルトラクイズなど。
12月	冬至の日(22日)	冬至　ゆず湯	区内全公衆浴場	−	区商業係	03-5662-0523	「冬至に入ると無病息災」といわれるゆず入りの風呂が楽しめる。小学生以下無料。先着順で飲み物配布。
	下旬(予定)	区特産正月用花の展示即売会	区内の駅前など7ヵ所(予定)	−	区都市農業係	03-5662-0539	梅、シクラメン、ポインセチアなど季節の花を安価で提供。会場は一部変更する場合もあり。
	31日	除夜の鐘	安楽寺	北葛西1-25-16	安楽寺	03-3689-0976	18時から一般参加可能。毎年、地元青年部がチャリティーで年越しそばを振る舞う。
	31日	除夜の鐘	正圓寺	東葛西3-4-22	正圓寺	03-3689-0727	23時30分から先着108人まで。
	31日	ダイヤと花の大観覧車	葛西臨海公園大観覧車	臨海町6-2	泉陽興業㈱	03-3686-6911	31日10時〜元日朝8時までオールナイト営業。※場合によっては変更あり

走る！走る！

2月 雷の大般若（いかづち）

江戸末期から伝わる雷地区（東葛西4丁目および9丁目）の奇祭。"雷不動"と呼ばれる真蔵院を拠点とし女装の一群が無病息災を願い大般若経の入った大きな箱を担ぎ町内を一日中走り回る。

☎03-3680-4853　真蔵院

※開催日時未定

江戸川区花火大会

豪快なオープニングの後、BGMにのせて趣向をこらした花火が打ち上がる。江戸川区と市川市同時開催のこの花火大会は、打ち上げ数約1万4千発と全国でも最大級。
※前回開催時の情報を掲載

☎03-5662-0523　区商業係

※日程、内容は変更になることがあります。お出かけの前に連絡先などで確認してください。

	日程	イベント名	会場	所在地/交通	問い合わせ	電話	MEMO
1月	1日	初詣	長島香取・八雲神社	東葛西2-34-20	長島香取・八雲神社	03-3680-2070	元日0時からお囃子が始まる。
	1日	元旦祭	棒茅場八雲神社	北葛西1-6-14	神社総代会	03-3687-1553	お神酒・年越しそば・おしるこなどの振る舞いあり。
	2・3日	水族園のお正月	葛西臨海水族園	臨海町6-2-3	葛西臨海水族園	03-3869-5152	お正月ならではのイベントが盛りだくさん。
	5日	寿・初春新川江戸の振い	新川さくら館	船堀7-15-12	新川さくら館	03-3804-0314	昔遊びの道具が借りられるブースや飲食物の出店、曲芸など、催し物が多数行われる。
	成人の日	江戸川区成人式※	総合文化センター	中央4-14-1	健全育成課青少年係	03-5662-1629	記念式典は大ホールで、午前・午後の2回に分けて開催予定。※イベント名は変更予定
	下旬（予定）	小松菜まつり	未定	未定	区都市農業係	03-5662-0539	
2月	3日	節分祭	棒茅場八雲神社	北葛西1-6-14	神社総代会	03-3687-1553	18時より豆まき(8回)。
	8・9日	熟年文化祭	総合文化センター	中央4-14-1	区生きがい係	03-5662-0039	熟年者の区民が芸能、作品、俳句・短歌の3部門に分かれて日頃の成果を披露。
	11日（予定）	鶴岡寒鱈まつり	船堀TOKIビル前広場（予定）	都営新宿線船堀駅前	鶴岡市東京事務所	03-5696-6821	鶴岡直送の鱈たっぷりの「どんがら汁」を販売。物産展あり。
	最終日曜	雷（いかづち）の大般若	真蔵院	東葛西4-38-9	真蔵院	03-3680-4853	女装した男性の一群が、経本の入った箱を担いで町内を走る奇祭。
	下旬〜3月上旬	ひなかざり	なぎさニュータウン管理棟小ホール	南葛西7-1	松井	090-7261-7987	ぼんぼりに灯りをともした2組のひなかざりを展示。
	未定	江戸川区花火大会	都営新宿線「篠崎駅」より徒歩15分（江戸川会場）江戸川河川敷都立篠崎公園先（打ち上げ場所）			03-5662-0523	オープニングは豪快！BGMにのせて趣向をこらした花火が打ち上がる。

葛西ストリート案内 street

Funabori
Sakongawa
Boushiba

これを知っとけば、引っ越したばかりのあなたも立派な"葛西人"です!

愛称のついている道
★『健康の道』
交差点名

★『健康の道』には、距離表示板や、健康サイン(ストレッチ体操ガイド)などが設置されている。
健康作りのため、おおいに活用しようではありませんか!

44

通り名	どんな道?	📍勝手にランドマーク

棒みたいに真っすぐな茅が採れた?

ぼうしば
①棒茅場通り

やっぱり、最初は読めないよね。格子状に整備された道が多いなか、歴史があるんだぞとばかり行船公園から「ナナメ!」に走り、半円形を描いて新川へと続く。「茅場」とは屋根をふくための茅が採れた所。

行船公園

江戸川区のシルクロード（都道308号線）

ふなぼり
②船堀街道

その名のとおり、臨海町から船堀を通ってJR新小岩駅へと続く道。葛西人のメッカ・行船公園、都立宇喜田公園やタワーホール船堀、江戸川区役所、総合文化センターなど、江戸川の文化をつなぐ。

東西線・清砂大橋通り・清新町陸橋の3線が上を走る

本物のレインボーに出合える道

にじのみち＆にじのひろば
③虹の道＆虹の広場通り

東西線西葛西駅から葛西防災公園まで、南に延びる緑豊かな道。通称かいじゅう公園「子供の広場」、「江戸川区球場」、半円形の水のカーテン「虹の広場」、「新田の森公園」、「葛西防災公園」と公園をつなぐ。

虹の広場通りと清砂大橋通りの交差点に構える、江戸川区球場

葛西の最南端へ行こう

みなみかさい
④南葛西通り

東葛西8丁目の新田仲町通り近くから旧江戸川まで、南に延びる。両側はケヤキの並木でゆったりした歩道も。交差する総合レクリエーション公園の鉄橋が上を走り、通り沿いには南葛西会館がある。

総合レクリエーション公園の鉄橋

かつての磯の香りが漂ってきそう

しんでんなかまち
⑤新田仲町通り

棒茅場通りから続く、葛西をナナメに走る道。かつての葛西の海岸線と並行するこの道は、昭和初期の地図にもそれらしき形をとどめている昔からの道。使いこなせるようになれば、かなりの葛西通。

区のスポーツセンター

本名はおカタイので愛称で呼んでね

きよすなおおはし
⑥清砂大橋通り

04年3月、江東区と葛西を結ぶ「清砂大橋」が開通し、この名が愛称に。正式名称は「東京都市計画道路幹線街路事業放射第16号線」! ちなみに、放射とは都心から真っすぐ各地へと延びる道路のこと。

ササキスポーツ。窓には、スポーツ選手のポスター!!

三角とは何ぞや?!

さんかくかさい
⑦三角葛西通り

答えは新川を渡ったところに。葛西図書館前に大きな三叉路があり、その形からここのバス停が「三角」と名づけられた。その後「三角」のある通りは「陣屋通り」となり、新川以南にこの名が残ったもの。

イチョウの並木

自然の恩恵も受けられる(!?)

ほりえなみき
⑧堀江並木通り

清砂大橋通りと新田仲町通りが交差するあたりから近川親水緑道へとつづくヤマモモの並木道。東西線が開通するまでは川で、以前は海苔養殖や釣り舟に使われる"ぺか舟"が停泊していたという。

ヤマモモの実はご近所さんの果実酒の材料に

水と草木が楽しめる憩いスポット

さこんがわ
⑨左近川親水緑道

かつての江戸川の分流のひとつで、河港の役割を果たしていた左近川を整備、水と緑あふれる趣のある道に生まれ変わった。なぎさポニーランド近くから家々の間を流れ、新左近川親水公園までつづく。

環七と交わる付近、仲割川遊歩道からの流れが滝をつくる

ワクワクが止まらない 東京ディズニーリゾート

いつ行っても楽しませてくれる。
進化し続けているから、何度でも行きたい。
いつも夢の国があなたを待っている。

©Disney

Tokyo Disney Land
スペシャルイベント
「ディズニー・イースター」

2022.4.1 ㊎〜6.30 ㊍

春気分を盛り上げるイベントが3年ぶりに開催！ パレードルートではディズニーの仲間たちとウサギの耳がついたタマゴのキャラクター"うさたま"がドタバタ大騒動を繰り広げるパレード「うさたま大脱走！」を公演する。

アニバーサリーイベント
〜2022.9.3(土)まで

東京ディズニーシー®20周年
タイム・トゥ・シャイン！

2021年9月4日に開園20周年を迎えた東京ディズニーシーではアニバーサリーイベントを開催。ミッキーマウスやディズニーの仲間たちと一緒に、幸せな笑顔でキラキラ輝く特別な時間を過ごそう。

ミッキー＆フレンズのハーバーグリーティング
"タイム・トゥ・シャイン！" メディテレーニアンハーバー

水上グリーティングの公演では、キラキラと輝くコスチュームに身を包んだミッキーマウスとディズニーの仲間たちが、20周年のロゴがあしらわれた船に乗ってごあいさつ。みんなで一緒にお祝いしよう。

20周年記念
"ダッフィー＆フレンズのスターリードリームス"
スペシャルグッズ

パークだけでなく自宅でもダッフィーたちと一緒にキラキラとした星空を楽しめるようなアイテムが約30種登場。
※在庫状況により、品切れや販売終了となる場合があります

新テーマポート

2023年度OPEN予定
「ファンタジースプリングス」

『魔法の泉が導くディズニーファンタジーの世界』をテーマに、ディズニー映画の世界が再現される。4つのアトラクション、3つのレストラン、1つのショップ、そしてディズニーホテルが誕生。魅力あふれるファンタジーの世界を楽しめる。

『アナと雪の女王』をテーマにしたエリア。そのほか『塔の上のラプンツェル』『ピーター・パン』を題材にした3つのエリアが広がる

2/1火 リニューアル

東京ディズニーリゾート・
オフィシャルパークファンクラブ

「ファンダフル・ディズニー」

「もっともっとパークを身近に」のコンセプトはそのままに、東京ディズニーリゾート・アプリでメンバー限定グッズが購入できたり、メンバー専用サイトでタイムリーに情報を入手できる。詳しくはHPを！
https://www.tokyodisneyresort.jp/
treasure/funderful/index.html

オリジナルデザインのメンバーズカード

東京ディズニーリゾートMAP

① シェラトン・グランデ・トーキョーベイ・ホテル
② ホテルオークラ東京ベイ
③ ヒルトン東京ベイ
④ グランドニッコー東京ベイ 舞浜
⑤ 東京ベイ舞浜ホテル
⑥ 東京ベイ舞浜ホテル ファーストリゾート
⑦ 東京ディズニーランドホテル
⑧ イクスピアリ
⑨ ディズニーアンバサダーホテル
⑩ 東京ディズニーシー・ホテルミラコスタ
⑪ 東京ディズニーリゾート・トイ・ストーリーホテル
　（2022.4.5オープン）

パークチケットについて

オンライン購入または抽選入園に当選したチケットのみ入園可能。変動価格制のため、日別の価格を確認の上、日付指定券の購入を。販売数の上限に達した時点で販売停止。休園時の対応・チケット変更は、チケットの種類、購入時期により対応が異なる。詳しくは東京ディズニーリゾート・オフィシャルウェブサイトで確認を。

東京ディズニーリゾート・オフィシャルウェブサイト
https://www.tokyodisneyresort.jp/

東京ディズニーリゾート・インフォメーションセンター

東京ディズニーリゾート全般についての問い合わせ、相談
TEL.0570-00-8632
受付時間：10:00〜15:00（年中無休）
※一部のIP電話・国際電話の方は045-330-5211

音声情報サービス

開園時間、混雑状況、チケット情報などの案内
TEL.0570-00-3932（24時間）
※一部のIP電話および国際電話からは利用不可

東京ディズニーリゾート・オンライン予約・購入サイト

https://reserve.tokyodisneyresort.jp/

東京ディズニーリゾート・オンライン予約・購入サポートデスク

東京ディズニーリゾート・オンライン・購入サイトに関する問い合わせ。操作方法や購入した内容についてなど
TEL.045-330-0101
受付時間：10:00〜15:00（年中無休）

※掲載内容は2022年2月末現在のものです　※画像はすべてイメージ

48

葛西カタログ
2022-23

内科はどこ? 公園は?
キーワードで探そ ………………… **50** ページ
「内科」「リサイクルショップ」「インド料理」など
キーワードから項目を探すにはP50の項目別
インデックスが便利です!

あの広告何ページ?
協賛店から探そ ………………… **243** ページ
『葛西カタログ2022-23』の協賛店は、
P243にあいうえお順で一覧を掲載!

近郊路線図 ………	**6**	子育て特集 ………	**73**
公園・遊び場 ……	**16**	コミュニティ館など	**200**
イベント情報 ……	**38**	電車・バス時刻表…	**224**
寺・神社	**58**	コインパーキング…	**240**

マークもフル活用

Ⓣ&Ⓕ 電話番号とファックス番号

Ⓕ ファックス番号

ⒽⓅ ホームページのあるお店です。
詳しい情報をチェックしてみて!

【出前】 **出前をしてくれるお店** …………P138〜140
出前エリア・料金等、詳細を確認のうえ、注文を

【座敷】 **お座敷があるお店** ………………P138〜141

【子・シニア】 **ベビーカー・車イスOKのお店** ……P135〜141

【ネット】 **ネットスーパーあり** …………… P157

【宅配】 **宅配をしてくれるスーパーマーケット** … P157・158
宅配エリア・料金等、詳細を確認のうえ、注文を

【集配】 **集配をしてくれるお店** …………… P165
集配エリア・料金等、詳細を確認のうえ、依頼を

★本文中赤色になっているのは「葛西カタログ2022-23」協賛店です

公共機関	**61**
子育てガイド	**73**
健康（病院・医院）	**83**
シニアガイド	**112**
おしゃれ	**123**
グルメ	**133**
住まい	**147**
くらし	**155**
趣味・ペット・車	**169**
塾・習い事・スポーツ	**181**
コミュニティー	**199**
葛西ガイド	**56 216**
時刻表	**224**

項目別 INDEX

あ
合鍵 156
アイスクリーム 144
アイススケート
→公営スポーツ施設 P190
アクセサリー 131

い
医院 85
居酒屋 142
医師会 207
イタリア料理 137
市場 157
イベント 161
イベントカレンダー 38
衣料品 130
印刷 167
印章・印鑑 167
インターネットカフェ 178
インテリア 149
日用品・生活雑貨 → P149
バラエティ雑貨 → P170
インド料理 138

う
うどん 138
うなぎ 140
運送 161

え
英会話 184
映画館 179
英語塾 185
エステティックサロン 127
エスニック 137
江戸川区長・区議会議員 62
江戸川総合人生大学 191
NTT 66
FM放送局 167
園芸 171
演劇サークル 211

お
オーダーメイド 130
お好み焼き 141
お茶 144

おでん 141
お花見マップ 36
親子サークル 212
親子丼 136
音楽教室 187
音楽個人教授 187
音楽サークル 210
音響工事 150

か
ガーデニング
→園芸・造園 P171
カーテン 148
カー用品 176
絵画 186・211
会館
→コミュニティ会館 P62・200
→南葛西会館 P62・203
会計事務所
→公認会計士 P164
介護 109
介護施設(老人ホーム)→ P110
グループホーム、特別養護
老人ホーム、介護老人保
健施設、介護医療院、養
護老人ホーム、軽費老人
ホーム、有料老人ホーム
介護サービス → P109
介護用品レンタル → P109
介護保険 → P114
海産物 144
カイロプラクティック 106
鍵 156
家具
→ホームセンター P149
→日用品・生活雑貨 P149
学習塾 182
各種療法 106
学生服 129

格闘技 188
学童保育 69
額縁・額装 170
画材 170
葛西事務所 62・198
葛西臨海公園 16・63
傘の修理 131
菓子 144
貸スタジオ 170
貸スペース 170
カジュアルウエア 129
ガス 66
ガソリンスタンド 176
楽器 170
学校 68
合唱サークル 210
家電量販店 148
華道サークル 210
金物 149
カヌー場 195
かばん 131
壁紙 149
カフェ 135
カメラ店 175
カラオケ店 178
カラオケサークル 210
ガラス工芸 171
ガラス工事 149
空手 188・213
カレー 138
カルチャー教室
→総合教室 P187
簡易保育園 71
眼科 93
観光バス 67
韓国料理 137

き
貴金属 131

貴金属などの買取 160
生地 130
着付サークル 210
喫茶店 135
着物 130
きり絵サークル 211
灸 106
求人情報 164
牛丼 136
急病診療所 85
共育プラザ 65
　→子育て関連施設　P65
教会 166
行政書士 164
行船公園 18・63
協同組合 157・207
銀行 156
金融機関 156
空調工事 148
区議会議員 62
くすのきカルチャーセンター
　→熟年者施設　P64
薬 107
くだもの 145
靴 131
靴・傘の修理 131
区民館 62・198
区民健康施設 65・168
区民センター(グリーンパレス)
　→文化施設　P63
区役所・事務所 62
クリーニング 165
グループホーム 110
車 175〜177
け ケアプラン作成
　→介護サービス　P109
経営に関する相談
　→商工会議所　P207

警護サービス 150
警察署 65
形成外科 91
携帯電話 167
軽費老人ホーム 111
警備サービス 150
京葉線 67・226
ケーキ 143
ケーブルテレビ 167
ゲームセンター 178
外科 91
化粧品専門店 128
健康サポートセンター
　　　　　　65・146
健康食品 145
健康体操サークル 215
言語治療 94
検診・健診 94・154
建設 151
建築事務所 151
剣道サークル 213
こ コインランドリー 165
コインパーキング 240
公営スポーツ施設 190
公園 16・63
公共施設 62
公共団体 207
航空写真 175
公証役場 66
紅茶 144
交通機関 67
公認会計士 164
交番 65
工務店 151
高齢者に関する相談
　地域包括支援センター → P63
　介護サービス → P109
　介護保険 → P114

コーラスサークル 210
語学 184
子育て関連施設 65
子育て情報 73
子ども食堂 72
子どもに関する相談 64
子ども服 129
子ども未来館
　→子育て関連施設　P65
呉服 130
米 145
ごみの出し方 237
　リサイクルショップ → P160
コミュニティ会館 62・200
小料理 142
ゴルフ 190
コンタクトレンズ 131
コンビニエンスストア 158
さ サークル 210
サーフショップ 190
斎場 →葬祭業　P166
再生資源回収
　→古着・古布移動回収 P238
魚 144
作業服 129
作文サークル 211
酒 145
雑貨
　インテリア → P149
　日用品・生活雑貨 → P149
　バラエティ雑貨 → P170
サッカー 189・214
茶道サークル 210
産科・婦人科 94
散歩 14

51

項目別 INDEX

し

指圧	106
CATV	167
CD	170
CD レンタル	170
CD 制作	170
ＪＲ	67・226
歯科	95
歯科医師会	95・207
詩吟サークル	210
時刻表	224
寺社	58
自然食品	145
仕出し	134
質店	160
自転車	177
レンタサイクル	→P180
自動車	175〜177
販売(新・中古車)、中古車専	
門、修理・整備、板金・塗装、	
車検、部品・アクセサリー、ガ	
ラス、タイヤショップ	
自動車教習所	177
児童相談所	64
児童発達支援	69
シニアガイド	112
耳鼻咽喉科	93
自費出版	167
司法書士	164
社会活動グループ	207
社会福祉協議会	207
社会保険労務士	164
車検	176
社交ダンスサークル	215
写真サークル	211
写真スタジオ	175
しゃぶしゃぶ	141
就労	65

就労支援	164
ジュエリー	131
塾	182
熟年相談室	
(地域包括支援センター)	63
熟年者施設	64
宿泊施設	65
手芸材料	130
手工芸サークル	211
珠算	186
出版社	167
将棋	186
小規模保育所	71
商工会議所	207
商店会	157
小児科	85
消費者相談	
→消費者センター	P63
消防署	65
ショールーム	151
食事処	138
食料品	145
食器	149
ショットバー	143
ショッピングセンター	157
書店	170
書道	186・211
シルバー人材センター	113
→税務・就労	P65
新川さくら館	203
新川散歩	14
神経科	94
人材派遣・人材サービス	
	161
紳士服	130
神社	58
新体操サークル	214

神仏具	166
新聞社	167
新聞専売所・取扱店	156
信用金庫	157

す

水上バス	17・67
水族園	17・63
水道衛生工事	148
水道局	66
スーパーマーケット	157
すくすくスクール	69
すし	134・140
ステーキ	137
ストリート案内	44
スポーツサークル	213
スポーツ施設	190・192
スポーツクラブ	188
スポーツ用品	171
スマートフォン	
→携帯電話	P167

せ

生花	171
青果	145
声楽サークル	210
生活協同組合	207
生活雑貨	149
インテリア	→P149
日用品	→P149
バラエティ雑貨	→P170
整形外科	91
整骨	103
精神科	94
清掃事務所	65
清掃	161
清掃用機械器具・用品	160
整体	106
青年会議所	207
税務	65

税務所		
→税務・就労	P65	
税理士	162	
石材	166	
セキュリティ	150	
設計事務所	151	
接骨	103	
鮮魚	144	
銭湯	165	
せんべい	143	
専門学校	71	
川柳サークル	211	
そ 造園	171	
総合教室	187	
総合病院	84	
葬祭業	166	
そうじ用具のレンタル	160	
そば	138	
ソフトボールサークル	214	
そろばん	186	
た 太極拳サークル	213	
体操サークル	215	
大正琴サークル	210	
ダイニングバー	143	
ダイビングショップ	190	
タイヤショップ	176	
タクシー	67	
宅配（弁当・ピザ）	134	
畳	149	
卓球	190・214	
建具	149	
多目的ホール	179	
タワーホール船堀	62・132	
ダンス	187・215	
ダンスホール	178	
ち 地域包括支援センター		
（熟年相談室）	63	

地下鉄博物館	33・63	
ちぎり絵サークル	211	
地図	4・5	
中華料理	139	
中国料理	139	
中古車専門販売	175	
駐車場	240	
駐輪場	180	
沈下修正	151	
つ 釣具	171	
釣舟	171	
鶴岡市東京事務所	13・62	
て テイクアウト	134	
DIY		
→ホームセンター	P149	
DPE	175	
DVD	170	
DVD レンタル	170	
鉄板焼き	141	
テニス	189	
寺	58	
電化製品	148	
電器店	148	
電気	66	
電気工事	148	
天丼	136	
てんぷら	140	
と 陶器	149	
東京ディズニーリゾート		
	46	
東京メトロ東西線		
	67・224	
豆腐	145	
動物園	18・63	
動物病院	172	
都営バス	67・227	
特別養護老人ホーム	111	

時計	131	
図書館	62・204	
塗装	149	
都庁	62	
ドラッグストア	107	
トランクルーム	160	
トランポリンサークル	214	
トリミング		
→ペット美容室	P174	
塗料	149	
とんかつ	140	
丼	136	
な 内科	85	
内装工事	150	
に 肉	145	
日用品	149	
日本語学校	185	
日本舞踊	187	
日本料理	140	
乳製品	144	
認可保育園	70	
認証保育所	71	
認定こども園	71	
ね ネイルサロン	127	
年金事務所	65	
年中行事	38	
燃料・燃焼機器	148	
の 農業協同組合	157	
納骨堂	166	
のり	144	
は バー	143	
はぁとポート		
→江戸川区児童相談所	P64	
俳画サークル	211	
バイク販売・修理・買取		
	177	
バイク便	161	

項目別 INDEX

配水管工事
　→水道衛生工事　　　P148
歯医者　　　　　　　　95
ハウスクリーニング　161
博物館　　　　　　33・63
バス　　　　　　　67・227
バスケットボールサークル
　　　　　　　　　　213
パスポート案内
　→区役所・事務所　　P62
パソコン教室　　　　185
パソコン修理・サービス
　　　　　　　　　　164
バッグ　　　　　　　131
バッティングセンター　178
バドミントンサークル　214
花　　　　　　　　　171
バラエティ雑貨　　　170
はり　　　　　　　　106
バレエ　　　　　　　215
バレーボールサークル　213
ハローワーク
　→税務・就労　　　P65
パン　　　　　　　　143
はんこ　　　　　　　167
ひ ピザ（宅配）　　　134
美術館　　　　　　　171
非常持ち出し品リスト　244
引っ越し　　　　　　161
泌尿器科　　　　　　91
皮膚科　　　　　　　91
100円ショップ　　　159
病院　　　　　　　　84
表具・表装　　　　　149
美容室　　　　　　　124
ピラティス　　　　　188
ビリヤード　　　　　178

ビル総合管理　　　　161
ふ ファストフード　　　135
ファッションリサイクル
　　　　　　　　　　160
ファミリー・サポート・
　センター　　　　　82
　→子育て関連施設　P65
ファミリーレストラン　136
フィットネスクラブ　188
福祉機器　　　　　　110
福祉施設　　　　　　64
服飾雑貨　　　　　　131
婦人科　　　　　　　94
婦人服　　　　　　　129
ふすま紙　　　　　　149
仏壇　　　　　　　　166
フットサル　　　　　189
ブティック　　　　　129
不動産　　　　　　　152
ふとん乾燥　　　　　161
フラダンスサークル　215
フラメンコサークル　215
フランス料理　　　　137
古着
　→ファッションリサイクル P160
　→古着・古布移動回収 P238
古本　　　　　　　　170
プログラミング教室　184
文化サークル　　　　210
文化施設　　　　　　62
文具　　　　　　　　170
へ ヘアーサロン　　　　124
ペット　　　　172～174
　ペットショップ、ペットフード、
　ペットクリニック、ペットシッ
　ター、ペット美容室・ホテル、
　ペット葬祭

ベビー服　　　　　　129
ペン習字サークル　　211
弁当　　　　　　　　134
ほ 保育園　　　　　　　70
防音工事　　　　　　150
放課後等デイサービス　69
縫製加工　　　　　　130
包装用品　　　　　　171
包丁　　　　　　　　149
法務局　　　　　　　66
訪問看護ステーション
　→介護サービス　　P109
法律事務所　　　　　164
ボウリング　　　　　178
ボーカルスクール　　187
ボート免許　　　　　190
ホームセンター　　　149
ホームページ制作　　167
保健・衛生　　　　　65
保健所　　　　　　　65
ホテル　　　　　　　179
保養施設　　　　　　168
ボランティア　　　　207
ボランティアセンター　209
ホルモン料理　　　　141
本　　　　　　　　　170
ま マッサージ　　　　　106
マンガ喫茶　　　　　178
マンション管理士　　164
み 水　　　　　　　　　145
水もれ修理　　　　　148
め メガネ　　　　　　　131
も もんじゃ　　　　　　141
や 八百屋　　　　　　　145
屋形船　　　　　　　171
焼鳥　　　　　　　　142
焼肉　　　　　　　　141

野菜	145	
薬局・薬店	107	
ゆ 有償ボランティア	209	
郵便局	66	
郵便番号	55	
有料老人ホーム	111	
輸入食品	145	
よ 洋菓子	143	
養護老人ホーム	111	
幼児教育施設	70	
幼児教室	186	
幼稚園	70	
洋服店	129	
洋服リフォーム	130	
ヨガ	188・214	
予備校	184	

ら ライオンズクラブ　207
ラーメン　139
り リサイクルショップ　160
リフォーム（衣）　130
リフォーム（住）　150
理容室　126
料理　187
旅行代理店　179
リラクゼーション
　→エステティックサロン P127
れ 霊園　166
冷暖房工事　148
歴史　216
レコード制作　170
レジャーランド　179
レストラン　136
レンタサイクル　180

レンタカー　176
レンタル（くらし）　160
　そうじ用具、トランクルーム
レンタル（趣味）　170
　CD・DVD、スタジオ、スペース
レンタルボックス
　トランクルーム　→P160
ろ 老人ホーム　111
路線図　6・20
　→電車 P6、バス P20
ロッククライミング　190
わ 和菓子　143
和裁　187
和食　140
和装小物　130
和太鼓サークル　210
和服裁縫　130

江戸川区郵便番号一覧

以下に掲載がない場合	132-0000	セ 清新町	134-0087	東小岩	133-0052
イ 一之江	132-0024	チ 中央	132-0021	東小松川	132-0033
一之江町	134-0092	ナ 中葛西	134-0083	東篠崎	133-0063
ウ 宇喜田町	134-0082	ニ 新堀（ニイホリ）	132-0001	東篠崎町（ヒガシシノザキマチ）	133-0062
エ 江戸川	132-0013	西一之江	132-0023	東松本	133-0071
（1～3丁目、4丁目1～14番）		西葛西	134-0088	東瑞江	132-0014
江戸川（その他）	134-0013	西小岩	133-0057	平井	132-0035
オ 大杉	132-0022	西小松川町（ニシコマツガワマチ）	132-0032	フ 船堀（フナボリ）	134-0091
興宮町（オキノミヤチョウ）	133-0042	西篠崎	133-0055	ホ 本一色（ホンイッシキ）	133-0044
カ 上一色（カミイッシキ）	133-0041	西瑞江	132-0015	マ 松江	132-0025
上篠崎	133-0054	（3丁目、4丁目3～9番）		松島	132-0031
キ 北葛西	134-0081	西瑞江	134-0015	松本	133-0043
北小岩	133-0051	（4丁目1～2番、10～27番、5丁目）		ミ 瑞江	132-0011
北篠崎	133-0053	二之江町	134-0093	南葛西	134-0085
コ 小松川	132-0034	ハ 春江町	132-0003	南小岩	133-0056
シ 鹿骨（シシボネ）	133-0073	（1～3丁目）		南篠崎町（ミナミシノザキマチ）	133-0065
鹿骨町	133-0072	春江町	134-0003	ヤ 谷河内（ヤゴウチ）1丁目	132-0002
篠崎町（シノザキマチ）	133-0061	（4、5丁目）		谷河内2丁目	133-0002
下篠崎町（シモシノザキマチ）	133-0064	ヒ 東葛西	134-0084	リ 臨海町	134-0086

葛西はこんな街 データ編

面 積	13.9425km²	
世 帯 数	105,901世帯	
人口密度	14,963人／km²	
人 口	208,625人	男 106,472人 女 102,153人

（2022.1.1　住民基本台帳より〈新川以南〉）

交通事故 (人身事故)	332件	1日 0.91件

死亡2人・重傷20人・軽傷374人
（2021年1月～12月末　葛西警察署調べ）

出 生	2,234人	1日	6.1人
死 亡	1,747人	1日	4.8人
転 入	19,023人	1日	52.1件
転 出	17,163人	1日	47件

（2019年1月～12月末　江戸川区調べ）

火 災	48件	7.6日に1件
救急出動	12,004件	1日に32.8件

（2021年1月～12月末　葛西消防署調べ）

葛西の世帯数・人口の推移(新川以南)

- 人口総数 ……………（万人）
- 世帯総数 ──────（万世帯）

59年 臨海町できる

58年 清新町できる

持ち家率
302,663世帯中 139,998世帯
46.3%
(H27年度国勢調査による)<区全体>

昭58 59 60 61 62 63 平元 2 3 4 5 6 7 8 9 10 11 12 13 14 15 16 17 18 19 20 21 22 23 24 25 26 27 28 29 30 31 令2 3 4
（令元）

（各年1月1日　江戸川区役所統計係調べ）

葛西ガイド

■年齢別人口

	男	女	計
0〜9歳	9,375人	8,943人	18,318人
10〜19歳	9,509人	9,237人	18,746人
20〜29歳	15,249人	13,607人	28,856人
30〜39歳	16,077人	14.488人	30,565人
40〜49歳	17,548人	15,988人	33,536人
50〜59歳	16,527人	14,827人	31,354人
60〜69歳	9,941人	9,318人	19,259人
70〜79歳	8,503人	9,568人	18,071人
80〜89歳	3,371人	5,076人	8,447人
90〜99歳	366人	1,060人	1,426人
100歳〜	6人	41人	47人

（2022.1.1現在　住民基本台帳より〈新川以南〉）

0〜9歳 8.8%
10〜19歳 9.0%
20〜29歳 13.8%
30〜39歳 14.7%
40〜49歳 16.1%
50〜59歳 15.0%
〜69歳 9.2%
70〜79歳 8.7%
80〜89歳 4.0%
90歳〜 0.7%

90代以上の人が1473人も

西葛西駅前▶

認可保育施設数と定員

公 立 11園	1,166人
私 立 33園	2,993人
小規模保育 4園	80人
認定こども園 2園	139人

（2021.12.21現在　江戸川区役所資料参考〈新川以南〉）

区立小・区立中に通う人数

小 学 校	17校	11,064人
中 学 校	9校	4,684人

（2021.5.1現在　江戸川区役所資料参考〈新川以南〉）

一日の駅別乗降車人員

西 葛 西 駅	75,736人
葛 西 駅	78,926人
葛西臨海公園駅	9,943人（乗車のみ）

（2020年度）

※文中の新川以南とは、新川より南の地域をさしています。

葛西に多い店ベスト5

1位	美容室	97
2位	不動産	81
3位	歯 科	76
4位	コンビニ	67
4位	学習塾	67

（葛西カタログより）

■外国人住民国籍別人口

総数 35,118人

タイ450人（1.3%）
ミャンマー479人（1.4%）
台湾643人（1.8%）
ネパール1,214人（3.5%）
ベトナム2,742人（7.8%）
フィリピン2,878人（8.2%）
韓国3,896人（11.1%）
インド5,215人（14.8%）
中国14,268人（40.6%）
バングラデシュ359人（1.0%）
その他 2,974人（8.5%）

〈区全体〉

（2022.2.1現在　江戸川区調べ）

葛西ガイド

57

葛西の 寺院・神社

一歩裏通りに入ると趣たっぷりのお寺や神社に出合うことができる葛西。なかでも東葛西1〜3丁目付近は多くの寺社が集中して建立され、お散歩にはおすすめのコース。数百年の歴史を刻む名所や旧跡、何代もの時代を見つめ続けた老木など、見どころもいっぱい。住職や宮司さんに地元の昔話を聞いてみるのも楽しい。

〈安楽寺〉 武田家ゆかりの山門があるお寺

武田家ゆかりの立派な鐘楼門があり、境内には大江藍田の墓、村田権兵衛章栄先生頌徳碑がある。2月15日の涅槃会には、近衛文麿家にあった涅槃図が本堂に飾られるので、行ってみよう。

大晦日は18時より除夜の鐘をつくことができ、地元の青年会による年越しそばがふるまわれる。（一般参加可）。住職による悩み相談室あり。

〈正圓寺〉 樹齢800年の「サルスベリ」は見事な大木

かつて「談林（だんりん）」という仏教の学問所だった由緒ある正圓寺。徳川の将軍が鷹狩りをしたときの御膳所でもあり、将軍家より拝領した葵の御紋入り蒔絵の高杯（非公開）がある。

境内には区指定文化財「庚申塔」、区指定保護樹のサルスベリの木（樹齢800年以上）がある。サルスベリの花や紅葉の時期等、四季折々に楽しめる。

寺社散策マップ

- ㉑ 棒茅場八雲神社
- ① 安楽寺
- ⑪ 法蓮寺
- ⑬ 龍光寺
- ⑫ 妙蓮寺
- ⑮ 称専寺
- ⑩ 東善寺
- ⑭ 梵音寺
- ⑨ 智光院
- ③ 正圓寺
- ⑦ 清光寺
- ② 自性院
- ⑧ 善徳寺
- ⑳ 長島香取・八雲神社
- ⑲ 香取神社
- ④ 正応寺
- ⑯ 天祖神社
- ⑥ 真蔵院
- ⑰ 水神社
- ⑤ 昇覚寺
- ⑱ 香取神社

中川／旧江戸川／荒川

くすのきカルチャーセンター／共育プラザ葛西／行船公園自然動物園／船堀街道／葛西橋／イオン／スポーツセンター／葛西郵便局／葛西橋通り／葛西事務所区民館／西葛西図書館／虹の広場通り／葛西中央通り／葛西海浜水族園の道／環七通り／長島桑川川コミュニティ会館／葛西警察署／浦安橋

西葛西駅　葛西駅　地下鉄東西線

《真蔵院》 雷の大般若は口紅を塗った男性が登場

2月の最終日曜日に行われる「雷の大般若」は160年続く伝統のお祭り。女装した地元の青年たちが大般若経全600巻を100巻ずつ木のつづらに入れ、肩に担いで町内を駆け回る。朝早いけど、その奇祭ぶりを見に行ってみよう（P43「イベントカレンダー」参照）。

本堂のお不動様は、永禄年間（1560年頃）に雷を退治したとして「雷（いかづち）不動」とも呼ばれ、雷の地名の元となった。

▲雷の大般若。着物姿で町中を駆ける

《東善寺》 33年に一度見られる「薬師如来像」があるお寺

1月8日の初薬師では健康増進、家内安全を祈願して護摩が焚かれる。境内には、区の保護樹である幹回り約5mの銀杏の木のほか、四国八十八ヶ所巡礼が叶わぬ人も、参拝できるようにしたお砂踏み修行大師像がある（像を一周してお参りする）。

▲薬師尊御開帳の稚児行列

また、この寺には33年に一度しか見られない貴重な仏像「薬師如来像」（江戸川区指定有形文化財）がある。病気全般、特に眼病平癒の御利益があるといわれている。

《善徳寺》 浄行菩薩で身体の気になるところを治す

善徳寺は昔、法華経道場として葛西領・長島湊で唯一の寺だった。境内にある浄行菩薩は、身体の悪い部分をたわしでこすると治るといわれ、今でも地元の人の信仰を集めている。毎年10月20日には、日蓮上人ゆかりのお会式が行われている。

▲境内には狸や蛙のかわいらしい置き物が並び、心が和む

《長島香取神社》《長島八雲神社》 人情あふれる八雲神社の祭禮

3年に一度行われる「八雲神社の祭禮」は、昭和30年ごろから始まった長島町（東葛西2～5丁目、中葛西2,3丁目）のお祭り。家内安全、町内融和を願い、1日がかりで神輿が町内を練り歩く。6月末の土日に開催され、町内は一日祭り一色に。次回は2022年に開催の予定（変わる場合あり）。

▲香取神社

▲八雲神社の祭禮

《棒茅場八雲神社》 見ごたえ十分の神輿渡御

▲2005年の様子

江戸初期に個人のお宮として作られ、現在は宇喜田の守り神として親しまれている八雲神社。3年に一度『神幸祭（しんこうさい）』が行われる。見どころは神輿渡御で、お囃子を先頭に、山車や獅子頭、子ども神輿、本社宮神輿、青年部神輿と続き、列は150mにもなる。また、お札と一緒に参詣者に配られる『笹だんご』は、煎じて飲むと万病に効くといわれ、これも楽しみ。

葛西ガイド

葛西の寺院・神社データ

▲（雷）香取神社

＜寺院＞

①安楽寺（浄土宗）伊藤顕翁　☎ 03-3689-0976
北葛西1-25-16　　　　　fax 03-3689-7683
◆大江藍田の墓　◆村田権兵衛栄章先生頌
徳碑　★涅槃会（2月15日）　★除夜の鐘
★本堂で寺ヨガ
　毎月第1・3火曜／午前10時半〜11時半
　毎月第2・4日曜／午後3時〜4時
　※詳細はHP（anraku-ji.net）

②自性院（真言宗豊山派）
東葛西2-30-20　　　　☎ 03-3687-0696
◆区指定文化財・観音菩薩庚申塔

③正圓寺（新義真言宗）赤塚明保
東葛西3-4-22　　　　☎ 03-3689-0727
◆区指定文化財・庚申塔　◆区指定保護樹
サルスベリの木　◆葵の御紋入り蒔絵の高
杯（非公開）　★除夜の鐘　★葛西巡礼会
（会員募集中）★写経会（毎月第4日曜）一般
参加可

④正応寺（新義真言宗）赤塚明保
中葛西5-36-17　　　　☎ 03-3675-3926

⑤昇覚寺（真言宗豊山派）
東葛西7-23-17
・本尊阿弥陀如来
◆区指定文化財・鐘楼
◆区指定保護樹クロマツ

⑥真蔵院（真言宗豊山派）東野一丸
東葛西4-38-9　　　　☎ 03-3680-4853
★雷の大般若（2月最終日曜）

⑦清光寺（浄土宗）吉田宏昭
東葛西3-3-16　　　　☎ 03-3680-6651

⑧善徳寺（日蓮宗）矢島哲良
東葛西3-9-17　　　　☎ 03-3689-0514
◆浄行菩薩　★お会式（10月20日）

⑨智光院（浄土宗）
東葛西3-14-3

⑩東善寺（真言宗豊山派）横山良誉
東葛西2-29-21　　　　☎ 03-3680-7691
◆区の保護樹、幹周り約5mの大銀杏
◆お砂踏み修行大師像、像を一周して参拝
◆薬師如来護摩祈願（毎月8日午後2時）

⑪法蓮寺（浄土宗）北川汪二
北葛西4-5-18　　　　☎ 03-3680-0620
・宇田川氏開基の寺。地名として残る宇喜
田新田を開拓した宇田川喜兵衛の菩提寺。

⑫妙蓮寺（日蓮宗）
中葛西1-5-14　　　　☎ 03-3680-2037
・護国護法の神、毘沙門天や浄行菩薩は地
元の信仰を集めている。
★お会式（10月19日）

⑬龍光寺（真言宗豊山派）高橋秋彦
北葛西4-22-9　　　　☎ 03-3689-4910
★初不動護摩供養会（1月15日）
★葛西大師参り（4月21日）
★施餓鬼供養会（6月5日）

⑭梵音寺（曹洞宗）
東葛西2-28-16

⑮称専寺（浄土宗）
東葛西1-38-23　　　　☎ 03-3689-1441

＜神社＞

⑯天祖神社　天照大神を奉斎する
東葛西7-17　　　　☎ 03-5676-0846

⑰水神社
東葛西8-5-12　　　　☎ 03-5676-0846
・水神様を奉斎し、相殿に八雲神社の大神
を奉斎する。

⑱（雷）香取神社
東葛西4-38-11　　　　☎ 03-5676-0846

⑲（新田）香取神社
中葛西5-36-18　　　　☎ 03-5676-0846

[四社共通]　宮司　森
◇天照大神（祭神）を奉斎する天祖神社は、
例祭を11月第1日曜日に行っている。水神社
の相殿に奉斎してある八雲神社の例祭は7月
の第1日曜日、御神輿の渡御は3年に一度行
われる。八雲神社では、例祭の前夜に半年分
の罪穢れを自分自身の名前を書いた人形（ひ
とがた）に託す、大祓神事が行われている。

⑳（長島）香取神社・八雲神社　神職 加藤　明
東葛西2-34-20　　　　☎ 03-3680-2070
★八雲神社の祭禮
（3年に一度。次回2022年予定）

㉑棒茅場 八雲神社
北葛西1-6-14
★3年に一度大祭が行われ、神輿の渡御がある。
（次回は2023年開催の予定）

公共機関

▶**公共施設**…………………………… **62**
江戸川区長、区議会議員、区役所・事務所、図書館、文化施設・会館、公園、動物園、水族館・博物館、熟年相談室（地域包括支援センター）、熟年者施設、福祉施設、子どもに関する相談、子育て関連施設、区民健康・宿泊施設、保健・衛生、税務・就労、警察署・交番、消防署、法務局・公証役場、NTT、電気・ガス・水道、郵便局

▶**交通機関**…………………………… **67**
東京メトロ東西線、JR京葉線、水上バス、都営バス、観光バス、タクシー

▶**学校・教育機関**………………… **68**
学校、すくすくスクール、学童保育、放課後等デイサービス・児童発達支援、幼稚園・幼児教育施設、認可保育園、認証保育所、認定こども園、小規模保育所、簡易保育園、専門学校

★本文中赤色になっているのは「葛西カタログ2022-23」協賛店です
★Ⓕ はFAX番号、Ⓣ＆Ⓕ は電話番号とFAX番号、ⒽⓅ はホームページのあるお店

公共施設

public facilities

区役所・事務所

江戸川区役所　広報課 📱
　中央 1-4-1 ･･････････････････**03-3652-1151**
葛西区民館　中葛西 3-10-1 ･･･**03-3688-0435**
葛西事務所　中葛西 3-10-1 ･･･**03-3688-0431**
　　　　　　　★詳しい情報は P198 へ
鶴岡市東京事務所
　西葛西 7-28-7 ･････････････････**03-5696-6821**
　　　　　　　★詳しい情報は P13 へ
東京都庁
　新宿区西新宿 2-8-1 ･･････････**03-5321-1111**
　パスポート電話案内センター
　･･････････････････････････････**03-5908-0400**

図書館

★詳しい情報は P204 へ
中央図書館　中央 3-1-3 ･･･････**03-3656-6211**
葛西図書館　江戸川 6-24-1 ･･**03-3687-6811**
清新町コミュニティ図書館
　清新町 1-2-2-2F ････････････････**03-3878-1926**
西葛西図書館
　西葛西 5-10-47 ･････････････････**03-5658-0751**
東葛西図書館
　東葛西 8-22-1 ･･･････････････････**03-5658-4008**

文化施設・会館

タワーホール船堀（江戸川区総合区民ホール）
　船堀 4-1-1
　管理事務所 ･･････････････････**03-5676-2211**
　予約受付 ････････････････････**03-5676-2111**
　ブライダル関連 ･･････････････**03-5676-5511**
　えどがわエコセンター
　船堀 4-1-1（タワーホール船堀内）**03-5659-1651**
　　　　　　★タワーホール船堀は P132 へ
江戸川区総合文化センター
　中央 4-14-1 ･････････････････････**03-3652-1111**
小岩アーバンプラザ
　北小岩 1-17-1 ･･･････････････････**03-5694-8151**
東部フレンドホール
　瑞江 2-5-7･･････････････････････**03-5666-1221**
南葛西会館　南葛西 6-8-9 ･･**03-3686-9411**
　　　　　　　★詳しい情報は P203 へ
北葛西コミュニティ会館
　北葛西 2-11-39･･････････････････**03-5658-7311**
新田コミュニティ会館
　中葛西 7-17-1 ･･･････････････････**03-5658-7211**
清新町コミュニティ会館
　清新町 1-2-2 ･･･････････････････**03-3878-1981**
長島桑川コミュニティ会館
　東葛西 5-31-18 ･･･････････････････**03-5679-6022**
東葛西コミュニティ会館
　東葛西 8-22-1 ･････････････････**03-5658-4073**
臨海町コミュニティ会館
　臨海町 2-2-9 ･･･････････････････**03-3869-2221**
　　　　　　　★詳しい情報は P200 へ
小岩区民館　東小岩 6-9-14 ･･**03-3657-7611**

江戸川区民センター（グリーンパレス）
松島 1-38-1 ……………………**03-3653-5151**
消費者センター …………**03-5662-7635**
………………………（相談）**03-5662-7637**
郷土資料室 …………………**03-5662-7176**
ボランティアセンター ……**03-5662-7671**
社会福祉協議会 …………**03-5662-5557**

公園

★詳しい情報は P16 へ

葛西臨海公園サービスセンター **HP**
臨海町 6-2-1 ………………**03-5696-1331**
富士公園サービスセンター
南葛西 6-23 ………………**03-3675-5030**
平成庭園源心庵（行船公園内）
北葛西 3-2-1 ……………………**03-3675-6442**
★公営スポーツ施設は P190 へ

動物園

江戸川区自然動物園（行船公園内）
北葛西 3-2-1 ………………**03-3680-0777**

水族館・博物館

東京都葛西臨海水族園（案内係）**HP**
臨海町 6-2-3 …………………**03-3869-5152**
地下鉄博物館 **HP**
東葛西 6-3-1 ………………**03-3878-5011**
★詳しい情報は P33 へ

熟年相談室（地域包括支援センター）

北葛西熟年相談室暖心苑 **HP**
北葛西 4-3-16 ………………**03-3877-0181**
西葛西熟年相談室なぎさ和楽苑 **HP**
西葛西 8-1-1 …………………**03-3675-1236**
東葛西熟年相談室なぎさ和楽苑
東葛西 7-12-6 ………………**03-3877-8690**
南葛西熟年相談室みどりの郷福楽園
南葛西 4-21-3-1F …………**03-5659-5353**
介護サービスはP109へ、老人ホームはP111へ

NEWS かさい news
2021.9.15

通常メニューに「新型コロナ」や「子育て」「広報」など
江戸川区がLINE公式アカウント開設

　江戸川区では近年、区民の利便性を向上させるため区ホームページの情報量を充実。2019 年 1 月にはスマホでも使いやすいようにリニューアルした。

　新型コロナウイルスの感染が広がった 2020 年は、区内の感染状況や感染防止対策などを積極的に発信。1 年間のアクセス件数は約 2210 万件で過去最高となり、前年の約 1174 万件から倍増した。

　そこで区では、有益な情報を容易に入手できるよう LINE 公式アカウントを導入することに。

　通常メニューでは、ホームページ上で閲覧頻度の高い「新型コロナ」や「子育て」、「広報」「イベント」「施設案内」の 5 項目を配置。「新型コロナ」を選択すると、「ワクチン接種」や区内発生状況」が選択でき、区のホームページへダイレクトにつながる。「子育て」では、「妊娠・出産」や「こどもを預ける」などが選択でき、必要な情報に素早くアクセスできる。

　またトーク上では、簡単な質問に応じる「AIチャットボット」を導入。問い合わせが多い項目の質問に対応している。応答できる項目は随時追加され、今年度（2021 年）中には、区ホームページ上の項目すべてに対応する予定。

　ほかにも、感染者情報やワクチンの追加予約情報など関心が高い情報を随時配信予定。災害時には避難情報などをプッシュ通知でいち早く届ける。配信情報は利用者が必要なものを設定でき、個人のニーズに合った情報が配信される。

　区では「利用者が多いLINEを利用することで、多くの人に情報を発信する手段が整った。広く皆さんに友だち登録してもらい、区民のニーズに合った情報を積極的に発信していきたい」。

熟年者施設

葛西くすのきカルチャーセンター
宇喜田町 191 ……………**03-3686-5898**
★詳しい情報は P112 へ

福祉施設

福祉事務所（生活援護第三課）
東葛西 7-12-6 ……………**03-5659-6610**
なごみの家
葛西南部 清新町 2-7-20(東京福祉専門学校内)
……………**03-5659-0753**
長島桑川 東葛西 6-34-1 …**03-3680-2753**
江戸川区あったかハウス
南葛西 1-1-1-1F……………**03-5662-0031**
江戸川区葛西育成室
宇喜田町 175 ……………**03-3688-8613**
江戸川区立えがおの家
東葛西 5-10-5 ……………**03-3680-3116**
地域活動・相談支援センターかさい
中葛西 2-8-3-2F ……………**03-5679-6445**
就労移行支援事業所 natura
中葛西 2-8-3-1F ……………**03-6808-5291**
江戸川区立障害者支援ハウス
中葛西 2-11-8 ……………**03-5667-1333**

江戸川区立障害者就労支援センター
東小岩 6-15-2 ……………**03-5622-6050**
江戸川区立希望の家
江戸川 5-32-6 ……………**03-3680-1531**
江戸川区立虹の家
西篠崎 2-18-22 ……………**03-3676-3391**
江戸川区立福祉作業所
西小岩 3-25-15 ……………**03-3657-1971**
江戸川区立福祉作業所分室（ベリィソイズ）
北小岩 2-14-17 ……………**03-3672-4905**

子どもに関する相談

江戸川区児童相談所
中央 3-4-18 ……………**03-5678-1810**
★詳しい情報は下記を
江戸川区教育研究所
グリーンパレス教育相談室
松島 1-38-1 ……………**03-5662-7204**
教育電話相談 ……………**03-3655-8200**
いじめ電話相談 ……………**03-3654-7867**
西葛西教育相談室
西葛西 3-11-4 ……………**03-5676-2898**
教育電話相談 ……………**03-5676-3288**
★子育て情報は P73 へ

子どもと保護者の笑顔を守る「心の港」になりたい

江戸川区児童相談所　はあとポート

■**交通** 都営バス（葛西駅→東新小岩四丁目行き）「ＮＴＴ江戸川支店前」下車徒歩４分
　　　（西葛西駅→新小岩駅前行き）「江戸川区役所前」下車徒歩８分
■**開館時間** 月～土ＡＭ８：３０～ＰＭ５
■**休所日** 日・祝日・年末年始
■**場所** 中央３-４-18
■**問い合わせ** ☎03-5678-1810（いいハート）

18 歳未満の子どもに関することであれば、どんな相談にものってくれる総合相談窓口があり、そのほか里親の登録についての手続きや「愛の手帳※」の申請受付も行っている。

また１階には子育て交流会や里親サロンなどが開催できる地域交流スペースもある。

※知的障害者と判定された人が公共料金の割引などの福祉サービスを受けるために必要な手帳

子育て関連施設

共育プラザ葛西
宇喜田町 175 ……………… **03-3688-8611**
子ども未来館
篠崎町 3-12-10 ……………… **03-5243-4011**
ファミリー・サポート・センター
中央 3-4-18 ……………… **03-5662-0364**
子育てひろばは P80 へ

区民健康・宿泊施設

江戸川区立穂高荘 長野県安曇野市穂高有明 2105-22
……………… **0263-83-3041**
予約専用 ……………… **03-5662-7051**
塩沢江戸川荘 新潟県南魚沼市舞子字十二木 2063-29
……………… **025-783-4701**
予約専用 ……………… **0120-007-095**
★詳しい情報は P168 へ
ホテルシーサイド江戸川
臨海町 6-2-2 ……………… **03-3804-1180**
予約専用 ……………… **0120-92-1489**

保健・衛生

江戸川保健所
中央 4-24-19 ……………… **03-5661-1122**
中央健康サポートセンター（江戸川保健所内）
中央 4-24-19 ……………… **03-5661-2467**
葛西健康サポートセンター
中葛西 3-10-1 ……………… **03-3688-0154**
清新町健康サポートセンター
清新町 1-3-11 ……………… **03-3878-1221**
なぎさ健康サポートセンター
南葛西 7-1-27 ……………… **03-5675-2515**
★詳しい情報は P146 へ
東京二十三区清掃一部事務組合江戸川清掃工場
（令和 9 年度まで建て替え工事予定）
江戸川 2-10
葛西清掃事務所
臨海町 4-1-2 ……………… **03-3687-3896**
小松川清掃分室
平井 1-8-8 ……………… **03-3684-6060**

税務・就労

江戸川南税務署
清新町 2-3-13 ……………… **03-5658-9311**
江戸川都税事務所
中央 4-24-19 ……………… **03-3654-2151**
江戸川年金事務所
中央 3-4-24 ……………… **03-3652-5106**
(公社)シルバー人材センター江戸川区高齢者事業団
本部 西小松川町 34-1 …… **03-3652-5091**
葛西分室 宇喜田町 191 …… **03-3686-5341**
小岩分室 東小岩 6-15-2 … **03-3650-3335**
ほっとワークえどがわ
中央 1-4-1 東棟 1F **03-5662-0359**
ヤングほっとワークえどがわ
船堀 3-7-17-6F（船堀ワークプラザ内）
……………… **03-5659-3685**
ハローワーク木場（木場公共職業安定所）
江東区木場 2-13-19 ……… **03-3643-8609**

警察署・交番

葛西警察署 東葛西 6-39-1 … **03-3687-0110**
  宇喜田駐在所 宇喜田町 1035
  江戸川六丁目交番 江戸川 6-7
  葛西駅前交番 中葛西 5-43-21
  葛西橋東交番 西葛西 1-15-14
  共栄橋交番 中葛西 3-27-11
  清新町交番 清新町 2-8-6
  西葛西駅前交番 西葛西 6-15-1
  東葛西五丁目交番 東葛西 4-19-7
  東葛西九丁目駐在所 東葛西 9-4-6
  船堀駅前交番 船堀 3-6-1
  南葛西交番 南葛西 3-16-9
  臨海公園交番 臨海町 6-2-5

消防署

江戸川消防署 中央 2-9-13 … **03-3656-0119**
葛西消防署 中葛西 1-29-1 … **03-3689-0119**
葛西消防署南葛西出張所
南葛西 4-4-12 ……………… **03-3680-0119**

法務局・公証役場

東京法務局江戸川出張所
中央 1-16-2 ················**03-3654-4156**
小岩公証役場
西小岩 3-31-14-5F ············**03-3659-3446**

NTT

NTT
〈新設・移設・各種相談など〉···········**116**
　携帯電話からは ········**0120-116-000**
受 9:00 ～ 17:00 ※年末年始除く
〈故障〉···········**113**
　携帯電話からは ········**0120-444-113**

電気・ガス・水道

東京電力パワーグリッド㈱
（停電など）···········**0120-995-007**
上記番号を利用できない場合
················（有料）**03-6375-9803**
（耳や言葉の不自由な人専用）
················**0120-995-606**
東京ガスお客さまセンター ····**03-6838-9020**
　ガス漏れ通報専用電話 ······**03-6735-8899**
東京ガスライフバル江戸川
江戸川 6-18-4 ················**0120-86-2656**
水道局江戸川営業所
松江 5-4-12 ················**03-5661-5085**
水道局お客さまセンター
（引っ越し・契約の変更）···**03-5326-1100**
（料金など）···········**03-5326-1101**

電気工事・燃料・燃焼機器・水道衛生工事は P148 へ

郵便局

日本郵便㈱葛西郵便局　中葛西 1-3-1
郵便・小包の配達・転居等 **0570-943-353**
集荷 ···········**0800-0800-111**
保険 ···········**0570-943-353**
江戸川北葛西三郵便局
北葛西 3-1-32 ················**03-3680-9930**
江戸川中葛西一郵便局
中葛西 1-49-14 ················**03-3680-9800**
江戸川中葛西五郵便局
中葛西 5-7-16 ················**03-3675-0421**
江戸川長島郵便局
東葛西 5-45-1 ················**03-3689-4411**
江戸川東葛西六郵便局
東葛西 6-8-1 ················**03-3878-3329**
江戸川南葛西六郵便局
南葛西 6-7-4 ················**03-3675-6151**
江戸川臨海郵便局
臨海町 5-2-2 ················**03-3877-7588**
葛西駅前郵便局
中葛西 3-29-19 ················**03-3680-5700**
葛西クリーンタウン内郵便局
清新町 1-3-9 ················**03-3878-1244**
葛西仲町郵便局
東葛西 7-19-16 ················**03-3680-9900**
西葛西駅前郵便局
西葛西 6-8-16 ················**03-3675-7003**
江戸川船堀郵便局
船堀 2-21-9 ················**03-3680-9920**
江戸川春江五郵便局
春江町 5-11-7 ················**03-3689-8456**

交通機関

東西線・京葉線・バスの時刻表は
P224〜236へ

public transport

東京メトロ東西線

葛西駅 中葛西 5-43-11 ……… **03-3688-0866**
西葛西駅 西葛西 6-14-1 …… **03-3688-5834**

JR京葉線

JR東日本お問い合わせセンター
列車時刻、運賃・料金、空席情報
………… (6:00〜24:00) **050-2016-1600**
お忘れ物 … (8:00〜21:00) **050-2016-1601**
外国語 (英語・中国語・韓国語)
(10:00〜18:00、年末年始除く) **050-2016-1603**

水上バス ★詳しい情報はP17へ

東京水辺ライン ……………… **03-5608-8869**

都営バス

東京都交通局江戸川自動車営業所
中葛西 4-9-11 ……………… **03-3687-9071**
東京都交通局江戸川自動車営業所臨海支所
臨海町 4-1-1 ……………… **03-3877-8681**

観光バス

㈱東陽バス事業部 🅗🅟
中葛西 4-16-22 ……………… **03-3688-1424**

タクシー

岩井田タクシー
東葛西 1-10-7 ……………… **03-5667-3666**
日の丸交通 Tokyo-Bay 🅗🅟
臨海町 2-3-11 ……………… **03-5679-6581**
小松川タクシー 松島 1-32-20 **03-3654-2211**
平和自動車交通㈱江戸川営業所
松江 3-1-8 ……………… **03-3651-1183**
ヒノデ第一交通㈱江戸川営業所
中央 3-16-3 ……………… **03-3654-4121**
介護タクシー予約 ……… **03-3655-4611**

より多くの人に関心を持ってほしい
「SDGs ラッピングバス」がお披露目

2021.9.30

SDGs推進月間「SDGs Month in EDOGAWA」の一環として、東京コミュニケーションアート専門学校の生徒がデザインしたSDGs ラッピングバス2台が完成。お披露目が行われた。日常的に目にし親しみのあるバスをラッピングすることで、SDGsへの関心をより高めたいという狙いから企画された。

区から同校にデザインの考案を依頼。79作品の中から、最優秀作品2点を決定した。

都営バスには、前田光さんの作品が採用。「伝わりやすさ」をコンセプトに、濃い紫を基調にした力強い色合いが特徴的。「SDGsのカラーやアイコンを生かし、区の象徴、金魚や花火などのデザインを考えてみた。SDGsを身近に感じてもらうきっかけとなれば」。

一方、京成バスには長谷川遥さんの作品。

区の伝統工芸品・江戸扇子をイメージした17色の鮮やかなデザイン。「幅広い世代に親しみを持ってもらえるよう心がけた。扇が広がるように、SDGsの理念も広まってほしい」と話した。

バスは、12月31日まで区内各路線でほぼ毎日運行された。(現在は運行していない)

▲デザインしたラッピングバスと。前田さん(上)、長谷川さん(下)

学校・教育機関
school

学校

〈小学校〉

宇喜田小学校　北葛西 5-13-1　**03-3689-1291**

葛西小学校　中葛西 2-4-3 ……　**03-3680-9366**

新田小学校　西葛西 8-16-1 …　**03-3675-4681**

清新第一小学校
　清新町 1-4-19 …………………　**03-3878-1271**

清新ふたば小学校
　清新町 1-1-38 …………………　**03-3878-3621**

第二葛西小学校
　東葛西 6-33-1 …………………　**03-3689-0211**

第三葛西小学校
　北葛西 4-2-19 …………………　**03-3680-5111**

第四葛西小学校
　中葛西 8-8-1 …………………　**03-3688-1833**

第五葛西小学校
　北葛西 2-13-33 ………………　**03-3689-6216**

第六葛西小学校
　西葛西 4-5-1 …………………　**03-3688-0485**

第七葛西小学校
　西葛西 7-8-1 …………………　**03-3688-4891**

西葛西小学校
　西葛西 3-9-44 ………………　**03-3686-7640**

東葛西小学校　東葛西 8-23-1　**03-3686-2806**

南葛西小学校　南葛西 5-10-1　**03-3675-0315**

南葛西第二小学校
　南葛西 7-5-9 …………………　**03-3686-1431**

南葛西第三小学校
　南葛西 5-2-1 …………………　**03-3878-3357**

臨海小学校　臨海町 2-2-11 …　**03-5674-2761**

〈中学校〉

葛西中学校　中葛西 2-4-3 ……　**03-3680-3486**

葛西第二中学校
　宇喜田町 1085 ………………　**03-3680-5146**

SDGs 「ともに、生きる。江戸川区プロジェクト！」を本格始動

2021.11.4

　江戸川区は2021年7月1日に、子どもたちが生きる2100年を見据えて人や環境など全てを「共生」の対象とした「ともに生きるまちを目指す条例」を策定。11月4日「ともに、生きる。江戸川区プロジェクト！」（通称：ともプロ！）を開始した。これは区が掲げる「ともに生きる社会の実現」を目指し、区民一人ひとりが「共生社会」の概念を知り、自分事として共生社会への行動をするための情報発信および関連施策を実施していくもの。

　プロジェクトの始動に合わせて、活動指針となる「スローガン」「エンブレム」「ロゴ」を初公開。エンブレムには「江戸川区花火大会」や「豊かな緑地公園」「広大な水面」のほか、江戸川区の紋章である「ハト」を採用するなど、江戸川区らしさを表現。ロゴでは、「ともに、生きる。江戸川区」というスローガンとともに、区の特徴である「川」をブルーのラインで表現している。

　区内の公共施設や学校には、区が目指す共生社会や多様性を表現した「共生社会推進ポスター」を掲示。

　また、オリジナル動画を「江戸川区公式YouTube」で公開。人・社会・経済・環境・未来の5つをメインテーマに、区の考える「共生社会」について分かりやすく解説。そのほか区の取り組みをクイズ形式で学べる「えどがわ未来クエスチョン！」（https://www.edo-con.tokyo/edogawa_future_question/）も公開している。

　直木賞作家・石田衣良さんら江戸川区出身・在住の著名人からは応援コメントが寄せられた。

▲「スローガン」「エンブレム」「ロゴ」のパネルを持つ斉藤猛区長

葛西第三中学校
中葛西 6-6-13 ················· **03-3687-8021**

清新第一中学校
清新町 1-5-14 ················· **03-3878-1281**

清新第二中学校
清新町 2-1-2 ·················· **03-3877-6631**

西葛西中学校
西葛西 5-10-18 ················ **03-3686-7874**

東葛西中学校 東葛西 6-40-1 **03-3675-4761**

南葛西中学校 南葛西 5-12-1 **03-3675-0317**

南葛西第二中学校
南葛西 5-3-1 ··················· **03-3878-3651**

〈高等学校〉

都立葛西南高等学校
南葛西 1-11-1 ················· **03-3687-4491**

都立紅葉川高等学校
臨海町 2-1-1 ·················· **03-3878-3021**

すくすくスクール

宇喜田小学校すくすくスクール
北葛西 5-13-1-1F··············· **070-6444-3819**

葛西小学校すくすくスクール
中葛西 2-4-3-1F ··············· **070-6444-3770**

新田小学校すくすくスクール
西葛西 8-16-1-1F ·············· **070-6444-3817**

清新第一小学校すくすくスクール
清新町 1-4-19 校庭内別棟··· **070-6444-3820**

清新ふたば小学校すくすくスクール
清新町 1-1-38-1F ·············· **070-6444-3830**

第二葛西小学校すくすくスクール
東葛西 6-33-1-1F··············· **070-6444-3779**

第三葛西小学校すくすくスクール
北葛西 4-2-19-1F··············· **070-6444-3781**

第四葛西小学校すくすくスクール
中葛西 8-8-1 体育館 1F······ **070-6444-3789**

第五葛西小学校すくすくスクール
北葛西 2-13-33-1F ············ **070-6444-3790**

第六葛西小学校すくすくスクール
西葛西 4-5-1-3F ··············· **070-6444-3791**

第七葛西小学校すくすくスクール
西葛西 7-8-1-1F ··············· **070-6444-3799**

西葛西小学校すくすくスクール
西葛西 3-9-44-2F ············· **070-6444-3816**

東葛西小学校すくすくスクール
東葛西 8-23-1 校庭内別棟··· **070-6444-3835**

南葛西小学校すくすくスクール
南葛西 5-10-1-1F ·············· **070-6444-3803**

南葛西第二小学校すくすくスクール
南葛西 7-5-9 校庭内別棟··· **070-6444-3804**

南葛西第三小学校すくすくスクール
南葛西 5-2-1-1F ··············· **070-6444-3811**

臨海小学校すくすくスクール
臨海町 2-2-11-1F ·············· **070-6444-3832**

学童保育

明光キッズ葛西（民間学童）**HP**
東葛西 6-7-20-2F ············· **03-3686-3381**

リックキッズ（民間学童）**HP**
葛西校 中葛西 5-32-18-1F **03-5677-1446**

西葛西校
西葛西 3-15-15-2F ············ **03-5677-1446**

放課後等デイサービス・児童発達支援

スマートキッズ **HP**
プラス葛西
東葛西 6-4-3-3 F ············· **03-6808-3233**
内放課後等デイサービス、児童発達支援

プラス北葛西
北葛西 4-22-11-1 F ············ **03-6808-2996**
内放課後等デイサービス

プラス西葛西
西葛西 6-22-16-2 F ··········· **03-6808-6734**
内放課後等デイサービス

ジュニア船堀
北葛西 4-5-7-1 F ·············· **03-6663-8545**
内放課後等デイサービス

日本重症心身障害児支援協会 多機能型ステーション望
中葛西 5-4-4-1 F ·············· **03-3675-3701**
内児童発達支援、放課後等デイサービス

ハッピーテラス **HP**
葛西教室
中葛西 3-16-17-2F ············· **03-6663-9622**
内放課後等デイサービス

西葛西教室
西葛西 7-3-10-5F ············· **03-6663-8561**
内放課後等デイサービス

東葛西教室
東葛西 5-13-13-2F ·············· **03-6240-5441**
内放課後等デイサービス

幼稚園・幼児教育施設

区立船堀幼稚園
船堀 6-11-39 ‥‥‥‥‥‥‥ **03-3675-1131**
宇喜田幼稚園
北葛西 4-3-13 ‥‥‥‥‥‥ **03-3688-6336**
江戸川幼稚園
清新町 1-1-40 ‥‥‥‥‥‥ **03-3675-3374**
江戸川めぐみ幼稚園
北葛西 2-25-15 ‥‥‥‥‥ **03-3688-7771**
葛西めぐみ幼稚園
北葛西 2-25-4 ‥‥‥‥‥‥ **03-5667-1170**
キッズインターナショナル西葛西
西葛西 3-6-7-1F ‥‥‥‥‥ **03-5679-5571**
杉の子育英幼稚園
東葛西 4-27-3 ‥‥‥‥‥‥ **03-5696-5560**
聖いずみ幼稚園
南葛西 4-17-6 ‥‥‥‥‥‥ **03-3688-5550**
清新めぐみ幼稚園
清新町 1-4-17 ‥‥‥‥‥‥ **03-3878-1201**
なぎさ幼稚園
南葛西 7-2-54 ‥‥‥‥‥‥ **03-3675-3370**
ばとうばし幼稚園
中葛西 4-16-11 ‥‥‥‥‥ **03-3689-4413**

認可保育園

区立宇喜田第二保育園
中葛西 4-9-5 ‥‥‥‥‥‥ **03-3687-9977**
区立小島保育園
西葛西 5-8-2 ‥‥‥‥‥‥ **03-3687-3915**
区立新田保育園
西葛西 8-2-1 ‥‥‥‥‥‥ **03-3688-4908**
区立清新第一保育園
清新町 1-3-2 ‥‥‥‥‥‥ **03-3878-1901**
区立清新第三保育園
清新町 2-8-4 ‥‥‥‥‥‥ **03-3878-1943**
区立東葛西保育園
東葛西 9-10-1 ‥‥‥‥‥ **03-3686-2771**
区立堀江保育園
南葛西 3-16-5 ‥‥‥‥‥ **03-3688-7415**
区立堀江第二保育園
南葛西 7-1-6 ‥‥‥‥‥‥ **03-3687-9535**
区立堀江第三保育園
南葛西 7-2-5 ‥‥‥‥‥‥ **03-3675-8860**

区立臨海第一保育園
臨海町 2-2-5 ‥‥‥‥‥‥ **03-3869-5478**
区立臨海第二保育園
臨海町 5-1-2 ‥‥‥‥‥‥ **03-3686-1772**
宇喜田おひさま保育園
北葛西 2-19-1 ‥‥‥‥‥ **03-3687-9559**
葛西おひさま保育園
東葛西 5-29-14 ‥‥‥‥‥ **03-5679-0130**
葛西第二おひさま保育園
中葛西 2-11-13 ‥‥‥‥‥ **03-3687-0130**
北葛西おひさま保育園
北葛西 4-3-23 ‥‥‥‥‥ **03-5659-5051**
新田おひさま保育園
西葛西 8-15-6 ‥‥‥‥‥ **03-3675-1588**
清新おひさま保育園
清新町 1-1-37 ‥‥‥‥‥ **03-5878-0167**
清新第二おひさま保育園
清新町 1-2-1-101 ‥‥‥‥ **03-3878-1922**
中葛西おひさま保育園
中葛西 6-17-15 ‥‥‥‥‥ **03-3689-0010**
西葛西おひさま保育園
西葛西 5-10-12 ‥‥‥‥‥ **03-3688-9892**
南葛西おひさま保育園
南葛西 5-18-1 ‥‥‥‥‥ **03-6808-5312**
葛西駅前さくら保育園
東葛西 5-1-3-2・3F ‥‥‥ **03-3878-0026**
葛西きらきら保育園
東葛西 5-7-19 ‥‥‥‥‥ **03-5676-6011**
グローバルキッズ南葛西園
南葛西 6-19-13-1F ‥‥‥ **03-3877-4581**
サクラナーサリー
中葛西 3-15-6 ‥‥‥‥‥ **03-3686-9687**
白百合保育園　北葛西 4-3-9　**03-3877-8344**
太陽の子東葛西保育園
東葛西7-28-15- 1F ‥‥‥ **03-6663-8235**
たんぽぽ保育園
東葛西 8-19-2 ‥‥‥‥‥ **03-5878-0290**
ちゃいれっく西葛西駅ビル保育園
西葛西 6-7-1 西葛西メトロセンター A 棟 2-4
‥‥‥‥‥‥‥‥‥‥‥‥ **03-5667-9680**
西葛西ちとせ保育園
西葛西2-17-15 ‥‥‥‥‥ **03-5679-7200**
にじのいるか保育園南葛西
南葛西5- 7- 2- 1F ‥‥‥ **03-6240-5010**
フロンティアキッズ葛西
東葛西 6-18-11 ‥‥‥‥‥ **03-3804-3055**

ふきのとう保育園
中葛西 6-4-7 ･････････････ **03-3675-1876**

ほっぺるランド中葛西
中葛西 1-1-15 ･････････････ **03-6456-0590**

ポピンズナーサリースクール中葛西
中葛西 5-21-2 ･････････････ **03-6808-8102**

認証保育所

子ばと保育園 🅗🅟
南葛西 3-24-11 ･･････････ **03-3686-9687**

仲よし保育園 🅗🅟
東葛西 8-5-8 ･･････････････ **03-3675-3883**

ピノキオ幼児舎西葛西園 🅗🅟
西葛西 6-13-7-3F ･･････････ **03-5667-6477**

みのり保育園 🅗🅟
中葛西 5-36-12-2F ･･････････ **03-3688-2981**
(P26 カラーページもご覧ください)

みんなの遊々保育園 🅗🅟
中葛西 4-2-1 ･･････････････ **03-5659-3880**

認定こども園

仲よし駅前保育園 🅗🅟
中葛西 4-12-15 ･･････････ **03-3680-8497**

プレスクール第2仲よしこども園 🅗🅟
中葛西 3-3-6-1F ･･････････ **03-3680-8636**

小規模保育所

おれんじハウス西葛西保育園
西葛西 5-8-3 ･･････････････ **03-6456-0412**

Kid's Patio かさい園
東葛西 6-22-8 ･･････････ **03-3804-7722**

ほっぺるランド西葛西
西葛西 2-22-45-1F ･･････････ **03-6808-0518**

簡易保育園

イーグルインターナショナルスクール
東葛西 6-2-9-5F ･････････ **03-3686-8681**

おれんじオハナ保育園
西葛西 5-8-3 ･･････････････ **03-6456-0412**

ステラエデュケーションガーデン葛西保育園
東葛西 5-37-16-2F ････････ **03-3804-0160**

中葛西幼保園
中葛西 1-31-9-1F ･････････ **03-3804-1333**

専門学校

東京医薬看護専門学校 (旧東京医薬専門学校)
東葛西 6-5-12 ･････････････ **0120-06-1610**

東京俳優・映画＆放送専門学校 🅗🅟
西葛西 3-14-9 ･････････････ **0120-233-557**

東京コミュニケーションアート専門学校 🅗🅟
西葛西 5-3-1 ･････････････ **03-3688-6501**

東京スクール オブ ミュージック＆ダンス専門学校 🅗🅟
西葛西 3-14-8 ･････････････ **0120-532-304**

東京スポーツ・レクリエーション専門学校 🅗🅟
西葛西 7-13-12 ････････････ **03-5696-9090**
0120-61-9090

東京福祉専門学校 🅗🅟
西葛西 5-10-32 ･････････････ **03-3804-1515**

東京ベルエポック製菓調理専門学校 🅗🅟
中葛西 4-2-5 ･････････････ **0120-080-332**

東京ベルエポック美容専門学校 🅗🅟
西葛西 6-28-16 ･･････････ **0120-866-909**

東京メディカル・スポーツ専門学校 🅗🅟
西葛西 3-1-16 ･････････････ **0120-35-2930**

日本語学校は P185 へ

子育て

おいでよ、いっしょにごはん食べよ

えどがわっ子食堂ネットワーク

子ども食堂は、地域のあたたかい思いをたくさんの子どもたちに届けたい。そんな思いで立ち上げられた地域の食堂。それぞれの食堂が特色を持っていて、和やかな中食事を提供している。気軽に利用しよう。

※葛西地区(新川以南)のみ掲載(2022年2月末日現在)

◆かさいあったか子ども食堂
　(中葛西3-33-6マルカハイツ1F)
▽毎月第1水曜日　17:30 ～ 20:00
▽費用　子ども　無料(中学生まで)
　　　　　大人300円
　☎03-3652-7212

◆キッズカフェひばり
(中葛西1-31-51ドエル葛西1-101)
▽不定期
▽費用　子ども300円　　大人 ―
　☎03-5878-1176

◆子どもカフェ in 岩本珈琲
　(北葛西4-1-49)
▽毎月第3水曜日　18:00 ～ 20:00
▽費用　子ども200円(小学生) ／
　　　　　300円(中高校生)　　大人 ―
　☎03-6875-2800

◆南葛西子ども食堂
　(南葛西6-13-12第二パークメゾン102)
▽毎週水曜日　17:30 ～ 20:00
▽費用　子ども200円　大人300円
　☎03-3877-0993

◆一緒がいいね ひなたぼっこ
　(南葛西1-1-1-101南葛西住宅1階あったかハウス)
▽毎月第3日曜日　10:00 ～ 14:00
▽費用　子ども200円　大人400円
　☎03-3675-9670

◆ペンギン子ども食堂
　(南葛西1-1-1-101あったかハウス)
▽毎月第4土曜日　11:00 ～ 13:00
　(なくなり次第終了)
▽費用　子ども100円　大人300円
　☎090-7217-1543

◆こどもレストラン
　(中葛西5-22-14ロングライフ葛西)
▽月2回程度　16:00 ～ 18:00
▽費用　無料

なごみの家 食堂

地域共生社会づくりの拠点で実施している、誰でも参加できる食堂。
〈共通〉▽費用　子ども100円　大人300円
　　　　　(事前申し込み制)

◆長島桑川　☎03-3680-2753
　(東葛西6-34-1)
▽毎月第3または第4水曜日 18:00 ～ 19:30
◆葛西南部　☎03-5659-0753
　(清新町2-7-20東京福祉専門学校内)
▽毎月第3水曜日　18:00 ～ 19:30

葛西ガイド

※新型コロナウイルス感染防止のため、お弁当配付に切り替えたり、開催を見合わせたりしている場合あり。事前に電話で確認を。

■問い合わせ　えどがわっ子食堂ネットワーク　☎03-5662-5560

子育てお役立ち情報

江戸川区は子育てに対する制度が充実している。
不安をふきとばし、安心して出産・子育てするための
知っておきたい子育て情報を紹介。

子育て

妊娠・出産

　安心して出産を迎えるために、保健師等が妊娠・出産・子育てなどのさまざまな相談に応じている。妊娠がわかったら、まず健康サポートセンターで妊娠届を出そう。親子健康手帳（母子健康手帳）が交付され、保健師と面接して母と子の保健バッグ（妊婦健康診査受診票、各種制度・手当の案内等）が渡される。管轄の健康サポートセンターへ。

〈葛西健康サポートセンター〉
☎03-3688-0154
管轄：船堀／宇喜田町／北葛西／春江町５／江戸川５・６／中葛西１～４／一之江町／二之江町／東葛西１～３・５／東葛西４丁目14～28番地、56番地、57番地／西瑞江５
〈清新町健康サポートセンター〉
☎03-3878-1221
管轄：清新町／西葛西／中葛西５～８／臨海町１～４
〈なぎさ健康サポートセンター〉
☎03-5675-2515
管轄：南葛西／臨海町５・６／東葛西４丁目１～13番地、29～55番地、58番地／東葛西６～９

入院助産

▶健康サービス課母子保健係
　☎03-5661-2466
　出産費用に困っている場合に、助産が受けられる（いくつか条件あり）。

ぴよママ相談

▶健康サポートセンター
　妊娠中の出産や子育て等のさまざまな不安や悩みを軽減するため、妊娠届を提出した妊婦全員に、保健師等の専門職員が相談にのってくれる。妊娠中に「ぴよママ相談」を受けると「ぴよママギフト」（こども夢商品券）がもらえる。
　妊婦本人が届出をした場合はその場で、本人以外が届出をした場合は後日、妊娠届の控えと親子健康手帳（母子健康手帳）を持っていけば受けられる。他自治体で妊娠届を提出し転入した場合も母子健康手帳持参のうえ、健康サポートセンターに行けば相談を受けられる。
対象：江戸川区に住所があるか、他自治体で妊娠届を提出し江戸川区に転入した妊婦
受付日：月～金（土日、祝日、年末年始を除く）
受付時間：8:30～16:30

ハローベビー教室

▶健康サポートセンター
　初めて赤ちゃんを迎える妊婦とそのパートナーが対象。保健師・助産師・栄養士・歯科衛生士による講習。平日コース（２日制）と休日コース（１日制）いずれかの選択制で、開催月は各センターで異なる。事前に予約が必要。

子育て

赤ちゃんが家に来たら

　まず、生後14日以内に「出生届け」を葛西区民館内にある葛西事務所（☎03-3688-0431）に提出し、同時に「乳幼児医療証」の発行もしてもらおう。江戸川区は新米ママを支援する制度が充実。親や友だちが近くにいなくて不安なママも安心。

新生児訪問など

▶健康サポートセンター

　区の子育て応援アプリ「ぴよナビえどがわ」から新生児訪問を申請すると、助産師または保健師が、産後の母親と赤ちゃんを家庭訪問。

　また、新生児訪問を希望しない（申請がない）場合は、地域の赤ちゃん訪問員が子育て支援に関する情報を持って訪問する。

　その他にも妊産婦や乳幼児のいる家庭には、必要に応じて保健師が訪問し、相談を受けている。

児童手当

▶児童家庭課手当助成係　☎03-5662-0082

　中学校修了までの国内に居住する児童を養育している人に支給（所得制限あり）。児童1人あたりの支給額は、3歳未満は月額15000円、3歳以上小学校修了前までの第1子・第2子は月額10000円、第3子以降は月額15000円、中学生は月額10000円。所得限度額以上の場合は一律月額5000円（注）。生計中心者による申請が必要。申請月の翌月分から支給。

（注）令和4年10月支給分から、所得上限が設けられ、その上限額以上の場合は支給されない

※申請は児童家庭課手当助成係へ郵送または区役所本庁舎2階4番窓口へ

※申請書はホームページからダウンロード。区役所各事務所の戸籍住民係で配布

※詳しくはQRコード®からチャットボットへ

乳児養育手当

▶児童家庭課手当助成係
　☎03-5662-0082

　0歳児を養育している家庭に支給（所得制限等あり）。手当額は月額13000円。区役所区民課・各事務所の庶務係へ申請を。

※詳しくはQRコード®からチャットボットへ

子ども医療費助成

▶児童家庭課医療費助成係
　☎03-5662-8578

　乳幼児から中学3年生までの児童の保険診療自己負担分および入院時の食事療養費を助成。保護者の所得制限はない。区役所児童家庭課医療費助成係・各事務所の保険年金係へ申請を。

※詳しくはQRコード®からチャットボットへ

子育て応援アプリ「ぴよナビえどがわ」（by母子モ）を登録しよう!

　このアプリでは妊婦の健康状態や子どもの成長記録、予防接種のスケジュール管理ができ、新生児訪問の電子申請もできる。家族で情報を共有できる機能も。また地域の子育て情報や区からのお知らせがタイムリーに受け取れる。

主な機能

【記録・管理】
●妊娠中の体調・体重（グラフ化）
●胎児や子どもの成長記録（グラフ化）
●予防接種：標準接種日の自動表示、接種予定、実績管理
●健診情報：妊婦や子どもの健康診査データを記録
【情報提供・アドバイス】
●妊娠・出産・子育て情報　●子育て動画（沐浴・離乳食など）
●区からのお知らせ（プッシュ通知）
●周辺施設（病院、幼稚園・保育園、子育て施設など）
【育児日記：できたよ記念日】
●子どもの成長を、写真と一緒に記録
【申請】●新生児訪問

養育医療

▶健康サポートセンター

出生体重2000g以下または一定の症状を有する未熟児で、指定の医師が入院養育を必要と認めた世帯には所得に応じ、医療費の一部または全額を公費負担する。

乳幼児の健康診査

▶健康サポートセンター

健診の案内は実施時期にあわせて郵送される。

◆3～4か月頃
　乳児健康診査 →健康サポートセンター
◆6か月および9か月頃
　6～7か月児および9～10か月児健康診査 →指定の医療機関
　※「乳児健康診査」の際、受診票が渡される
◆1歳2か月頃
　1歳児歯科相談（歯ッピー教室）→健康サポートセンター
　※1歳1か月に達する月の下旬に、ハガキで通知。歯科医師による健診ではない

◆1歳6か月頃
　1歳6か月児健康診査 →指定の医療機関
　※1歳5か月に達する月の下旬に受診票を送付
◆1歳7か月頃
　1歳6か月児歯科健康診査 →健康サポートセンター
　※1歳5か月に達する月の下旬に、封書で通知
◆2歳1か月頃
　2歳児歯科相談（歯ウツー教室）→健康サポートセンター
　※2歳に達する月の下旬に、ハガキで通知。歯科医師による健診ではない
◆2歳7か月頃
　2歳6か月児歯科健康診査 →健康サポートセンター
　※2歳5か月に達する月の下旬に、ハガキで通知
◆3歳1か月頃
　3歳児健康診査 →健康サポートセンター
　※3歳に達する月の下旬に、封書で通知
★予防接種の問い合わせは、健康サービス課健康サービス係（☎ 03-5661-2473）、各健康サポートセンターへ

江戸川区家事・育児支援事業「えどがわママパパ応援隊」

　0歳児家庭サポート事業「よちよち応援隊」が支援の対象を拡充し、2022年1月17日から新たに家事・育児支援事業「えどがわママパパ応援隊」として生まれ変わった。子育て経験者が中心となり利用者の自宅でさまざまなサポートを行う。

- -

●問い合わせ・申し込み
　㈱パソナライフケア（委託先）
　☎ 0120-060-366
　（AM9～PM5土日祝除く）
　https://www.pasona-lc.co.jp/edogawaku-mamapapa/
●担当部署　江戸川区児童相談所「はあとポート」相談課事業係
　☎ 03-5678-1810

■対象者　区在住の3歳未満の子ども、または多胎の妊婦がいる家庭（一部保育要件あり）
■利用時間　20～240時間（対象児の年齢やきょうだい構成により異なる）
■利用料金　500円／時（一部減額制度あり）
　※0歳児で保育サービス（認可保育所、認定こども園、認証保育所、保育ママ、地域型保育施設、企業主導型保育施設※一時預かりは除く）を利用していない家庭は年間14時間まで無料
■利用内容　食事の支援・片付け、衣服の洗濯、部屋の清掃、生活用品の買物、きょうだいの世話、育児の介助、検診や買物などの同行
■利用方法　電話かネットから申し込むと3営業日以内に電話かメールで連絡がくる。初回の支援内容と訪問の日程を確認する

学校へあがるまで

より子育てしやすい環境に！
子ども・子育て支援新制度の手引き

　すべての子育て家庭を支援するため制定された「子ども・子育て支援法」に基づき、質の高い幼児期の教育・保育を提供し、子育てひろばや一時預かりなどの子育て支援の充実を図る「子ども・子育て支援新制度」が平成27年4月からスタートした。新制度を理解して子どもや家庭に合った園を探そう。制度や施設の詳細は区のホームページを参照。

子ども・子育て支援新制度

　0〜2歳児の保育の場を増やし、待機児童を減らすことが期待されている新制度。既存の認可保育園や私立幼稚園※を利用するほかに、幼稚園と保育所の機能や特長をひとつにした「認定こども園」や、小規模保育事業、事業所内保育事業等からなる「地域型保育事業」がある。新制度対象施設を利用するためには、区から「保育の必要性の認定」を受ける必要がある。
※新制度へ移行する園と移行しない園があるので、入園を希望する私立幼稚園に問い合わせを

「保育の必要性の認定」の申請について

　認定区分によって、新制度対象の利用できる施設や申請方法が異なる。詳細は区のホームページを参照。
★子ども・子育て新制度の問い合わせ先はP81を

新制度対象園

区立・私立　認可保育園

　区内には区立33園、私立112園の認可保育園がある（2022年4月1日）。居住地域に近い園に限らず、希望の保育園に申し込むことができる。申し込みは通年受け付け。私立の場合、保育時間や保育方針は園により異なる。

認定こども園

　幼稚園と保育園の機能や特長を併せ持つ施設で、区内には4園ある（2022年4月1日）。

新制度に移行した私立幼稚園

　新制度に移行した園は一部なので、詳しくは各幼稚園へ問い合わせを。

小規模保育所

　0〜2歳児を対象に、少人数（定員6〜19人）で家庭的保育に近い雰囲気のもと、きめ細かな保育を行う。入園の申し込み手続きや利用者負担額（保育料）は認可保育園と同様。詳細は保育課保育係（☎ 03-5662-0066）または施設に問い合わせを。

■新制度対象施設利用申請方法

認定区分	対象年齢	保育の必要性	利用できる主な施設	利用申請方法
1号認定	3〜5歳	なし	新制度に移行した私立幼稚園　認定こども園(幼稚園部分)※	私立幼稚園等に入園申し込み・内定後認定申請→入園
2号認定	3〜5歳	あり	認可保育園　認定こども園(保育園部分)※	区に認定の申請と入園申し込み、区分決定後認定、利用調整、通知、面接・健康診断→入園
3号認定	0〜2歳	あり	認可保育園、認定こども園(保育園部分)※、地域型保育事業	区に認定の申請と入園申し込み、区分決定後認定、利用調整、通知、面接・健康診断→入園

※認定こども園希望の申請方法は認定区分に準じる

入園申し込み
（保育園・認定こども園等の場合）

　募集数は入園希望月の前月1日に区のホームページや保育課保育係で公表される。「申込の必要書類」をそろえて保育課保育係または各保育園・認定こども園等へ申し込む。受付期間は入園希望月の前月10日締切り（10日が土日祝の場合は直前の平日）。年度途中でも入園・転園の受け付けをしている。ただし、4月入園は例年入園希望年の前年11月ころが申込期間となる。期間等詳しくは保育課保育係へ問い合わせを。

◆受付期間〈例〉
■2022年8月入園希望
　2022年6月13日（月）～7月8日（金）
■2022年9月入園希望
　2022年7月11日（月）～8月10日（水）
※詳しくは区のホームページ、または江戸川区発行令和4年度版認可保育施設「入園のご案内」を

幼児教育・保育の無償化

　2019年10月から、幼稚園、保育所、認定こども園などの3～5歳児クラスの利用料無償化がスタートしている。また0～2歳児クラスの子どもについては、住民税非課税世帯を対象に無償。認可外保育設備なども一定額まで無償になる。利用するサービスにより、手続きや無償化の対象となる利用料・上限額が異なる。詳しくは下表を。

子育て

■幼児教育・保育の無償化　手続きおよび対象

対象施設・事業	手続き	0～2歳（住民税非課税世帯）	3～5歳
私立幼稚園 （新制度移行園以外）	必要	—	最大月額3.1万円まで無償＊ 入園時期に合わせて 満3歳から対象
私立幼稚園（新制度移行園）、 区立幼稚園	不要	—	無償＊ 入園時期に合わせて 満3歳から対象
幼稚園の預かり保育	必要	最大月額1.63万円まで無償	最大月額1.13万円まで無償
認可保育園等（注1）	不要	無償＊延長保育は対象外	無償＊延長保育は対象外
保育ママ	必要	無償＊雑費は対象外	—
認可外保育施設（注2）、 認証保育所（注3）、一時預かり事業、病児保育事業、ファミリーサポート事業	必要	最大月額4.2万円まで無償	最大月額3.7万円まで無償

注1　小規模・事業所内・認定こども園を含む　注2　国が定める基準を満たしている施設を対象
注3　0～2歳児対象に保育料の負担軽減補助も別途あり
※就学前の障害児の発達支援を利用する子どもについても、3～5歳までの利用料が無償化

【 認定を受ければ必ず
入園できるの？ 】

　認定を受ければ先着順や希望通りに入園できるというわけではなく、認定とは別に保育の必要性に応じて区が利用調整を行い、入園の可否を決定する。
※新制度対象幼稚園は認定の手順が異なる
★申請方法はP76を

【 入園できなかった場合は？ 】

　申し込みの最初の月と希望園を変更した月のみ文書で通知される。年度内は名簿に登録され、毎月利用調整し、入園内定した場合のみ通知される。
　保育施設入園（転園）申込書の有効期限は、申込日から年度末（今年度は2023年3月入園分）まで。
※来年度（2023年4月）以降も入園を希望する場合は、再度申し込みが必要

ベビーシッター利用支援事業
（一時預かり利用支援）令和3年度

▶㈱パソナライフケア（区委託事業者）
　☎0120-060-366
　未就学児の子どもがいる家庭が、リフレッシュなどで東京都の認定したベビーシッター事業者を利用した場合、利用料の一部を補助する。※保育サービスに係る利用料のみ補助対象。入会金、交通費などの料金は対象外
対象：未就学児（0〜6歳）を養育している家庭
補助額の上限：ベビーシッター利用料のうち1時間当たり2500円まで※夜間利用（PM10〜翌AM7）は1時間当たり3500円まで
利用時間の上限：児童一人当たり144時間まで（ふたご・みつごなどの多胎児は年間288時間まで）
※利用にあたっては区HPの記載内容を必ず確認を

発達相談・支援センター　平井4-1-29（小松川区民館隣）

　発達障害は見た目に分かりにくく、特徴のあらわれ方もさまざま。少しでも気になることがあれば、気軽に相談を。
　また、科学的根拠のあるプログラムを用いて、個別療育や集団療育などの児童発達支援・障害児相談支援・保育所等訪問支援を実施。

①相談　月〜金　8時30分〜17時　※面談は予約制
　　18歳以上：発達障害相談センター
　　　　　　　☎03-5875-5401
　　18歳未満：発達相談室「なないろ」
　　　　　　　☎03-5875-5101
　対象者：発達が気になる本人とその家族および支援者
②療育　月〜金　9時〜17時　※要面談
　　児童発達支援センター　☎03-5875-5321
　対象者：1歳6カ月〜就学前の心身の発達、遅れが気になる子ども

認定を受けなくても利用できる施設は？

新制度に移行しない私立幼稚園・幼稚園類似施設・区立幼稚園・認証保育所・認可外施設＊・保育ママは「保育の必要性の認定」を受けずに利用できる。利用希望の場合は、各施設に直接利用申し込みを（保育ママを除く）。
※企業主導型保育所は認定が必要
＊幼児教育・保育無償化により認定が必要になることがある

幼稚園

▶区立：学務課学事係　☎03-5662-1624
区内にある区立幼稚園は船堀幼稚園のみ。
公立・私立共に区のホームページに一覧を掲載。

《区立》
4歳・5歳児対象の2年保育。次年度入園募集は毎年11月ころに行う。年度途中の入園は随時船堀幼稚園で受け付け。
船堀幼稚園では、一時的な時間外保育の「ショートサポート保育」を実施している（有償）。一定の要件を満たした場合、無償化の対象になる。
《私立》
区では私立幼稚園に通う園児の保護者を対象に補助金を交付している。区外に通園する場合も補助対象となる。
入園料補助金…80000円限度（入園時のみ）

※入園情報は江戸川区私立幼稚園協会のホームページ（http://www.eshiyo.com）で
※入園手続きは例年10月15日より各園が願書を配布。11月1日より入園受け付け、および決定

認証保育所

▶子育て支援課施設利用給付係
　☎03-5662-1012
都の認証により区の助成を受けて運営されている保育施設。保護者が直接契約で入所できる。主に駅前など利便性の高い場所に開所され、長時間保育を実施しているところも。申し込みなどは各認証保育所へ。区のホームページに一覧が掲載されている。
また、低所得世帯を対象に、保育料の負担軽減補助を行っている。詳しくは区のホームページを。

保育ママ

▶保育課保育ママ係　☎03-5662-0072
生後9週目から1歳未満（4月1日が基準日）の健康な乳児を、保育ママの自宅で、家庭的な環境と愛情の中で預かってくれる。保育時間は8時半から17時まで（時間外保育は要相談）。働くママにはありがたい制度。費用は月額14000円のほかに雑費がかかる。時間外は別途。

えどがわ子育て応援サイト

🌐 https://www.city.edogawa.tokyo.jp/
kosodate/kosodate_ouen/index.html

子育て中のパパ・ママの"知りたい、聞きたい"子育て情報がこのサイトに集約されている。イベントをはじめ、保育計画や仲間づくりまで、困ったときに役に立つ情報が満載。子育てに関する区の各種制度や施設紹介などをカテゴリー別にわかりやすく表示している。お気に入りに登録してぜひ利用しよう。

子育て・母親交流（子育てひろば）

　就学前の乳幼児と保護者を対象に、自由に遊びながら友だちづくりをし、子育て情報の交換・悩み相談などができる場所が多く設置されている。「子育てひろば」は区内に20カ所あり、さまざまな機関に設けられている。

船堀子育てひろば
　船堀 1-3-1　☎ 03-3877-2549
　月〜土 9:00 〜 16:30（日・祝日は休館）
中葛西子育てひろば
　中葛西 1-2-8 宇喜田ホームズ内
　☎ 03-3804-8168 月〜金 10:00 〜 15:00
　（祝日・年末年始は休館）
堀江子育てひろば
　南葛西 3-16-8　☎ 03-3688-7416
　火〜日 10:00 〜 16:00（祝日は休館）
臨海子育てひろば
　臨海 5-1-2　☎ 03-3686-2340
　火〜日 10:00 〜 16:00（祝日は休館）
共育プラザ葛西子育てひろば
　宇喜田町 175　☎ 03-3688-8611
　火〜日 9:00 〜 17:00（祝日は休館）
※令和4年4月から開室日が変更
　開室日：月〜日 9:00 〜 17:00（年末年始は休館）
共育プラザ南小岩子育てひろば
　☎ 03-3673-2206
　月〜日 9:00 〜 17:00（年末年始は休館）
共育プラザ一之江子育てひろば
　☎ 03-3652-5911
　火〜日 9:00 〜 17:00（祝日は休館）

共育プラザ小岩子育てひろば
　☎ 03-3672-0604
　火〜日 9:00 〜 17:00（祝日は休館）
共育プラザ南篠崎子育てひろば
　☎ 03-3678-8241
　火〜日 9:00 〜 17:00（祝日は休館）
共育プラザ平井子育てひろば
　☎ 03-3618-4031
　月〜日 9:00 〜 17:00（年末年始は休館）
共育プラザ中央子育てひろば
　☎ 03-5662-7661
　月〜日 9:00 〜 17:00（年末年始は休館）
子育てひろば（清新町健康サポートセンター）
　☎ 080-7940-3683 月〜金 9:00 〜 16:00
子育てひろば（葛西健康サポートセンター）
　☎ 03-3688-0154 月〜金 9:00 〜 16:00
子育てひろば（なぎさ健康サポートセンター）
　☎ 03-5675-2515 月〜金 9:00 〜 16:00
子育てひろば（小岩健康サポートセンター）
　☎ 03-3658-3171 月〜金 9:00 〜 16:00
子育てひろば（東部健康サポートセンター）
　☎ 03-3678-6441 月〜金 9:00 〜 16:00
子育てひろば（鹿骨健康サポートセンター）
　☎ 03-3678-8711 月〜金 9:00 〜 16:00
子育てひろば（小松川健康サポートセンター）
　☎ 03-3683-5531 月〜金 9:00 〜 16:00
はあとポート子育てひろば（江戸川区児童相談所内）
　月〜金 9:00 〜 12:00
ベーテルひろば（NPO法人）
　☎ 03-3686-8350
　月・火・水・金 10:00 〜 16:00
　土 11:00 〜 16:00
　＊子育て相談、一時預かりあり

児童虐待SOS

　子どもに対する虐待は子どもの人格形成に重大な影響を与えるだけでなく、生命を危険にさらす可能性もある。解決には、行政機関と地域住民の連携・協力が大切。虐待と感じたら連絡を。

・児童虐待SOS　☎03-5662-5115　　　・江戸川区児童相談所　☎03-5678-1810
・全国共通ダイヤル　☎189
・（福）子どもの虐待防止センター　☎03-5300-2990

＊区のホームページで「児童虐待防止ガイド」を紹介している

子育て

小・中学校

入学

▶学務課学事係　☎03-5662-1624

　入学する年の1月中旬、教育委員会から「就学通知書」が送られてくる。届かないときや私立に通うとき、住所変更したときなどは、区の教育委員会に申し出を。

転校

▶学務課学事係　☎03-5662-1624

　転入・転居の際に発行される「転入学通知書」、それまで通っていた学校が発行した「在学証明書」「教科用図書給与証明書」を指定の学校に持参。

就学援助費

▶学務課学事係　☎03-5662-1624

　国公立等の小学校または中学校でかかる費用に困っている人へ学校生活で必要な費用の一部を援助している。

すくすくスクール

▶教育推進課　すくすくスクール係
　☎03-5662-8132

　小学校の放課後や学校休業日に、校庭・体育館などの施設を利用して、児童がのびのびと自由な活動ができる事業。学校・地域・保護者と連携し、遊びや学び・多くの人とのふれあいを通じて、コミュニケーション力を高め、豊かな心と自ら考え行動する力を育む。

・**対象**…区内在住の小学生（通学している区立小学校で登録。私立小学校などに通学している児童は住まいのある学区域内の区立小学校で登録）
・**登録**…「すくすく登録」と「学童クラブ登録」
・**費用**…補償制度費用（年額500円）
　　　　学童クラブ登録は育成料（月4000円）
学童クラブ延長登録は延長育成料（月1000円）
学童クラブ登録の希望者に補食提供（月1200円）
※減免制度あり
・**活動時間**…平日：放課後〜17:00
　　　　　　　土曜・学校休業日：8:30〜17:00
※学童クラブ登録の場合、平日（学校休業日を含む）は18:00まで
学童クラブ延長登録の場合、平日（学校休業日を含む）は19:00まで
※日曜・祝日・年末年始は休み

子育て

問い合わせ先

●子ども・子育て支援新制度
　→　子育て支援課計画係　　　　☎03-5662-0659
●私立幼稚園・認定こども園（幼稚園部分）・幼稚園類似施設・認証保育所
　→　子育て支援課推進係　　　　☎03-5662-1001
●認可保育園・認定こども園（保育園部分）等の入園申し込み
　→　保育課保育係　　　　　　　☎03-5662-0066
●区立幼稚園　→　学務課学事係　　☎03-5662-1624
●保育ママ　→　保育課保育ママ係　☎03-5662-0072

子育てのお手伝いの 頼みたい と したい をつなぎます

江戸川区 ファミリーサポート

ファミリーサポートは、子育てのサポートを必要とする人（依頼会員）と子育てのお手伝いができる人（協力会員）、それぞれの会員同士の信頼関係に基づき助け合う、ボランティア活動の会員組織。

<援助活動の内容>

■援助できること
・保育園、幼稚園、すくすくスクールなどへの送迎と預かり
・保護者が用事があるときの一時預かりなど

■援助できないこと
・子どもが病気のとき
・洗濯、掃除などの家事援助
・宿泊を伴う活動など

<援助報酬>

■基本援助時間：月～土8：00～19：00
　子ども1人1時間につき800円
■基本時間以外、日・祝・年末年始
　子ども1人1時間につき900円

<会員資格・登録>

■依頼会員
　江戸川区に在住または在勤の人で、援助が必要な子どもを養育している人は入会できる。
　依頼会員になるには、動画視聴後、郵送にて入会。詳細は問い合わせを。
※世帯に1人の登録
※第1子出産前の登録は不可

■協力会員
　江戸川区に在住で、心身ともに健康で安全に適切な援助活動が行える人が入会できる。特別な資格は必要ない。
　協力会員になるには、センターが実施する説明会、基礎研修会を受講する必要がある。研修会日程等、詳細は問い合わせを。

【ファミリー・サポート・センター】
中央3-4-18（児童相談所「はあとポート」内）
☎03-5662-0364　📠03-6231-4378
受付時間：月～金9：00～17：00
※祝日・年末年始を除く

ファミリーサポートのしくみ

江戸川区の子育てハウツー本 えどがわ子育てガイド

区の子育て支援事業や関連施設など、子育てに役立つ情報が満載のガイドブック。子育てひろば（各共育プラザ・健康サポートセンターほか）や区役所2F保育課・児童家庭課の窓口、区役所3F子育て支援課などで閲覧できるほか、WEBでも公開されている。【区公式HP　トップページ > 子育て・教育 > 子育て > えどがわ子育てガイド】で検索しよう。
◇問い合わせ　子育て支援課計画係　☎03-5662-0659

健康

病院・医院

▶**病院へ行く** ……………………… **84**
総合病院・病院、急病診療所、内科・小児科、泌尿器科、
外科・形成外科・整形外科、皮膚科、耳鼻咽喉科、眼科、
神経科・精神科、言語治療、産科・婦人科

▶**歯医者へ行く** …………………… **95**
歯科医師会、歯科

▶**体をほぐす・整える** …………… **103**
接骨・整骨、はり・灸・指圧・マッサージ

▶**各種療法** ………………………… **106**
整体・カイロプラクティック

▶**薬を買う** ………………………… **107**
薬局・薬店

▶**介護** ……………………………… **109**
介護サービス、福祉機器、グループホーム、特別養護老
人ホーム（介護老人福祉施設）、介護老人保健施設、介
護医療院、養護老人ホーム、軽費老人ホーム、有料老人
ホーム

●江戸川区の健診 94
●急病診療所 102
●江戸川区のがん検診 154

★本文中赤色になっているのは「葛西カタログ2022-23」協賛店です
★Ⓕ はFAX番号、Ⓣ＆Ⓕ は電話番号とFAX番号、ⒽⓅ はホームページのあるお店

病院へ行く

hospital

内：内科	整：整形外科
小：小児科	形：形成外科
呼：呼吸器科	皮：皮膚科
呼内：呼吸器内科	泌：泌尿器科
胃：胃腸科	肛：肛門科
消：消化器科	産婦：産婦人科
消内：消化器内科	産：産科
循：循環器科	婦：婦人科
循内：循環器内科	眼：眼科
脳：脳神経内科	耳：耳鼻咽喉科
腎内：腎臓内科	放：放射線科
糖内：糖尿病内科	麻酔：麻酔科
精：精神科	歯：歯科
神：神経科	矯正：矯正歯科
神内：神経内科	口外：歯科口腔外科
心内：心療内科	アレ：アレルギー科
外：外科	リウ：リウマチ科
消外：消化器外科	リハ：リハビリテーション科
脳外：脳神経外科	ペイン：ペインクリニック
心外：心臓血管外科	ドック：人間ドック
乳外：乳腺外科	

総合病院・病院

葛西昌医会病院 🅗🅟
東葛西 6-30-3 ················· **03-5696-1611**
（脳外・循内・消内・消外・内・整・神内・呼内・
腎内・泌・糖内・リハ・麻・形・心外・ドック・
企業健診）
月～土／受 8:00 ～ 12:00（初診 11:00 まで）
診 9:00 ～
月～金／受 13:00 ～ 16:00（初診 15:00 まで）
診 14:00 ～　　　　**休**土午後・日・祝・年末年始

東京臨海病院 🅗🅟
臨海町 1-4-2 ················· **03-5605-8811**
（内・循内・消内・呼内・呼外・神内・リウ・糖内・
腎内・緩和ケア内・精・小・外・乳外・整・形・
脳外・心外・皮・泌・産・婦・眼・耳・放・放射
線治療・救急・麻酔）
受初診・再診 8:00 ～ 11:00
再診（予約）13:00 ～ 16:00
土（第 2・4）8:00 ～ 10:30
※土曜日は原則として予約不可　※健康医学セン
ター併設（人間ドック・健康診断／要予約）
　休第 1・3・5 土・日・祝・年末年始（12/29 ～ 1/3）

森山記念病院 🅗🅟
北葛西 4-3-1 ················· **03-5679-1211**
（脳外・外・消外・整・循内・心外・神内・消内・腎内・内・
泌・大腸肛門外・麻・リハ・歯・口外・化学療
法・透析・救急・糖尿病内分泌・トリガーポイント・
膠原病リウマチ・睡眠時無呼吸・頭痛）
診月～金 8:30 ～ 11:30（受付 7:30 ～ 11:00）
14:30 ～ 17:30（受付 13:45 ～ 16:30）
土 8:30 ～ 11:30（受付 7:30 ～ 11:00）
※脳ドック・健康診断／要予約
※救急 24 時間 365 日
　　　　　　休土午後・日・祝・12/30 ～ 1/3

森山脳神経センター病院 🅗🅟
西葛西 7-12-7 ················· **03-3675-1211**
（脳外・リハ・眼・腎内・循内・内・大腸肛門外・
透析・回復期リハ・手のふるえ）
診月～金 9:00 ～ 12:00（受付 8:15 ～ 11:30）
※眼科は土午前診療あり
　　　　　　休月～土午後・日・祝・12/30 ～ 1/3

急 病 診 療 所

休日急病診療
西瑞江 5-1-6 江戸川区医師会地域医療支援センター内
……………（開設時間内）**03-5667-7775**
（内・小）　診日・祝・年末年始 9:00 ～ 17:00

夜間急病診療
西瑞江 5-1-6 江戸川区医師会地域医療支援センター内
……………（開設時間内）**03-5667-7775**
（内・小）　診 21:00 ～翌 6:00

休日歯科応急診療
東小岩 4-8-6 歯科医師会館内
……（開設時間内）Ⓣ&Ⓕ **03-3672-8215**
（歯）
診日・祝・年末年始 9:00 ～ 17:00（受付 30 分前
まで）※あらかじめ電話で申し込みのうえ受診
★詳しい情報は P102 へ

 医 院

内科・小児科

青木クリニック
宇喜田町 1039-1-1F …………**03-5878-3063**
（内・胃・外）
診月・火・水・金 9:00 ～ 12:00　15:00 ～ 18:30
土 9:00 ～ 12:00　　　　　　　　休木・日・祝

麻生小児科医院 ⒽⓅ
西葛西 6-9-12-2F ……………**03-5659-5220**
（小）　診月～金 9:00 ～ 12:30　14:00 ～ 17:30
土 9:00 ～ 12:30
乳幼児健診・予防接種／月～水 14:00 ～ 15:00
※予約制　専門外来／木午後　休土午後・日・祝

安藤内科医院 ⒽⓅ
東葛西 6-15-16 ………………**03-3689-7309**
（内・胃）
診月～土 9:00 ～ 13:00
月・火・水・金 14:00 ～ 18:00
　　　　　　　　休木午後・土午後・日・祝

医療法人社団清正会　飯塚内科医院
中葛西 3-16-6 ………………**03-3688-0395**
（内・呼内）　受月・火・水・金・土 8:40 ～ 11:30
月・火・水・金 14:50 ～ 18:00　土 14:50 ～ 17:00
　　　　　　　　　　　　　　　休木・日・祝

いがらし内科医院
東葛西 5-46-11 ………………**03-3680-9771**
診 9:30 ～ 12:00　15:30 ～ 18:00
　　　　　　　　休木午後・土午後・日・祝

江戸川クリニック
西葛西 3-8-3………………**03-3687-8933**
（内・精・心内）
診火・金 9:00 ～ 12:30　15:00 ～ 18:00
水 9:00 ～ 12:30
土 9:00 ～ 12:30　14:00 ～ 17:00
　　　　　　　　休水午後・月・木・日・祝

えんどう医院
西葛西 3-19-5 ………………**03-3675-0330**
（内・胃・外・消・肛・放）
診月～土 9:00 ～ 11:30
月・火・木・金 15:30 ～ 17:00
（受付 8:30 ～ 11:30　15:30 ～ 17:00）
※診療は変更あり。問い合わせを
　　　　　　　　休水午後・土午後・日・祝

医療法人社団　由寿会　おかはら胃腸クリニック ⒽⓅ
東葛西 6-1-17-1F …………**03-5659-2155**
（胃腸内・外）
診月～金 9:00 ～ 12:30　15:00 ～ 19:00
土 9:00 ～ 14:00　　　　　　　　休木・日・祝
（P34 カラー・健康特集もご覧ください）

おがはら循環器・内科 ⒽⓅ
西葛西 3-15-5-1F ……………**03-3680-2525**
（内・循内・呼内・消内）
診月・火・水・金・土 9:00 ～ 12:30　15:00 ～ 18:30
※受付時間は診療終了 30 分前まで　休木・日・祝

〈次ページへつづく〉

健康

85

内科・小児科〈前頁から〉

尾花循環器クリニック 🅗
西葛西 5-4-12 ················· **03-5878-0878**
（循内・血管外・内）
診 9:00 ～ 12:30　14:30 ～ 18:00（土 14:00 まで）
休水午後・日・祝

葛西小児科 🅗
東葛西 6-23-17 ················· **03-5675-2501**
（小）
診月・火・木・金 9:00 ～ 12:00　16:00 ～ 18:00
土 9:00 ～ 12:00
乳児健診・予防接種／月・火・木・金　※予約制
休土午後・水・日・祝

かさい糖クリニック 🅗
東葛西 6-2-9-7F ················· **03-5659-7616**
（糖尿）　診 10:00 ～ 13:00　15:30 ～ 19:00
木 15:30 ～ 19:00
土 10:00 ～ 13:00　14:30 ～ 17:00
※完全予約制　　　　休木午前・火・日・祝

葛西内科クリニック 🅗
東葛西 5-1-4 ····················· **03-3687-5755**
（内・小・皮・胃・循・呼・日帰りドック・糖尿病・
高血圧・甲状腺外来）
受 9:00 ～ 12:00　16:00 ～ 18:30（土 12:00 まで）
休木・日・祝

葛西内科皮膚科クリニック 🅗
中葛西 3-16-17-1F ··············· **03-5679-8211**
診月～金 9:00 ～ 12:30　14:00 ～ 18:00
土・日 9:00 ～ 12:30　　　　　休水・祝

葛西みなみ診療所 🅗
南葛西 2-12-1-2F ··············· **03-5679-7144**
（内）
診月～土 9:00 ～ 12:30（受付 8:30 ～）
木 10：00 ～ 12:30　金 14:00 ～ 16:30
月・火・木 14:00 ～ 16:30（予約制）
火・木 18:00 ～ 19:30（受付 17:30 ～）　休日・祝

かとう内科クリニック 🅗
西葛西 6-24-7-2F ··············· **03-5679-2317**
（内・消内・肝臓内）
受 9:00 ～ 12:00　15:00 ～ 18:00
休水午後・土午後・木・日・祝

かまかみ医院　南葛西 2-8-9 ··· **03-3686-5141**
（内・小・皮）
診月～金 9:00 ～ 12:00　16:00 ～ 18:00
土 9:00 ～ 12:00　　　　　休木・日・祝

キャップスクリニック北葛西 🅗
北葛西 5-15-2 ················· **03-4579-0040**
（内・小）
診 9:00 ～ 13:00　15:00 ～ 20:00　年中無休

キャップスこどもクリニック西葛西 🅗
西葛西 6-12-1-1F ··············· **03-5878-3918**
（小）　診 9:00 ～ 13:00　15:00 ～ 21:00
年中無休

慶生会クリニック
東葛西 6-2-7-4F ················· **03-3689-7323**
（内）　受 9:15 ～ 12:45　14:00 ～ 17:30
休土・日・祝

酒井内科・神経内科クリニック 🅗
西葛西 6-15-20-2F ··············· **03-6808-2807**
（内・神内）
診 9:00 ～ 12:00　14:00 ～ 18:00
土 9:00 ～ 13:00　　　　　休金・日・祝

佐藤医院　中葛西 1-4-16 ······ **03-3688-7460**
（内・胃・小）
診月～金 9:00 ～ 12:00　15:30 ～ 18:30
土 9:00 ～ 12:00　　　休土午後・水・日・祝

柴山泌尿器科・内科クリニック 🅗
東葛西 6-1-17-2F ··············· **03-5675-7223**
（泌・内）
受月・火・木・金 9:00 ～ 12:30　15:00 ～ 18:30
土 9:00 ～ 12:30　　　休土午後・水・日・祝

しゅんしゅんキッズクリニック

西葛西 6-6-1-1F-B ・・・・・・・・・・・・ **03-5658-3601**

（小・アレ）

診 9:30 ～ 12:30　15:00 ～ 18:30

土 9:30 ～ 12:30

休土午後・木・日・祝

新葛西クリニック

西葛西 6-19-8 ・・・・・・・・・・・・・・・・・ **03-3675-2511**

（内・透析）　診月～金 9:00 ～ 17:00（木 11:00 ～）

土 9:00 ～ 12:00　　　　　　　　休日・祝

清新南クリニック

清新町 1-1-6-1F ・・・・・・・・・・・・・・・ **03-3877-8665**

（内・小）

受月・火・水・金 9:00 ～ 12:15　14:15 ～ 17:15

土 9:00 ～ 12:15　　　　　休土午後・木・日・祝

たべ内科クリニック

北葛西 1-3-25 ・・・・・・・・・・・・・・・・・ **03-6456-0862**

（内・呼内・アレ）

診 9:00 ～ 12:30　15:30 ～ 19:00

※診療終了 30 分前からは発熱外来

休木午後・土午後・日・祝

中鉢内科・呼吸器内科クリニック 🅗🅟

西葛西 6-13-7-3F ・・・・・・・・・・・・ **03-3687-1161**

（内・呼内）

診月・木・金 9:00 ～ 12:00　14:00 ～ 18:00

水 9:00 ～ 12:00　14:00 ～ 19:00

土 9:00 ～ 13:00　日 10:00 ～ 13:00

休第 2・3・5 日曜と第 3 土曜・火・祝

辻医院　東葛西 3-3-6 ・・・・・・・・・・ **03-3680-2029**

（内）

診月・火・水・金 9:00 ～ 12:00　15:00 ～ 18:00

土 9:00 ～ 12:00　※受付は 10 分前まで

休土午後・木・日・祝

なかにし小児科クリニック

西葛西 5-1-8-1F ・・・・・・・・・・・・・・・ **03-3675-6678**

（小）

診月・火・木・金 9:00 ～ 12:00　15:00 ～ 18:00

土 9:00 ～ 12:00　14:00 ～ 16:00

乳児健診／月・火 14:00 ～ 15:00

予防接種／木・金 14:00 ～ 15:00　休水・日・祝

なぎさ診療所

南葛西 7-2-2 号棟 ・・・・・・・・・・・・・ **03-3675-2801**

（内・小・胃）

診月・火・木・金 9:30 ～ 12:30　15:00 ～ 18:30

土 9:30 ～ 13:00　※予防接種は要予約

※当日来院前に電話を　　　　　　休水・日・祝

西葛西駅前総合クリニック 🅗🅟

西葛西 3-15-13-3F ・・・・・・・・・・・・ **03-5679-7851**

（内・心内・小・整・皮）

診月・火・木・金 9:00 ～ 13:00　15:00 ～ 18:30

土 9:00 ～ 11:30　13:00 ～ 15:00　休水・日・祝

西葛西クリニック

西葛西 4-2-75 ・・・・・・・・・・・・・・・・・ **03-3686-5555**

（内・皮）

診 9:00 ～ 12:00　15:00 ～ 18:00

※受付は 15 分前まで　　　休土午後・水・日・祝

西葛西わんぱくクリニック 🅗🅟

西葛西 3-15-13-2F ・・・・・・・・・・・・ **03-5679-7681**

（小・アレ）

診月～金 9:00 ～ 13:00　14:30 ～ 18:30

土 9:00 ～ 12:00　13:00 ～ 15:00

健診（要予約）・予防接種／

月・火・水・金 14:30 ～ 15:30　　　　　休日・祝

博愛ホーム診療所

西葛西 8-1-1 ・・・・・・・・・・・・・・・・・・ **03-3675-1208**

（内）

〈次ページへつづく〉

健康

電話番号、住所など間違い、および『葛西カタログ』に対するご意見・ご希望がありましたら、お手数ですがご一報を！　☎047-396-2211

87

内科・小児科〈前頁から〉

ひかりクリニック HP
　西葛西 6-13-7-3F ……………**03-3878-9800**
　(小・アレ・呼)
　受月・火・木・金 8:50 ～ 11:50　13:50 ～ 17:50
　水・土 8:50 ～ 11:50　　　　　　　　　休日・祝

弘邦医院
　中葛西 3-37-18-3F……………**03-3686-8651**
　(内・呼・胃・アレ)
　診月～金 9:15 ～ 12:00　18:15 ～ 19:30
　土 9:15 ～ 12:00
　　　　　　　休土午後・日・祝、午後不定休あり

星田小児クリニック HP
　中葛西 2-3-10 ………………**03-3680-2028**
　(小)
　診月 9:30 ～ 12:30　15:00 ～ 18:00
　火・木・金 9:30 ～ 12:30　16:30 ～ 18:00
　水・土 9:30 ～ 12:30
　乳児健診・予防接種／火・木・金 15:00 ～ 16:30
　　　　　　　　　休水午後・土午後・日・祝

☆ **星田小児クリニック**
地域に根ざした「やさしい・わかりやすい医療」を目指します。
一般小児科診療・乳幼児健診・予防接種
休診：水、土午後、日・祝日

診療時間	月	火	水	木	金	土
9:30～12:30	○	○	○	○	○	○
15:00～16:30	○	★		★	★	
16:30～18:00	○	○		○	○	

★予防接種、乳児健診
中葛西2-3-10(葛西中学校前)
☎03-3680-2028　Pあり

まつおクリニック HP
　東葛西 2-9-10-3F ……………**03-5667-4181**
　(内・呼・アレ)
　診 9:00 ～ 12:00　14:30 ～ 18:00(月 20:00 まで)
　　　　　　　　　　休土午後・木・日・祝

まなべファミリークリニック HP
　南葛西 6-12-7-1F ……………**03-3869-1525**
　(内・小)
　診月～土 9:00 ～ 12:30　14:30 ～ 17:30
　土 14:30 ～ 16:30　※水曜は午前中のみ
　　　　　　　　　　　休水午後・日・祝

宮澤クリニック HP
　西葛西 6-18-3-1F ……………**03-3878-0826**
　(内・小・皮・整・リハ)
　診月・火・木・金 9:00 ～ 12:00　15:00 ～ 18:30
　土 9:00 ～ 12:30　14:00 ～ 17:00
　発熱外来／ 12:00 ～ 14:00 (平日のみ)
　　　　　　　　　　　　　休水・日・祝

医療法人社団結草会　みやのこどもクリニック HP
　南葛西 2-18-27 ………………**03-3869-4133**
　(小・アレ・皮)
　診月～金 8:30 ～ 12:00 (11:30)
　15:00 ～ 18:15 (17:30)
　土 8:30 ～ 12:00 (11:30)
　※ ( )内は予約終了時間
　※完全予約制　　　　　休土午後・日・祝

明育小児科 東葛西 2-3-16 … **03-3686-0359**
 （小・アレ）
 診月〜金 9:00 〜 12:00　　15:00 〜 18:30
 土 9:00 〜 12:30　　　　　**休土午後・木・日・祝**

森内科クリニック HP
 東葛西 4-7-6 ………………… **03-3869-3411**
 （内）
 診月・火・木・金 9:00 〜 12:00　　15:00 〜 18:00
 水・土 9:00 〜 12:00　　**休水午後・土午後・日・祝**

矢島循環器・内科
 中葛西 5-38-10 ……………… **03-5667-2525**
 （循・内・呼・消・アレ）
 受月・火・水・金・土 9:00 〜 12:00　　15:00 〜 18:00
 　　　　　　　　　　　　　　休木・日・祝

山下内科／糖尿病クリニック HP
 西葛西 6-15-3-4F …………… **03-5679-8282**
 （内・糖尿病）
 受月・水・木・金 10:00 〜 12:00　　15:00 〜 17:00
 土 10:00 〜 12:00　　※最終受付は 30 分前まで
 　　　　　　　　休土午後・火・日・祝

山本小児クリニック HP
 中葛西 3-11-20 ……………… **03-3688-8600**
 （小）
 診月〜土 8:30 〜 12:30
 月・火・木・金 14:30 〜 18:00
 乳児健診／火 14:30 〜 16:00
 　　　　　　　　休水午後・土午後・日・祝

吉利医院 HP
 南葛西 3-24-12 ……………… **03-3675-2771**
 （内・消・皮・泌）
 診月 7:00 〜 12:00
 火〜土 9:00 〜 12:50　　14:00 〜 18:00
 　　　　　　　　休月午後・日・祝

〈次ページへつづく〉

健康

内科・小児科〈前頁から〉

医療法人社団淳風会　渡内科・胃腸科 HP
西葛西 6-9-12-2F ……………**03-5667-1653**
（内・胃）
診月〜金 9:00 〜 12:30　15:00 〜 18:30
土 9:00 〜 12:30　　**休**木午後・土午後・日・祝

医聖よろずクリニック HP
市川市相之川 1-8-1 …………**047-358-3070**
（内・小・皮・アレ・在宅）
診月〜金 9:00 〜 18:00　土 9:00 〜 12:00　**休**日・祝

行徳フラワー通りクリニック HP
市川市行徳駅前 1-26-12-2F・3F
…………………………………**047-306-9307**
（内・リウ・整・呼・皮・アレ・循・リハ）
診月〜金 9:00 〜 12:00　15:00 〜 21:00
土・日・祝 9:00 〜 12:00
※健康診断・予防接種／予約不要

わたなべ糖内科クリニック HP
市川市行徳駅前 1-26-4-1F …**047-306-7570**
（糖内）
診 9:00 〜 12:00　15:00 〜 18:00　※予約制
休土午後・木・日・祝

泌尿器科

柴山泌尿器科・内科クリニック (HP)
東葛西 6-1-17-2F ················ 03-5675-7223
(泌・内)
受月・火・木・金 9:00 ～ 12:30　15:00 ～ 18:30
土 9:00 ～ 12:30　　　休土午後・水・日・祝
　　　（P34 カラー・健康特集もご覧ください）

外科・形成外科・整形外科

医療法人社団昭扇会　扇内整形外科 (HP)
西葛西 5-4-6-1F ················ 03-5658-1501
(整・リウ・リハ)
診月～金 9:00 ～ 12:30（初診受付 12:00 まで）
土 9:00 ～ 12:00（初診受付 11:30 まで）
月・火・水・金 15:00 ～ 18:00
　　　　　休木午後・土午後・第 3 木・日・祝

葛西整形外科内科
南葛西 3-22-9 ················ 03-3688-3131
(整・内・皮・リハ)
受 9:00 ～ 12:30　15:30 ～ 18:00（初診 17:45 まで）
物理療法／ 9:00 ～ 13:00　15:30 ～ 18:30
　　　　　　　　　　　　　　　休日・祝

医療法人社団こくわ会　片岡整形・形成外科
西葛西 6-9-12-2F ················ 03-5667-1623
(整・形・リハ)
診 9:00 ～ 12:30　15:00 ～ 17:30
木・土 9:00 ～ 12:30　休木午後・土午後・日・祝

整形外科久保医院 (HP)
東葛西 2-9-10-2F ················ 03-5879-5544
(整)　診 9:00 ～ 12:00　15:00 ～ 18:00
　　　　　　　　　　休土午後・木・日・祝

佐藤整形外科 (HP)
中葛西 5-41-16 ················ 03-5658-5711
(整・リハ)
診月・火・木・金 9:00 ～ 12:30　15:00 ～ 18:30
水・土 9:00 ～ 12:30　休水午後・土午後・日・祝

清新外科クリニック (HP)
清新町 1-4-5-1F ················ 03-3675-4707
(外・リハ・小・内・消)
診月・火・木・金 9:00 ～ 12:00　13:00 ～ 17:00
水・土 9:00 ～ 12:00　休水午後・土午後・日・祝

西葛西南口整形外科リウマチ科 (HP)
西葛西 6-6-12 ················ 03-5675-3191
診月～水・金 8:30 ～ 12:30　15:00 ～ 18:00
土 8:30 ～ 12:30　　　　　　　休木・日・祝

南葛西整形外科・リウマチ科 (HP)
南葛西 6-12-7 ················ 03-6808-6868
(整・リウ)　診月～土 9:00 ～ 12:30
月・火・水・金 15:00 ～ 18:30
　　　　　　　　休木午後・土午後・日・祝

宮澤クリニック (HP)
西葛西 6-18-3-1F ················ 03-3878-0826
(内・小・皮・整・リハ)
診月・火・木・金 9:00 ～ 12:00　15:00 ～ 18:30
土 9:00 ～ 12:30　14:00 ～ 17:00
発熱外来／ 12:00 ～ 14:00（平日のみ）
　　　　　　　　　　　　　　休水・日・祝

行徳フラワー通りクリニック (HP)
市川市行徳駅前 1-26-12-2F・3F
················ 047-306-9307
(内・リウ・整・呼・皮・アレ・循・リハ)
診月～金 9:00 ～ 12:00　15:00 ～ 21:00
土・日・祝 9:00 ～ 12:00
※健康診断・予防接種／予約不要

皮膚科

明石皮膚科　西葛西 6-9-15 ··· 03-3675-3355
診 9:00 ～ 12:15　14:45 ～ 18:45
　　　　　　　　　休土午後・木・日・祝

あきこ皮膚科クリニック
北葛西 4-1-45-2F ················ 03-5658-8799
診月 15:00 ～ 18:00
火・金 9:30 ～ 12:30　15:00 ～ 18:00
土 9:30 ～ 13:00　※受付は 30 分前から
　　　休月午前・土午後・水・木・日・祝
〈次ページへつづく〉

健康

皮膚科 〈前頁から〉

あさくら皮膚科 ⓗ
中葛西 5-36-12-2F ………… **03-3689-5188**
診月・火・木・金 9:00 ～ 12:30　15:00 ～ 18:30
土 9:00 ～ 12:30　　　　休土午後・水・日・祝

石井皮膚科 東葛西 6-1-17-3F **03-5878-6336**
診月 14:30 ～ 19:00
火・金 9:00 ～ 13:00　14:30 ～ 19:00
土 9:00 ～ 13:00
　　　　休月午前・土午後・水・木・日・祝

葛西内科皮膚科クリニック ⓗ
中葛西 3-16-17-1F ………… **03-5679-8211**
診月～金 9:00 ～ 12:30　14:00 ～ 18:00
土・日 9:00 ～ 12:30　　　　休水・祝

葛西皮膚科クリニック ⓗ
中葛西 5-32-8 ……………… **03-3688-8550**
診 9:00 ～ 12:00　15:00 ～ 18:00
　　　　休土午後・火・木・日・祝

葛西明香皮膚科 ⓗ
東葛西 2-9-10-1F ………… **03-5679-7565**
診 9:00 ～ 12:00　15:00 ～ 18:30
※火午後は予約制　　休土午後・木・日・祝

西葛西駅前皮フ科
西葛西 6-10-14-2F ………… **03-3688-5300**
受 9:00 ～ 12:30　15:00 ～ 18:30
土 9:00 ～ 12:30　休金午後・土午後・火・祝

細谷皮膚科クリニック ⓗ
中葛西 3-37-1-2F …………… **03-5674-1230**
診月～金 10:00 ～ 13:00　14:30 ～ 19:30
土・日 10:30 ～ 13:00　14:00 ～ 17:00　休水・祝
　　（P35 カラー・健康特集もご覧ください）

さくら皮フ科スキンケアクリニック ⓗ
市川市行徳駅前 1-26-12-4F　　**047-397-7777**
（皮・アレ）
診月～金 9:00 ～ 12:00　15:00 ～ 19:00
土・日 9:00 ～ 12:00　　　　　　　　休祝

耳鼻咽喉科

医療法人社団いつお会　かさい駅前耳鼻咽喉科 ⓗⓟ
　中葛西 5-36-12-1F ‥‥‥‥‥‥ **03-5659-1878**
　診月・火・水・金 10:00 ～ 13:00　15:00 ～ 19:00
　土 10:00 ～ 14:00　　　　　　**休土午後・木・日・祝**

さの耳鼻科　東葛西 6-1-17-3F **03-5675-6155**
　診月・火・木・金 10:00 ～ 13:00　15:00 ～ 19:00
　土 10:00 ～ 13:00　　　　　　**休土午後・水・日・祝**

敷井耳鼻咽喉科クリニック
　南葛西 6-15-14-1F ‥‥‥‥‥ **03-5676-4787**
　診月～金 10:00 ～ 12:45　15:00 ～ 18:30
　土 10:00 ～ 12:45　　　　　　**休土午後・木・日・祝**

しんでん耳鼻咽喉科医院
　西葛西 8-12-17-1F ‥‥‥‥‥ **03-6411-4133**
　診月～金 9:00 ～ 12:00　15:00 ～ 18:15
　土 9:00 ～ 12:00
　※新患受付は 11:50・18:00 まで
　　　　　　　　　　　　　　休土午後・木・日・祝

たんぽぽ・水野耳鼻咽喉科医院 ⓗⓟ
　北葛西 4-1-45-2F　‥‥‥‥‥ **03-3804-8711**
　診 9:30 ～ 12:30　15:00 ～ 18:00(土 17:00 まで)
　　　　　　　　　　　　　　　　休木・日・祝

二木・深谷耳鼻咽喉科医院 ⓗⓟ
　東葛西 5-13-9 ‥‥‥‥‥‥‥ **03-3877-4133**
　診月～金 9:00 ～ 12:00　15:00 ～ 18:00
　土 9:00 ～ 12:00　　　　　**休第 5 土・木・日・祝**

はら耳鼻咽喉科 ⓗⓟ
　東葛西 6-11-3 ‥‥‥‥‥‥‥ **03-3680-0304**
　診火・木 9:30 ～ 12:30　16:00 ～ 18:30
　水・金 9:30 ～ 12:30　16:00 ～ 18:30
　20:00 ～ 21:30
　土 9:30 ～ 12:00　14:00 ～ 16:00
　日 9:30 ～ 12:00　　　　　　　　　　**休月**

モトヤ耳鼻咽喉科
　中葛西 2-4-31 ‥‥‥‥‥‥‥ **03-5659-3387**
　診 9:00 ～ 12:00　14:00 ～ 18:00
　土 9:00 ～ 13:00　　　　　　　　**休木・日・祝**

眼科

あおば眼科 ⓗⓟ
　中葛西 5-32-7 ‥‥‥‥‥‥‥ **03-3688-3688**
　診月・火・水・金 9:00 ～ 12:30　14:30 ～ 18:30
　土 9:00 ～ 12:30　14:00 ～ 16:00　**休木・日・祝**

葛西かもめ眼科 ⓗⓟ
　東葛西 2-9-10-4F ‥‥‥‥‥ **03-6423-8288**
　診 9:30 ～ 12:30　14:00 ～ 17:00
　　　　　　　　　　　　休土午後・木・日・祝

葛西眼科医院
　西葛西 6-10-13-2F ‥‥‥‥‥ **03-3687-7710**
　受 8:40 ～ 12:30　14:00 ～ 17:15
　　　　　　　　　　　休木午後・土午後・日・祝

たかま眼科クリニック ⓗⓟ
　西葛西 6-9-12-2F　‥‥‥‥‥ **03-5675-7165**
　診月・水・金 9:00 ～ 13:00　15:00 ～ 17:30
　火 9:00 ～ 13:00　14:00 ～ 16:30
　木 9:00 ～ 13:00　土 9:00 ～ 12:30
　　　　　　　　　　　休木午後・土午後・日・祝

丹呉眼科 ⓗⓟ
　アリオ葛西 2F ‥‥‥‥‥‥‥ **03-3686-2611**
　診 10:00 ～ 12:30　14:30 ～ 18:30
　※土・日・祝は 17:30 まで　　　　　　　　**休木**

西葛西・井上眼科病院 ⓗⓟ
　西葛西 3-12-14 ‥‥‥‥‥‥‥ **03-5605-2100**
　診一般・専門眼科／
　月～土 9:00 ～ 11:30　14:00 ～ 16:30
　小児眼科／月・水・金 14:00 ～ 16:30
　火・木・土 9:00 ～ 11:30　14:00 ～ 16:30
　コンタクトレンズ外来／月～金 14:00 ～ 18:30
　土 10:30 ～ 13:00　15:00 ～ 18:30
　　　　　　　　　　　休日・祝・年末年始

東葛西眼科
　東葛西 6-2-9-4F ‥‥‥‥‥‥ **03-5605-2641**
　診 10:00 ～ 13:00　15:30 ～ 18:30
　　　　　　　　　　休木午前・土午後・日・祝
　　　　　　　　　→コンタクトレンズは P131 へ

健康

神経科・精神科

いとうメンタルクリニック 🆑
西葛西 6-16-4-6F ……………**03-6663-4567**
（心内・精）
診月・火・木・金 9:00 ～ 13:00　15:00 ～ 18:00
土 9:00 ～ 13:00　※予約制
　　　　　　　　　　　　　休土午後・水・日・祝

言語治療

言語・学習指導室葛西ことばのテーブル 🆑
西葛西 5-1-3-3F ……………**03-3687-3158**
対言語障害・発達障害のある小児・成人

産科・婦人科

池下レディースチャイルドクリニック 🆑
中葛西 5-2-41 ……………**03-5605-4103**
（予防接種・乳児健診）………**03-3680-1152**
（婦・産）
受 9:00 ～ 11:00　14:00 ～ 18:00（土 16:00 まで）
日 9:00 ～ 11:00　　　　　　　**休**お盆・年末年始
葛西産婦人科 🆑
東葛西 6-8-6 ……………**03-3686-0311**
診 9:00 ～ 11:50　14:00 ～ 16:00
土 9:00 ～ 11:50　　　　　　休土午後・木・日・祝
三枝産婦人科医院 🆑
西葛西 3-18-1 ……………**03-3680-3003**
診月・水・金 9:00 ～ 12:00　15:00 ～ 18:00
火・土 9:00 ～ 12:00
乳児健診／ 14:00 ～ 16:00　　　　　休木・日・祝

自分の健康を守ろう！ 江戸川区の健診 無料

※健診内容は身体計測、血圧測定、血液検査、尿検査ほか。（受診する際はマスクの着用を）
※年齢や加入している医療保険（保険証の種類）によって、健診の種類や受診方法が異なる。
※実施期間等は変更になる場合があるので最新情報の確認を。

40 ～ 74歳の方「国保健診（特定健診・特定保健指導）」

対 象：40～74歳で江戸川区国民健康保険に加入している方
※その他の医療保険に加入している方は各保険者（保険証の発行機関）に問い合わせを。

40～64歳の方	65～74歳の方
時期：4月～3月 （対象者には前年度3月上旬に受診券を送付） 会場：医療検査センター（タワーホール船堀6階）	時期：8～10月（対象者には7月 下旬に受診券を封書で送付） 会場：区内指定医療機関

※健診の結果、生活習慣病の発症リスクが高い方には「特定保健指導」を案内するので必ず利用しよう

40歳未満の方「区民健診」

対象：40歳未満の区民（他に健診の機会がない方）
時期：〈前期〉7 ～ 8月〈後期〉12月～翌年2月
会場：医療検査センター（タワーホール船堀6階）
　　　区内指定医療機関
　　　　　※詳細は区ホームページ等に掲載

75歳以上の方「長寿健診」

対象：75歳以上の区民（65歳以上で後期高齢
　　　者医療制度に加入している方も含む）
時期：8～10月（対象者には7月下旬に受診券を
　　　封書で送付）
会場：区内指定医療機関

問い合わせ／健康推進課健診係　☎03-5662-0623

歯医者へ行く

——— dental clinic

歯科医師会

歯科医師会葛西会は P96、P97 へ

歯科

あい歯科クリニック 🅗🅟
東葛西 6-6-1-2F ················· **03-5667-6758**
診月〜金 9:30 〜 13:00　14:30 〜 19:00
土 9:30 〜 12:30　14:00 〜 17:00
日 9:00 〜 12:30
※最終受付は診療時間の 30 分前まで　**休水・祝**

あきやま歯科医院
東葛西 4-1-4-1F ················· **03-3869-3306**
診 9:30 〜 12:30　15:00 〜 18:00
休土午後・木・日・祝

芦澤歯科診療所 🅗🅟
中葛西 3-33-11-3F ··············· **03-3688-0687**

有坂歯科医院
東葛西 1-44-12 ················· **03-3687-7053**
診 9:00 〜 12:00　15:00 〜 19:00
休木午前・土午後・日・祝

石原歯科 🅗🅟
西葛西 6-14 西葛西メトロ ······ **03-3869-8841**
診月・火・水・金 15:00 〜 20:00
土・日 10:30 〜 13:30
休月午前・火午前・水午前・金午前・木・祝

いとう歯科医院
東葛西 5-27-1 ················· **03-5676-8148**
診月・火・水・金 10:00 〜 13:00
14:30 〜 20:00（火 19:00 まで）
土 9:00 〜 13:00　14:30 〜 16:00　**休木・日・祝**

上田歯科医院 🅗🅟
南葛西 5-9-10 ················· **03-5658-6448**
診 9:15 〜 13:00　14:30 〜 19:00　**休木・日・祝**

うちだ歯科・小児歯科医院
清新町 1-3-6 パトリア 2F ······ **03-6663-8077**
診 10:00 〜 13:00　15:00 〜 19:00
※診療時間変動あり　※予約制、急患随時対応
休水・祝
（カラー・裏表紙もご覧ください）

駅前歯科クリニック（西葛西）
西葛西 6-15-2-3F ··············· **03-3675-8418**
診 10:00 〜 12:00　14:30 〜 20:00
休土午後・日・祝

大西デンタルオフィス 🅗🅟
東葛西 6-2-8-3F ················· **03-5674-6878**
診 10:00 〜 12:30　14:30 〜 19:00
土 14:30 〜 18:00
※小児・矯正・審美　**休木・日・祝**

オカトミ歯科
南葛西 1-13-9-2F ··············· **03-5674-8011**
診 10:00 〜 13:00　15:00 〜 20:00
土・日 10:00 〜 13:00　14:30 〜 19:00　**休祝**

〈P98 へつづく〉

健康

新型コロナウイルスの状況により、診療時間などの
内容に変更が生じる場合があります。
医療機関受診前に最新の情報を電話またはホーム
ページ等で確認してください。

江戸川区歯科医師会葛西会

歯科医師会に入会している
安心・安全な
"街の歯医者さん"

　歯の健康を維持して一生自分の歯で食べるということは、なかなか難しいものです。虫歯だけでなく、今の時代には歯槽のうろうや顎関節症など現代病と称される病気もあるほか、健康で白く、といった美的視点も欠かせません。歯に関する悩みはきちんと歯科医師会に所属している歯医者さんに任せたいものです。その点、この地域に『葛西会』というプロの歯科医の団体があることは、ひとつの安心材料ですね。

（歯科医師会への問い合わせは　☎3672-1456）

江戸川区歯科医師会葛西会会員エリアマップ

江戸川区歯科医師会葛西会会員

#	地区	名称	住所・電話	#	地区	名称	住所・電話
1	東葛西	あきやま歯科	東葛西4-1-4-1F ☎3869-3306	27	⇓	児玉歯科医院	西葛西6-13-7-3F ☎3686-8241
2		有坂歯科医院	東葛西1-44-12 ☎3687-7053	28	西葛西（駅南口）	鈴木歯科医院	西葛西6-23-13-1F ☎3675-2210
3		こまざわ歯科	東葛西6-25-3-1F ☎3675-8211	29		駅前歯科〈西葛西〉	西葛西6-15-2-3、4F ☎3675-8418
4		しらみず歯科	東葛西5-43-3 ☎3804-2686	30		なかの歯科クリニック	西葛西7-6-2 ☎5674-8211
5		竹内歯科診療所	東葛西2-9-10 ☎6808-3313	31		ハタ・デンタルクリニック	西葛西8-18-5 ☎3804-8881
6		吉野歯科医院	東葛西5-48-5 ☎3680-0763	32		広瀬矯正歯科	西葛西6-16-4-4F ☎3687-5116
7	中葛西	芦澤歯科診療所	中葛西3-33-11-3F ☎3688-0687	33		やまもと歯科	西葛西6-17-3-2F ☎5605-3870
8		岡本歯科クリニック	中葛西5-34-7 ☎3869-8211	34		わかば歯科医院	西葛西6-12-7 ☎5674-4312
9		香川歯科医院	中葛西5-36-10 ☎3689-0108	35		ぱらん歯科クリニック	西葛西7-3-2-2F ☎6339-1140
10		葛西歯科	中葛西4-8-15 ☎3688-6339	36	南葛西	上田歯科医院	南葛西5-9-10 ☎5658-6448
11		加藤歯科医院	中葛西6-20-24 ☎3689-1296	37		田中歯科医院	南葛西3-24-19 ☎5658-1818
12		甲田歯科医院	中葛西2-2-19 ☎3680-2019	38		ちあき歯科	南葛西6-12-7-1F ☎5675-1848
13		小林歯科	中葛西6-2-1 ☎3687-4181	39		ドルフィンファミリー歯科	南葛西4-1-23-1F ☎5675-1848
14		たなか歯科医院	中葛西2-1-31 ☎3686-6607	40		なぎさニュータウン歯科医院	南葛西7-1-7-7号棟1F ☎0120-047-325
15		中葛西歯科・矯正歯科	中葛西5-13-5-2F ☎3680-9111	41	清新町	清新南歯科	清新町1-1-6-1F ☎3689-6699
16		フルカワ歯科医院	中葛西1-15-6 ☎3878-7988	42		パトリア歯科クリニック	清新町1-3-6-2F ☎6661-3986
17	西葛西（駅北口）	タナカ歯科	西葛西5-6-21 ☎0120-42-6480	43	北葛西	さかうえ歯科医院	北葛西1-21-14 ☎3804-1555
18		田村矯正歯科	西葛西3-15-9-6F ☎5674-6220	44	船堀	あきしげ歯科医院	船堀4-7-18-2F ☎3804-0418
19		西葛西歯科医院	西葛西5-11-4-2F ☎3675-0602	45		アクアリオ小児歯科医院	船堀4-5-16-1F ☎6663-6028
20		西葛西スマイル歯科クリニック	メトロセンター西葛西A棟2F ☎3675-4182	46		今井矯正歯科	船堀3-7-1 ☎3878-3100
21		服部歯科医院	西葛西3-22-1-1F ☎3689-6471	47		柿崎歯科医院	船堀4-3-7-2F ☎3675-8200
22		ほしば歯科医院	西葛西1-13-7 ☎3686-4657	48		田中歯科クリニック	船堀5-2-23 ☎3687-8148
23		むろおか歯科医院	西葛西5-2-10-2F ☎5658-0345	49		ふくら歯科医院	船堀4-6-6-2F ☎3680-0088
24		森島歯科医院	西葛西3-6-3-1F ☎5658-8241	50		船堀歯科	船堀1-8-22-1F ☎3687-7070
25		金沢歯科	西葛西6-24-8-1F ☎3675-8181	51	一之江	すえよし歯科クリニック	一之江町2990-2 ☎5674-7648
26	⇓	かなまる歯科クリニック	西葛西6-9-12-2F ☎5667-4184	52	松江	つくし歯科医院	松江5-20-15-1F ☎3680-0084

歯科 〈P95 から〉

岡本歯科クリニック 🅗🅟
中葛西 5-34-7-3F ……………… **03-3869-8211**
診 10:00 ～ 13:00　14:30 ～ 19:00 **休木・日・祝**

医療法人社団　香川歯科医院
中葛西 5-36-10 ……………… **03-3689-0108**
診月・火・水・金 9:30 ～ 11:00　13:00 ～ 19:00
木 9:30 ～ 11:00　13:00 ～ 16:00　**休土・日・祝**

葛西歯科
中葛西 4-8-15 ……………… **03-3688-6339**
診 10:00 ～ 12:00　14:00 ～ 18:00 **休土・日・祝**

葛西ハート歯科クリニック 🅗🅟
中葛西 5-41-16-2F ………… **03-5659-7888**
診月～金 10:00 ～ 13:00　14:30 ～ 20:00
土 10:00 ～ 13:00　14:00 ～ 17:00
日 9:00 ～ 13:00　14:00 ～ 16:00　　**休祝**

葛西東歯科医院 🅗🅟
東葛西 6-2-14-2F ………… **03-5667-8181**
診月～金 9:30 ～ 13:00　14:00 ～ 21:00
土・日 9:30 ～ 13:00　14:00 ～ 18:00　　**休祝**

葛西ひまわり歯科 🅗🅟
西葛西 1-15-9-2F ………… **03-3687-8020**
診月・水・金 10:00 ～ 13:00　14:30 ～ 19:00
木 10:00 ～ 13:00　14:00 ～ 18:00
土 10:00 ～ 13:00　14:00 ～ 17:00
日 9:00 ～ 13:00　　　　　　　　**休火・祝**

葛西ベイサイド歯科医院 🅗🅟
南葛西 5-3-6-1F ……………… **03-3689-4500**
診月・火・水・金 10:00 ～ 13:00　14:30 ～ 20:00
土 10:00 ～ 13:00　14:30 ～ 18:00 **休木・日・祝**

葛西南歯科医院 🅗🅟
南葛西 4-11-10 ……………… **03-3869-1182**
診月～金 9:00 ～ 13:00　14:00 ～ 21:00
土 9:00 ～ 13:00　14:00 ～ 18:00　　**休日・祝**

加藤歯科医院
中葛西 6-20-24 ……………… **03-3689-1296**
受 9:00 ～ 11:30　14:30 ～ 18:30
土 9:00 ～ 12:00　　　　　**休土午後・日・祝**

金沢歯科　西葛西 6-24-8-1F… **03-3675-8181**
診月～水 10:00 ～ 13:30　15:00 ～ 19:00
金・土 10:00 ～ 13:00　14:00 ～ 17:00
　　　　　　　　　　　　　　　休木・日・祝

かなまる歯科クリニック 🅗🅟
西葛西 6-9-12-2F ……………… **03-5667-4184**
診月～金 9:00 ～ 13:00　15:00 ～ 19:00
土 9:00 ～ 13:00　※予約制　**休土午後・日・祝**

川瀬歯科医院
中葛西 5-42-3-3F ………… **03-5674-6788**
診月・水・金 9:30 ～ 13:00　14:00 ～ 17:00
火 9:30 ～ 13:00　14:00 ～ 19:00
土 9:30 ～ 13:00　14:00 ～ 16:00　**休木・日・祝**

医療法人社団　柊匠会　木村歯科医院
西葛西 7-20-8 ……………… **03-5658-6487**
診 8:30 ～ 13:00　14:00 ～ 18:00　休木・日・祝

クレア歯科医院 🅗
東葛西 6-2-9-6F ……………… **03-3877-1855**
診月～金 9:30 ～ 13:30　15:00 ～ 19:00
土 9:30 ～ 13:00　14:30 ～ 18:00
日 9:30 ～ 13:00
　　　　　　　　　　　　　　　　休木・祝
（P35 カラー・健康特集もご覧ください）

桑川デンタルクリニック
中葛西 2-19-10 ……………… **03-6808-6480**
診 9:00 ～ 13:00　14:30 ～ 18:30
　　　　　　　　休土午後・日午後・木・祝

慶生会歯科クリニック 🅗
東葛西 6-2-7-3F ……………… **03-3688-6181**
受月・金 9:30 ～ 12:30　14:00 ～ 20:30
火・水・木・土 9:30 ～ 12:30　14:00 ～ 17:30
　　　　　　　　　　　　　　　　休日・祝

甲田歯科医院 🅗
中葛西 2-2-19 ……………… **03-3680-2019**
診月・水・木 9:00 ～ 12:30　14:00 ～ 19:30
火・金・土 9:00 ～ 12:30　14:00 ～ 17:30
　　　　　　　　　　　　　　　　休日・祝

児玉歯科医院 🅗
西葛西 6-13-7-3F …………… **03-3686-8241**
診月～金 9:30 ～ 12:30　14:30 ～ 18:30
土 9:30 ～ 13:00　　　　　　　休日・祝

小林歯科　中葛西 6-2-1 ……… **03-3687-4181**
診 9:30 ～ 13:00　14:30 ～ 19:30(土 16:00 まで)
　　　　　　　　　　　　　　　　休日・祝

こまざわ歯科
東葛西 6-25-3-1F …………… **03-3675-8211**
診 9:30 ～ 12:30　14:30 ～ 19:00(土 17:00 まで)
　　　　　　　　　　　　　　　　休木・日・祝

さかうえ歯科医院
北葛西 1-21-14 ……………… **03-3804-1555**
診 9:30 ～ 13:00　14:30 ～ 18:00　休木・日・祝

さとう歯科クリニック
中葛西 3-35-4-1F …………… **03-6808-4618**
診月～水・金 10:00 ～ 13:00　15:00 ～ 20:30
土 10:00 ～ 13:00　15:00 ～ 18:00
　　　　　　　　　　　　　　　　休木・日・祝

〈次ページへつづく〉

歯科 〈前頁から〉

しらみず歯科 ⓗ
東葛西 5-43-3 ·················· **03-3804-2686**
診月~水・金 9:00 ~ 13:00　14:30 ~ 19:00
木 9:00 ~ 13:00　14:00 ~ 18:30
土 9:00 ~ 13:00　14:30 ~ 17:00　　**休**日・祝

鈴木歯科医院
西葛西 6-23-13-1F ·········· **03-3675-2210**
診 9:00 ~ 13:00　14:30 ~ 20:00　　**休**木・祝

医療法人社団ティースガーデン
スマイルデンタルクリニック ⓗ
西葛西 3-22-21-1F ·············· **03-3804-1675**
診詳細は HP を

清新南歯科 ⓗ
清新町 1-1-6-1F ·················· **03-3689-6699**
診月・水・金 9:30 ~ 13:00　15:00 ~ 19:00
火・木・土 9:30 ~ 13:00
※往診・手術／火午後・土午後　**休**木午後・日・祝

関口歯科医院 ⓗ
北葛西 2-4-4 ····················· **03-5696-6661**
診 9:30 ~ 13:00　15:00 ~ 19:00　**休**木・日・祝

せき歯科医院 ⓗ
東葛西 5-13-13-2F ·············· **03-3869-6480**
診月~金 10:00 ~ 13:00　14:30 ~ 20:00
土 9:30 ~ 13:00　14:00 ~ 18:00　**休**水・日・祝

竹内歯科診療所 ⓗ
東葛西 2-9-10-5F ·············· **03-6808-3313**
診月~土 9:30 ~ 13:00　14:30 ~ 18:30
※土 18:00 まで　※予約制　　　**休**日・祝

武田歯科医院 ⓗ
中葛西 5-19-17 葛西メトロ第 1
······························· **03-5605-3555**
診月・火・水・金 10:00 ~ 13:00　14:30 ~ 19:00
土・日 10:00 ~ 13:00　14:30 ~ 18:00 **休**木・祝

タナカ歯科 ⓗ
西葛西 5-6-21 ·················· **0120-42-6480**
診月~土 9:00 ~ 18:00　日 9:00 ~ 17:00
休第 1・3・5 日・祝

たなか歯科医院
中葛西 2-1-31 ·················· **03-3686-6607**
診 10:00 ~ 13:00　14:30 ~ 19:30
（土・祝 18:00 まで）　　　　　　　**休**日

田中歯科医院
南葛西 3-24-19 ·················· **03-5658-1818**
診 10:00 ~ 12:30　15:00 ~ 19:30
（土 18:00 まで）　　　　　**休**木・日・祝

田部歯科医院　北葛西 1-10-3 **03-3687-0118**
診 9:30 ~ 12:30　14:00 ~ 18:30
（土 17:00 まで）　　　　　**休**水・日・祝

田村矯正歯科 ⓗ
西葛西 3-15-9-6F ·············· **03-5674-6220**
診月・水 10:00 ~ 12:00　14:00 ~ 18:30
火・金 14:00 ~ 18:30
土 9:30 ~ 12:30　14:00 ~ 17:30
休火午前・金午前・木・日・祝

たろう歯科医院 ⓗ
西葛西 6-29-20-1F ·············· **03-5658-0418**
診月~土 9:30 ~ 13:00　14:30 ~ 20:30
木 9:30 ~ 13:00　　　　　**休**木午後・日・祝

ちあき歯科
南葛西 6-12-7-1F ·············· **03-3869-1577**
診 10:00 ~ 18:30　　**休**土午後・水・日・祝

ドルフィンファミリー歯科
南葛西 4-1-23-1F ·················· **03-5675-1848**
診 10:00 ～ 13:00　14:30 ～ 19:00（土 17:30 まで）
休日・祝

中葛西歯科 **HP**
中葛西 5-13-5 ··················· **03-3680-9111**
診 9:30 ～ 12:30　14:30 ～ 21:00（土 18:00 まで）
休木・日・祝

医療法人社団 ホワイトティース なかの歯科クリニック **HP**
西葛西 7-6-2 ··················· **03-5674-8211**
診 9:00 ～ 12:30　14:00 ～ 19:30（土 17:00 まで）
休日・祝

なぎさニュータウン歯科医院 **HP**
南葛西 7-1-7 7 号棟 1F ········ **0120-047-325**
診 月・水・木 10:00 ～ 13:00　14:30 ～ 19:00
火・金 10:00 ～ 13:00　14:00 ～ 20:00
土 10:00 ～ 13:00　14:00 ～ 16:00　休日・祝

西葛西歯科医院
西葛西 5-11-4-2F ·················· **03-3675-0602**
診 9:30 ～ 13:00　14:30 ～ 19:00
土 9:30 ～ 13:00　休土午後・木・日・祝

西葛西歯科室
西葛西 6-16-4-3F ··············· **03-5667-2821**
診 10:00 ～ 13:00　14:30 ～ 18:30
土・日・祝 10:00 ～ 13:00　14:30 ～ 17:30
休月・火・年末年始

西葛西杉井歯科クリニック **HP**
西葛西 5-8-3-1F ·············· **03-3878-6480**
診 月・火・木・金 9:30 ～ 18:30
土 9:30 ～ 18:00
日 9:30 ～ 13:00　14:00 ～ 18:00　休水・祝

西葛西スマイル歯科クリニック
西葛西 6-7-1 西葛西メトロ 2F **03-3675-4182**
受 10:00 ～ 13:00　14:30 ～ 20:00
土・祝 9:30 ～ 15:00　休日

西葛西ファミリー歯科 **HP**
イオン葛西店 4F ·················· **03-5679-8240**
診 月～金 10:00 ～ 13:00　14:30 ～ 20:00
土・日 10:00 ～ 13:00　14:30 ～ 18:00
※受付は 30 分前まで　休イオン休業日・木・祝

西葛西マリーナ歯科医院 **HP**
西葛西 8-15-12-05 ··············· **03-3877-1110**
診 10:00 ～ 13:00　14:30 ～ 18:30（日 17:30 まで）
休土・祝

ハタ・デンタルクリニック **HP**
西葛西 8-18-5 ·················· **03-3804-8881**
診 月～金 8:30 ～ 12:00　15:00 ～ 20:00
土 8:30 ～ 12:00　14:00 ～ 17:00
※第 3 木曜午後矯正診療　休水・日・祝

服部歯科医院
西葛西 3-22-1-1F ··············· **03-3689-6471**
診 9:30 ～ 12:00　14:00 ～ 18:00　休木・日・祝

パトリア歯科クリニック **HP**
清新町 1-3-6-2F ················ **03-6661-3986**
診 10:00 ～ 12:30　14:00 ～ 19:15
※最終受付は 30 分前まで　休

原田歯科医院
中葛西 3-28-3-1F ··············· **03-5659-6818**
受 9:30 ～ 12:00　14:00 ～ 19:00（土 17:00 まで）
休日・祝

ぱらん歯科クリニック **HP**
西葛西 7-3-2-2F ················ **03-6339-1140**
診 月・木・金 9:30 ～ 13:00　14:30 ～ 19:30
火 18:00 ～ 22:00
土・日 9:00 ～ 12:30　13:30 ～ 17:30　休水・祝

広瀬矯正歯科 **HP**
西葛西 6-16-4-4F ··············· **03-3687-5116**
診 11:00 ～ 19:00　休木・日・祝

福井歯科
中葛西 8-23-16-1F ·············· **03-5679-9095**
診 9:30 ～ 12:30　14:30 ～ 18:30　休木・日・祝

フルカワ歯科医院
中葛西 1-15-6 ··················· **03-3878-7988**
診 9:30 ～ 11:30　14:00 ～ 18:00（土 17:00 まで）
休木・日・祝

ほしば歯科医院 **HP**
西葛西 1-13-7 ··················· **03-3686-4657**
診 10:00 ～ 13:00　14:30 ～ 19:30（土 17:30 まで）
休木・日・祝

まさき歯科クリニック **HP**
西葛西 6-13-12-2F ·············· **03-6808-6696**
診 月・火・木・金 9:30 ～ 13:30　15:00 ～ 19:00
土・日 9:30 ～ 13:00　14:30 ～ 18:00　休水・祝

みやした歯科クリニック **HP**
西葛西 6-16-7-6F ··············· **03-3675-1182**

〈次ページへつづく〉

健康

歯科 〈前頁から〉

むろおか歯科医院 ⒽⓅ
西葛西 5-2-10-2F ……………… **0120-660418**
診 10:00 ～ 13:00　15:00 ～ 20:00
※最終受付 19:30
土 10:00 ～ 13:00　　　　　　　**休木・日・祝**

森島歯科医院 ⒽⓅ
西葛西 3-6-3-1F ……………… **03-5658-8241**
診月～金 9:30 ～ 12:30　14:00 ～ 19:30
土 9:30 ～ 13:00　14:00 ～ 17:30　　**休日・祝**

モンキッズデンタル ⒽⓅ
中葛西 1-31-9-2F ………… **03-5878-0151**
診月～日 9:30 ～ 13:00　14:00 ～ 18:00
※土・日は 17:00 まで　　　　**休祝・年末年始**

医療法人社団真清会　やまもと歯科 ⒽⓅ
西葛西 6-17-3-2F ………… **03-5605-3870**
診月～金 10:00 ～ 13:00　15:00 ～ 20:00
土 9:30 ～ 13:00　14:30 ～ 18:00　**休木・日・祝**

吉野歯科医院
東葛西 5-48-5 ……………… **03-3680-0763**
診 9:40 ～ 12:00　14:30 ～ 19:00
土 8:40 ～ 12:00　　　　　　**休木・日・祝**

リバーサイド歯科クリニック ⒽⓅ
アリオ葛西店 2F ……………… **03-5675-6874**
診 10:00 ～ 19:00
休木・アリオ休業日・年末年始・お盆

わかば歯科医院 ⒽⓅ
西葛西 6-12-7 ……………… **03-5674-4312**
診 9:30 ～ 12:30　14:30 ～ 18:00
土 9:00 ～ 11:30　13:00 ～ 17:00　**休木・日・祝**

医療法人社団　若草会	☎03 5674 4312	一　般 小　児 矯　正
わかば歯科医院		

あきしげ歯科医院
船堀 4-7-18-2F ……………… **03-3804-0418**
診 10:00 ～ 13:00　15:00 ～ 19:00
土 10:00 ～ 13:00　　　**休土午後・水・日・祝**

✚ 健康保険証等を忘れずに…

夜間・休日の急病で困ったときは…

詳細は、江戸川区公式ホームページまたは「広報えどがわ」で。

夜間急病診療
☎**03 - 5667 - 7775**（開設時間内）
西瑞江5-1-6（江戸川区医師会地域医療支援センター1F）
■診療時間　PM9～翌朝AM6（毎日）
■診療科目　内科、小児科の急患

休日急病診療
☎**03 - 5667 - 7775**（開設時間内）
西瑞江5-1-6（江戸川区医師会地域医療支援センター1F）
■診療時間　AM9～PM5（日・祝、年末年始）
■診療科目　内科、小児科の急患

休日歯科応急診療
☎&FAX**03 - 3672 - 8215**（要予約）
東小岩4-8-6（江戸川区歯科医師会館内）
■診療時間　AM9～PM5（日・祝、年末年始）
■受付時間　AM9～PM4:30

休日夜間診療に関する問い合わせ先
■江戸川区医師会休日診療テレホンセンター
　日祝、年末年始 AM9～PM5／
　　☎&FAX.**03 - 5667 - 7557**
■東京消防庁救急相談センター　　☎#7119
　24時間／☎**03 - 3212 - 2323**
■東京都保健医療情報センター「ひまわり」
　24時間／☎**03 - 5272 - 0303**
　　　　FAX.**03 - 5285 - 8080**
◎応急処置のため、最小限の薬の処方です
◎夜間のかけ間違いには特に注意を
◎新型コロナウイルス感染症拡大防止のため、受診する前
　に当該医療機関へ電話で相談を

アクアリオ小児歯科医院 ⓗ
船堀 4-5-16-1F ················· **03-6663-6028**
診 10:00 ～ 12:30　14:30 ～ 18:30
土 10:00 ～ 13:00　　　　**休土午後・日・祝**

今井矯正歯科 ⓗ
船堀 3-7-1 ····················· **03-3878-3100**
診 10:00 ～ 12:30　14:00 ～ 18:30（日17:00まで）
休月・木・日（第 2 日曜・第 4 月曜は診療、ただし
第 4 月曜が祝日の場合第 3 月曜か第 5 月曜に診療）

柿崎歯科医院
船堀 4-3-7-2F ················· **03-3675-8200**
診月・火・金・土 9:00 ～ 13:00　14:00 ～ 18:00
水 10:00 ～ 13:00　14:00 ～ 19:00 **休木・日・祝**

すえよし歯科クリニック
一之江町 2990-2 ············· **03-5674-7648**
診月・火・水・金・土 9:00 ～ 13:00
14:30 ～ 18:30（土は受付 16:00 まで）
　　　　　　　　　　　　　休木・日・祝

田中歯科クリニック
船堀 5-2-23 ···················· **03-3687-8148**
診月～金 9:30～12:30　14:00～19:00
　　　　　　　　　　　　　休土・日・祝

つくし歯科
松江 5-20-15-1F ·············· **03-3680-0084**
診 10:00～12:30　14:30～19:00（土18:00まで）
　　　　　　　　　　　　　　休日・祝

ふくら歯科医院 ⓗ
船堀 4-6-6-2F ················· **03-3680-0088**
診 10:00～13:00　14:30～19:00（土17:00まで）
　　　　　　　　　　　　　休木・日・祝

船堀歯科医院
船堀 1-8-22-1F ··············· **0120-380418**
診 10:00 ～ 12:00　14:30 ～ 20:30　**休日・祝**

オーラルケア浦安歯科・小児歯科・矯正歯科 ⓗ
浦安市東野 3-4-1-2F ·········· **047-354-0025**
診月～土 9:30 ～ 13:30　14:30 ～ 18:30
日・祝 9:30 ～ 13:30　14:30 ～ 18:00
　　　　　　　　　　休月曜以外の祝日
　　　　（カラー・裏表紙もご覧ください）

体をほぐす 整える
orthopedic clinic

接骨・整骨

健康

アール整骨院 ⓗ
中葛西 5-34-7-2F ················· **03-5675-2339**
受月～金 9:00 ～ 19:00　土 9:00 ～ 17:00
　　　　　　　　　　　　　休日・祝

あさひろ鍼灸整骨院 ⓗ
西葛西 3-6-13-1F ············· **03-3688-6486**
診月～金 9:30 ～ 13:00　15:00 ～ 19:30
土・祝 9:00 ～ 13:00　15:00 ～ 19:00
日 9:00 ～ 12:30　15:00 ～ 18:30　**休第 4・5 日**

飯塚接骨院 ⓗ
中葛西 5-19-4 ··················· **03-3688-3935**
診 9:00 ～ 10:30　17:40 ～ 20:00
土 9:00 ～ 15:00　　　　　　**休不定休**

いけだ接骨院
東葛西 6-24-15 ················ **03-3877-1213**
診月～金 8:00 ～ 12:30　15:00 ～ 20:00
土 8:00 ～ 12:30　　　　　　**休日・祝**

いわた鍼灸整骨院
西葛西メトロ ···················· **03-5605-2515**

岩田接骨院　中葛西 8-1-5 ······ **03-3877-7675**
診 8:00 ～ 12:00　15:00 ～ 21:00　**休日・祝**

いわだて接骨院
西葛西 8-13-3 ··················· **03-3869-4452**
受 9:00 ～ 12:00　15:00 ～ 19:00
土 9:00 ～ 14:00　　　　　　**休日・祝**

うきた　おれんじ整骨院
中葛西 4-8-15-1F ·············· **03-6311-1665**
受月～金 9:00 ～ 20:00　土 9:00 ～ 15:00
　　　　　　　　　　　　　休日・祝

おおくぼ整骨院 ⓗ
西葛西 5-5-10-1F ·············· **03-6663-9709**
診 9:00 ～ 13:00　16:00 ～ 20:00
土 9:00 ～ 13:00　※予約制　　　**休日・祝**

〈次ページへつづく〉

可能なかぎりの調査に基づいて作成しましたが、万
一掲載もれや締め切り後の変更などありましたらお
知らせください。　　　☎047-396-2211

接骨・整骨〈前頁から〉

おおぞら針灸・整骨院 (HP)
中葛西 4-7-1-1F ・・・・・・・・・・・・ **03-6663-9539**
診月～土 9:00 ～ 12:30　15:00 ～ 19:30
日・祝 9:00 ～ 14:00　　　　　　　休水

葛西駅前中央整骨院 (HP)
中葛西 3-37-8 ・・・・・・・・・・・・ **03-3877-0721**
診 9:00 ～ 12:00　15:00 ～ 20:00
土 9:00 ～ 12:00　14:00 ～ 17:00　休日・祝

葛西整骨院 (HP)
南葛西 4-3-10 ・・・・・・・・・・・・ **03-5878-1345**
診月・火・木・金 9:00 ～ 12:30　15:00 ～ 20:00
土・日・祝 9:00 ～ 12:30　15:00 ～ 18:00　休水

葛西中央整骨院
中葛西 2-27-9 ・・・・・・・・・・・・ **03-5696-2337**
受 8:30 ～ 14:00　15:30 ～ 20:00　休木・日・祝

葛西橋整骨院 (HP)
西葛西 1-11-6 ・・・・・・・・・・・・ **03-3687-6604**
診月～金 8:30 ～ 12:30　15:00 ～ 19:00
土 9:00 ～ 13:00　　　　　　　休日・祝

葛西南整骨院 (HP)
南葛西 3-10-12-1F ・・・・・・・・・・・・ **03-5878-1482**
診月～金 9:30 ～ 12:00　14:30 ～ 20:00
土・日・祝 9:30 ～ 12:00　13:30 ～ 17:00　休木

くまがい接骨院
南葛西 5-7-6-1F ・・・・・・・・・・・・ **03-3689-7699**
診月～金 8:30 ～ 12:00　15:00 ～ 20:00
土 8:30 ～ 14:00　　　　　　　休日・祝

ごとう接骨院
中葛西 1-42-22 ・・・・・・・・・・・・ **03-3680-6366**
診月～金 8:30 ～ 12:00　15:00 ～ 19:00
土 8:30 ～ 14:00　　　　　　　休日・祝

こもだ整骨院 (HP)
中葛西 4-1-8-1F ・・・・・・・・・・・・ **03-6753-5736**
診 9:00 ～ 13:00　15:00 ～ 20:00
　　　　　　　　休木午後・日・祝

桜井接骨院
南葛西 3-14-13 ・・・・・・・・・・・・ **03-3689-9671**

CA 鍼灸整骨院 (HP)
東葛西 5-15-17-1F ・・・・・・・・・・・・ **03-5659-1515**
診 10:00 ～ 13:00　15:00 ～ 20:00
土・日 10:00 ～ 13:00　15:00 ～ 17:00
※祝日は問い合わせを

CMC 西葛西整骨院 (HP)
西葛西 5-3-4 ・・・・・・・・・・・・ **03-5675-2410**
診 9:00 ～ 12:00　15:00 ～ 20:00
土・祝 9:00 ～ 12:00　14:00 ～ 17:00
※祝日は要予約　　　　　　　　休日

すがさわ整骨院 (HP)
東葛西 6-14-14-1F ・・・・・・・・・・・・ **03-6456-0896**
診月～金 9:00 ～ 12:30　15:00 ～ 20:30
土 9:00 ～ 14:00
※火・木・土は予約制　　　　休日・祝

杉田整骨院　東葛西 1-3-16 ・・・ **03-3689-2010**
診 8:00 ～ 12:00　15:00 ～ 19:00
土 8:00 ～ 12:00　　　　休水午後・日・祝

スミレはりきゅう整骨院 (HP)
西葛西 6-22-13-1F ・・・・・・・・・・・・ **03-6456-0189**
受月～金 9:30 ～ 12:30　15:00 ～ 20:00
土・祝 9:30 ～ 17:00　　　　　　　休日

ゼロスポ鍼灸・整骨院 (HP)
西葛西 3-22-6-1F 小島町 2 丁目団地内
・・・・・・・・・・・・ **03-5674-0088**
受 9:00 ～ 12:30　15:00 ～ 20:00

たがみ整骨院　中葛西 6-7-3・・・ **03-5676-3912**
診月～金 9:00 ～ 12:00　15:00 ～ 20:00
土 9:00 ～ 13:00　　　　　　　休日・祝

タナカ整骨院 (HP)
西葛西 3-13-2 ・・・・・・・・・・・・ **03-3687-6103**
受月～金 9:00 ～ 12:00　15:00 ～ 19:00
土 9:00 ～ 14:00　　　　　　　休日・祝
（P35 カラー・健康特集もご覧ください）

東京整骨院・施療院　南葛西 (HP)
南葛西 2-1-1-1F ・・・・・・・・・・・・ **03-6808-0432**
診 9:00 ～ 12:00　15:00 ～ 20:00
土 9:00 ～ 12:00　※土 12:00 ～ 15:00 予約診療
　　　　　　　　　　　　　　休日・祝

桃李鍼灸整骨院 (HP)
中葛西 6-21-10 ・・・・・・・・・・・・ **03-6671-0488**
受月～金 9:30 ～ 12:30　14:30 ～ 20:30
土 9:30 ～ 12:30　14:30 ～ 18:30　休日・祝

なぎさキャピタル鍼灸整骨院 (HP)
南葛西 7-1-7　7 号棟 -1F ・・・・・・ **03-3877-2565**
診 9:00 ～ 12:30　15:00 ～ 20:00　年中無休

なめき接骨院
西葛西 5-10-14-1F ・・・・・・・・・・・・ **03-5696-2844**
診 7:00 ～ 12:30　15:00 ～ 20:00
土・祝 7:00 ～ 15:00　　　　　　　休日

西葛西駅前あさひろ鍼灸整骨院 ⒽⓅ
西葛西 6-15-20-1F ‥‥‥‥‥‥ **03-3688-0688**
診月～金 10:00 ～ 13:00　15:00 ～ 20:00
土・祝 9:00 ～ 13:00　15:00 ～ 19:00　　休日

西葛西オアシス整骨院 ⒽⓅ
西葛西 6-13-14-2F ‥‥‥‥‥ **03-6456-0750**
受 9:00 ～ 13:00　15:00 ～ 20:30
土・日 9:00 ～ 17:00　　　　　　　休祝

西葛西さくら整骨院
西葛西 3-16-12 ‥‥‥‥‥‥‥ **03-3680-7115**
診月～金 9:00 ～ 12:00　15:00 ～ 20:00
土・祝 9:00 ～ 12:00　14:00 ～ 17:00　　休日

西葛西中央整骨院 ⒽⓅ
西葛西 6-22-3-1F ‥‥‥‥‥‥ **03-5696-4578**
診 9:00 ～ 12:00　15:00 ～ 20:00
土・祝 9:00 ～ 12:00　14:00 ～ 17:00　　休日

野崎整骨院
東葛西 5-11-11 ‥‥‥‥‥‥ **03-3680-1398**

はぎわら整骨院 ⒽⓅ
中葛西 3-11-15-1F ‥‥‥‥‥ **03-5667-7776**
診 9:00 ～ 19:00　土・祝 8:30 ～ 13:00　　休日

VIE-LY　ビレイ女性専用整骨院 ⒽⓅ
西葛西 6-27-6-1F ‥‥‥‥‥ **03-6808-0913**
受月～金 9:00 ～ 18:00　土・日 9:00 ～ 17:00
　　　　　　　　　　　休祝・不定休もあり

ほほえみ整骨院
中葛西 2-9-22 ‥‥‥‥‥‥ **03-3687-0799**

ポラリス整骨院 ⒽⓅ
清新町 1-3-6 パトリア 2F ‥‥‥ **03-3877-6116**
診 10:00 ～ 12:30　15:00 ～ 20:00
土・日・祝 10:00 ～ 12:30　15:00 ～ 18:00
　　　　　　　　　　　　　　　　休なし

まごころ接骨院 ⒽⓅ
中葛西 4-1-23-1F ‥‥‥‥‥ **03-3869-6680**
診月～金 9:00 ～ 12:00　15:00 ～ 19:00
土 9:00 ～ 13:00　　　　　　　休日・祝

まつやま接骨院 ⒽⓅ
中葛西 4-19-17 ‥‥‥‥‥‥ **03-3877-7157**
診 9:30 ～ 12:00　15:30 ～ 19:00
※予約制　　　　　　　　　　　休日・祝

まんぼう鍼灸整骨院
中葛西 8-23-6 ‥‥‥‥‥‥ **03-3869-0336**
診 9:00 ～ 20:30　土 9:00 ～ 17:00　　休日・祝

みうら整骨院
イオン葛西店 4F ‥‥‥‥‥ **03-3877-6603**

南葛西整骨院
南葛西 6-15-1 ‥‥‥‥‥‥ **03-3675-4970**
診月～金 9:00 ～ 12:30　15:00 ～ 19:30
土 9:00 ～ 13:00　　　　　　　休日・祝

もてぎ接骨院
中葛西 3-29-7 ‥‥‥‥‥‥ **03-3804-7083**
診月～土 9:00 ～ 12:00　15:00 ～ 21:00
　　　　　　　　　　　　　　　休日・祝

森整骨院 ⒽⓅ
中葛西 3-30-11-1F ‥‥‥‥‥ **03-3878-1026**
受 9:00 ～ 13:00　15:30 ～ 20:00
土 9:00 ～ 14:00　　　　　　　休日・祝

やぎ整骨院 ⒽⓅ
東葛西 6-21-4 ‥‥‥‥‥‥ **03-6796-0058**

山中整骨院 ⒽⓅ
南葛西 1-10-5 ‥‥‥‥‥‥ **03-3877-1454**
診月～金 9:30 ～ 12:00　15:30 ～ 19:30
土 9:30 ～ 13:00　　　　　　　休日・祝

養心堂整骨院
西葛西 6-8-5-2F ‥‥‥‥‥ **03-5980-8348**

リフレ鍼灸整骨院 ⒽⓅ
中葛西 3-18-24-1F ‥‥‥‥‥ **03-5667-5411**
診月・火・水・金 10:00 ～ 12:00　15:00 ～ 20:00
土・日・祝 10:00 ～ 13:00　15:00 ～ 19:00
　　　　　　　　　　　　　　　　　休木

健康

新型コロナウイルスの状況により、診療時間などの
内容に変更が生じる場合があります。
医療機関受診前に最新の情報を電話またはホーム
ページ等で確認してください。

はり・灸・指圧・マッサージ

あすか鍼灸院
東葛西 6-5-3-5F ················· **03-3877-9041**
診 10:00 ～ 12:00　13:30 ～ 16:30　　休木・祝

アロムはりきゅう治療院 ⓗ
中葛西 3-23-21-1F ··············· **03-6240-5800**
診 13:00 ～ 21:00（日曜受付 17:00 まで）
　　　　　　　　　　　　　　　　休水・祝

大畑鍼灸治療院 ⓗ
中葛西 1-13-17 ················· **03-5676-4976**
受月・火・木・金・土 9:00 ～ 11:00
14:30 ～ 17:00（土 16:00 まで）　休水・日・祝

おさめ治療院
中葛西 5-32-2 ················· **0120-110522**
診 9:30 ～ 20:00　　　　　　　　　　休水

葛西　稲葉鍼灸治療院 ⓗ
中葛西 3-15-14-2F ··············· **03-3686-9105**
診月～金・土・祝 10:00 ～ 20:00
日 10:00 ～ 18:00　　　　　　　　休不定休

葛西はりきゅう漢方治療室 ⓗ
中葛西 5-32-5-5F ··············· **03-3878-0705**
診 10:00 ～ 19:00　　　　　　　　休木・日

かなもり鍼灸治療院 ⓗ
西葛西 3-2-11-1F ··············· **03-6456-0657**
診月～金 9:00 ～ 21:00
土・日・祝 9:00 ～ 19:00　休水・第 2・4 日

カミヤ治療院 ⓗ
西葛西 6-18-8-1F ··············· **03-3877-9053**
診 9:30 ～ 12:00　14:00 ～ 19:00（土 16:00 まで）
　　　　　　　　　　　　　　　　休日・祝

訪問医療マッサージ
KEiROW（ケイロウ）葛西ステーション ⓗ
南葛西 6-13-12-3F ··············· **0120-558-322**

健康の森治療院
東葛西 6-6-2-6F ··············· **03-5658-3616**
受 10:00 ～ 17:30　※予約制　　　休月・祝

鍼師祥寿院 ⓗ
東葛西 6-5-4-4F ················· **03-5679-2780**
診 9:00 ～ 19:00　※完全予約制　　休不定休

仁鍼灸治療院 ⓗ
東葛西 6-6-5-1F ·············· **03-5658-8688**
受月～金 9:30 ～ 12:30　14:00 ～ 17:30
土・日 9:30 ～ 16:30　　休火午後・水・祝

スッキリハウス誠和治療院 ⓗ
東葛西 2-1-6 ····················· **03-3804-2930**
診 10:00 ～ 20:00　　　　　　　　　休金

鍼灸院爽快館　西葛西店
西葛西 5-4-6-1F ··············· **03-5674-3130**
診 10:00 ～ 19:00（最終受付 18:00）※予約制
　　　　　　　　　　休月・金・年末年始

高橋治療院 ⓗ
西葛西 7-14-3 ··················· **03-3686-0102**
診 9:00 ～ 18:00　※予約制　往診可

望鍼灸治療院 ⓗ
中葛西 3-19-1-1F ············· **03-3675-1328**
診 9:00 ～ 13:00　14:00 ～ 18:00　　休木・祝

BNB 鍼灸・指圧・マッサージ院　Brand New Body ⓗ
西葛西 6-8-11-3F ··············· **03-6456-0915**
受 10:00 ～ 21:00　土 10:00 ～ 19:00
　　　　　　　　　　　　　　休木・日・祝

各種療法

manipulation, cairo

整体・カイロプラクティック

アスケル東京 ⓗ
西葛西 3-11-8-1F ·············· **03-6659-8066**
診 10:00 ～ 21:00　※予約制　　休不定休

いりかわカイロプラクティック ⓗ
南葛西 1-3-17-11F ··············· **03-5676-2587**
受 11:00 ～ 19:00　※予約制　休日・祝（不定休）

江戸川ケィシーカイロプラクティック西葛西整体院 ⓗ
西葛西 6-22-19-1F ··············· **03-5676-0138**
営 10:00 ～ 12:30　14:30 ～ 19:30
※要予約　　　　　　　　　　　休日・祝

中国整体　快復堂
東葛西 6-1-10-2F ·············· **03-3869-3363**
診 10:00 ～ 22:00　　　　　　　休 1/1 ～ 2

施術院　葛西オステオパシールーム ⓗ
東葛西 6-1-10-4F ·············· **03-6909-5102**
受月～土 10:00 ～ 20:00　日 10:00 ～ 17:00
※予約制　　　　　　　　休不定休（要確認）

葛西整体院 🅗🅟
中葛西 3-14-1 ･･･････････････････ **03-5676-1677**
受 10:00 ～ 20:00（時間外は問い合わせを）
土・日・祝 10:00 ～ 16:00　　**休**不定休

葛西ボディケアセンター 🅗🅟
臨海町 2-4-2 ････････････････････ **03-5658-8189**

中国気功康復院
西葛西 3-15-8-4F ･･･････････････ **03-3686-6221**
診 10:00 ～ 20:00　※予約制　　**休** 1/1 ～ 3

JITAN BODY 整体院　葛西 🅗🅟
中葛西 8-21-18-1F ･･････････････ **03-6808-1244**

ストレッチ専門店トレーナーズ 🅗🅟
西葛西 5-7-1-2F ･･･････････････ **03-6808-7581**
営月～土 10:00 ～ 22:00（最終受付 21:20）
日・祝 10:00 ～ 20:00（最終受付 19:20）　　**休**金

TEI-ZAN 操体医科学研究所 🅗🅟
西葛西 2-22-38 ･･･････････････ **03-3675-8108**
施術時間月～金 9:00 ～ 19:00（最終受付 18:00）
土 9:00 ～ 18:00（最終受付 17:00）
※完全予約制

はくしんどう整体院
中葛西 2-2-1 ･･･････････････････ **03-3878-6478**
診火・水・金 10:00 ～ 20:00　土 10:00 ～ 17:00
木・日 10:00 ～ 14:00　　**休**月・祝

百年整体葛西院 🅗🅟
中葛西 3-1-13-1F ･･･････････････ **03-6663-8399**
受 9:00 ～ 20:00　※完全予約制　　**休**水・祝

二川カイロプラクティック
中葛西 5-35-8-2F ･･･････････････ **03-5605-3101**
診月～金 9:00 ～ 20:00　土 9:00 ～ 18:00
日・祝 10:00 ～ 18:00　　年中無休

治療庵　楽道 🅗🅟
西葛西 6-15-12-2F ････････････ **03-3686-9502**
診 10:00 ～ 21:00　　年中無休

電話番号、住所など間違い、および『葛西カタログ』
に対するご意見・ご希望がありましたら、お手数
ですがご一報を！　　☎047-396-2211

健康

薬局・薬店

アイセイ薬局南葛西店
南葛西 6-17-1-1F ･･････････ **03-3869-2432**
アイ調剤薬局
西葛西 3-19-2 ･･･････････････ **03-5674-1336**
あけぼの薬局
北葛西店
北葛西 4-1-22-1F ･･･････････ **03-5667-0580**
西葛西店　西葛西 7-20-2 ･･･ **03-5659-7266**
西葛西北口店
西葛西 5-1-2-1F ･･･････････ **03-5674-4189**
ウエルシア薬局江戸川中葛西店
中葛西 6-8-11 ･･･････････････ **03-5679-7817**
小島（オジマ）薬局
東葛西 5-30-8 ･･･････････････ **03-3686-4714**
ファーマシィ薬局　かさい中央
東葛西 6-27-11-1F ･･･････････ **03-5676-5775**
クオール薬局西葛西店 🅗🅟
西葛西 6-12-1-1F ･･･････････ **03-5679-6389**
くすりの福太郎
北葛西店　北葛西 3-5-5 ･･･････ **03-5667-6510**
西葛西店　西葛西 6-21-9 ･･･ **03-5679-6788**
クリスタル薬局 🅗🅟
西葛西 4-2-34-1F ･･･････････ **03-6456-0581**
サン薬局　東葛西 5-13-9 ･･･････ **03-3686-0338**
アドステータス三和薬局パトリア店
清新町 1-3-6 ･･･････････････ **03-3675-8103**
三和薬局
サンサンファーマシー
西葛西 6-5-12 ･･･････････････ **03-6240-5851**
三和調剤薬局うきた店
宇喜田町 167-2 ･･･････････ **03-5878-1796**
三和調剤薬局西葛西店
西葛西 6-24-7 ･･･････････････ **03-6663-9670**
シオン薬局
西葛西 6-13-7-3F ･･･････････ **03-3804-1155**

〈次ページへつづく〉

107

薬局・薬店〈前頁から〉

スミレ薬局
中葛西 5-39-2-1F …………… **03-5674-5509**

漢方薬　誠心堂　西葛西店 ⒣
西葛西 5-4-6-1F …………… **03-5878-8940**

セイワ薬局 ⒣
南葛西 2-16-7 …………… **03-5667-2877**

セイワ薬局西葛西店 ⒣
西葛西 6-15-20 …………… **03-5878-7855**

つくし薬局南葛西店
南葛西 3-24-9 …………… **03-3877-8014**

ツルハドラッグ
葛西駅前店
東葛西 6-5-4 …………… **03-5696-2826**
南葛西店
南葛西 4-11-5 …………… **03-5679-6675**

東京中央薬局　東葛西 6-27-15 B号室
………… Ⓕ 03-3687-1160 … **03-3687-1150**

トマト薬局
中葛西 3-11-23 …………… **03-5696-6065**

ドラッグストアいわい西葛西サンパティオ店 ⒣
西葛西 3-15-5-1F …………… **03-3877-3531**

日本調剤 ⒣
葛西薬局
東葛西 6-2-10-1F …………… **03-5679-8012**
西葛西駅前薬局
西葛西 6-7-2 西葛西メトロ 3 番街
…………… **03-5667-5447**

ハル薬局 ⒣
南葛西 4-3-10 …………… **03-3686-5709**

薬局ビーエヌファーマシー ⒣
駅前店　西葛西 6-13-7 …… **03-3686-0331**
6 丁目店　西葛西 6-6-1 …… **03-3688-9026**

藤井薬局　中葛西 4-20-3 …… **03-3688-1148**

petit madoca 南葛西店 ⒣
南葛西 5-7-4 …………… **03-3877-5253**

薬マツモトキヨシ ⒣
葛西駅前店
中葛西 3-37-16 …………… **03-6808-8201**
西葛西駅前店
西葛西 6-16-1 …………… **03-5696-2552**

美都薬局　中葛西 6-10-9 …… **03-3688-2150**

ミルキー薬局 ⒣
東葛西 6-1-17-1F …………… **03-3877-1193**

吉岡薬局　南葛西 7-1-7-1F … **03-3687-0048**

ロビン薬局
宇喜田町 1039-1-1F …………… **03-6808-1166**

わかば薬局　西葛西 5-1-8 …… **03-5674-9360**

介護
elder care

介護サービス

あさがおリハ南葛西 ⓗ
南葛西 7-1-7 ……………… **03-5878-0480**
内通所介護

アサヒサンクリーン㈱江戸川営業所 ⓗ
中葛西 7-25-3-1F ……… **03-5679-3205**
内入浴

あっぷる訪問看護ステーション葛西 ⓗ
中葛西 5-35-8-3F ……… **03-5676-8221**
内居宅介護支援・訪問看護

イオンスマイル葛西 SC 店
イオン葛西店 4F ……… **03-5878-3091**
内通所介護

楠目会　老人保健施設　くすのきの里 ⓗ
西葛西 6-19-8 …………… **03-3675-2518**
内通所リハビリ・短期入所療養

介護老人保健施設こでまり ⓗ
北葛西 2-5-21 …………… **03-5658-9115**
内通所リハビリ・短期入所療養

介護サポートコンパス
東葛西 6-29-17 ………… **03-3688-6887**
内通所介護

さくら SPA　中葛西店 ⓗ
中葛西 4-20-20-1F ……… **03-6808-3903**
内通所介護

小規模多機能サービス　葛西みなみ ⓗ
南葛西 2-12-1-3F ………… **03-5679-7142**
内小規模多機能型居宅介護

城東訪問看護ステーション
西葛西 3-22-15 ………… **03-5676-5011**
内訪問看護・リハビリ

しんみケアーセンター
西葛西 6-15-20-3F ……… **03-5667-6750**
内居宅介護支援
西葛西 6-15-20-4F ……… **03-3878-0345**
内訪問介護

暖心苑 ⓗ　北葛西 4-3-16 …… **03-3877-0100**
内居宅介護支援・通所介護・短期入所生活・認知
症対応型通所介護

介護支援つぐみ ⓗ
清新町 2-2-20-1F ………… **03-6456-0972**
内居宅介護支援

訪問看護ステーションつぐみ ⓗ
清新町 2-2-20-1F ………… **03-6456-0972**
内訪問看護・訪問リハビリ

デイサービスセンター東葛西
東葛西 5-9-19 …………… **03-5667-6331**
内通所介護

デイサービスとも ⓗ
中葛西 5-19-4 …………… **03-3688-3935**
内通所介護　※機能訓練あり

テルウェル東日本　江戸川介護センタ ⓗ
東葛西 2-5-1-2 F ……… **03-5667-4615**
内訪問介護

テルウェル東日本　東京中央ケアプランセンタ ⓗ
東葛西 2-5-1-3 F ……… **03-3877-5100**
内居宅介護支援

ともケアセンター ⓗ
中葛西 3-3-3 …………… **03-5676-5221**
内居宅介護支援・訪問介護・福祉用具・福祉用具
販売　※障害者支援あり

社会福祉法人東京栄和会　なぎさ和楽苑 ⓗ
西葛西 8-1-1 …………… **03-3675-1201**
内居宅介護支援・訪問介護・通所介護・短期入所
生活・認知症対応型通所介護・訪問看護・福祉用具・
配食サービス

〈次ページへつづく〉

健康

介護サービス〈前頁から〉

リハビリデイサービス　nagomi葛西店 ⓗⓟ
南葛西 6-32-11 ……………… **03-6808-4928**
内通所介護

虹の会介護ステーション・虹の会デイサービス ⓗⓟ
南葛西 7-2-3 ………………… **03-3686-4477**
内居宅介護支援・訪問介護・通所介護

カルチャーデイ　虹の空 ⓗⓟ
南葛西 6-13-12-1F ………… **03-3686-4477**
内通所型サービス（緩和型）

ノイエすみれケアセンター
中葛西 8-23-5-2F …………… **03-5679-1780**
内居宅介護支援・訪問介護

ハートケア
中葛西 3-8-18-3F …………… **03-6663-8684**
内訪問介護

パナソニックエイジフリーショップ葛西店 ⓗⓟ
中葛西 8-11-5-1F …………… **03-5878-3031**
内福祉用具・レンタル・販売・住宅改修

介護老人保健施設ひまわり ⓗⓟ
東葛西 8-19-16 ……………… **03-5658-5111**
内通所リハビリ・短期入所療養

訪問看護ステーションひまわり ⓗⓟ
東葛西 8-19-16 ……………… **03-6808-5012**
内訪問看護・訪問リハビリ

ケアサービスひまわり(居宅介護支援事業所) ⓗⓟ
東葛西 5-1-4-3F ……………… **03-6808-5013**
内居宅介護支援

フォービスライフ西葛西 ⓗⓟ　北葛西 4-1-1-2F
……… Ⓕ 03-3869-1271… **03-3869-1260**
内訪問介護

ふくらはぎ健康法トライ葛西 ⓗⓟ
北葛西 3-6-3 ………………… **03-6808-9723**
内通所介護

医療法人社団新虎の門会　訪問看護ステーションまごころ ⓗⓟ
東葛西 4-52-5-1F …………… **03-5676-5531**
内訪問看護

特別養護老人ホーム　みどりの郷福楽園 ⓗⓟ
臨海町 1-4-4 ………………… **03-5659-4122**
内通所介護・短期入所生活

居宅介護支援事業所　みどりの郷福楽園
南葛西 4-21-3 ………………… **03-5659-3838**
内居宅介護支援

社会福祉法人　みなみ江戸川ケアセンター ⓗⓟ
南葛西 6-2-28 ………………… **03-5676-0373**
内通所介護・短期入所生活

㈱みなみ北葛西ケアセンター ⓗⓟ
北葛西 2-23-14 ……………… **03-3686-3730**
内居宅介護支援・訪問介護・通所介護

ライフアンドケア㈱いきいき介護サービス
中葛西 7-17-19-1F ………… **03-5679-6321**
内居宅介護支援・訪問介護

ライブラリ葛西　デイサービスセンター ⓗⓟ
中葛西 6-17-9 ………………… **03-3869-0968**

Rakue 葛西 ⓗⓟ
西葛西 3-14-3-2F …………… **03-4283-2745**
内訪問介護

ラック葛西 ⓗⓟ
中葛西 4-9-18-2F …………… **03-5674-7151**
内居宅介護支援・訪問介護

ふれあいプラザ　ラビット ⓗⓟ
西葛西 3-22-15 ……………… **03-5675-3677**
内居宅介護支援・訪問介護・福祉用具

レコードブック葛西 ⓗⓟ
中葛西 6-11-11 ……………… **03-5667-8383**
内地域密着型通所介護

福祉機器

㈱フツラ ⓗⓟ
中葛西 7-19-3 ………………… **03-3688-3771**

グループホーム

きらら
　北葛西　北葛西 3-5-30 …… **03-5659-6835**
　西葛西　西葛西 1-3-9 ……… **03-5675-3788**
　南葛西　南葛西 4-3-19 …… **03-5679-3788**

ゆう希苑かさい ⓗⓟ
東葛西 2-28-9 ………………… **03-3877-0661**

可能なかぎりの調査に基づいて作成しましたが、万
一掲載もれや締め切り後の変更などありましたらお
知らせください。　　　　☎047-396-2211

特別養護老人ホーム（介護老人福祉施設）

特別養護老人ホームアゼリー江戸川 ⓗⓟ
本一色 2-13-25 ……………… **03-5607-0482**

特別養護老人ホーム癒しの里西小松川 ⓗⓟ
西小松川町 1-21 ……………… **03-3654-7650**

特別養護老人ホームウエル江戸川 ⓗⓟ
平井 7-13-32 ……………… **03-3617-1112**

特別養護老人ホーム江戸川光照苑 ⓗⓟ
北小岩 5-7-2 ……………… **03-5668-0051**

特別養護老人ホーム江戸川さくらの杜 ⓗⓟ
東小松川 1-5-4 ……………… **03-5607-3366**

特別養護老人ホームきく ⓗⓟ
鹿骨 3-16-6 ……………… **03-3677-3030**

特別養護老人ホーム小岩ホーム ⓗⓟ
南小岩 5-11-10 ……………… **03-5694-0101**

特別養護老人ホーム清心苑 ⓗⓟ
西一之江 4-9-24 ……………… **03-3655-5963**

特別養護老人ホーム泰山 ⓗⓟ
北小岩 5-34-10 ……………… **03-5622-1165**

特別養護老人ホーム暖心苑 ⓗⓟ
北葛西 4-3-16 ……………… **03-3877-0100**

特別養護老人ホームなぎさ和楽苑 ⓗⓟ
西葛西 8-1-1 ……………… **03-3675-1201**

特別養護老人ホーム春江さくらの杜 ⓗⓟ
春江町 5-4-2 ……………… **03-5879-3260**

特別養護老人ホーム古川親水苑 ⓗⓟ
江戸川 5-4-2 ……………… **03-5667-1211**

瑞江特別養護老人ホーム ⓗⓟ
瑞江 1-3-12 ……………… **03-3679-3759**

特別養護老人ホームみどりの郷福楽園 ⓗⓟ
臨海町 1-4-4 ……………… **03-5659-4122**

特別養護老人ホーム第二みどりの郷 ⓗⓟ
江戸川 2-29-5 ……………… **03-5664-2029**

特別養護老人ホームみどりの郷福楽園東小松川 ⓗⓟ
東小松川 1-13-2 ……………… **03-3674-8081**

特別養護老人ホームリバーサイドグリーン ⓗⓟ
江戸川 1-11-3 ……………… **03-3677-4611**

特別養護老人ホームわとなーる ⓗⓟ
鹿骨 1-3-8 ……………… **03-6804-8722**

特別養護老人ホームわとなーる葛西 ⓗⓟ
東葛西 7-19-8 ……………… **03-6808-5700**

介護老人保健施設

楠目会　老人保健施設　くすのきの里 ⓗⓟ
西葛西 6-19-8 ……………… **03-3675-2518**

介護老人保健施設こでまり ⓗⓟ
北葛西 2-5-21 ……………… **03-5658-9115**

介護老人保健施設ひまわり ⓗⓟ
東葛西 8-19-16 ……………… **03-5658-5111**

介護医療院

介護医療院松寿会病院 ⓗⓟ
中葛西 5-33-15 ……………… **03-3689-5451**

養護老人ホーム

江東園 ⓗⓟ　江戸川 1-11-3 …… **03-3677-4611**
長安寮　篠崎町 4-5-9 …… **03-5664-2960**

軽費老人ホーム

都市型軽費老人ホーム JOY なぎさ ⓗⓟ
西葛西 8-1-1 ……………… **03-3675-1201**

都市型軽費老人ホームわとなーる葛西 ⓗⓟ
東葛西 7-19-8 ……………… **03-6808-6123**

有料老人ホーム

イリーゼかさい ⓗⓟ
中葛西 1-44-11 ……………… **0120-122943**

えど川　明生苑 ⓗⓟ
東葛西 7-13-8 ……………… **03-5696-7080**

そんぽの家　葛西
東葛西 5-33-7 ……………… **03-5679-5161**

プレザンメゾン葛西（旧たのしい家　葛西） ⓗⓟ
東葛西 3-8-2 ……………… **03-5679-6721**

ナーシングホーム江戸川 ⓗⓟ
東葛西 6-42-17 ……………… **03-5696-4311**

ライフコミューン西葛西 ⓗⓟ
西葛西 4-3-26 ……………… **0120-886090**

リアンレーヴ西葛西 ⓗⓟ
西葛西 5-5-8 ……………… **0120-886090**

ロングライフ葛西 ⓗⓟ
中葛西 5-22-14 ……………… **03-3680-9472**

地域包括支援センターは P63・P113 へ
介護保険は P114 へ

健康

いつまでもこの街で暮らしたい
熟年者を支えるサービス

年をとっても住み慣れたこの街で暮らしたい。
できるだけ介護を必要としない状態でいるために、また体が弱ってきたり、
ひとり暮らしになっても安心して老後を送れるように、
行政のサービスやサポート体制を知っておこう。

シニアガイド

いつまでもイキイキ

体を動かす・学ぶ

くすのきクラブ

　60歳以上の区内在住の熟年者が健康づくりや仲間づくりを目的に集まった団体。現在約195のクラブ（総会員数約1万5000人）が「教養の向上」、「健康の保持」、「レクリエーション」、「ボランティア活動」を4本柱に地域で元気に楽しく活動している。また、さわやか体育祭、リズム運動大会、熟年文化祭、輪投げ大会などイベントにも積極的に参加、地域を越えた交流を図っている。
▶福祉部福祉推進課　☎03-5662-0039

リズム運動

　「くすのきクラブ」の活動の一つ。
　区内在住の60歳以上を対象に、区内の区民施設や町会会館などで行っているマンボやルンバ、ワルツなどの社交ダンスをベースとした軽運動で江戸川区独自の運動。だれでも簡単に覚えられ、熟年者にとても親しまれている。例年10月にはリズム運動大会も実施。現在区内約200会場でくすのきクラブを中心に約220団体が参加している。また、未経験者を対象に、初心者教室を通年で開催。募集は年1回(1月)で、「広報えどがわ」に掲載（定員に達しなかった場合、3月に追加募集）。
▶福祉部福祉推進課　☎03-5662-0039

くすのきカルチャー教室

　熟年者が、趣味を生かし、教養を高めながら仲間づくりをすることで、生き生きとした毎日を送ることができるように開講している教室。区内に6カ所あるカルチャーセンターで書、文学・語学、絵画・手工芸、音楽・踊り、茶道・園芸など多様な科目の教室を開講。対象は区内在住の人（定員を超えた場合60歳以上の人優先）。
▶葛西くすのきカルチャーセンター
　(宇喜田町191)　☎03-3686-5898
　＊江戸川総合人生大学はP191を

働く

江戸川区シルバー人材センター

☎03-3652-5091

「高年齢者等の雇用の安定等に関する法律」に基づき、江戸川区や国、東京都からの支援を受けて運営されている公益社団法人で、区内に居住するおおむね60歳以上の人による自主的な会員組織。企業や家庭、公共団体などからさまざまな仕事を引き受けて地域の経験豊かな高齢者に仕事を提供する団体であり、働くことを通じて高齢者の生きがいと健康づくりをすすめている。

「会員による自主的・主体的な運営」「共働・共助のもとで働く」を理念としていて、会員一人ひとりが豊かな経験と知識を生かし、お互いに協力し合い、仕事を開拓し、働いている。依頼された仕事はセンターが責任もって請け負い、会員に提供。仕事は基本的に、会員が自主的に事務局に赴くか、会員専用ページで希望の仕事を探す。請負契約の仕事の場合は仕事の実績に応じて「配分金」が支払われ、派遣契約の場合は「賃金」が支払われる。

▶熟年人材センター葛西分室
（宇喜田町191）　☎03-3686-5341
（葛西くすのきカルチャーセンター内）

介護・健康・生活について　相談する

相談窓口

◎熟年相談室（地域包括支援センター）

　熟年者や介護者のための総合的な相談窓口として、主任ケアマネジャー・社会福祉士・保健師など専門職が介護や認知症などのあらゆる相談を受け支援する。要介護認定申請の受け付けも行う。※必要に応じて訪問も
▽月〜土　9：00〜18：00（祝休日を除く）
・中央熟年相談室江戸川区医師会
　（中央4-24-14）　☎03-5607-5591
・北葛西熟年相談室暖心苑
　（北葛西4-3-16）　☎03-3877-0181

・西葛西熟年相談室なぎさ和楽苑
　（西葛西8-1-1）　☎03-3675-1236
・東葛西熟年相談室なぎさ和楽苑
　（東葛西7-12-6）　☎03-3877-8690
・南葛西熟年相談室みどりの郷福楽園
　（南葛西4-21-3）　☎03-5659-5353
・臨海町（分室）熟年相談室みどりの郷福楽園
　（臨海町1-4-4）　☎03-5659-4122

◎区の相談窓口

▽月〜金　8：30〜17：00
　介護保険課相談係（江戸川区役所内）
　　　　　　　　　☎03-5662-0061
　健康サポートセンター
　・清新町
　　（清新町1-3-11）　☎03-3878-1221
　・葛西
　　（中葛西3-10-1）　☎03-3688-0154
　・なぎさ
　　（南葛西7-1-27）　☎03-5675-2515

◎24時間電話介護相談

　（なぎさ和楽苑内）☎03-3675-7676

◎介護ホットライン　☎03-5662-0400

　（月〜金　8：30〜17：00）
　介護によるストレスや介護疲れ、介護の悩みを相談。

福祉サービス相談

◎社会福祉協議会安心生活センター
　（グリーンパレス1F）

▶成年後見何でも相談ダイヤル
　☎03-5662-7690
▶一般相談
　☎03-3653-6275　FAX03-5662-7689
▽月〜金　8：30〜17：00（要電話予約）
　（祝休日を除く）
　認知症状や物忘れのある熟年者・知的障害者などの福祉サービスの利用手続きの支援や成年後見制度の利用、福祉サービスに関する苦情の相談。また親族のいないひとり暮らしの人の緊急連絡先となって見守り、支援を行う。

シニアガイド

113

介護保険

福祉部介護保険課
- ▶給付係 ☎03-5662-0309
- ▶認定係 ☎03-5662-0843
- ▶保険料係 ☎03-5662-0827

介護保険制度とは 介護が必要になっても熟年者が地域で安心して暮らせることを目指すとともに、いつまでも自立した生活を送れるように、熟年者の介護を社会全体で支える制度。40歳以上の人が被保険者（保険加入者）となり保険料を負担、介護が必要と認定されたとき、費用の一部（原則1～3割）を負担することで心身の状況に応じた介護サービスを受けることができる。

▽対象 江戸川区に住む65歳以上の人と40～64歳で医療保険（健康保険）加入者

シニアガイド

■要介護・要支援認定の申請

　介護が必要になったら、近くの熟年相談室（地域包括支援センター）または区の相談窓口で、「要介護」「要支援」認定の申請をする。ただし、40～64歳未満の人は国の定めた16の特定疾病が原因の場合に限る。医療保険の被保険者証も提示。申請の手続きは、原則として本人、家族が行う。家族が来られない場合、ケアマネジャーや介護保険施設も代行できる。

介護保険

申請からサービスを受けるまで

①**申請** 介護が必要になった本人または家族が、近くの熟年相談室（地域包括支援センター）、健康サポートセンターなど区の相談・受付窓口で「要介護・要支援認定」の申請をする。

②**訪問調査と主治医の意見書** 区の担当職員や区が委託した調査員が自宅を訪問し、心身の状態や日中の生活・家族・居住環境などについて、聞き取り調査をする。質問調査は、

　①視力・聴力などについて、②歩行や立ち上がりがどの程度できるか、③入浴や排泄、食事で介助が必要か、④着脱、洗顔など身のまわりのことで介助が必要か、⑤ひどい物忘れ、徘徊などの行動があるかなど74項目。

　また、江戸川区の依頼により、かかりつけの医師が病気や心身の状態に関する書類「主治医の意見書」を作成する（本人が提出する必要はない）。

③**審査・認定通知** 訪問調査と主治医の意見書をもとにコンピュータで、どの程度介護の手間がかかるか推計する。（一次判定）

　一次判定の結果と訪問調査の特記事項、主治医の意見書などをもとに、保健・医療・福祉の専門家で構成する「介護認定審査会」で審査し、介護が必要な度合い（要介護度）に応じ、非該当（自立）、要支援1・2、要介護1

～5の区分に判定する。（二次判定）

　介護が必要な度合い（要介護度）に応じて、利用できるサービスや月々の利用限度額などが異なる。結果の通知は申請から原則30日以内に届く。

④**利用できるサービス** 「要支援」や「要介護」と認定を受けたら介護保険のサービスが利用できる。また、「要支援」や基本チェックリストにより事業対象者と判断された人は、介護予防・生活支援サービスが利用できる。

⑤**ケアプランの作成** 在宅で介護サービスを利用するときは、「ケアプラン」を作成し、その計画に基づきサービスを利用する。「要支援」の人は熟年相談室へ、「要介護」の人は居宅介護支援事業所にケアプラン作成を依頼。居宅介護支援事業所が決まっていない人は熟年相談室へ相談を。

⑥**介護サービスの利用** ケアプランに基づき、サービス提供事業者と契約を結び介護サービスを利用する。原則として、介護サービス費用の1～3割を自己負担。なお、1～3割の自己負担が高額になった人や所得の低い人には負担の軽減措置を設けている。

⑦**更新・変更申請** 要介護認定・要支援認定には有効期間がある。引き続きサービスを利用する場合には更新の申請が必要。また、認定の有効期間内でも著しく心身の状況が変化した場合は、認定の見直しを申請できる。

介護保険で利用できるサービス

サービスを受けられるのは ―
- **要介護 1 ～ 5 の人**→介護サービスが利用できる。
- **要支援 1・2 の人**→介護予防サービス（各介護サービス名の前に「介護予防」が付く）が利用できる。サービス内容は介護予防に資するもの。

■ 居宅サービス　自宅を中心に利用するサービス

◇在宅で受けるサービス

- 訪問介護（ホームヘルプサービス）
- 訪問入浴介護・介護予防訪問入浴介護〈以下（予防あり）で示す〉
- 訪問看護（予防あり）　・訪問リハビリテーション（予防あり）
- 居宅療養管理指導(医師等による訪問診療)(予防あり) 医師、歯科医師、薬剤師、管理栄養士などが訪問し、療養上の管理や指導をする。

◇日帰りで施設などに通って受けるサービス

- 通所介護（デイサービス）
- 通所リハビリテーション(デイケア)(予防あり)老人保健施設や病院・診療所で、リハビリテーションなどを日帰りで受ける。

◇一時的に施設などに入所して受けるサービス

- 短期入所生活介護(ショートステイ)(予防あり)
- 短期入所療養介護(ショートステイ)(予防あり)

◇在宅介護の環境を整えるサービス	
福祉用具貸与 （予防あり）	車いすなど 13 種類の福祉用具の貸与を受ける。月々の利用限度額内で、かかった費用の 1 ～ 3 割は自己負担。※要介護度によって受けられないものあり
福祉用具購入 （予防あり）	腰掛便座、自動排せつ処理装置の交換可能部品、入浴補助用具、簡易浴槽、移動用リフトつり具部分の 5 種類の福祉用具を、都道府県の指定を受けた事業者から購入した場合、購入費の 9 ～ 7 割を支給する。年間 10 万円まで。
住宅改修 （予防あり）	事前申請をしたうえで、下記の住宅改修を行った場合、費用の 9 ～ 7 割を支給する。 ①手すりの取り付け ②段差や傾斜の解消（付帯する工事として転落防止柵の設置） ③滑りにくい床材・移動しやすい床材への変更 ④開き戸から引き戸等への扉の取り換え、扉の撤去 ⑤和式から洋式への便器の取り換え ⑥その他これらの各工事に付帯して必要な工事 ※利用限度額は 1 住宅につき 20 万円まで（原則 1 回限り）

その他のサービス

- 特定施設入居者生活介護（予防あり）
　　有料老人ホームなどで、食事、入浴などの介護や機能訓練などを受ける。
- 居宅介護支援・介護予防支援
　　ケアマネジャーがケアプランを作成するほか、安心して介護サービスを利用できるよう支援する。

※施設などを利用するサービスは、利用料のほか食費・居住費がかかる

（シニアガイド）

地域密着型サービス

地域の特性に応じた柔軟な体制で提供されるサービス。
利用は江戸川区住民のみ。

24時間対応の訪問サービス	・**定期巡回・随時対応型訪問介護看護**　日中・夜間を通じて「訪問介護」と「訪問看護」が密接に連携し、定期巡回や緊急時などの通報により随時訪問する。
夜間のサービス	・**夜間対応型訪問介護**　夜間にホームヘルパーが定期巡回や、緊急時などの通報により訪問する。
複合的なサービス	・**小規模多機能型居宅介護（予防あり）**　小規模な住居型の施設への「通い」を中心に「訪問」や「宿泊」を組み合わせたサービスが受けられる。 ・**看護小規模多機能型居宅介護**＊ ＊葛西にこのサービスを提供する事業所はない。（2022年3月現在）
日帰りのサービス	・**地域密着型通所介護**　定員18人以下の施設で、食事や入浴などの介護サービスや機能訓練を日帰りで受ける。
認知症の人向けのサービス	・**認知症対応型通所介護（予防あり）**　認知症の熟年者が施設に通い、食事、入浴などの介護や支援、機能訓練を日帰りで受ける。 ・**認知症対応型共同生活介護（グループホーム）（予防あり）**　認知症の熟年者が、5〜9人で共同生活を送りながら日常生活上の支援や介護、機能訓練を受ける。
小規模施設サービス	・**地域密着型介護老人福祉施設入所者生活介護**　常に介護が必要で自宅では介護ができない人を対象に、定員29人以下の特別養護老人ホームで食事、入浴などの介護や健康管理を受けられる。※要介護3以上の人が対象（例外あり） ・**地域密着型特定施設入居者生活介護**　定員29人以下の介護専用の有料老人ホームなどで食事、入浴などの介護や機能訓練が受けられる。

※施設などを利用するサービスは、利用料のほか食費・居住費がかかる
※要介護度により利用できないサービスあり

施設サービス

入所は利用者が直接施設に申し込み契約を結ぶ。※「要支援1・2」の人は利用できない。※利用料のほか、食費・居住費や日常生活費などがかかる

施設に入所して受けるサービス	介護老人福祉施設（特別養護老人ホーム）	常に介護が必要で、自宅では介護が困難な人が入所して、入浴や食事などの介護や機能訓練、健康管理などを受ける。※原則として要介護3以上の人（例外あり）
	介護老人保健施設	病状が安定し、リハビリに重点を置いたケアが必要な人が入所。自宅への復帰を目標に、医学的管理のもとにおける介護や看護、機能訓練などを受ける。
	介護医療院	主に長期にわたり療養が必要な人が対象。医療と介護（日常生活上の世話）を一体的に受ける。
	介護療養型医療施設	急性期の治療が終わり、病状は安定しているが長期間にわたり療養が必要な人が入院する介護体制の整った医療施設。医療や看護、機能訓練などを受ける。

【原則として介護サービスにかかった費用の1〜3割を利用料として負担する。要介護度ごとに利用できるサービスの限度額が設定されている】

認知症について

認知症は誰もがかかる可能性のある身近な脳の病気。認知症になっても本人がよりよい生活を続けていけるよう支援するには、認知症についてよく知り、医療・介護・福祉のサービスを上手に活用し、地域ぐるみで連携していくことが大切。

◎認知症の検診
◇認知症あんしん検診

長寿健康診査および福祉健康診査のフレイル予防に関する質問票の結果により、75・77・79・81・83歳の区民を対象に無料で実施。

検診の実施方法は、江戸川区から対象者に受診表が郵送されてくるので、掲載されている検診実施医療機関に電話で申し込み検査を受ける。

◎認知症の相談は
◇認知症ホットライン

中央熟年相談室　江戸川区医師会
専用電話　☎03-3652-2300
（月～土9：00～18：00）
FAX03-5607-5593

もの忘れがひどくなった、医療機関を探している、認知症への対応・介護の仕方がわからないなどで悩んでいる人、気になることがあれば、気軽に相談を。精神保健福祉士等が対応。

◇もの忘れ相談医

認知症やもの忘れなどの相談を受けられる地域の医療機関。江戸川区医師会HPを。

◇熟年相談室（地域包括支援センター）
→P113を

◎認知症支援
◇認知症支援コーディネーター

西瑞江熟年相談室　江戸川区医師会一之江
☎03-5667-7676
（月～土9：00～18：00）

認知症の医療・介護・生活支援等の情報に精通した、地域の認知症の専門家である認知症支援コーディネーターを配置、早期発見・診断・対応を進める。医療機関の受診が困難な認知症が疑われる人または認知症の人を訪問、必要な医療や介護サービスにつなげる。

◇認知症初期集中支援チーム

認知症サポート医、認知症支援コーディネーター、認知症地域支援推進員などの医療や介護の専門職で構成するチーム。本人や家族、地域の人、ケアマネジャーなどから相談を受けて、家庭訪問を行い、病院受診や介護保険サービスの利用など本人・家族を含めた支援を集中的に行う。

「えどがわメールニュース」で認知症行方不明者情報を配信

「えどがわメールニュース」は、区から気象や防災・防犯、消費者生活の情報等を、登録した携帯電話やパソコンへ配信するサービス。これに「認知症行方不明者情報」を追加。地域をあげて早期発見と保護につなげたいと区民へ利用登録を呼びかけている。　▶介護保険課相談係☎03-5662-0061

■登録の方法
①スマートフォンやパソコンなどから「えどがわメールニュース」と検索
②QRコード® を読み取って空メールを送るか、読み取れない場合は、t-edogawamail@sg-m.jpに空メールを送信し、受信したメールのリンク先から配信を希望する項目を選択。

■情報収集したい場合
認知症の家族が行方不明になってしまったら、
①まず最寄りの警察署で行方不明届を提出したのち、
②介護保険課相談係へ身体的特徴や行方不明時の状況などを記載する「えどがわメールニュース配信申請書」を提出。申請者の本人確認書類が必要。

区は申請を受けると、個人情報を除いた行方不明者の身長や髪型、服装などの特徴や写真（希望者のみ）が掲載された専用リンク先を登録者へ配信。

介護予防

介護が必要な状態にならないためには、健康を維持することが大切。いつまでもイキイキと自分らしく生きることを実現するための手立てが介護予防だ。高齢になって元気がなくなる原因には病気と老化がある。これを予防するには、中高年からの生活習慣病予防と老化予防の実践が欠かせない。

介護予防の相談

◎健診で、生活機能の低下の疑いが見られる→熟年相談室（地域包括支援センター）へ
◎健診の結果や、運動・食事・口腔ケアについて、もの忘れや認知症の相談→健康サポートセンターへ

介護予防の実践

自分に合った方法で、取り組んでみよう。

社会参加

役割を持つ、自分の力を発揮する

仕事・ボランティア・趣味・自治会町会お手伝い・認知症サポーター・介護サポーター・リズム運動・カルチャー等々。気持ちに張りができて、閉じこもり・認知症予防にもなる。

運動

できれば週に1回はみんなで運動

運動は、足腰の筋肉を保つだけでなく、骨粗しょう症の予防・ストレスの解消や認知症の予防（有酸素運動が効果的）にも役立つ。1人でコツコツ、みんなで楽しく。

食事

たんぱく質をしっかり摂取・週1回は誰かとおしゃべりしながら楽しく食事

低栄養を予防するためにできれば動物性たんぱく質（牛肉・豚肉）がおすすめ。緑黄色野菜・カルシウムも忘れずに。料理することも認知症予防の1つ。

口腔

口の筋肉を鍛える、口の中をきれいに保つ、唾液を出す

会話や食事をするのに、顔・口・首の筋肉が活躍する。この筋肉が衰えると、噛む力・飲み込む力が低下する。食事量にも影響し、低栄養につながる。噛むことは認知症予防にもなる。

楽しく健康に年を重ねるために
介護予防教室

各熟年相談室では、「介護予防教室」を開催。日常できる健康づくりについて、また普段気になっていることや知りたいこと、食事・運動・口腔ケア・脳トレなど認知症予防に関する情報が学べる多様な内容。会場は区民館など公共施設。申し込み・問い合わせは各熟年相談室まで。

●テーマ例「頭と体を動かして認知症予防！」
　　　　　「口腔ケアと介護予防」etc.

誤嚥性肺炎を予防するためにも

■口腔を清潔に健康に保つことが大変重要

近年、認知症・糖尿病・誤嚥性肺炎予防にも、口腔の手入れが重要といわれるようになってきた。口腔の健康が、全身の健康を守ることにつながり、介護予防につながる。

■口の衰えを感じたら

口の周りの筋肉が衰えたり唾液の量が少なくなり噛む・飲み込む・唾液のバランスが崩れると、食べたものがうまく食道に行かず、気管に入ってしまってむせることがある。食事がうまく取れず低栄養になることもある。

口の周りの筋肉を鍛えると、気管に食物などが入ることが減り、誤嚥性肺炎を予防できる。また、口のなかを清潔に保つことで、寝ている間に唾液が気管に入っても誤嚥性肺炎になることを予防することができる。入院や低栄養をきっかけに寝たきりにならないよう、口腔ケア・口の筋力トレーニング（健口体操）にチャレンジしよう。

介護予防・日常生活 支援総合事業（新しい総合事業）

▶介護保険課事業者調整係
☎03-5662-0032

介護予防・生活支援サービス事業

　利用者のニーズに応えられるよう、生活支援などのさまざまなサービスを提供することを目的としており、介護サービス事業者だけでなく、ボランティア、ＮＰＯなどによる多様な支援が受けられる。サービスの利用については、熟年相談室に相談を。

▽**対象**　①要支援1・2の人
　　　　②基本チェックリストにより生活機能の低下が見られ、介護予防・生活支援サービス事業対象となった人
▽**費用**　サービス内容に応じて、区が単価や利用者負担を設定

〈事業例〉
○**訪問型サービス**／掃除、洗濯等の日常生活上の支援。区の指定した事業者などによるサービス
○**通所型サービス**／機能訓練や集いの場など通所型のサービス。区の指定した事業者などによるサービス
○**介護予防ケアマネジメント**／総合事業によるサービスが適切に提供できるよう、ケアプランの作成

一般介護予防事業

　各種事業に参加する人を増やすとともに、通いの場が増えていくような地域づくりを進める。リハビリの専門職等が住民主体の通いの場などに関わることで、介護予防の人材を育て活動内容を充実させる。
▽**対象**　65歳以上のすべての人
〈一般介護予防の内容例〉
○**にこにこ運動教室**　くつろぎの家やなごみの家で行っている、音楽や脳トレを取り入れた運動教室。
○**口腔ケア健診（江戸川歯〈は〉つらつチェック）**
　　飲み込む力、噛む力などを測定し、誤嚥性肺炎や低栄養の重症化を予防する健診。

区内指定歯科医療機関で毎年1回受けられる。
○**熟年介護サポーター**　区主催の研修を受講した熟年介護サポーターが、区内の介護施設などで、ボランティアとして活動している。活動には時間に応じてポイントが付与される（要介護認定を受けていない人が対象）。
○**介護予防パンフレット発行**
　（HPからダウンロード可）
○**介護予防教室**（左ページ）・**介護者交流会**
　（P122を）

（P122を）

熟年者の健康のために

熟年者の健康に…健康診査

▶健康推進課健診係　☎03-5662-0623
◇**長寿健診**
▽**対象**　75歳以上の区民。または65歳以上で後期高齢者医療制度に加入している区民。
※7月下旬に受診券が送付されてくる。区内指定医療機関で受診できる。

熟年者の健康・相談

▶申し込み・問い合わせ　各健康サポートセンター
＊健康サポートセンターはP113を
◇**健康長寿塾（熟年のための出前健康講座）**
　熟年者を対象に、健康で長生きするための実践方法を知る講座。日常の健康生活・口腔ケア・栄養・運動・認知症予防についてのアドバイスや実習を行うため、講師を派遣する。講師は、保健師・栄養士・歯科衛生士・理学療法士・作業療法士など。
▽**対象**　おおむね、60歳以上の区民で構成される団体・グループの人
◇**介護保険・生活支援サービス**
　熟年者の介護や健康に関する相談、介護保険・生活支援サービスの受付や、保健師・栄養士などの専門スタッフによる、食事やリハビリ・介護予防などに関する相談ができる。
◇**物忘れ相談**
　物忘れなど気になる症状があり、「認知症ではないか」と悩んでいる場合、専門医が個別に相談を受ける。

◇地域ミニデイサービス

　閉じこもりがちなお年寄りが元気な生活を送れるよう、町会の会館などで楽しい時間を過ごす『地域ミニデイサービス活動』の輪が広がっている。月に1～2回、お茶を飲みながら思い出話をしたり、軽い運動で体を動かしたり、季節の行事を楽しみながら、お年寄りがボランティアと和気あいあいと過ごしている。参加したい人、ボランティアとして活動したい人は連絡を。

●フレイルを予防して健康長寿を目指そう

　フレイルとは、年をとって心身の活力（筋力、認知機能、社会とのつながりなど）が低下した状態（虚弱）。健康と要介護の間の状態で、兆候を早期に発見し、日常生活を見直すなどの正しい対処で、進行を抑制したり、健康な状態に戻したりできる。

▶健康部（江戸川保健所）健康サービス課

暮らしの情報

生活の支援サービス
▶福祉部福祉推進課　☎03-5662-0314

三療サービス（はり・きゅう・あん摩マッサージ指圧）	江戸川区三療師会の協力で、年度内に75歳以上になる人に三療券（はり・灸・あん摩マッサージ指圧が1回の施術につき本人負担200円）を年15枚、三療割引券（1回の施術につき本人負担2200円）を年10枚、また年度内に65歳から74歳になる人へ三療割引券を年10枚、希望により支給。（利用期限は年度ごと。出張費は別途負担）
東京都シルバーパス	70歳以上の都内在住者に、（一社）東京バス協会が都の支援を受け発行。都内のほとんどの乗合バス、都営地下鉄、都電に乗車できる。**負担金（シルバーパス発行時）**・1000円（①住民税非課税の人と②年所得金額135万円以下の人）・20510円（住民税が課税〈上記②を除く〉の人）有効期間　10月1日～翌年9月30日　▶東京バス協会・シルバーパス専用電話　☎03-5308-6950
健康長寿協力湯	区から60歳になる人に「入浴証引換券」が送られてくる。それを協力湯の番台で「入浴証」と交換して利用。通常480円が230円で、何回でも利用できる。
補聴器購入資金の助成	聴力低下のため、日常生活に支障を来している65歳以上の住民税非課税の人で医師が必要と認めた（医師の証明と純音聴力検査表・3カ月以内のものが必要）人を対象に、購入した本体価格に応じて35000円までを助成（1人1回のみ）。※購入前に申請が必要。聴覚障害による身体障害者手帳所持者は除く
ふれあい訪問員	60歳以上でひとり暮らしや熟年者だけの世帯の人（日中独居を含む）を定期的（月1回程度）に訪問して話し相手になることで孤独感を解消している。ふれあい訪問員はボランティア。外出できない人、大勢でのコミュニケーションが苦手な人、ぜひ申し込みを。
ジュニア訪問員	中学生ボランティアが近所の熟年者世帯を訪問。元気と笑顔を届けるとともに、世代間交流と見守り・見守られる関係を築き「地域共生社会」の実現を目指す。

地域支援ネットワーク

民間緊急通報システム「マモルくん」	65歳以上のひとり暮らし、熟年者世帯、65歳以上の人がいる世帯で希望する場合は、区の契約料金（月額2200円）で設置する（状況により区からの助成あり）。万一のときボタンを押すと24時間受付の受信センターへ届き、救急訓練を受けた警備員などが駆けつける。救急車手配も行う。また、火災感知器や生活リズムセンサーもつけ、月に1回安否確認、生活相談も24時間受信センターで受け付ける。
配慮が必要と思われる熟年者について（目配り訪問）	定期的な安否確認の訪問などを希望する人は、区域を担当する民生・児童委員、または近くの熟年相談室（地域包括支援センター）へ相談を。定期的な電話連絡や訪問を実施する。
熟年者の異変に気づいたら（協力事業者や区民による連絡）	ひとり暮らしの熟年者の異変に気づいたら、区か区域を担当する民生・児童委員、または近くの熟年相談室へ連絡を。必要に応じて、緊急の安否確認を実施。緊急を要する場合は至急119番通報を。

住まいの情報

住まいのあっせん・助成

民間賃貸住宅家賃等助成

▶福祉部福祉推進課　☎03-5662-0517

　民間賃貸住宅に2年以上住み、取り壊しなどのため家主から転居を求められ、新しい民間賃貸住宅に移転する場合に差額家賃等を助成する。対象は75歳以上の人のみの世帯または75歳以上の人とその配偶者だけの世帯。転居前後の住宅の広さ、間取りが同程度であり、家賃の差額が月額20000円以内であること。助成するのは転居前後の住宅の家賃の差額と転居に伴う礼金および仲介手数料・転居前後の更新料差額。転居先の民間賃貸住宅を契約する前に相談を。※所得制限あり

住まいの改造助成

▶福祉部介護保険課　☎03-5662-0309

　日常生活で介助を必要とする介護認定を受けている60歳以上の熟年者、また身体障害者手帳の交付を受け、介助が必要な60～64歳までの人のために、車いすなどで暮らしやすいように住まいを改造する費用を助成する。熟年者の居室、浴室、トイレ、玄関とそれぞれへの動線となる廊下部分が対象。リフォーム、修繕、増改築、マンション等の共用部分は対象外。

　助成対象となる改造費用の上限は200万円。助成割合は9割または8割。対象者および同居する家族全員の所得を合算した額により助成割合が決まる。生活保護世帯、非課税世帯（居住者全員が非課税）は全額助成する。工事着工前に相談を。
※介護保険の福祉用具、住宅改修、また障害者福祉の日常生活用具の給付、設備改修が優先する

熟年者の住まい探し

▶（公社）東京都宅地建物取引業協会
　江戸川区支部　☎03-3654-0411

　江戸川区と協定している（公社）東京都宅地建物取引業協会江戸川区支部では『熟年者に親切な店協議会』加盟店の店頭にステッカーを掲示し、熟年者の住まい探しの相談やあっせんなどをしている。

熟年者住まいの補修のお手伝い

▶熟年者住まいのボランティア推進協議会
　（事務局：東京土建一般労働組合江戸川支部内）　☎03-3655-6448

　65歳以上のひとり暮らしや熟年者だけの世帯で、家の中の修理が自分ではできない人のために区内の大工さんたちのグループが、補修工事のボランティアを行う。戸の建てつけが悪いなど半日程度で終わる補修工事を無料で行う。

老人ホームに入りたい人は　▶福祉部介護保険課

養護老人ホーム	家庭環境上の理由と、経済的理由により在宅で生活することが困難な65歳以上（介護度の高い人は入所困難）の熟年者のための施設。費用は本人の収入・扶養義務者の所得の状況により異なる。(P111を)
特別養護老人ホーム（介護老人福祉施設）	心身の状態から、日常生活全般にわたっていつも介助が必要で、自宅で介護ができない人のための施設。介護保険対象施設で、入所は、原則として要介護3以上の人が対象。(P111を)
軽費老人ホーム(A型・B型、ケアハウス、都市型軽費老人ホーム)	60歳以上で住宅事情などにより家庭で生活することが困難な熟年者のための施設（B型は自炊）。
有料老人ホーム	食事とその他日常生活上のサービスを提供している施設。入所条件、サービス内容は施設によって異なる。入所については各施設に直接相談を。(P111を)

在宅生活・介護支援

在宅介護のサービス・手当
▶福祉部介護保険課　☎03-5662-0309

シニアガイド

◆生活支援のためのサービス	
シルバーカーの給付	65歳以上で、住民税非課税、歩行車を使用することにより安定した歩行ができる人に対して、シルバーカーを給付。（シルバーカー代金の1割を自己負担）
熟年者徘徊探索サービス	60歳以上の徘徊行動のある人が行方不明となったとき、GPS機能を使って、現在地を家族に知らせるサービス。その利用料の一部を助成。利用金額は月額1100円。
紙おむつ・ 防水シーツの支給	60歳以上で、失禁のある人に、紙おむつを支給〈1人900点（9000円相当）まで〉。また防水シーツを年度内に2枚支給。（1割自己負担）
おむつ使用料の助成	60歳以上で、区支給の紙おむつを持ち込めない病院へ入院した人に、月8100円を限度に助成する。
配食サービス	65歳以上のひとり暮らしまたは、65歳以上のみの世帯の人、食事づくりが困難な人が健やかに生き生きとした生活ができるように配食サービスを実施。週3回以上利用のこと。弁当代1食470円実費負担。
◆寝具乾燥消毒・福祉理美容サービス	
寝具乾燥消毒・ 水洗いクリーニング	60歳以上で介護保険の要介護4または5の在宅の人に、毎月1回布団や毛布などの寝具の乾燥消毒をしている（1回5点まで407円）。また、年2回（6月・12月）敷布団または掛布団いずれか1枚の水洗いクリーニングも実施（1回495円）。
福祉理美容サービス （福祉理美容券の交付）	60歳以上で介護保険の要介護4または5の在宅の人に、自宅で理美容のサービスが受けられる券を交付。年度内6枚まで（理容・美容、どちらも510円自己負担）。
◆熟年者激励手当	

60歳以上で介護保険の要介護4または5の、世帯全員が住民税非課税で在宅の人に、月額15000円の手当を支給。ただし、病院や介護保険施設などへの入院・入所中は対象にならない。

（対象は江戸川区在住の人）

介護者のために

介護の方法は?

▶福祉部介護保険課　☎ 03-5662-0309
◇熟年相談室「介護者交流会」
　熟年相談室（地域包括支援センター）ごとに、認知症サポート医、またはもの忘れ相談医を交えて専門職員と一緒に介護者同士の交流・情報交換、介護方法・技術の学びの場を開催している。
▽**対象**　在宅で熟年者を介護している家族

▶**きれいになる** ……………………… **124**
美容室、理容室、ネイルサロン、エステティックサロン、
化粧品専門店

▶**ファッション** ……………………… **129**
婦人服、カジュアルウエア、ベビー・子ども服、作業服・
学生服、オーダーメイド、紳士服、衣料品、和服裁縫、
呉服・和装小物

▶**洋服リフォーム** ………………… **130**
洋服リフォーム、縫製加工、手芸材料・生地

▶**アクセサリー** ……………………… **131**
時計・メガネ・コンタクトレンズ、ジュエリー・貴金属、
アクセサリー・服飾雑貨、靴、バッグ、靴・傘etc.の修理

★本文中赤色になっているのは「葛西カタログ2022-23」協賛店です
★Ⓕ はFAX番号、Ⓣ&Ⓕは電話番号とFAX番号、ⒽⓅはホームページのあるお店

おしゃれ

きれいになる
beauty

美容室

HAIR MAKE EARTH 🆖
葛西店　東葛西 6-14-3-1F … **03-5667-4466**
西葛西店
西葛西 6-18-10-1F … **03-5878-3231**
HAIR LOUNGE ACRO 南葛西店 🆖
南葛西 2-1-9-1F … **03-6808-6614**
ACHA　西葛西 6-22-23-1F … **03-5675-2675**
あどん美容室
本店　西葛西 1-9-8 … **03-3686-9857**
中葛西店
中葛西 3-3-6-1F … **03-3877-2576**
Arrows 🆖
中葛西 5-20-19 … **03-5605-3199**
アンクルート
中葛西 3-27-1-1F … **03-5659-1771**
ヘアーメイク ange（アンジュ）
中葛西 3-35-4-1F … **03-3687-9296**
&-hair 🆖
西葛西 3-16-13-B1 … **03-3680-7559**
INC'S 🆖
東葛西 6-2-15-2F … **03-5675-5025**
air　西葛西 6-18-3-2F … **03-3804-6459**
Espace de creer
中葛西 3-18-24-2F … **03-3877-0523**
カットスペースエルモーソ
中葛西 8-23-5-1F … **03-5674-2280**
hair OVAL 🆖
中葛西 3-29-10-1F … **03-3688-7654**
オレンジポップ葛西店 🆖
中葛西 3-35-15-1F … **03-5675-3349**
カセ・ヘアー（理美容）
西葛西 6-7-1 西葛西メトロ 4 番街
… **03-5605-0005**
髪師 Kenjiro 🆖
西葛西 3-4-15-1F … **03-3688-7740**
GALANO（ガラーノ）
西葛西 1-12-13 … **03-3675-1501**

カラーリゾート Ai
中葛西 3-29-19-1F … **03-3689-9338**
きゃんでぃ　中葛西 3-30-10 … **03-3687-3291**
Qooing 🆖
中葛西 5-41-5-1F … **03-3686-3113**
COUPE HAIR 🆖
東葛西 6-5-9-1F … **03-5674-4569**
1/4QUARTER（クオーター）
西葛西 5-1-9-2F … **03-3686-4907**
美容室クリーク 🆖
東葛西 6-2-9-2F … **03-3869-1331**
Greath　西葛西 3-7-11-1F … **03-6808-9236**
グリーンパーク美容室
南葛西 6-20-6-1F … **03-3687-9689**
クルアルガ 🆖
中葛西 3-17-4 … **03-6808-0495**
ヘアーサロン GLOW
中葛西 5-32-2-1F … **03-5674-1923**
GER（ゲル） 🆖
中葛西 4-18-10-1F … **03-6326-5760**
美容室ココ　中葛西 3-27-9 … **03-3878-0050**
Cocochi 葛西店 🆖
イオン葛西店 2F … **03-6663-9498**
美容室サラ　中葛西 3-33-3 … **03-3675-4715**
サリーレ　中葛西 2-27-11 … **03-3687-2766**
SEES 🆖
SEES HAIR 西葛西店
西葛西 6-10-14-1F … **03-3686-9983**
too hair 西葛西北口店
西葛西 5-3-6-1F … **03-3869-0402**
Zion 葛西アリオ店
アリオ葛西 2F … **03-5675-6555**
ビューティーシバタココマナミ
中葛西 6-10-5 … **03-5674-1907**
シャローム　東葛西 6-18-10 … **03-3877-3730**
カットスタジオジャンクス
西葛西 3-13-4 … **03-3878-5422**
ヘアアンドデザイン　シャンパーニュ
中葛西 3-18-22-1F … **03-6808-1524**
美容室シュヴー西葛西店
西葛西 5-11-15-1F … **03-5667-7333**
スカーレット
西葛西 5-10-20 … **03-3675-3935**
スター美容室　東葛西 8-6-3 … **03-3680-5542**

SNIPS　西葛西 4-3-11 ……… **090-9685-2924**
美容室スリーシー
　南葛西 2-6-4 ……………… **03-3804-6722**
ソーエン西葛西店
　西葛西 5-6-8-2F …………… **03-5696-1277**
tie to…　中葛西 3-33-6 …… **03-3689-2256**
TAYA 西葛西店 Ⓗ⒫
　西葛西 6-8-15-2F …………… **03-6663-3733**
Deva　中葛西 3-36-15-1F …… **03-6808-5259**
ヘアーサロン　デゼージョ
　西葛西 6-3-4 ……………… **03-3804-0391**
ドクターズサロン　ラブ Ⓗ⒫
　西葛西 6-22-19-1F ………… **03-6808-3982**
hair make Tres
　東葛西 5-6-5-1F …………… **03-3689-1445**
ヘアームラノ　ハーモニー
　西葛西 6-21-14-1F ………… **03-3804-2742**
美容室ばななあっぷる
　中葛西 3-15-14………………… **03-3680-7539**
ビーズヘアー
　中葛西 5-20-11-1F ………… **03-3688-2210**
美容室びーとる
　南葛西 1-5-12 ……………… **03-3686-7816**
Believe 葛西店 Ⓗ⒫
　東葛西 6-6-2-1F …………… **03-5667-5301**
美容室フーアーユ Ⓗ⒫
　西葛西 3-15-17-2F ………… **03-3689-8190**
Hoorays　中葛西 5-29-4-1F… **03-6663-9460**
FAME　西葛西 5-8-4 小島町 2 丁目団地内
　…………………………………… **03-3687-7760**
ヘアーブティックフェイムメトロ店
　西葛西 6-7-3-50 西葛西メトロ… **03-3687-7766**

美容室フォレスト
　中葛西 7-9-32 ……………… **03-3680-5927**
美容室プラウドリー Ⓗ⒫
　南葛西 2-3-18-1F…………… **03-3688-3393**
ヘアカラー＆スキャルプケア専門店　染髪美屋 Ⓗ⒫
　西葛西 5-6-23 ……………… **03-6808-8900**
ヘアカラー専門店 fufu　西葛西店
　西葛西 6-16-7-2F…………… **03-6663-9229**
Hair Design RegaLo Ⓗ⒫
　中葛西 3-36-5 ……………… **03-6808-7708**
ヘアーデューン葛西店
　東葛西 5-13-13-2F ………… **03-5658-3692**
ベルダ　西葛西 4-3-38 ……… **03-3877-2566**
hair design PAUL Ⓗ⒫
　西葛西 6-21-12-1F ………… **03-6808-9112**
カットハウスポロ
　西葛西 8-11-2 ……………… **03-3675-3985**
マイスタイル
　西葛西 6-16-4 ……………… **03-3680-8334**
マインド
　西葛西 6-12-8-2F …………… **03-3869-7200**
マモル美容室
　中葛西 7-20-8 ……………… **03-3687-0291**
美容室南屋敷
　清新町 1-3-6 パトリア 2F …… **03-3688-6159**
みはる美容室
　東葛西 5-54-19 ……………… **03-3688-8970**
ミモザ
　中葛西 1-31-44 ……………… **03-3680-6860**
美容室メイク・ユー
　西葛西 6-15-3-3F ………… **03-3686-3733**
〈次ページへつづく〉

おしゃれ

美容室〈前頁から〉

HAIR & MAKE Mona
中葛西 3-33-19-1F ·············· **03-6240-5731**

美容室 MOMOKA
西葛西 6-6-1 ·························· **03-3804-3292**

美容室八重垣
中葛西 5-18-13 ···················· **03-3878-4171**

クラブカットヤナセ
中葛西 4-1-8 ························· **03-3877-2880**

hair Yush
中葛西 5-19-18 ···················· **03-3877-1771**

ユーチャリス　ビィ
西葛西 6-13-14-2F ··············· **03-3675-4889**

美容室ラ・シュール
中葛西 5-41-4-2F ·················· **03-5674-5888**

hair&Make RIE.
東葛西 6-7-10 ····················· **03-6808-9854**

ヘアーメイク　renew
西葛西 6-23-20-1F ··············· **03-5675-5565**

LIMILEST　南葛西 1-15-5 ····· **03-5605-0556**

hair&make　Luxiel
中葛西 5-33-9-2F ·················· **03-6240-5087**

le jardin 葛西店
東葛西 6-4-18 ····················· **03-5667-6515**

Lufca
西葛西 6-22-17-2F ··············· **03-6808-8776**

ヘアデザイン　レア　レフア葛西店
中葛西 3-11-18 ···················· **03-5667-6466**

レーヴ・デトワール
中葛西 3-14-12-1F ··············· **03-6456-0229**

美容室レクラン
中葛西 8-5-22 ····················· **03-3877-2709**

ロワール美容室
東葛西 5-1-1-4F ··················· **03-3675-4823**

美容室 ng'aa gugu　((ン) ガー・ググ)
中葛西 3-37-3-1F ················· **03-3869-0699**

理容室

おしゃれサロン AKIO
中葛西 8-6-5-1F ··················· **03-3689-6140**

M-RISE
東葛西 6-14-14 ···················· **03-3877-1189**

カットスタジオ KEN
南葛西 6-22-15 ···················· **03-5696-9570**

カットスペース　Green Leaf
中葛西 3-28-3-1F ················· **03-3877-3307**

髪工房　中葛西 1-33-7 ··· **03-3680-3672**

ヘアーサロン髪友
中葛西 4-13-10 ···················· **03-3687-3306**

川原理容院
中葛西 6-10-10 ···················· **03-3687-6673**

SALON DE KIMURA (理美容)
東葛西 8-9-13 ····················· **03-3675-0319**

QB ハウス
　アリオ葛西店
　アリオ葛西 2F ··················· **0570-011-919**
　イオン葛西店
　イオン葛西店 2F ················ **0570-011-919**
　西葛西店
　西葛西 5-11-12-1F ·············· **0570-011-919**

バーバークロサカ
南葛西 4-1-16 ····················· **03-3687-0724**

ヘアステージ K-ONE
南葛西 6-11-7 ····················· **03-3878-4619**

ヘアーサロン・サイトー
東葛西 8-11-11 ···················· **03-3680-3680**

バーバーサンライズ
西葛西 6-26-16 ···················· **03-3675-3491**

シルクカット
中葛西 3-18-17 ···················· **03-3680-6901**

ZOOK
西葛西 3-2-9-1F ··················· **03-3869-3588**

スーパーヘアーカットコ
西葛西 6-8-7 ······················· **03-3804-0019**

ヘアーサロンスカイ
　駅前店　西葛西 6-15-12 ····· **03-3675-3920**
　新田店　西葛西 8-13-13 ····· **03-3680-8400**

ヘアサロンソレイユ
西葛西 5-11-11-1F ··············· **03-5696-1019**

おしゃれ床屋たんちょう
西葛西 3-6-8 ······················· **03-3688-1656**

カットルームたんちょう
清新町店
清新町 1-3-6 パトリア 2F ····· **03-3675-6269**
南葛西店
南葛西 5-3-6-1F ·············· **03-3877-0005**
nono's barber ⓗⓟ
中葛西 7-29-10-1F ············· **03-3675-8055**
はくあい 東葛西 4-45-1 ····· **03-3680-1026**
Pani ⓗⓟ
中葛西 3-30-15-1F ············· **03-3686-7220**
ヘアーサロンピー
東葛西 7-4-15 ················· **03-3687-6851**
BAR BAR HIROSI
北葛西 1-3-16 ················· **03-3680-4956**
ファミリーハウス友
西葛西 8-15-12 ··············· **03-5674-3260**
ヘアーサロン　フェニックス
中葛西 2-11-17 ················ **03-3689-5193**
Hair SMILE
西葛西 3-10-12-1F ············· **03-3687-4322**
髪業師マエダ
北葛西 2-10-36 ················ **03-3687-6608**
ヘアーサロンミナガワ中葛西店
中葛西 3-29-10 ················ **03-3686-3366**
ヘアーサロンユーボン ⓗⓟ
西葛西 3-7-13 ················· **03-3686-9866**
Hair the RIDE
南葛西 4-23-14 ················ **03-3877-7319**
理容室　ランド
葛西店　中葛西 5-42-3-2F · **03-3878-3200**
西葛西店　西葛西 5-6-16 ··· **03-5676-3667**
Re/Do Hair M
中葛西 3-27-8 ················· **03-6808-3844**
リバティークラブ ⓗⓟ
東葛西 6-6-8-1F ··············· **03-5605-9567**
リムレ葛西店 (理美容) ⓗⓟ
東葛西 6-4-2-2F ··············· **03-3869-2717**

電話番号、住所など間違い、および『葛西カタログ』
に対するご意見・ご希望がありましたら、お手数
ですがご一報を！　　　☎047-396-2211

ネイルサロン

Kumiko nail
西葛西 6-8-11-3F ·············· **03-6456-0915**
ティーエヌ葛西店 ⓗⓟ
中葛西 3-18-24 ··············· **03-6456-0740**
BAMBA NAIL (バンバネイル) ⓗⓟ
中葛西 3-35-17-6F ············· **03-3804-4777**
ビューティーマジック葛西本店 ⓗⓟ
中葛西 5-18-9 ················· **0120-70-4044**
Plage (プラージュ)
東葛西 5-1-2-7F ··············· **03-6808-7938**
MATSUYA
西葛西 6-19-11 ················ **03-3877-9981**
Lien (リアン) 西葛西店
西葛西 5-11-11-2F ············· **03-6662-5315**

エステティックサロン

アールボーテ葛西店(まつげエクステサロン) ⓗⓟ
東葛西 6-1-13-10F ············· **03-6808-0816**
アップルマインド西葛西店 ⓗⓟ
西葛西 5-1-9-3F ··············· **03-3878-9666**
エステティックサロン　aile (エール) ⓗⓟ
西葛西 6-12-4-10F ············· **03-3878-0325**
シェービングエステサロン　enne (エンネ)
中葛西 4-13-10 髪友内 ········ **03-5878-1578**
KuRuN (まつげエクステサロン)
西葛西 6-12-4-4F ·············· **03-6808-9455**
CILGRACE (まつげエクステサロン)
アリオ葛西 1F ················· **03-6808-5345**
耳つぼダイエットサロン　スタイルココ ⓗⓟ
東葛西 5-1-2-8F ··············· **03-5658-3308**
エステソフィアパレス ⓗⓟ
西葛西 3-15-9-7F ·············· **03-5667-0391**
ハッピーシェービング ピュアリィ(シェービング専門店) ⓗⓟ
中葛西 4-3-1-2F ··············· **03-6382-5120**
脱毛トータルエステ　ピュール・ブラン
西葛西 5-5-14-7F ·············· **03-6240-5988**
メディカルエステ　Belleza
西葛西 5-5-16-6F ·············· **03-5676-3367**
ラヴィーナプレミアム西葛西(まつげエクステサロン) ⓗⓟ
西葛西 3-14-21-2F ············· **03-6808-1755**

おしゃれ

127

化粧品専門店

KURUMU FACTORY SHOP 🆗
東葛西 6-9-9 ·················· **03-6808-3382**
㈱サビーナ自然化粧品 🆗
西葛西 6-8-3-4F ············· **03-5674-9766**
コスメパークシーズン葛西店
中葛西 5-43 葛西メトロ ········ **03-3686-9135**
ナレル西葛西ショールーム
西葛西 6-15-12-2F ············ **03-5675-3650**
コスメティックまつや
西葛西 6-19-11 ·············· **03-3877-9981**
CP コスメティクス代理店㈱ CP 明光 🆗
西葛西 5-4-6-3F ·············· **03-5667-3436**

㈱ CP 明光

CP 明光 🆗
アクアティア
中葛西 3-35-14-2F ············ **03-3869-1092**
ange 南葛西 4-21-14-1F ··· **03-3869-4130**
COCO Face
西葛西 5-8-26-1F ············ **03-3688-5584**
サロン TOCO
西葛西 3-1-9-1F ·············· **03-5674-8620**
NICO
西葛西 6-10-13-4F ············· **03-3689-2881**
プティ ヌアージュ
東葛西 6-4-7-2F ·············· **03-3804-0733**
MOMO
西葛西 6-22-4-3F ············· **03-3689-2220**
ROCO 船堀 3-7-11-4F ······ **03-5675-7282**
本店サロン
浦安市北栄 1-2-37-1F ············ **047-312-6686**
Cats
浦安市猫実 4-19-16-3F ········ **047-381-6635**
Beeju
浦安市入船 4-33-6 ············ **047-355-0127**
Pico
浦安市北栄 4-5-15-2F ········ **047-352-9555**
VERY2
浦安市東野 3-17-13 ············ **047-721-7778**
moi モア
浦安市今川 2-1-3-1F ············ **047-355-2215**

Merci pico 浦安市猫実 2-33-15-6F
·················· Ⓣ&Ⓕ **047-711-2268**
Rico
浦安市海楽 2-7-20-1F ············ **047-721-8585**
nalu
市川市富浜 2-14-8-1F·········· **047-356-3961**
ブリランテ
市川市市川南 1-2-21-3F ········ **047-712-6511**
ラ・モーレ
市川市市川南 1-2-21-3F ········ **047-326-8325**
アンフェル
船橋市前原西 2-14-1-6F ······ **047-478-2213**
JJ-Do!
船橋市本中山 4-3-2-7F ········ **047-320-2520**
ルシエル
船橋市習志野台 3-17-5-1F······ **047-461-4955**
肌育工房 PiPi
千葉市花見川区幕張本郷 1-6-30-3F
·················· **043-306-2209**
ラ・カクテル
千葉市稲毛区小仲台 2-10-19-3F
·················· Ⓣ&Ⓕ **043-254-0016**
(P48 カラーページもご覧ください)

ファッション
fashion

婦人服

e.r.g* アリオ葛西 1F …………**03-5675-6824**
エニィシス アリオ葛西 1F ……**03-5605-8723**
クールカレアン
　アリオ葛西 2F ………………**03-6808-1480**
Green Parks topic
　アリオ葛西 1F ………………**03-6663-9322**
K Charm
　中葛西 3-14-10-1F ………**03-6808-4745**
サバービア葛西店
　中葛西 3-37-18 ……………**03-3877-1666**
SM2 keittio
　アリオ葛西 1F ………………**03-6808-8365**
チチカカ アリオ葛西 2F ……**03-5658-1251**
ハニーズ
　イオン葛西店
　　イオン葛西店 2F ……………**03-5878-0989**
　葛西店 ホームズ葛西店 2F…**03-5696-4701**
ブルーベリーヒルズ
　西葛西 5-8-17 ………………**03-3688-6988**
ミセス　プラス・デ・モード
　アリオ葛西 2F ………………**03-3675-2720**
ブティック　ラ・セーヌ
　中葛西 5-41-7-1F …………**03-5605-2661**
ラピス・ルージュ
　アリオ葛西 2F ………………**03-3687-5588**
ル・ファンナ
　西葛西店 (本店) 西葛西 6-14-1-7 西葛西メトロ
　………………………………**03-3675-2477**
　葛西店
　中葛西 5-43 葛西メトロ ………**03-3689-8211**
　西葛西南口店
　西葛西 6-10-12-1F …………**03-3878-0305**

カジュアルウエア

Avail サニーモール西葛西店
　西葛西 4-2-28 サニーモール 2F
　………………………………**03-5679-5228**
GU
　アリオ葛西店
　　アリオ葛西 1F ………………**03-5667-4428**
　西葛西店 西葛西 5-8-5……**03-5878-3206**
ジーンズプラザ摩耶
　中葛西 5-41-15-1F ………**03-3869-5587**
ジーンズメイト西葛西店
　西葛西 3-16-20 …………**080-9671-8602**
しまむら
　サニーモール西葛西店
　西葛西 4-2-28 サニーモール 2F
　………………………………**03-5679-5201**
　ホームズ葛西店
　ホームズ葛西店 1F …………**03-5679-8687**
ユニクロホームズ葛西店
　ホームズ葛西店 2F …………**03-5679-7407**
Right-on アリオ葛西 1F ……**03-5659-2560**

ベビー・子ども服

アカチャンホンポ　アリオ葛西店
　アリオ葛西 3F ………………**03-5659-1820**
西松屋チェーン
　江戸川宇喜田店
　宇喜田町 180-2 ……………**03-5605-5091**
　ホームズ葛西店
　ホームズ葛西店 2F …………**03-3878-1451**

作業服・学生服

寿屋 西葛西 5-8-5-1F 小島町 2 丁目団地
　………………………………**03-3687-0221**
㈲ヨシダ洋服店
　中葛西 8-11-16 ……………**03-3680-0730**
㈲ワークボックス
　北葛西 4-2-34-124…………**03-5658-0881**

おしゃれ

オーダーメイド

テーラー丸山　北葛西 1-7-5 … **03-3680-5041**

紳士服

AOKI 葛西店
　中葛西 3-6-1 ………………… **03-5696-0888**
洋服の青山江戸川西葛西店
　西葛西 3-8-2 ………………… **03-5696-5681**
オリヒカ　ホームズ葛西店
　ホームズ葛西店 2F ………… **03-5659-6688**
紳士服のコナカ西葛西店
　西葛西 6-15-16 …………… **03-5696-2251**
サカゼン西葛西店 🅟
　西葛西 4-2-28 サニーモール 3F
　………………………………… **03-6895-1641**
シャツ工房
　アリオ葛西 1F ……………… **03-5696-6018**
紳士服はるやま
　東葛西 6-2-3 ………………… **03-3680-8016**

衣料品

ヴァンベール西葛西店
　西葛西 6-15-10 …………… **03-3675-3519**
㈲エス・ティ・キング
　中葛西 5-20-19-1F ………… **03-3688-8750**

和服裁縫

友進㈲
　西葛西 6-10-5-9F ………… **03-3804-3895**

呉服・和装小物

近江屋呉服店
　東葛西 6-8-7 ………………… **03-3689-2056**
さが美葛西店
　イオン葛西店 2F …………… **03-5676-7500**
みやび西葛西店
　西葛西 7-3-10-2F ………… **03-3877-5797**

洋服リフォーム

アトリエ　ベルアール
　西葛西 6-15-15-3F ………… **03-5605-4620**
マジックミシン
　イオン葛西店 2F …………… **03-5676-2251**
ママのリフォーム
　アリオ葛西 2F ……………… **03-5696-3066**

縫製加工

高木商事㈱　中葛西 5-11-11 … **03-3687-3407**
㈱ワイケーエス
　東葛西 6-23-16-2F ………… **03-3878-4911**

手芸材料・生地

ミルキーウェイコットンハウス
　西葛西 3-17-10 …………… **03-3675-3322**
ユーミン　西葛西 5-8-4-1F 小島町 2 丁目団地内
　………………………………… **03-3877-2070**

アクセサリー ✦ accessory

時計・メガネ・コンタクトレンズ

メガネの愛眼葛西店
　イオン葛西店 3F ……………… 03-3689-1789
アイケアワールド西葛西店
　西葛西 6-14-1 西葛西メトロ …… 03-3675-5090
コンタクトのアイシティ　アリオ葛西店
　アリオ葛西 2F ………………… 03-5667-4788
メガネのアイメイト
　南葛西 4-22-10-9F …………… 03-3877-5184
メガネのアイワ 🄷🄿
　葛西本店　東葛西 6-2-9 …… 03-3680-4334
　西葛西店　西葛西 3-10-15… 03-5675-2946
イチノエメガネ葛西店
　東葛西 5-32-9 ………………… 03-3687-1534
メガネの井上西葛西店
　西葛西 3-19-2-2F……………… 03-5605-6214
オプタス　アリオ葛西 2F……… 03-6240-5903
クボタ時計店
　中葛西 3-28-1 ………………… 03-3688-3988
ザ・クロックハウス
　アリオ葛西 3F ………………… 03-3869-1296
西葛西コンタクト
　西葛西 6-10-13-2F …………… 03-3689-3589
フジモト時計店
　中葛西 3-16-9 ………………… 03-3680-0641
眼鏡市場北葛西店 🄷🄿
　北葛西 5-30-14 ……………… 03-5679-5545
めがね工房　まつざわ
　西葛西 6-10-13 ……………… 03-3675-0220
メガネサロンルック西葛西店
　西葛西 4-2-28 サニーモール 2F
　………………………………… 03-5605-1301
メガネスーパー西葛西店
　西葛西 4-1-1 …………………… 03-5659-0970
メガネドラッグ葛西駅前店
　中葛西 3-35-17 ……………… 03-3877-0056
和真メガネ
　アリオ葛西 2F ………………… 03-5675-6831

ジュエリー・貴金属

中真堂イオン葛西店
　イオン葛西店 2F ……………… 03-3675-9500
ジュエリー HANAJIMA 🄷🄿
　西葛西 6-18-8 ………………… 03-3687-5312
美宝貴金属　西葛西 5-8-26 … 03-3686-6192
ベリテ葛西店
　アリオ葛西 2F ………………… 03-5675-6861
　　　　　　　貴金属買取は P160 へ

アクセサリー・服飾雑貨

Bleu Bleuet
　アリオ葛西 1F ………………… 03-3680-8110

靴

グリーンボックス葛西店
　イオン葛西店 2F ……………… 03-5676-7208
東京靴流通センター
　葛西店
　中葛西 3-32-14-1F …………… 03-5679-1474
　サニーモール西葛西店
　西葛西 4-2-28 サニーモール 2F
　………………………………… 03-5878-3038

バッグ

GRAN SAC'S
　アリオ葛西 1F ………………… 03-5659-6588
平野カバン店
　中葛西 7-22-7 ………………… 03-3680-6006

靴・傘 etc. の修理

クラフトマンサービス
　アリオ葛西 1F ………………… 03-5675-6761
リペアショップ　東京工房　葛西店
　中葛西 5-19-4 ………………… 03-3804-1192
東京修理センター
　中葛西 3-15-10-1F …………… 03-6904-1081

おしゃれ

タワーホール船堀

〈江戸川区総合区民ホール〉 船堀 4-1-1

管理事務所	☎ 03-5676-2211
予約受付	☎ 03-5676-2111
ブライダル関連	☎ 03-5676-5511

　1999年3月オープン、駅の目の前という絶好の立地条件を持つ公共施設。大小のホールをはじめ、映画館、結婚式場、会議室などのレンタルスペース、展望塔など、さまざまな施設が集まっている。

■交通　都営新宿線船堀駅からすぐ
※船堀駅前に、目の不自由な人のために、ホールまでの音声誘導装置が設置されている。
■駐車場　161台　※料金 1時間まで200円、以降1時間ごとに100円加算
■利用時間　AM9～PM9:30
■休館日　12月28日～1月4日、
　2月・8月（点検等のため数日休館日あり）
■年間利用者　50万5990人（2020年度）

■施設
○地下2階…駐車場
○地下1階…映画館、楽器店、ATM、駐車場
○1階…総合案内、展示ホール1・2
　和食・ビアレストラン、喫茶店、書店、花屋、旅行代理店、アンテナショップ
○2階…イベントホール、バンケットルーム、式場1（神殿）、控室、ブライダルサロン
○3階…女性センター、会議室301～307、応接会議室など
○4階…大ホール（舞台）、楽屋1～5、リハーサル室、特別会議室、研修室、和室1～2、会議室401～407
○5階…大ホール（客席）、小ホール、小ホール楽屋1～4、総合受付、管理事務所
○6階…医療検査センター
○7階…式場2（チャペル）、展望レストラン
○展望塔…展室室
■利用受付
★大ホール・小ホール・展示ホール…利用月の12カ月前の月の1日から
★イベントホール・バンケットルーム・式場他…ブライダルの場合は利用月12カ月前の月の1日から。それ以外での利用の場合は利用月の5カ月前の月の1日から
★リハーサル室・会議室・研修室・和室…利用月の5カ月前の月の1日から

😊 オススメ
Voice　★展望塔すご～い！車がミニカーみたい！電車の模型が動いているみたい！家もおもちゃみたい！　　　　（6歳と2歳の兄弟）

区民利用料金（円／税込）　※2022年4月1日現在

室名	利用区分		午前 9:00～12:00	午後 13:00～16:30	夜間 17:30～21:30	全日 9:00～21:30
5F 大ホール	大ホール	平　日	18,850	37,720	47,150	103,720
		土・日・祝	23,050	46,100	56,570	125,720
4F 大ホール		第1楽屋（和）（シャワー付）	730	730	730	2,190
		第2楽屋（洋）（シャワー付）	730	730	730	2,190
		第3楽屋（和）	1,470	1,470	1,470	4,410
		第4楽屋（洋）	1,360	1,360	1,360	4,080
		第5楽屋（洋）	2,100	2,100	2,100	6,300
5F 小ホール	小ホール	平　日	7,330	13,620	17,810	38,760
		土・日・祝	8,380	16,760	20,950	46,090
	楽　屋（和）		1,150	1,150	1,150	3,450
	楽　屋（洋）		950～1,570	950～1,570	950～1,570	2,850～4,710

室名	利用区分		午前 9:00～12:00	午後 13:00～16:30	夜間 17:30～21:30	全日 9:00～21:30
1F	展示ホール1		5,240	6,280	7,330	18,850
	展示ホール2		5,240	6,280	7,330	18,850
3F	会議室		520～1,570	730～2,100	840～2,410	2,090～6,080
	応接会議室		1,360	1,780	1,990	5,130
4F	会　議　室		520～1,880	730～2,520	840～2,830	2,090～7,230
	特別会議室		2,520	3,350	3,770	9,640
	研　修　室		2,100	2,830	3,250	8,180
	リハーサル室		3,250	3,250	3,250	9,750
和室	1		1,360	1,880	2,100	5,340
	2（炉・水屋付）		1,360	1,880	2,100	5,340

※区民以外の人の利用料金は5割増しになります

葛西ガイド

▶**テイクアウト専門店** ……………… **134**
弁当、すし

▶**宅配してもらう** ……………… **134**
弁当・仕出しほか、ピザ

▶**外食する** ……………… **135**
喫茶店・カフェ、ファストフード、牛丼・天丼・丼、ファ
ミリーレストラン、レストラン、フランス料理、イタリア料理、
ステーキ、韓国料理、エスニック、インド料理、カレー、
食事処、うどん・そば、ラーメン、中華料理、中国料理、
日本料理・和食、すし、とんかつ、うなぎ、てんぷら、しゃ
ぶしゃぶ、おでん、お好み焼き・鉄板焼き・もんじゃほか、
焼肉・ホルモン料理

▶**お酒を飲む** ……………… **142**
焼鳥、小料理、居酒屋、ショットバー・ダイニングバー

▶**食品を買う** ……………… **143**
和菓子、せんべい、洋菓子・パン、菓子、乳製品、アイ
スクリーム、紅茶、お茶・のり、海産物、鮮魚、輸入食品、
健康・自然食品、豆腐、野菜・くだもの、肉、食料品、水、米、
酒

★本文中赤色になっているのは「葛西カタログ2022-23」協賛店です
★ⒻはFAX番号、Ⓣ&Ⓕは電話番号とFAX番号、ⒽⓅはホームページのあるお店
出前 は出前をしてくれる飲食店　P138〜140
　　※出前エリア・料金等、詳細を確認のうえ、注文を
座敷 はお座敷があるお店　P138〜141
ﾍﾞﾋﾞｰｶ ベビーカー・車イスOKのお店　P135〜141
　　※バリアフリーというわけではありません
　　※混雑時やスタッフの都合等により対応できない場合あり

テイクアウト専門店 takeout

宅配してもらう delivery

弁当

お弁当一番
西葛西本店
西葛西 6-29-12 ……………… **03-3686-8957**
江戸川球場前店
西葛西 6-5-17 ………………… **03-3869-6931**
北葛西店 北葛西 1-22-18 … **03-3686-5001**
キッチンオリジン
葛西店 中葛西 5-19-17 …… **03-5878-1956**
葛西南口店
中葛西 5-35-6 ………………… **03-5659-2036**
西葛西店
西葛西 6-7-10 西葛西メトロ…… **03-5679-0495**
西葛西 6 丁目店
西葛西 6-14-2 西葛西メトロ … **03-5679-8831**
ほっかほっか亭東葛西 4 丁目店
東葛西 4-1-4 ………………… **03-5679-0920**
ほっともっと
葛西店 東葛西 6-1-4 ……… **03-3688-5776**
北葛西 2 丁目店
北葛西 2-22-13 ……………… **03-5659-6502**
中葛西 4 丁目店
中葛西 4-9-18 ………………… **03-5659-7350**
中葛西 6 丁目店
中葛西 6-10-8 ………………… **03-5659-7027**
南葛西店 南葛西 6-17-1 … **03-5675-2831**
まいもん 🅗🅟
中葛西 4-7-1-1F ……………… **03-6663-9720**

すし

小僧寿し
葛西中央通り店
中葛西 4-3-3…………………… **03-3688-7119**
西葛西店 西葛西 7-20-5 … **03-3675-6647**
たみ 丼丸 南葛西店
南葛西 5-8-12 ………………… **03-6240-5977**

弁当・仕出しほか

㈱大江戸食品 中葛西 2-7-8
………… Ⓕ 03-3686-8126… **03-3680-7561**
四季 北葛西 5-7-1 ………… **03-3675-5241**
フレッシュランチ 39 東京ベイサイド店
南葛西 6-7-15
………… Ⓕ 03-3687-2160… **03-3687-2100**

ピザ

ドミノ・ピザ
江戸川中葛西店
中葛西 3-29-6 ………………… **03-3686-5008**
西葛西店 西葛西 6-22-4…… **03-5659-1100**
ピザーラ葛西店
中葛西 5-20-10 ……………… **03-3804-3200**
ピザハット葛西店
中葛西 4-19-10 ……………… **03-5674-0444**
ピザポケット葛西店
中葛西 5-30-12 ……………… **03-5667-6455**

電話番号、住所など間違い、および『葛西カタログ』
に対するご意見・ご希望がありましたら、お手数
ですがご一報を！ ☎047-396-2211

外食する ＴＯ！
eat out

喫茶店・カフェ

岩本珈琲　北葛西 4-1-49 ……… 03-6875-2800
絵音カフェ 子・シニア HP
　中葛西 5-18-14-1F ………… 03-6808-5276
Cafe excellen
　東葛西 6-18-20-1F ………… 03-3680-5430
CAFE de CRIE アリオ葛西 子・シニア
　アリオ葛西 1F ……………… 03-6808-2821
カフェ・デ・ミール 子・シニア
　西葛西 5-1-1-2F …………… 03-3675-0039
珈琲館アリオ葛西店 子・シニア
　アリオ葛西 2F ……………… 03-5675-4720
コメダ珈琲店 HP
　東葛西 6-1-13-1F …………… 03-6808-1182
ジン
　中葛西 5-19-17 葛西メトロ … 03-3687-9994
スイーツパールレディ 子・シニア
　アリオ葛西 1F ……………… 03-6808-5512
ドトールコーヒーショップ
　西葛西南口店 子・シニア
　西葛西 6-16-4 ……………… 03-5679-2781
　ホームズ葛西店 子・シニア
　ホームズ葛西店 1F ………… 03-3877-2292
NECOT COFFEE HOUSE
　東葛西 5-19-22 …………… 03-3877-0082
パティスリーカフェ　ひばり
　中葛西 1-31-51-1F ………… 03-5878-1176
FOUR SEASONS CAFE 子・シニア HP
　西葛西 6-5-12-1F…………… 03-3689-1173
Cafe Lagoon 子・シニア HP
　中葛西 3-14-2-1F ………… 03-6808-4747
カフェ・リネア 子・シニア HP
　北葛西 4-13-2-1F …………… 03-5878-1288

ファストフード

ケンタッキーフライドチキン
　アリオ葛西店 子・シニア
　アリオ葛西 1F ……………… 03-5675-6835
　イオン葛西店 子・シニア
　イオン葛西店 1F …………… 03-5659-2311
　葛西店　東葛西 5-1-2 …… 03-5674-7045
築地 銀だこアリオ葛西店 子・シニア
　アリオ葛西 1F ……………… 03-6808-5235
マクドナルド
　葛西店　東葛西 6-2-5 …… 03-5676-6227
　葛西アリオ店 子・シニア
　アリオ葛西 1F ……………… 03-5675-6726
　葛西ホームズ店 子・シニア
　ホームズ葛西店 1F ………… 03-5659-3454
　西葛西店
　西葛西 3-16-13-1F ………… 03-5676-5046
　東葛西店 子・シニア
　東葛西 5-19-10 …………… 03-5667-2302
ミスタードーナツ
　アリオ葛西ショップ 子・シニア
　アリオ葛西 1F ……………… 03-5675-6805
　葛西駅前ショップ 子・シニア
　東葛西 5-1-4 ……………… 03-5674-5674
　西葛西駅前ショップ 子・シニア
　西葛西 6-16-6 ……………… 03-5674-7044
モスバーガー
　西葛西北口店 子・シニア
　西葛西 3-22-16 …………… 03-5659-1201
　西葛西南口店 子・シニア
　西葛西 6-21-7 ……………… 03-5674-3070
ロッテリア
　葛西駅店 子・シニア
　中葛西 5-43 葛西メトロ ……… 03-3680-7190
　西葛西駅店 子・シニア
　西葛西 6-14-1 西葛西メトロ … 03-3675-3350
　　　　　　　　アイスクリームは P144 へ

グルメ

★ 子・シニア マークはベビーカー・車いすOKのお店

※バリアフリーというわけではありません
※混雑時やスタッフの都合等により対応できない場合
　あり

牛丼・天丼・丼

すき家
中葛西店
中葛西 6-1-10-1F ·············· **0120-498-007**
西葛西店
西葛西 1-15-9-1F ·············· **0120-498-007**
西葛西駅前店
西葛西 6-8-11-1F ·············· **0120-498-007**
南葛西店
南葛西 2-2-2-1F ··············· **0120-498-007**
天丼てんや
葛西駅前店
中葛西 5-43-1 葛西メトロ ····· **03-5659-0725**
西葛西店
西葛西 6-14-7 西葛西メトロ ··· **03-5667-2881**
なか卯
葛西店
中葛西 5-19-17 葛西メトロ ··· **03-5659-3561**
環七南葛西店
南葛西 3-24-21 ················ **03-3877-8227**
西葛西駅前店
西葛西 6-7-B-2 西葛西メトロ··· **03-5658-3588**
松屋西葛西店 🄗
西葛西 3-17-7 ················· **03-5878-3930**
吉野家
葛西駅前店
中葛西 5-43-1 葛西メトロ ······ **03-5667-0374**
西葛西駅一番街店
西葛西 6-14-2 西葛西メトロ ··· **03-5679-6217**

ファミリーレストラン

ガスト
葛西店 子・シニア
東葛西 6-2-7 ···················· **03-5667-8188**
西葛西店 子・シニア
西葛西 4-2-28-1F ·············· **03-5659-2638**
西葛西駅前店 子・シニア
西葛西 6-10-12-2F ············ **03-5674-7057**
サイゼリア
アリオ葛西店 子・シニア
アリオ葛西 3F ·················· **03-5679-0171**
西葛西駅店 子・シニア
西葛西 6-7-1 西葛西メトロ ····· **03-5658-6399**
ジョナサン
葛西駅前店　中葛西 5-34 ··· **03-5679-7133**
西葛西店　西葛西 7-3-6 ······ **03-5696-7383**
デニーズ西葛西店
西葛西 6-29-16 ················ **03-3688-6870**
バーミヤン南葛西店 子・シニア
南葛西 4-2-17 ·················· **03-5659-6520**
びっくりドンキー中葛西店 子・シニア
中葛西 4-4-6 ···················· **03-5605-4315**
ロイヤルホスト
西葛西店　西葛西 6-16-3 ··· **03-5696-5624**
南葛西店 子・シニア
南葛西 3-24 ····················· **03-3675-6568**

レストラン

KITCHEN BASE
臨海町 6-3-4 Ff ················ **03-6661-3248**
銀の小びと　東葛西 7-2-1-1F··· **03-3877-1715**
マリーナレストラン　トリム 🄗
東葛西 3-17-16-2F ············· **03-6808-5188**
キッチンハウス　モア 子・シニア
西葛西 6-14-1 西葛西メトロ ··· **03-3675-2088**
YAMBURGER
臨海町 6-3-4 Ff2F ············ **070-1275-1129**
レンブラントスタイル東京西葛西 パームツリー 子・シニア 🄗
西葛西 6-17-9 ··················· **03-3675-8934**

★ 子・シニア マークはベビーカー・車いすOKのお店
※バリアフリーというわけではありません
※混雑時やスタッフの都合等により対応できない場合
　あり

フランス料理

パールホテル葛西　Bon Coin（ボンコアン）
東葛西 6-1-7-2F ················ **03-3804-8081**

イタリア料理

伊太利庵 子・シニア
中葛西 3-33-6-1F ··············· **03-3675-3056**

VANSAN 西葛西店 HP
西葛西 6-9-1 ···················· **03-5679-7730**

カプリチョーザ西葛西店 子・シニア
西葛西 6-17-17-1F ············· **03-5676-1360**

鎌倉パスタ東葛西店 子・シニア
東葛西 6-43-15 ················· **03-5679-7309**

SEAFOOD KITCHEN PICHI HP
中葛西 5-41-8-1F ·············· **03-6808-5997**

Tavrena e Pizzeria Salute HP
東葛西 5-13-1 ··················· **03-6808-4570**

罪なたらすぱ　葛西店 子・シニア
東葛西 8-28-11 ················· **03-5878-0595**

BEYOND 子・シニア
葛西メトロ ························· **03-6663-9500**

ポポラマーマ HP
　アリオ葛西店 子・シニア
　アリオ葛西 3F ··············· **03-5878-1490**

　葛西駅前店
　中葛西 3-34-9-2F ············ **03-3878-9000**

マリノステリア葛西店 子・シニア
東葛西 6-4-16 ··················· **03-6808-8780**

ミート酒場　ぼいす 子・シニア
中葛西 3-18-24 ················· **03-3688-3908**

ステーキ

エル・アミーゴ（ステーキとメキシコ料理） 子・シニア
西葛西 6-14-1 西葛西メトロ ··· **03-3675-2340**

加真呂葛西店 子・シニア
中葛西 3-19-5 ··················· **03-3688-7961**

肉の村山　葛西店
葛西メトロ ························· **03-3689-1129**

バズグリル　ハンバーグ＆ビア
中葛西 4-1-24-2F ··············· **03-3687-8255**

ビリー　ザ　キッド西葛西店
西葛西 6-22-16 ················· **03-3688-6603**

フォルクス葛西店 子・シニア
中葛西 3-6-4 ···················· **03-5605-7470**

韓国料理

おぱ屋　西葛西 5-2-16-2F ····· **03-3869-3880**

韓国家庭料理居酒屋　オアシス
西葛西 6-5-17 ··················· **03-3869-0880**

韓国ダイニング狎宮満（コグマ） HP
中葛西 5-41-15-2F ·············· **03-5696-2319**

にしき亭 子・シニア
西葛西 6-14-2 西葛西メトロ ··· **03-3675-5650**

エスニック

エルトリート西葛西店
西葛西 6-10-15 ················· **03-5696-7488**

ラ・コパ（メキシコ料理）
中葛西 5-20-2 ··················· **03-3687-5199**

グルメ

137

インド料理

スパイスマジック　カルカッタ
本店　西葛西 3-13-3 ………… **03-5667-3885**
南口店　西葛西 6-24-5-2F … **03-3688-4817**
デリーダバ　インド料理
　西葛西 6-12-9-2F ………… **03-5878-0553**
デリーハイト葛西
　中葛西 3-35-16-5F ………… **03-3804-4889**
インド・ネパール・アジアダイニング　バター　カレー
　中葛西 3-29-12 ……………… **03-3680-7622**
インド・ネパール料理　ヒマラヤン・キャラバン
　中葛西 8-21-17-1F ………… **03-3878-6062**
スパイスカフェ　フンザ
　中葛西 3-29-1 ……………… **03-3680-7865**
ムンバイキッチン
　西葛西 6-12-9 ……………… **03-3878-4088**

カレー

カレーハウス CoCo 壱番屋
　江戸川区葛西店
　中葛西 3-32-17 ……………… **03-5659-7512**
　江戸川区西葛西駅北口店
　西葛西 5-6-11 ……………… **03-5679-5077**
ゴーゴーカレー
　アリオ葛西 1F ……………… **03-5658-1255**

食事処

稲 `子・シニア`　西葛西 5-8-16 ……… **03-3680-4034**
大戸屋西葛西北口店 `子・シニア` `HP`
　西葛西 3-15-8-2F ………… **03-6456-0810**
喜界 `HP`　北葛西 2-23-19-2 … **03-4361-1438**
小池寿司食堂葛西市場 `HP`
　臨海町 3-4-1 葛西市場管理棟 1F
　………………………………… **03-3878-2033**
　（P12 カラーページもご覧ください）
関甚 `座敷`　中葛西 3-25-9 …… **03-3689-2053**
中華和食　千里 `子・シニア` `座敷`
　中葛西 3-35-12 ……………… **03-3689-5811**
大六天 `子・シニア` `座敷`
　中葛西 3-30-15 ……………… **03-3680-2543**
豚料理　田 `子・シニア` `HP`
　東葛西 6-2-7-1F …………… **03-6808-7168**
鶏千　西葛西メトロ ………… **03-3680-3607**
麺ソーレきよ（沖縄料理）`子・シニア`
　西葛西 6-13-14 ……………… **03-3680-1148**
ごはん処　やよい軒 `HP`
　葛西店 `子・シニア`
　中葛西 5-33-9 ……………… **03-5679-9501**
　西葛西店　西葛西 3-17-7 … **03-5878-3097**

うどん・そば

葛西めんや　葛西メトロ ……… **03-6808-9934**
家族亭 `子・シニア`　アリオ葛西 3F… **03-6663-8255**
手打蕎麦清かわ `座敷` `HP`
　南葛西 2-22-1 ……………… **03-5659-3288**
弘昇庵 `子・シニア` `座敷` `出前`
　西葛西 2-13-20 ……………… **03-3687-4546**
小進庵 `子・シニア` `座敷` `出前`
　北葛西 1-22-4 ……………… **03-3689-6910**
讃岐直送うどん　さいた川 `子・シニア`
　西葛西 5-8-4 小島町 2 丁目団地内
　………………………………… **03-3687-9971**
長盛庵　めん秀 `子・シニア`
　西葛西メトロ………………… **03-3687-3170**
はなまるうどん　ホームズ葛西店 `子・シニア`
　ホームズ葛西店 1F ………… **03-5659-0870**
立ちそばやしま
　西葛西メトロ………………… **03-3675-1461**
若鯱家 `子・シニア`　アリオ葛西 3F… **03-5675-4717**

★ `座敷` マークはお座敷があるお店

★ `出前` マークは出前をしてくれるお店
　出前エリア・料金等、詳細を確認のうえ、注文を

★ `子・シニア` マークはベビーカー・車いすOKのお店
　※バリアフリーというわけではありません
　※混雑時やスタッフの都合等により対応できない場合
　あり

ラーメン

らーめん　朝日堂
　西葛西 5-6-11-1F ················ **03-5679-5125**
らあめん花月嵐西葛西メトロセンター店
　西葛西 6-14-2 西葛西メトロ ··· **03-3869-1855**
らーめんからしや葛西本店
　中葛西 3-26-6 ···················· **03-6808-5545**
くるまやラーメン宇喜田店
　宇喜田町 1125 ·················· **03-3688-8971**
支那そば　ちばき屋
　東葛西 6-15-2-1F ················ **03-3675-3300**
萃寿
　西葛西 6-14 西葛西メトロ ····· **03-3675-0577**
節骨麺たいぞう葛西店 **HP**
　中葛西 5-19-18 ·················· **03-6808-2913**
たかし屋西葛西店
　西葛西 6-15-20 ················· **03-5878-0186**
二代目 TATSU
　東葛西 5-33-8 ·················· **03-3877-2255**
だるまのめ西葛西店 **HP**
　中葛西 6-3-5 ····················· **03-5696-5861**
横浜家系ラーメンだるま家²葛西店
　東葛西 5-1-4-1F ··········· **080-4092-8903**
ちりめん亭中葛西店
　中葛西 5-15-9 ·················· **03-3687-4741**
東京タンメン　トナリ　西葛西店 **HP**
　西葛西 6-15-18 ················· **03-6808-6609**
どさん子ラーメン葛西店 **HP**
　中葛西 5-43-1 西葛西メトロ ··· **03-3686-8654**
豚骨一燈　アリオ葛西 1F ···· **03-5878-1103**
葫　東葛西 5-5-1 ················· **03-6808-6248**
らあめん　ひろや
　東葛西 5-1-17-1F ··············· **03-3680-4110**
らあ麺ふじを
　東葛西 8-28-11 ················· **03-5878-0595**
みそラーメン専門店　みそ膳葛西店 **HP**
　中葛西 5-19-17 西葛西メトロ ··· **03-3687-9998**
麺屋永吉・花鳥風月
　中葛西 3-30-11-1F ············· **03-6808-5738**
麺家　大勝軒
　中葛西店　中葛西 1-31-5 ··· **03-5674-3751**
　東葛西店　東葛西 6-1-5 ····· **03-5605-5170**
ラーメンの王様
　西葛西 1-11-24 ················· **03-3687-6402**

ラーメンヨシベー西葛西店
　西葛西 5-6-24 ·················· **03-3686-3305**
ラーメンリバーサイド
　西葛西 8-15-44 ················· **03-3869-0010**
ラーメン若 **HP**
　西葛西 3-15-11-1F ············· **03-5878-1700**
リンガーハット
　アリオ葛西 1F ·················· **03-5679-6570**

中華料理

大阪王将西葛西北口店 **HP**
　西葛西 5-2-1 ···················· **03-3804-0040**
餃子の王将　アリオ葛西 1F ··· **03-3804-8807**
興安園　中葛西 3-30-9-1F ····· **03-3687-2382**
中華食堂好運餃子
　中葛西 5-41-15-1F ············· **03-3680-2522**
末っ子
　西葛西 6-7-2 西葛西メトロ ····· **03-3675-3040**
第二万福　西葛西 1-7-1 ······· **03-3689-4885**
宝亭　西葛西 7-21-18 ··········· **03-3680-5916**
福々亭　東葛西 3-10-11 ········ **03-3687-2348**
福満楼　西葛西 5-2-16-2F ····· **03-3804-7466**
宝来軒　中葛西 2-22-9 ·········· **03-3687-7273**
萬来軒　中葛西 7-23-2 ·········· **03-3675-3683**
中華レストランみつはし **出前**
　中葛西 1-24-1 ··················· **03-3687-0384**
八千代軒　中葛西 3-15-1 ······ **03-3869-0141**
山長 **出前**　中葛西 4-18-12 ··· **03-3687-9090**
楼上重慶火鍋 **HP**
　西葛西 5-5-17-6F ··············· **03-6808-6482**

中国料理

中国広東料理　鮮菜
　中葛西 3-25-16 ················· **03-5674-1031**
独一処餃子葛西本店 **HP**
　中葛西 3-33-19 ················· **03-3878-0319**
福龍香（フウロンシャン）
　西葛西 3-22-22 ················· **03-5676-3263**
龍高飯店西葛西本店 **HP**
　西葛西 7-3-2-1F ················· **03-3804-3983**

グルメ

日本料理・和食

かに猿 子・シニア 座敷
　中葛西 2-17-9 ················· **03-3869-8777**

旬彩　ごっさま 座敷
　中葛西 3-30-10 ················ **03-5605-7301**

天ぷら　耐兵衛
　西葛西 5-8-5-1F 小島町 2 丁目団地内
　················· **03-3688-1010**

美味健食　松乃井
　中葛西 3-1-8 ················· **03-3869-7607**

すし

いこい寿司 座敷 出前
　西葛西 6-24-9 ················· **03-3689-1510**

魚河岸寿司 子・シニア 座敷
　清新町 1-3-6 パトリア ········ **03-3878-1206**

鮨処　うおよし
　東葛西 7-6-1 ················· **03-3689-4875**

扇寿司 座敷 出前
　西葛西 1-6-10 ················ **03-3680-0919**

鮨・大山 座敷 出前
　東葛西 6-2-11-1F ·············· **03-3686-0830**

海鮮三崎港 アリオ葛西 1F ··· **03-5878-1178**

桜寿司　葛西駅環七店
　中葛西 3-37-12 ················ **03-3688-5757**

すし銀西葛西店
　西葛西 3-16-5 ················ **03-5667-7638**

すし処　澤寿司
　中葛西 3-29-1 ················ **03-3688-9272**

スシロー
　北葛西店　北葛西 2-11-22 ··· **03-5679-7288**
　南葛西店　南葛西 3-19-9 ··· **03-5667-4863**

千石寿司　中葛西 1-11-5 ····· **03-3688-8288**

千寿司
　葛西店 子・シニア
　中葛西 3-19-3 ················ **03-5674-0216**
　西葛西店 子・シニア 座敷
　西葛西 6-14-1 西葛西メトロ ··· **03-3686-3838**

大黒鮨 子・シニア
　西葛西 5-6-15 ················ **03-3688-1418**

玉寿司 出前　北葛西 3-6-8 ··· **03-3687-2372**

司寿司 座敷
　中葛西 3-30-11 ················ **03-3688-2156**

誠鮨 子・シニア 座敷
　東葛西 6-15-2 ················ **03-3804-2131**

鮨ままかり 座敷
　南葛西 4-8-7-1F ··············· **03-5676-4254**

鮨光田 座敷
　西葛西 6-12-10 ················ **03-3877-0878**

向寿司 出前　南葛西 6-16-5 ··· **03-3675-4649**

鮨山清 座敷 出前
　中葛西 5-31-6 ················ **03-3680-3562**

とんかつ

かつや東京西葛西店
　西葛西 6-14-1 西葛西メトロ ··· **03-3675-3050**

とんかついなば和幸
　アリオ葛西 3F ················ **03-5675-6833**

とんかつ　新宿さぼてん
　西葛西 6-7-2 西葛西メトロ ··· **03-6808-5333**

とんかつ田西葛西店
　西葛西 6-17-17 ················ **03-5676-1888**

ごはん屋七ふく
　西葛西 6-14-2 西葛西メトロ ····· **03-6808-9877**

とんかつ双葉葛西店 出前
　中葛西 6-3-8················ **03-3877-2916**

うなぎ

鳥長 子・シニア　西葛西 7-9-16 ······ **03-3675-0617**

はし本　西葛西 8-9-7 ··········· **03-3687-8869**

うなぎ彦衛門 子・シニア 座敷
　中葛西 8-21-19 ················ **03-5696-4516**

てんぷら

天藤 座敷　西葛西 6-22-3 ····· **03-3689-6893**

電話番号、住所など間違い、および『葛西カタログ』
に対するご意見・ご希望がありましたら、お手数
ですがご一報を！　☎047-396-2211

しゃぶしゃぶ

しゃぶ玄 子・シニア 座敷
西葛西 5-1-3 ················· **03-3680-7595**

しゃぶしゃぶ温野菜 HP
葛西店 子・シニア 座敷
中葛西 3-35-2-1F ············· **03-5679-7129**

西葛西店 子・シニア 座敷
西葛西 5-1-1-2F ············· **03-5878-3929**

おでん

やまがみ 子・シニア 座敷
西葛西 6-7-1 西葛西メトロ ····· **03-3804-1880**

お好み焼き・鉄板焼き・もんじゃほか

うまいものや三福西葛西
西葛西 7-20-1 ················· **03-5676-3029**

お好み焼き・もんじゃ焼きにし
南葛西 2-9-14 ················· **03-3686-4981**

お好み焼・もんじゃ焼バブ
東葛西 6-14-10-1F ············· **03-5696-4362**

お好み焼もんじゃよしみ
中葛西 3-15-3 ················· **03-3687-8922**

開聞 南葛西 3-15-20 ········· **03-5674-1151**

京都・きん家 HP
西葛西 6-13-14-1F ············· **03-5667-1953**

たこ焼まるぜん
イオン葛西店 1F ················· **03-3675-6355**

Tetsu 坊 中葛西 5-41-3 ····· **03-3804-9261**

ポッポ HP アリオ葛西 1F ····· **03-5675-1011**

ぽてぢゅう食堂 西葛西店 HP
西葛西 6-7-2 西葛西メトロ 3 番街
·························· **03-6808-1163**

もんじゃ・お好み焼ぶんぶん
西葛西 5-6-1-4F ················· **03-3878-9839**

焼肉・ホルモン料理

安楽亭葛西店 子・シニア 座敷
東葛西 6-1-1 ················· **03-3689-0101**

焼肉扇屋 東葛西 6-6-18 ······ **03-5679-8339**

おもに亭葛西店 子・シニア 座敷 HP
西葛西 5-8-18 ················· **03-5667-8229**

葛西ホルモン市場 子・シニア
中葛西 3-34-4 ················· **03-3877-3135**

炭火焼肉酒家 牛角 HP
葛西店 座敷
中葛西 3-36-7-2F ············· **03-5659-6929**

西葛西店 座敷
西葛西 6-16-1-B1 ············· **03-5659-2529**

牛繁西葛西店 HP
西葛西 6-8-7 ················· **03-5659-7573**

下町焼肉炎や
西葛西 6-14-1 西葛西メトロ ··· **03-3675-5280**

炭火焼肉牛龍 子・シニア 座敷 HP
中葛西 3-35-17-2F ············· **03-3877-7713**

焼肉ホルモン牛龍 子・シニア HP
南葛西 4-2-12 ················· **03-3686-4820**

錦城苑 座敷
西葛西 6-15-2 ················· **03-3675-2901**

炭火焼ホルモン くうちゃん HP
中葛西 5-33-9 ················· **03-5667-5438**

千山苑 子・シニア 座敷
中葛西 3-37-7 ················· **03-3687-8835**

大将 子・シニア 座敷
西葛西 3-14-1 ················· **03-3688-8066**

ホルモンバー東京葛西店
中葛西 3-33-6-1F ············· **03-5667-2626**

焼肉レストランリブランド 子・シニア 座敷
東葛西 6-6-1-1F ················· **03-3675-4829**

★ 座敷 マークはお座敷があるお店

★ 出前 マークは出前をしてくれるお店
　出前エリア・料金等、詳細を確認のうえ、注文を

★ 子・シニア マークはベビーカー・車いすOKのお店
　※バリアフリーというわけではありません
　※混雑時やスタッフの都合等により対応できない場合
　　あり

グルメ

お酒を飲む

drink

焼鳥

ダイニング串焼 UMI
西葛西 5-1-5 ·················· **03-3869-4181**
源氏　中葛西 2-22-9 ·········· **03-3680-2890**
鳥繁西葛西店
西葛西 5-5-16-1F ·············· **03-3878-1186**
鳥焼あかべえ
西葛西 6-12-9 ·················· **03-5674-1533**
鳥焼なか村　西葛西 5-7-11 ··· **03-3686-2388**
北海道焼鳥　いただきコッコちゃん
西葛西 6-7-1 西葛西メトロ···· **03-5674-7677**
焼鳥なかじま
中葛西 5-39-10 ················ **03-3687-3677**

小料理

五徳家　東葛西 1-45-16 ········ **03-3877-6851**
和処　古萩　西葛西 5-6-17 ··· **03-5676-2580**
小料理　しゅもん
西葛西 5-2-15 ·················· **03-5667-0445**
鮮魚・地酒の店　魚八
西葛西 6-14-2 西葛西メトロ ··· **03-5658-6464**

居酒屋

いっき　宇喜田町 1364-11 ····· **03-5605-1359**
築地魚一　西葛西店
西葛西メトロ内··············· **03-6661-4422**
江の本　西葛西 3-15-13-7F ··· **03-3686-5431**
寿司居酒屋えびす丸
中葛西 3-35-16-7F ············· **03-6808-6995**
居酒屋おはなぼう
中葛西 6-7-15 ················· **03-3869-5506**
KAPPO みず乃
中葛西 5-19-20 ················ **03-3877-3287**
キタノイチバ葛西駅前店
中葛西 3-35-14 ················ **03-3869-2088**

九州魂西葛西店
西葛西 6-16-1-B1 ·············· **03-5667-5811**
気らく茶屋　東葛西 6-8-20 ··· **03-5658-4844**
くいもの屋　わん葛西店
東葛西 6-2-5-3F ··············· **03-5659-1277**
串カツ田中　葛西店
葛西メトロ内················· **03-3686-1212**
こだわりやま葛西駅前店
中葛西 3-35-16-1F・B1 ······· **03-5659-7081**
伍之伍之十六夜
西葛西 5-5-16-2F ·············· **03-3877-0949**
さかなや道場　西葛西北口店
西葛西 3-16-13-2F ············· **03-5667-1301**
さるの蔵　東葛西 5-1-15-2F ··· **03-5658-0709**
信濃路　中葛西 4-18-9 ······· **03-3688-5378**
忍家葛西駅前店
東葛西 6-2-5-5F ··············· **03-3877-9611**
島ごはん
西葛西 6-18-3-B1 ·············· **03-5674-3434**
屋台　島ちゃん
中葛西 5-19-4 ················· **03-6663-8367**
笑じろー　西葛西 3-22-6 小島町 2 丁目団地内
························ **03-3804-5882**
甚兵衛　東葛西 8-15-7 ······ **03-3680-4143**
関場屋　中葛西 3-1-15 ······ **03-3675-3551**
ダンダダン酒場　西葛西店
西葛西メトロ内··············· **03-5679-6305**
てんてけてん葛西店
東葛西 6-2-5-2F ··············· **03-5667-0351**
土間土間西葛西店
西葛西 6-16-1-B1 ·············· **03-5659-4088**
とり鉄　西葛西店
西葛西 6-16-1-B1 ·············· **03-5667-3070**
日本橋紅とん　西葛西店
西葛西 6-7-2 西葛西メトロ ··· **03-3680-1191**
はなの屋　葛西駅前店
中葛西 5-34-11-2F ············· **03-5659-1805**
ビストロ　ヴェスタ
中葛西 5-18-12-1F ············· **03-3804-7009**
居酒屋文ちゃん
東葛西 5-13-1-1F ·············· **03-3687-1240**
瑞穂　中葛西 3-15-14 ········· **03-3804-4657**
もつ焼きみやちゃん
西葛西 3-14-2 ················· **03-3689-0021**
山芋の多い料理店
西葛西 6-18-3-B1 ·············· **03-6661-4243**

上海酒家悠悠
　　中葛西 3-35-18 ············· **03-3688-5545**
悠々亭　中葛西 3-25-16 ········· **03-3680-9887**
酔いどれ
　　葛西メトロ内 ···················· **070-5597-6088**
養老乃瀧葛西店 🅗
　　西葛西 6-8-5 ····················· **03-5674-8355**
肴のよろず屋
　　西葛西 6-7-10 西葛西メトロ ··· **03-3869-4477**
酔処力　南葛西 3-7-20 ········· **03-5674-5547**
笑笑　葛西駅前店 🅗
　　中葛西 3-35-14 ················· **03-3687-6588**

ショットバー・ダイニングバー

Bar Absolut (バーアブソリュート)
　　中葛西 5-41-15-B1 ·············· **03-3877-9157**
南国ビストロ　海の Yey (ウミノイエ)
　　東葛西 6-1-13-2F················· **03-3804-5822**
NK diner193
　　西葛西 1-15-12 ··················· **03-6663-8455**
カフェ&バー　boo
　　中葛西 4-3-21 ···················· **03-5696-9277**
レストランバー Cal Cal (カルカル)
　　西葛西 3-15-2 ···················· **03-3877-2953**
ゴローズ・キャフェ 🅗
　　中葛西 5-43-1 葛西メトロ ······ **03-3686-6666**
蕎麦瑠　呑楽人
　　中葛西 7-17-19-1F ··············· **03-5658-8856**
ワイン&ビア　呑具里
　　中葛西 5-41-15-2F ··············· **03-3804-2565**
パワーズ・シー
　　西葛西 6-13-11-4F ··············· **03-3877-9587**
B'FLATT　中葛西 5-32-2-1F··· **03-3869-1684**
ラル・ジェネ
　　中葛西 5-40-15-2F··········· **090-2153-8917**
LUMBER HOUSE
　　中葛西 3-18-22 ················· **03-5605-0604**
BAR ROBROY 西葛西 🅗
　　西葛西 6-12-8-1F················ **03-6808-8565**

食品を買う 🧺
food

和菓子

あづま　東葛西 8-13-6 ········· **03-3689-1835**
和菓子入船　南葛西 5-8-12 ··· **03-3688-1605**
和菓子　山長
　　西葛西 5-8-14 ··················· **03-3680-7743**

せんべい

銀の杵西葛西店
　　西葛西 6-15-1 ··················· **03-3675-0020**
もち吉西葛西店 🅗
　　西葛西 4-2-80 ··················· **03-5675-7281**

洋菓子・パン

アン・フォンド・ソレイユ　西葛西店
　　西葛西 6-28-12-1F··············· **03-3804-0765**
食パン専門店　一本堂　江戸川葛西店 🅗
　　中葛西 5-11-12 ················· **03-6808-8289**
加藤仁と阿部守正の店
　　中葛西 3-36-8 ··················· **03-3689-1188**
カンテボーレ葛西店
　　イオン葛西店 1F ················· **03-3686-9471**
銀座に志かわ葛西店
　　中葛西 3-18-10-1F··············· **03-6663-8088**
ゴンノベーカリーマーケット本店
　　西葛西 7-29-10-1F ············· **03-6312-4179**
ゴンノベーカリー cinq
　　中葛西 5-35-8 ··················· **03-6753-4254**
サンブーランジュリ葛西店
　　アリオ葛西 1F ··················· **03-5675-6730**
純生食パン工房　HARE/PAN 西葛西店 🅗
　　西葛西 6-13-14-1F ············· **03-6808-0017**
〈次ページへつづく〉

グルメ

洋菓子・パン〈前頁から〉

食パン道　西葛西店
西葛西 3-3-1 ················· **03-6808-0147**

パティスリー　ル・アマレット 🆗
南葛西 4-6-8 ················· **03-3804-4430**

シフォンケーキ工房 花笑みしふぉん 🆗
中葛西 8-11-7-1F ············· **050-3393-3838**

パローレ洋菓子店 🆗
西葛西 4-2-31 ················· **03-3680-0864**

Pain de Prove
中葛西 2-9-4 ················· **03-3688-2779**

Fine Bread
本店　東葛西 6-7-10 ········· **03-3804-7460**
葛西駅前店
中葛西 3-18-22 ··············· **03-3877-6442**

ブーランジェリー　ジョー
南葛西 2-23-10-1F ············· **03-5667-5490**

ブールミッシュ葛西店
中葛西 5-43 葛西メトロ ········ **03-3688-9948**

不二家西葛西店
西葛西 6-14 西葛西メトロ ····· **03-3675-2250**

プティーリール
東葛西 7-13-10-1F ············· **03-3686-8399**

ポム・ドゥ・テール
中葛西 4-20-20-1F ············· **03-3877-0531**

リヨンセレブ西葛西店
西葛西 5-8-1F 小島町 2 丁目団地内
················· **03-3687-1622**

パティスリー　Le LAPUTA
西葛西 3-3-1-1F ············· **03-5674-5007**

LUCE（ルーチェ） 🆗
西葛西 6-8-1 ················· **03-5659-3588**

菓子

シャトレーゼ　アリオ葛西 1F··· **03-3689-1740**
吉橋商店　東葛西 4-58-22 ··· **03-3680-3089**

乳製品

月島食品工業（マーガリン）
東葛西 3-17-9 ················· **03-3689-3111**

アイスクリーム

サーティワンアイスクリーム 🆗
アリオ葛西店
アリオ葛西 1F ··············· **03-3877-8431**
葛西島忠ホームズ店
ホームズ葛西店 1F ············· **03-5674-2631**
西葛西店
西葛西 6-14 西葛西メトロ ······ **03-3675-9898**

紅茶

シャンティ紅茶
西葛西 3-3-15 ················· **03-3688-6612**

お茶・のり

恩田海苔店　東葛西 8-5-3······ **03-3680-2030**
佐久間のり店
中葛西 5-12-1 ················· **03-3680-3027**
㈱白子 🆗　中葛西 7-5-9 ····· **03-3804-2111**
トップ　中葛西 3-24-15 ········ **03-3686-5351**
㈲新村
中葛西 3-14-10 ··············· **03-3877-5724**
丸亀葛西店
臨海町 3-3-4（葛西食品市場西村食品内）
················· **047-363-1751**
················· **090-9203-3342**
吉万海苔店
東葛西 2-29-20 ··············· **03-3689-5293**

海産物

葛西食品市場
臨海町 3-3-1 ················· **03-3878-2443**

鮮魚

㈲おせきや商店
東葛西 1-26-19 ················· **03-3689-2403**
吉田魚店　北葛西 1-9-5 ········ **03-3680-4698**

輸入食品

カルディコーヒーファーム HP
　アリオ葛西店
　アリオ葛西 1F ……………… **03-5659-1071**
　西葛西店
　西葛西 6-17-3-1F …………… **03-5696-9146**
TMVS FOODS（インド食材）
　西葛西 5-8-5-1F 小島町 2 丁目団地内
　………………………………… **03-6808-6011**

健康・自然食品

自然食品の店　サンピュア HP
　西葛西 5-6-23 ………………… **03-3675-5780**
大高酵素㈱東京支店 HP
　南葛西 6-33-10 ……………… **03-5605-3111**
ファーイースト㈱
　中葛西 3-15-9-3F …………… **03-3686-2605**
YAKUZEN GARDEN（自然の森漢方堂） HP
　中葛西 3-16-10 ……………… **03-5659-7292**

豆腐

本田豆腐店　中葛西 5-29-6 … **03-3680-8927**
丸清食品　中葛西 1-17-4 …… **03-3687-2060**

野菜・くだもの

安信屋　中葛西 3-1-15-1F …… **03-3878-1645**
サトモ　西葛西 5-2-17 …… **03-3680-3915**
㈱下倉　臨海町 3-4-1 …… **03-3878-2360**
東青卸センター
　葛西市場内 ………………… **03-3878-2377**
八百梅　南葛西 7-1-7-1F ……… **03-3687-4832**

肉

肉の愛知屋
　東葛西 5-39-12 ●…………… **03-3689-0649**
出雲屋精肉店
　北葛西 1-10-7 ………………… **03-3680-4917**
肉の三角屋　南葛西 3-24-6 … **03-3688-7385**

食料品

あじかん東京営業所
　北葛西 2-11-5 ……………… **03-3804-1090**
石川商店　中葛西 3-14-16 …… **03-3688-2769**
まねきや葛西店
　清新町 1-3-6 パトリア 1F …… **03-6808-8470**

水

みずはのめ　江戸川店
　南葛西 2-23-10-1F …………… **0120-328-155**

米

タナカライスショップ㈲
　東葛西 8-6-15 ………………… **03-3680-5970**
トーベイシテン
　中葛西 4-20-1 ………………… **03-3680-7751**
増田屋米店葛西店
　東葛西 5-12-6 ………………… **03-3687-2079**

酒

河内屋
　葛西店　中葛西 5-40-15 … **03-3680-4321**
　北葛西店　北葛西 5-1-5 …… **03-3878-6421**
くろだ酒店　西葛西 7-21-10 … **03-3688-3341**
酒のこばやし
　西葛西 1-8-10 ………………… **03-3686-1929**
中里食品　北葛西 2-9-19 …… **03-3680-0818**

グルメ

電話番号、住所など間違い、および『葛西カタログ』
に対するご意見・ご希望がありましたら、お手数
ですがご一報を！　☎047-396-2211

健康サポートセンター

葛西健康サポートセンター
中葛西3-10-1 ☎03-3688-0154

- ■交　通　葛西駅から徒歩5分、都営バス「船堀駅→なぎさニュータウン　葛西区民館下車」
- ■駐車場　68台（葛西区民館と共用）
- ■オープン　2006年4月1日
- ■バリアフリー情報
  スロープ：なし／誘導ブロック：あり／エレベーター：あり／エスカレーター：なし／手すり：あり／多目的手洗所：あり
- ■ベビー情報
  ベビーベッド：なし／ベビーチェア：あり／ベビーシート：あり／授乳室：あり（子育てひろば内）／子ども用トイレ：あり（子育てひろば内）

なぎさ健康サポートセンター
南葛西7-1-27 ☎03-5675-2515

- ■交　通　都営バス「葛西駅→なぎさニュータウン　なぎさニュータウン下車」
- ■駐車場　4台（医師用）1台（車椅子利用者用）
- ■オープン　1998年10月
- ■バリアフリー情報
  スロープ：なし／誘導ブロック：あり／エレベーター：あり／エスカレーター：なし／手すり：あり／多目的手洗所：あり
- ■ベビー情報
  ベビーベッド：あり／ベビーチェア：あり／ベビーシート：あり／授乳室：あり

清新町健康サポートセンター
清新町1-3-11 ☎03-3878-1221

- ■交　通　西葛西駅より徒歩6分
- ■駐車場　8台
- ■オープン　1983年7月
- ■バリアフリー情報
  自動ドア：あり／スロープ：あり／誘導ブロック：あり／エレベーター：なし／エスカレーター：なし／手すり：あり／多目的手洗所：あり
- ■ベビー情報
  ベビーベッド：なし／ベビーチェア：あり／ベビーシート：あり／授乳室：あり

3館共通項目

- ■開館時間　AM8:30〜PM5
- ■閉館日　土・日・祝・年末年始
- ■事業内容
  健康づくり（ファミリーヘルス推進員による健康講座・地域健康講座等）、生活習慣病・その他の疾病予防、母子保健、予防接種、精神保健（専門医による相談）、健診及び保健相談、栄養相談、歯科相談、リハビリ・運動相談、介護保険及び生活支援等の受付、細菌検査、犬の登録等

葛西ガイド

146

▶**ライフラインをしっかり** ……………… **148**
水道衛生工事、水もれ修理、電気工事、冷暖房・空調工事、燃料・燃焼機器

▶**家の中のものを買う** ……………… **148**
電化製品、カーテン、インテリア、陶器、日用品・生活雑貨、金物、包丁、ホームセンター

▶**家を補修・キレイにする** ……………… **149**
畳、表具・表装、壁紙・ふすま紙、建具、塗料、塗装、ガラス工事

▶**リフォームする** ………………………… **150**
リフォーム・内装工事、防音・音響工事

▶**セキュリティーを万全に** ……………… **150**
警護・警備サービス

▶**家を建てる** ……………………………… **151**
建築事務所・設計事務所、建設・工務店、沈下修正、ショールーム

▶**家を探す・売る** ………………………… **152**
不動産

★本文中赤色になっているのは「葛西カタログ2022-23」協賛店です
★Ｆ はFAX番号、Ｔ&Ｆ は電話番号とFAX番号、ＨＰ はホームページのあるお店

住まい

ライフラインをしっかり
lifeline

水道衛生工事

㈲宇田川吉造設備
東葛西 9-5-28 ……………… **03-3689-5657**

加藤開発工業㈱
西葛西 7-22-7 ……………… **03-3688-5486**

㈲茂山工務店
西葛西 8-3-5 ………………… **03-3688-4156**

㈲仲摩工業所
西葛西 2-5-12 ……………… **03-3680-4785**

㈲堀田工業
東葛西 6-14-10-2F …………… **03-3675-1400**

水もれ修理

㈱クラシアン江戸川支社
西葛西 3-7-8-1F ……………… **0120-500-500**

電気工事

イーストエアコン
東葛西 5-20-9-1F …………… **03-6808-0866**

㈲葛西電気　中葛西 6-21-7 … **03-3689-3887**

興陽電設㈱
東葛西 6-48-12 ……………… **03-3687-1931**

㈱ナルシマ電気
中葛西 7-9-26 ……………… **03-3675-5151**

㈲ムサシデンキ
西葛西 7-21-9 ……………… **03-3688-5086**

森山電装㈱　東葛西 9-19-9 … **03-3687-5033**

㈲米倉電気
東葛西 1-45-10 ……………… **03-3680-1640**

冷暖房・空調工事

光進工業㈱ **HP**
東葛西 2-2-4-1F ……………… **03-3680-8459**

燃料・燃焼機器

イソベ石油㈱
南葛西 6-33-18 ……………… **03-3689-6427**

㈱サクマ（プロパンガス）
中葛西 3-33-14 ……………… **03-6808-5531**

サン・カドヤ
中葛西 8-1-27 ……………… **03-3680-7284**

家の中のものを買う
daily necessities

電化製品

でんきのイタガキ
西葛西 8-12-1 ……………… **03-3689-2389**

ケーズデンキ西葛西店 **HP**
西葛西 4-2-18 ……………… **03-5679-5181**

須永電気　西葛西 7-22-9 …… **03-3688-2597**

生活彩館かさい電器
中葛西 7-11-8 ……………… **03-3675-8768**

電化ショップなかがわ
西葛西 1-12-15 ……………… **03-3687-1818**

ノジマ　アリオ葛西 2F……… **03-5667-7301**

広瀬電機　中葛西 7-26-10 …… **03-3687-1728**

ヤマダ電機テックランド New 葛西店 **HP**
中葛西 4-8-1………………… **03-6808-3321**

カーテン

インテリア中島 **HP**
西葛西 5-11-4 ……………… **03-3689-7204**

インテリア

㈲創芸　東葛西 6-2-11-5F …… **03-3675-2301**

陶器

江戸川陶器製造㈱葛西市場店
　臨海町 3-4-1 ………………… **03-5658-7011**
器の店サンカクバシ Ⓗ
　中葛西 1-18-3 ………………… **03-3686-9489**

日用品・生活雑貨

Atelier Lune（ハンドメイド雑貨・ドライフラワー）Ⓗ
　中葛西 3-11-22-1F ………… **080-9403-0328**
illusie300　アリオ葛西 1F … **03-3804-2501**
スタジオ　アウローラ（ハンドメイド）Ⓗ
　東葛西 6-15-1-1F ……………… **03-6808-0081**
ハピンズ　アリオ葛西 2F …… **070-1556-6662**
HYGGE STORE BY NORDISK
　臨海町 6-3-4 Ff2F …………… **03-6661-4347**
フランフラン葛西店
　アリオ葛西 1F ………………… **03-5675-6811**
無印良品　アリオ葛西
　アリオ葛西 1F ………………… **03-5675-6815**
レイメイ（洗剤）
　中葛西 3-18-7-1F ……………… **03-6808-1246**
ロフト　アリオ葛西 1F ……… **03-5674-6210**

金物

㈱ナカモン　北葛西 1-2-25 … **03-3680-5585**

包丁

庖丁専門店　杉本刃物西葛西店
　西葛西 3-4-2 …………………… **03-3869-4687**

ホームセンター

ホームズ葛西店 Ⓗ
　東葛西 9-3-6 ………………… **03-5659-2191**

家を補修・キレイにする
repair

畳

㈱ナルシマ　東葛西 8-5-19 … **03-3680-4411**

表具・表装

町田光琳洞　東葛西 4-12-8 … **03-3675-0660**

壁紙・ふすま紙

金沢屋　江戸川店
　中葛西 8-6-2 ………………… **03-5676-2600**

建具

佐藤建具店
　北葛西 2-20-15 ……………… **03-3680-6515**

塗料

西野塗料店
　東葛西 5-47-17 ……………… **03-3680-6538**

塗装

㈲タップ　中葛西 1-35-19 … **03-5658-8157**
㈲中野塗装店
　西葛西 8-20-17 ……………… **03-3680-2858**

ガラス工事

登内硝子㈱
　東葛西 1-34-18 ……………… **03-3687-3836**
中里硝子工業㈱
　東葛西 6-37-7 ………………… **03-3689-3335**
ノースガラス㈱
　中葛西 3-2-5 ………………… **03-5675-1541**

リフォーム・内装工事

アールツーホーム葛西店 🅗🅟
中葛西 3-30-14-1F …………… **0120-416-022**

㈲伊藤創建社
東葛西 2-34-8 ………………… **03-3687-2511**

㈲今泉室内工事
西葛西 2-9-8 ………………… **03-3680-8423**

㈱インテックス 🅗🅟
西葛西 4-6-21 ………………… **0120-67-0070**

㈲インテリア・カケス
東葛西 5-56-3 ………………… **03-3680-8113**

㈱ウィズ 🅗🅟
中葛西 3-2-5 ………………… **03-5605-2521**

㈱エース・プランニング 🅗🅟
西葛西 8-18-16-1F …………… **0120-88-7283**

㈲大川 中葛西 5-17-11 …… **03-3687-1918**

㈱大塚建設
中葛西 7-18-1 ………………… **03-3675-5479**

㈱笹本工務店
中葛西 1-23-2 ………………… **03-3680-5206**

シーエス・ホーム 🅗🅟
中葛西 2-21-2 ………………… **03-3675-1329**

㈲新芽 🅗🅟
西葛西 4-2-47-6F …………… **03-3878-2292**

㈲鈴章インテリア 🅗🅟
中葛西 1-37-13 ……………… **0120-39-1406**

スターツホーム㈱ 🅗🅟
西葛西 6-21-7-5F …………… **03-3686-1014**

㈲スマイリーホーム
南葛西 2-22-8 ………………… **03-6659-8448**

㈱ゼネック 🅗🅟
東葛西 5-12-1 ………………… **03-3689-6976**

㈱太陽自動機 🅗🅟
東葛西 5-46-3 ………………… **03-5696-5511**
(P1 カラーページもご覧ください)

㈲タカ建設
中葛西 2-26-10 ……………… **03-3686-0364**

㈲藤田工務店
東葛西 2-15-19 ……………… **03-3675-2161**

㈲山秋 南葛西 1-4-19 ……… **03-3877-6418**

㈱ワールドスペース
東葛西 5-23-18 ……………… **03-3686-2811**

防音・音響工事

㈱浜田 東葛西 7-8-6 ………… **03-3680-7500**

ガーデニング

★園芸・造園は P171 へ

セキュリティーを万全に
security

警護・警備サービス

アイアイ総合警備保障㈱
西葛西 7-10-20 ……………… **03-6661-3282**

㈱光三警備保障
南葛西 2-1-19-4F …………… **03-5658-1133**

家を建てる
build a house

建築事務所・設計事務所

㈲伊能総合計画事務所
西葛西 5-5-15-4F ……………03-5605-6931

㈲エイムデザイン
北葛西 2-14-19…………………03-3680-7760

加藤建築設計事務所
西葛西 7-24-9 ………………03-3688-3862

㈱ケーアンドテー
東葛西 5-12-14…………………03-3804-0505

㈱関口雄三建築設計事務所
中葛西 6-7-12…………………03-3688-5941

建設・工務店

青葉興産㈱
西葛西 7-15-5-3F ……………03-3804-2955

㈱阿部工務店
中葛西 7-10-7 …………………03-3680-7757

宇田川建設㈱
東葛西 6-1-6 …………………03-3687-7724

㈱片田工務店
東葛西 5-1-6 …………………03-3688-3071

㈱国工務店 **HP**
北葛西 2-24-13 ………………03-3688-1876

㈲小島工務店
東葛西 6-34-12 ………………03-3689-2045

㈲酒井興業　東葛西 1-19-3 ‥03-3680-1926

㈱サンホープス **HP**
南葛西 7-1-7-1F ………………03-3675-7767

高中建設㈱　南葛西 4-19-7 ‥03-3878-9711

寺島組 **HP**　南葛西 4-12-8……03-3804-6780

富岡工務店㈱
西葛西 8-18-11 ………………03-3687-6561

㈲ハウステック
西葛西 3-10-35 ………………03-5676-0502

㈱ビーム
南葛西 4-21-21 ………………03-3675-0155

㈲ホーム西野工務店
東葛西 1-36-21 ………………03-3689-1054

㈱ホーワ
北葛西 2-14-27 ………………03-3675-5511

丸泰土木㈱
北葛西 3-5-17 …………………03-3689-4111

明城建設㈱
中葛西 7-30-10 ………………03-3680-9653

山庄建設㈱ **HP**
中葛西 4-14-5 …………………03-3675-4751

沈下修正

メインマーク㈱（傾き修正）**HP**
西葛西 5-2-3-7F ………………03-5878-9101

ショールーム

TOTO 江戸川ショールーム **HP**
北葛西 4-23-10 ……………0120-43-1010

LIXIL 葛西水まわりショールーム **HP**
中葛西 4-4-1 ………………0570-783-291

住まい

— find, buy a house

不動産

㈱アーバンホーム **HP**
　東葛西 6-15-18 ‥‥‥‥‥ **03-6410-6633**
㈱アスカ住宅　西葛西 5-2-9 ‥‥ **03-3689-0771**
㈱荒嘉 **HP**　東葛西 5-2-14 ‥‥‥ **03-3869-2103**
㈲飯田不動産
　東葛西 5-3-4-1F ‥‥‥‥‥ **03-3804-1850**
㈱宇田川企画
　西葛西 6-12-7-1F‥‥‥‥‥ **03-5658-1901**
㈱宇田川商事
　中葛西 3-37-1 ‥‥‥‥‥‥ **03-3680-2111**
㈱宇田川物産グループ
　東葛西 6-1-6 ‥‥‥‥‥‥ **03-3687-7734**
㈱内田物産
　東葛西 5-37-12 ‥‥‥‥‥ **03-3680-1717**
ウツイ商事㈱ **HP**
　中葛西 5-29-1-1F‥‥‥‥‥ **03-3687-5511**
ウツイハウジング㈲
　西葛西 3-4-21 ‥‥‥‥‥‥ **03-3687-0757**
㈲エイ・ケイ・ホーム
　中葛西 2-1-26 ‥‥‥‥‥‥ **03-3689-8161**
㈱エイブル西葛西店
　西葛西 6-10-12-3F ‥‥‥‥ **03-3804-3361**
㈱江戸一ハウス
　中葛西 3-29-10 ‥‥‥‥‥ **03-3686-8111**
㈱大杉ハウス
　東葛西 6-6-3-6F‥‥‥‥‥ **03-3686-8778**
OPEN HOUSE 西葛西営業センター **HP**
　西葛西 3-22-21 ‥‥‥‥‥ **0120-505-511**
㈲カイム住販　東葛西 6-5-5 ‥‥ **03-5674-1261**
葛西産業㈱
　西葛西 6-8-7-5F ‥‥‥‥‥ **03-3675-3601**
㈱キャピタル
　西葛西 3-15-15-5F ‥‥‥‥ **03-5878-3258**
共栄商事㈱
　西葛西 3-15-9-1F ‥‥‥‥ **03-3686-9031**
㈱京橋建設不動産 **HP**
　北葛西 2-11-32‥‥‥‥‥‥ **03-3687-7525**

㈲草屋　東葛西 6-1-18 ‥‥‥‥ **03-3675-0751**
ケーエスアーベスト㈱本社
　西葛西 3-16-18 ‥‥‥‥‥ **03-5674-4751**
㈱建陽　西葛西 8-8-2 ‥‥‥‥ **03-3688-8888**
㈱ゴールデンハウジング
　中葛西 3-1-13 ‥‥‥‥‥‥ **03-5605-5881**
㈲サダ企画
　中葛西 5-36-12 ‥‥‥‥‥ **03-5696-9891**
佐萬不動産㈱
　中葛西 5-32-13 ‥‥‥‥‥ **03-5658-1301**
㈱三和リアルエステート
　西葛西 5-1-5 ‥‥‥‥‥‥ **03-3689-0331**
㈱シティタウン
　東葛西 2-5-3 ‥‥‥‥‥‥ **03-3877-2051**
㈲シノカズ企画
　南葛西 4-10-21-1F ‥‥‥‥ **03-3680-8836**
㈱白子不動産
　本社　西葛西 6-16-7 ‥‥‥ **03-3675-2641**
　葛西営業所
　東葛西 6-4-3 ‥‥‥‥‥‥ **03-3687-4033**
㈱新店ホームズ **HP**
　中葛西 5-20-13‥‥‥‥‥‥ **03-3687-2449**
㈲新徳　東葛西 6-2-8 ‥‥‥‥ **03-3686-8601**
㈲水府不動産
　中葛西 5-35-8 ‥‥‥‥‥‥ **03-5696-8001**
スターツピタットハウス㈱ **HP**
　葛西店　東葛西 6-4-19 ‥‥‥ **03-3878-4141**
　西葛西店　西葛西 6-16-4 ‥ **03-3686-1015**
住友不動産販売㈱西葛西営業センター
　西葛西 3-16-12 ‥‥‥‥‥ **03-3680-1115**
㈱西協　東葛西 6-6-9 ‥‥‥‥ **03-3878-2222**
㈱相互住宅
　中葛西 2-26-12-1F ‥‥‥‥ **03-3675-1401**
創和不動産　西葛西 6-18-8 ‥ **03-3688-4441**
大京穴吹不動産西葛西店 **HP**
　西葛西 3-15-13-4F ‥‥‥‥ **03-6369-8757**
大成商事㈱　中葛西 7-27-7 ‥ **03-3688-7015**
㈲太政ハウジング
　東葛西 8-5-2 ‥‥‥‥‥‥ **03-3680-5151**
大成有楽不動産販売㈱西葛西センター
　西葛西 5-1-11-2F ‥‥‥‥ **03-3689-4311**
㈱ダイチ・コーポレーション
　東葛西 6-6-1-1F ‥‥‥‥‥ **03-5658-3434**
竹仲総業㈲　東葛西 5-14-14 ‥ **03-3675-0125**
竹乃湯不動産
　中葛西 5-42-6 ‥‥‥‥‥‥ **03-3687-8343**

㈲寺西商事　中葛西 5-35-4 ･･ **03-3688-0033**
㈱藤栄建設　西葛西 5-5-14 ･･ **03-5696-2266**
東急リバブル㈱西葛西センター　🅗
　西葛西 6-16-4-5F ･････････ **03-3675-9021**
㈲中新　東葛西 6-14-3 ････ **03-3686-8452**
日経アメニティー・ジャパン㈱　🅗
　西葛西 6-27-6-4F ･･････････ **03-3878-8612**
野村の仲介 PLUS 西葛西センター　🅗
　西葛西 3-15-13-5F ･････････ **03-5675-6101**
ハウスドゥ!葛西駅前店　ヒコタ不動産㈱ 🅗
　東葛西 5-13-13-1F ･･････ **03-5667-2800**
㈱ハウス・ナビ 🅗
　葛西駅前店
　　葛西メトロセンター内 ･･･････ **03-3878-2224**
　西葛西店
　　西葛西 6-22-2-1F ･････････ **03-3686-0123**
はじめ不動産
　中葛西 3-29-4-2F ･････････ **03-5667-5253**
東日本住宅㈱西葛西営業所
　西葛西 6-8-10 ･･････････ **03-3878-4111**
㈱藤友不動産販売
　中葛西 4-20-13 ･････････ **03-5696-3241**
㈱不動産リサーチセンター
　東葛西 6-6-9-1F ･････････ **03-3686-9131**
プランニングアート㈱ 🅗
　中葛西 5-33-11 ･･････････ **03-3675-9811**
　　　　　(P6 カラー・路線図下もご覧ください)
ベストプレイス葛西ショールーム
　中葛西 5-33-4-1F ･･･････ **0120-39-3063**
㈲ベル・アシスト
　西葛西 5-3-6 ･･･････････ **03-6277-3650**

㈲豊国不動産
　中葛西 1-37-13 ･･････････ **03-3675-8888**
本澤商事　北葛西 2-29-7 ･･･ **03-3680-5181**
㈱マルカ　中葛西 3-33-11-7F･･･ **03-3687-3380**
㈱丸善コーポレーション
　東葛西 5-1-3 ･･･････････ **03-3686-0621**
丸彦㈱　東葛西 5-14-8 ･･･････ **03-3680-9549**
三井のリハウス西葛西センター 🅗
　西葛西 6-8-10-5F ･･････････ **03-3804-1131**
㈱ミニミニ城東西葛西店 🅗
　西葛西 6-8-11-2F ･･･････ **03-3686-3200**
㈱森商事　東葛西 6-4-10 ･･･ **03-3686-0686**
㈱森田商事 🅗
　東葛西 5-1-1-1F ･･･････ **03-3687-4131**
㈲八千代不動産
　中葛西 6-9-11 ･･･････････ **03-3675-1773**
㈲山形屋住宅
　東葛西 5-11-10-1F ･･････ **03-3686-6998**
山秀商事㈱ 🅗
　西葛西 6-13-7 ･･･････････ **03-5696-3111**
㈱ユニプランシステム 🅗
　西葛西 5-5-18 ･･････････ **03-3804-0055**
㈲吉野製粉　東葛西 2-31-9 ･･ **03-3680-2053**
LIXIL 不動産ショップ昭産建設㈱ 🅗
　中葛西 5-34-7-1F ･･･････ **03-3680-6800**
㈲ワイ・エス住宅　西葛西 6-10-14-1F
　･････････ Ⓕ 03-5658-8852･･･**03-5679-6881**
㈱ワコーリビング
　南葛西 3-24-23 ･･･････ **03-5605-4105**
㈱渡辺ハウジング 🅗
　中葛西 3-35-8 ･･････････ **03-3688-5445**

住まい

スポット　　　区民にとって鶴岡市は第二のふるさと
2021. 5.31　**山形県鶴岡市と友好都市盟約 40 周年**

　太平洋戦争中に江戸川区の児童らが山形県鶴岡市に学童疎開したことをきっかけに、両自治体で友好都市盟約が結ばれてから 40 周年。これを記念した式典がオンラインで開催された。

　当日、区役所本庁舎では鶴岡市役所とオンラインで繋ぎ、江戸川区からは斉藤猛区長・福本区議会議長・堀江区議会副議長らが、鶴岡市からは皆川治市長・本間市議会議長・佐藤博幸市議会副議長らが出席した。

　鶴岡市の皆川市長と斉藤区長のあいさつの後、記念品を交換。日本遺産にも認定された「サムライゆかりのシルク」で有名な鶴岡市からはシルクのタペストリーを、江戸川区からは区内在住の創作人形作家、新倉綾子さんによる木目込み人形が贈られた。その後アトラクションとして、区内の合唱団と交流のある鶴岡江戸川交流合唱団による合唱や 40 年の友好の歩みが映像で披露されるなど、和やかな雰囲気で式典が終了した。

✚ 元気なときこそ　がん検診
江戸川区のがん検診

区のがん検診は通年で実施。対象者は年1回（胃がんの内視鏡、子宮頸がん、乳がんのマンモグラフィ、口腔がんは2年に1回）、無料で受けられる。がんは早期発見が肝心。定期的に受診しよう。

胃がん検診

対象・内容：**30～49歳 胃部X線（バリウム）検査**
50歳以上 胃部X線（バリウム）
または内視鏡検査
※内視鏡検査は前年度同検査未受診者のみ

受診方法：電話またはインターネットで予約を
※内視鏡検査は電話予約のみ

電話予約：☎03-5676-8818
月～土 8:45～17:00（祝休日除く）

Web予約：https://www.kenshin-edogawa-web.jp

会　　場：医療検査センター（タワーホール船堀6階）

持ち物：予約時に確認を

肺がん検診

対　　象：**40歳以上**
受診方法：予約不要。直接会場で受診
受付時間：月～土（祝休日除く）
9:00～15:00
会　　場：医療検査センター（タワーホール船堀6階）
持ち物：保険証など本人確認できる書類
内　　容：胸部X線検査・喀痰細胞診

子宮頸がん検診

対　　象：**20歳以上の女性**（前年度未受診者）
受診方法：受診会場に直接申し込み
会　　場：区内指定医療機関
持ち物：保険証など本人確認できる書類
内　　容：視診・内診・細胞診

口腔がん検診

対　　象：**40歳以上**（前年度未受診者）
受診方法：受診会場に直接申し込み
※申し込みには受診券が必要。問い合わせ先へ連絡
会　　場：区内指定歯科医療機関
持ち物：保険証・受診券
内　　容：視触診
（細胞診は医師の判断により実施）

前立腺がん検診

対　　象：**年度末年齢で60・65・70歳の男性**
受診方法：予約不要。直接会場で受診
受付時間：月～土（祝休日除く）
9:00～15:00
会　　場：医療検査センター（タワーホール船堀6階）
※区内指定医療機関でも受診可
（受付時間等は医療機関に確認を）
持ち物：保険証など本人確認できる書類
内　　容：血液検査

大腸がん検診

対　　象：**40歳以上**
受診方法：検査容器を配布場所より受け取り、採便後提出する
容器配布・提出場所
：医療検査センター（タワーホール船堀6階）、各健康サポートセンター、区内指定医療機関
内　　容：検便による便潜血反応検査（2日法）

乳がん検診

対　　象：**30歳以上の女性**
内　　容：**30～39歳 超音波検査**
40～64歳 超音波またはマンモグラフィ検査
65歳以上 マンモグラフィ検査
※マンモグラフィは前年度同検査未受診者のみ

受診方法：電話またはインターネットで予約を
電話予約：☎03-5676-8818
月～土 8:45～17:00（祝休日除く）
Web予約：https://www.kenshin-edogawa-web.jp
会　　場：医療検査センター（タワーホール船堀6階）
※マンモグラフィ検査のみ東京臨海病院、江戸川病院でも受診可
持ち物：保険証など本人確認できる書類

問い合わせ
健康推進課健診係 ☎03-5662-0623

※タワーホール船堀の休館時は医療検査センターも休診
※実施期間・会場は変更になる場合があります

▶ **新聞をとる** ………… **156**
新聞専売所・取扱店

▶ **合鍵をつくる** ……… **156**
鍵・合鍵

▶ **金融機関へ行く** …… **156**
銀行、信用金庫、農業協同組合

▶ **ショッピングする** …… **157**
ショッピングセンター・商店会、
市場、スーパーマーケット、コン
ビニエンスストア、100円ショップ

▶ **リサイクルする** …… **160**
リサイクルショップ、ファッション
リサイクル、貴金属などの買取、
質店

▶ **レンタルする** ……… **160**
そうじ用具のレンタル、トランク
ルーム

▶ **プロに代行してもらう** ‥ **161**
ふとん乾燥、清掃・ハウスクリー
ニング、ビル総合管理、イベント、
人材派遣・人材サービス、運送・
引っ越し、バイク便

▶ **専門家に相談する** … **162**
税理士、法律事務所、司法書士、
公認会計士、行政書士、社会保
険労務士、マンション管理士、就
労支援、求人情報、パソコン修理・
サービス

▶ **クリーニング** ……… **165**
クリーニング、コインランドリー

▶ **リラックスする** …… **165**
銭湯

▶ **教会・寺社** ………… **166**
教会

▶ **葬祭** ………………… **166**
葬祭業、仏壇・神仏具、石材、
霊園・納骨堂

▶ **メッセージする** …… **167**
携帯電話、印章、印刷、出版社、
自費出版・HP制作

▶ **タウンメディア** …… **167**
新聞社、CATV、FM放送局

★本文中赤色になっているのは「葛西カタログ2022-23」協賛店です
★Ｆ はFAX番号、Ｔ＆Ｆ は電話番号とFAX番号、ＨＰ はホームページのあるお店
ネット はネットスーパーあり　P157・158
宅配 は宅配をしてくれるスーパーマーケット　P157・158
　　　※宅配エリア・料金等、詳細を確認のうえ、注文を
集配 は集配をしてくれるクリーニング店　P165
　　　※集配エリア・料金等、詳細を確認のうえ、依頼を

新聞をとる
newspaper

新聞専売所・取扱店

〈朝日新聞〉
ASA 葛西（東京新聞・日本経済新聞取扱店）
南葛西 2-12-6
………… Ⓕ 03-3680-5155…**0120-748-552**
ASA 北葛西（日本経済新聞取扱店）
北葛西 4-19-14
………… Ⓕ 03-3878-1798…**03-3688-9853**
ASA 西葛西（日本経済新聞取扱店）
西葛西 6-29-21
………… Ⓕ 03-3804-3334…**0120-748-552**
〈毎日新聞〉
葛西販売所 清新町 2-9-14
………… Ⓕ 03-3675-2262…**03-3675-2237**
〈毎日新聞・東京新聞〉
清新町・西葛西販売所 清新町 2-9-14
………… Ⓕ 03-3675-2262…**03-3675-2237**
〈読売新聞〉
読売センター葛西・船堀 北葛西 3-1-18
………… Ⓕ 03-3680-6377…**03-3680-6011**
南葛西サービスセンター 南葛西 6-15-15
………… Ⓕ 03-5696-3851…**03-3675-1735**

合鍵をつくる
key

鍵・合鍵

e-工房　東葛西 9-3-6-1F………**03-3877-0918**
カギの救急車江戸川店 ⒽⓅ　中葛西 8-21-14
………… Ⓕ 03-5679-9949…**0120-09-9948**
葛西キーショップ
中葛西 3-30-13 ……　Ⓣ&Ⓕ**03-3878-6947**
キーショップ　プロス
西葛西 3-10-15 ………………**03-3687-5519**

金融機関へ行く
bank

銀行

きらぼし銀行葛西支店
中葛西 3-37-16-3F …………**03-3675-3211**
群馬銀行葛西支店
西葛西 5-2-3-4F …………**03-3686-3033**
千葉銀行葛西支店
中葛西 5-34-13 …………**03-5675-4021**
東和銀行葛西支店
東葛西 2-25-16 …………**03-3680-3311**
みずほ銀行西葛西支店
西葛西 5-6-2…………**03-5696-6001**
三井住友銀行
葛西支店　中葛西 5-34-8 …**03-3675-5311**
西葛西支店　西葛西 6-13-7 **03-3675-1611**
三菱 UFJ 銀行
葛西支店　中葛西 5-42-8 …**03-3686-3211**
西葛西支店
西葛西 6-15-1 …………**03-3680-2101**
ゆうちょ銀行葛西店
中葛西 1-3-1 …………**03-3675-1015**
りそな銀行西葛西支店
西葛西 5-5-1…………**03-3686-7511**

信用金庫

朝日信用金庫
　葛西支店　西葛西 4-1-10 ···**03-3680-1551**
　なぎさ支店
　南葛西 6-20-4 ·····················**03-5674-7011**
　東葛西支店
　東葛西 6-31-7 ·····················**03-5696-5811**
東栄信用金庫葛西支店
　東葛西 5-45-3 ·····················**03-3680-3521**
東京東信用金庫
　葛西駅前支店
　中葛西 5-20-16 ···············**03-3689-3531**
　葛西駅前支店　中葛西出張所
　中葛西 8-5-2 ·······················**03-3877-3751**
　ハロープラザ西葛西（相談専門・ATM）
　西葛西 3-22-16 ···············**03-3689-2541**
東京ベイ信用金庫西葛西支店
　西葛西 6-10-11 ··················**03-3675-2211**

農業協同組合

東京スマイル農業協同組合新葛西支店 ⓗⓟ
　北葛西 4-25-24 ··················**03-3804-7071**

ショッピングする
shopping

ショッピングセンター・商店会

アリオ葛西 ⓗⓟ
　東葛西 9-3-3 ·····················**03-5658-4111**
小島町二丁目団地ショッピングセンター ⓗⓟ
　西葛西 5-8-5-1F ···············**03-3687-0221**
パトリア葛西店
　清新町 1-3-6 ·····················**03-3878-1227**
江戸川区南葛西商店会
　南葛西 5-8-12 ···················**03-3688-1605**

市場

東京都中央卸売市場葛西市場
　臨海町 3-4-1 ·····················**03-3878-2000**
東京フラワーポート㈱
　臨海町 3-4-1 ·····················**03-5674-7100**

スーパーマーケット

アコレ西葛西店
　西葛西 6-17-1 ···················**03-3804-2511**
イオンリテール㈱イオン葛西店 ネット 宅配
　西葛西 3-9-19 ···················**03-3675-5111**
イトーヨーカドー葛西店 ネット 宅配
　東葛西 9-3-3 ·····················**03-5675-1011**
オーケー葛西店
　東葛西 9-3-6 ·····················**03-5679-9766**
カワシマヤ環七葛西店
　南葛西 4-6-7 ·····················**03-3878-2424**
コープみらい　なぎさ店
　南葛西 7-1 ·························**03-3675-6461**
西友南葛西店 ネット
　南葛西 5-6-2 ·····················**03-5676-1851**
〈次ページへつづく〉

ネット マークはネットスーパーあり
宅配 マークは、宅配サービスあり
宅配エリア・料金等詳細を確認のうえ、注文を

くらし

スーパーマーケット〈前頁から〉

㈱東武ストア南葛西店 宅配
南葛西 2-3-9 ·················· **03-5676-2155**
Olympic
葛西店　東葛西 5-14-6 ····· **03-3877-3561**
西葛西店
西葛西 3-22-25 ············· **03-5658-4147**
南葛西店　南葛西 5-7-6 ······ **03-3878-6177**
ベルク江戸川臨海店 HP 宅配
臨海町 2-3-3 ················· **03-5659-2600**
新鮮市場マルエイ西葛西店
西葛西 4-2-28 サニーモール 1F ··· **03-5658-8500**
マルエツ
葛西店　東葛西 5-2-2 ········ **03-3688-6077**
葛西クリーンタウン店 ネット 宅配
清新町 1-3-6 ················· **03-3878-1211**
ワイズマート
葛西店　中葛西 5-19-19 ····· **03-3688-8181**
中葛西店　中葛西 4-3-3 ····· **03-5676-1031**
西葛西店　西葛西 3-16-15··· **03-3686-0111**

コンビニエンスストア

セブンイレブン
江戸川葛西駅西店
中葛西 3-15-16 ················ **03-5676-0877**
江戸川葛西駅南店
中葛西 5-19-21 ················ **03-3804-2070**
葛西駅前店　東葛西 6-2-1 ··· **03-3878-0271**
葛西三角通り店
中葛西 1-49-16 ················ **03-3869-0709**
北葛西 1 丁目店
北葛西 1-25-13 ················ **03-3686-5722**
江戸川北葛西 2 丁目店
北葛西 2-22-15 ················ **03-3878-0801**
江戸川北葛西 5 丁目店
北葛西 5-15-18 ················ **03-5676-0178**
江戸川中葛西 1 丁目店
中葛西 1-12-16 ················ **03-3869-5988**
江戸川中葛西 3 丁目店
中葛西 3-29-3 ················ **03-3877-7881**
江戸川中葛西 3 丁目西店
中葛西 3-32-20 ················ **03-3877-7611**

中葛西 5 丁目店
中葛西 5-8-15 ················ **03-3688-1711**
江戸川中葛西 8 丁目店
中葛西 8-3-1 ················· **03-3804-8979**
西葛西 3 丁目店
西葛西 3-15-7 ················ **03-5605-9511**
江戸川西葛西 4 丁目店
西葛西 4-2-14 ················· **03-3804-1450**
江戸川西葛西 6 丁目店
西葛西 6-13-1 ················ **03-3686-6017**
西葛西 7 丁目店
西葛西 7-15-15 ··············· **03-3804-5058**
江戸川東葛西十丁川店
東葛西 5-9-19 ················ **03-3804-5710**
江戸川東葛西 1 丁目店
東葛西 1-2-4 ················· **03-3688-6002**
江戸川東葛西 2 丁目店
東葛西 2-14-14 ··············· **03-3877-7115**
江戸川東葛西 4 丁目店
東葛西 4-36-10 ··············· **03-3877-7101**
江戸川東葛西 5 丁目店
東葛西 5-45-6 ················ **03-5676-4816**
東葛西 6 丁目店
東葛西 6-23-1 ················ **03-3878-0095**
江戸川東葛西 7 丁目店
東葛西 7-16-13 ··············· **03-5605-3600**
南葛西 1 丁目店
南葛西 1-13-9 ················ **03-5605-7711**
江戸川南葛西 2 丁目店
南葛西 2-25-12 ··············· **03-5696-6474**
南葛西 4 丁目店
南葛西 4-11 ·················· **03-3689-9100**
江戸川南葛西 6 丁目店
南葛西 6-20-6 ················ **03-3804-1533**
江戸川臨海町 2 丁目店
臨海町 2-2-7 ················· **03-5676-1470**
デイリーヤマザキ
江戸川南葛西 6 丁目店
南葛西 6-2-1 ················· **03-3686-4658**
ファミリーマート
葛西駅北店
中葛西 3-36-9 ················ **03-5679-2488**
葛西ターミナル前店
臨海町 5-2-2 ················· **03-5667-2077**
葛西臨海公園駅前店
臨海町 6-3-4 Ff ··············· **03-5659-2040**

サクマ葛西駅店
葛西メトロ …………………… 03-3878-3902
サクマ西葛西店
西葛西 6-23-12 ……………… 03-3877-2661
サクマ西葛西駅店
西葛西 6-14 …………………… 03-3686-3902
中葛西清砂大橋通り店
中葛西 6-3-13 ………………… 03-5659-0228
中葛西 6 丁目店
中葛西 6-1-10 ………………… 03-5679-5843
中葛西 8 丁目店
中葛西 8-13-17 ……………… 03-5679-5301
西葛西駅前店
西葛西 6-15-12 ……………… 03-3675-3116
西葛西小学校前店
西葛西 3-6-11 ………………… 03-5679-0802
西葛西メトロ店
西葛西 6-7-1 ………………… 03-5679-2141
東葛西 3 丁目店
東葛西 3-11-12 ……………… 03-5679-4080
東葛西 7 丁目店
東葛西 7-9-10 ………………… 03-5674-0861
南葛西なぎさ店
南葛西 6-15-20 ……………… 03-5667-6342

ミニストップ
葛西店　東葛西 6-14-3 …… 03-5605-8213
中葛西 7 丁目店
中葛西 7-3-8 ………………… 03-3804-1537

ローソン
江戸川球場前店
西葛西 7-3-5 ………………… 03-3869-8131
葛西環七通り店
東葛西 7-2-5 ………………… 03-5659-6201
葛西さくら公園店
東葛西 4-12-19 ……………… 03-5605-9048
葛西ターミナル店
臨海町 4-2-1 ………………… 03-5674-5636
中葛西店　中葛西 6-21-10… 03-3687-2156
中葛西 1 丁目店
中葛西 1-1-7 ………………… 03-6680-9597
中葛西 3 丁目店
中葛西 3-4-16 ………………… 03-5696-0040
西葛西店　西葛西 3-3-3 …… 03-3877-2500
西葛西駅北口店
西葛西 5-1-5 ………………… 03-5659-6120

西葛西駅南口店
西葛西 6-8-11 ………………… 03-3877-0705
西葛西 2 丁目店
西葛西 2-21-8 ………………… 03-5659-2163
西葛西 3 丁目店
西葛西 3-13-12 ……………… 03-3877-9694
西葛西 5 丁目店
西葛西 5-7-9………………… 03-3675-6942
東葛西 9 丁目店
東葛西 9-6-8 ………………… 03-3675-4736
ローソンストア 100
葛西中央通店
西葛西 7-29-14-1F…………… 03-5674-7199
北葛西 2 丁目店
北葛西 2-11-18………………… 03-3680-3015
中葛西店　中葛西 2-2-3 …… 03-5667-0701
東葛西 6 丁目店
東葛西 6-1-5………………… 03-5659-1399
ローソンメトロス
葛西　中葛西 5-43-11 ……… 03-5246-8123
西葛西　西葛西 6-14-1 …… 03-5246-8123
㈲六軒町酒店
北葛西 1-3-11 ………………… 03-3689-0826

100 円ショップ

キャンドゥ
アリオ葛西店
アリオ葛西 2F ………………… 03-3877-6961
南葛西店　南葛西 2-3-9 東武ストア南葛西店
…………………………………… 03-3804-8251
メトロセンター 1 番街店
西葛西 6-14-2 西葛西メトロ … 03-3688-4104
メトロセンター 3 番街店
西葛西 6-7-2 西葛西メトロ　… 03-3869-5391
ダイソーサニーモール西葛西店
西葛西 4-2-28 サニーモール 3F
…………………………………… 03-5659-2477

meets.　西葛西店
マルエツ葛西クリーンタウン店 2F
…………………………………… 03-5667-3163

くらし

リサイクルする
recycle

リサイクルショップ

Goody 葛西店
中葛西 3-15-13 ……………… **03-5605-4608**

ジョリーブ 6 丁目店
西葛西 6-23-2 ……………… **03-3687-1870**

総合リサイクルショップ創庫生活館江戸川 1 号店 ⒣⒫
西葛西 6-29-18 ……………… **0120-463211**

ドラドラハンサム（家電家具・おかたづけ）
西葛西 5-8-4-1F 小島町 2 丁目団地内
……………………………… **03-3675-4147**

中古家電の専門店　ハッピー西葛西店 ⒣⒫
西葛西 7-5-3 ……………… **03-3688-1230**

ファッションリサイクル

ファッションリサイクルヴァンベール西葛西店 ⒣⒫
西葛西 6-15-10-1F ………… **03-3675-3519**

トレジャーファクトリースタイル葛西店 ⒣⒫
東葛西 5-1-5-1F・2F ………… **03-6895-0022**

貴金属などの買取

買取専門店　ありがたや葛西店 ⒣⒫
中葛西 3-19-9 ……………… **0800-800-1665**

> **ブランド・時計・金　高く買います！**
> 金・銀・ダイヤ・プラチナ・宝飾品・切手・時計・ブランド etc.
> 最新価格は 葛西　ありがたや　[検索]

おたからや西葛西店
西葛西 6-16-7-8F ………… **0800-800-3351**

買取専門店大吉葛西店 ⒣⒫
中葛西 3-35-5-1F ………… **03-5679-5226**

キングラム西葛西店 ⒣⒫
西葛西 5-3-6-1F ………… **0120-546-594**

大黒屋西葛西南口店 ⒣⒫
西葛西 6-10-14-1F ………… **03-5679-6880**

チケットフィガロ西葛西 ⒣⒫
西葛西 5-7-9 ……………… **03-6808-3884**

プライスバスターズ西葛西店 ⒣⒫
西葛西 4-2-28 サニーモール西葛西 3F
……………………………… **03-3680-6503**

リサイクルキングアリオ葛西店 ⒣⒫
アリオ葛西 2F ……………… **03-6661-4995**

質店

㈲質葛西　東葛西 5-8-20 …… **03-3686-7878**

たかみ質店 ⒣⒫
西葛西 6-8-2 ……………… **03-5667-4300**

ツユキ　西葛西 5-8-18 ……… **03-3877-5387**

レンタルする
rental service

そうじ用具のレンタル

㈱ダスキン葛西支店
中葛西 1-14-4 ……………… **03-5658-4100**

ダスキン千代田
北葛西 2-5-7 ……………… **03-3689-6916**

トランクルーム

タウンボックス（田中興運㈱） ⒣⒫
南葛西 1-15-8 ……………… **0120-194126**

トミー BOX（㈱トミザワ） ⒣⒫
東葛西 6-47-16 ……………… **0120-868585**

三井物産グローバルロジスティクス
臨海町 3-5-1 ……………… **03-5605-8287**

CD レンタル、貸スタジオは P170 へ
レンタカーは P176 へ

プロに代行してもらう
professional agency

ふとん乾燥

清水商会（出張専門）
東葛西 1-5-1-2F ……………… **03-3878-5899**

清掃・ハウスクリーニング

㈱クリーンフィールド **HP**
東葛西 2-21-10-1F ………… **03-5696-5873**

㈱サン・アルバ
南葛西 7-1-7 ………………… **03-3877-6070**

㈱ゼネック **HP**
東葛西 5-12-1 ………………… **03-3689-6976**

DC㈱
西葛西 6-10-12-7F …………… **03-3877-5108**

ビル総合管理

㈱興和ビルメンテ **HP**
西葛西 6-9-12-3F ………… **03-3688-8292**

㈱サンエックス
中葛西 3-30-15-1F ………… **03-5605-2230**

イベント

㈲サポートプランニング
東葛西 5-1-15-6F ………… **03-5659-6268**

SHIMMER ㈱ダイブ・ワン
（オリジナルTシャツ作成）
中葛西 7-18-6 ……………… **03-3688-6060**

人材派遣・人材サービス

㈱ジャパン・メディカル・ブランチ **HP**
西葛西 6-17-5 ……………… **0120-08-5801**

㈲スリーエスマネキン紹介所
西葛西 5-1-5-2F …………… **03-3878-2931**

運送・引っ越し

イヌイの引越葛西営業所 **HP**
臨海町 3-5-1 ……………… **0120-51-1254**

王子運送㈱葛西支店　臨海町 4-3-1
……………… F 03-3878-3809… **03-3878-3801**

岡山県貨物運送㈱オカケン引越センター
臨海町 4-3-1
……………… F 03-3878-3225… **0120-616660**

㈱キタザワ引越センター
北葛西 2-5-28 ……………… **0120-674466**

近物レックス㈱東京支店　臨海町 4-3-1-4
……………… F 03-3878-3300… **03-3878-3301**

セイノースーパーエクスプレス㈱東京湾岸引越センター
臨海町 4-3-1-11
……………… F 03-3680-8132… **03-3680-8171**

トールエクスプレスジャパン㈱
臨海町 4-3-1-7 ……………… **03-3878-3341**

トナミ運輸㈱葛西支店 **HP**　臨海町 4-3-1
……………… F 03-3877-1073… **03-3687-6501**

㈱トミザワ **HP**　東葛西 6-47-16
……………… F 03-3680-5645… **0120-224119**

土曜引越センター **HP**
南葛西 1-15-8 ……………… **0120-193688**

㈱トラストライン　西葛西 7-18-2
……………… F 03-3688-4478… **03-3687-3761**

㈱辨天おがわ運輸東京主管支店　南葛西 3-3-1
……………… F 03-3687-3523… **03-3687-3504**

丸栄運送㈲
中葛西 1-23-8 ……………… **03-3680-8521**

バイク便

バイク便スピーディー **HP**
南葛西 7-2-2 ……………… **03-3877-0052**

くらし

専門家に相談する
consult an expert

税理士

浅野実税理士事務所
中葛西 3-20-21 …………… **03-3686-3950**

㈱MACOS・芦川会計事務所
西葛西 3-15-9-3F ………… **03-5658-0400**

伊藤裕基税理士事務所
東葛西 4-32-1-2F ………… **03-5674-8125**

伊禮会計事務所 中葛西 4-8-6 **03-3878-6991**

北田幹雄税理士事務所
北葛西 5-5-13 …………… **03-3688-0625**

税理士法人木下会計事務所
東葛西 6-6-12-2F ………… **03-3687-1014**

税理士法人 古田土会計 Ⓗ
西葛西 5-4-6-3F ………… **03-3675-4932**

ごんだ税理士事務所 Ⓗ
中葛西 5-42-3-3F ………… **03-6663-9300**

篠原弘会計事務所
東葛西 1-5-1-7F ………… **03-3687-3362**

高瀬税理士事務所
中葛西 3-27-8-2F ………… **03-3877-1385**

税理士法人田口パートナーズ会計
中葛西 3-37-3-3F ………… **03-3869-0807**

田中会計事務所
西葛西 6-15-20-6F ……… **03-3877-8073**

徳田税理士事務所
中葛西 3-16-6 …………… **03-3687-5315**

税理士法人 Dream24 Ⓗ
西葛西 5-6-2-7F ………… **0120-316-245**
…………………………… **03-5675-0831**

西村税理士事務所
中葛西 3-23-12-1F ……… **03-3877-4737**

萩原事務所 東葛西 4-4-1-9F **03-3675-2893**

税理士浜田光一事務所
中葛西 5-20-2 …………… **03-3689-8393**

〈P164 へつづく〉

「知る・理解する」契機となるように　**2021. 9/25 〜 11/20 まで**

SDGs 推進月間「SDGs Month in EDOGAWA」

2021 年 5 月に、国から「SDGs 未来都市」に選定されるなど、国連が定めた持続可能な開発目標「SDGs」を推進している江戸川区。区が取り組む1390全ての事業を、SDGsの 17 のゴールと関連付けて体系化、4 月には区のビジョン作成に向けた方針決定などを担う全庁横断型の会議体「江戸川区 SDGs 推進本部」を設置。また、区民や事業者に向けた情報発信などの拠点として「江戸川区 SDGs 推進センター」を開設した。

SDGs の達成に向けて、区では①知る②理解する③考える④行動する⑤継続する⑥習慣にする、の6つのステップを考案。2021年度は最初のステップとして「知る・理解する」ことを目標とした。

今回の「SDGs Month in EDOGAWA」では、区施設や駅周辺などのシティドレッシングや、17 のゴールに関連するイベントなど約 40の事業を集中的に展開し、SDGs を身近なも

のとして捉えられるような機会を創出した。

主な実施内容は、「タワーホール船堀」展望台と都立葛西臨海公園内の「ダイヤと花の大観覧車」を SDGs17 色にライトアップ、区内専門学校の学生がデザインしたラッピングバスの運行、展示「SDGs ってなんだろう？〜世界を変えるための 17 の目標〜」など。東京ガールズコレクションとの連携イベント・TGC 完全プロデュース「SDGs FES in EDOGAWA supported by TGC」では延べ 14万人がオンラインで視聴した。

▲「SDGs って何」

くらし

税理士〈P162 から〉

町田和久税理士事務所
西葛西 5-11-15-2F ·············· **03-5674-7568**
横山税理士事務所
東葛西 6-1-13-4F ·············· **03-5679-3650**
ローレル税理士法人
西葛西 6-17-5-4F ·············· **03-3675-3123**
東京税理士会江戸川南支部
中葛西 7-4-9 ·············· **03-5605-9160**

法律事務所

上野いたる法律事務所 🆗
中葛西 3-33-11-2F ·············· **03-6808-5541**
葛西臨海ドリーム法律事務所 🆗
西葛西 6-13-14-3F ·············· **03-6808-4161**

司法書士

稲山司法書士事務所
中葛西 5-20-11 ·············· **03-3688-0558**
リーガスタイル司法書士事務所 🆗
中葛西 3-37-3-9F ·············· **03-5676-5617**

公認会計士

棚橋会計事務所
西葛西 7-24-3 ·············· **03-3675-4113**

行政書士

アイアイ法務事務所
西葛西 7-10-20 ·············· **03-6661-3282**
ハピネス行政書士事務所
西葛西 6-13-12-5F ·············· **03-3686-2366**

社会保険労務士

小林労務管理事務所
中葛西 3-11-2 ·············· **03-3688-1181**
レイバーセクション 🆗
中葛西 3-37-3-4F ·············· **03-3869-8459**

マンション管理士

三木勝利マンション管理士事務所
中葛西 4-7-1-11F ·············· **03-3680-3900**

就労支援

就労移行支援事業所リボン葛西駅前校
中葛西 3-33-14-3F ·············· **03-5659-0988**
ハローワークは P65 へ

求人情報

㈱ワークイースト
西葛西 6-16-7-7F ·············· **03-3877-6171**
Q タイミング
市川市相之川 3-2-13 ·············· **047-396-2211**

パソコン修理・サービス

㈱パソコンライフ 🆗
西葛西 3-15-8-4F ·············· **0120-805-319**
·············· **03-5658-8034**

クリーニング

cleaning

クリーニング

フレッシュクリーニングあらいぐま
　中葛西 7-11-8 ·················· **03-3686-9422**

クリーニングショップ友愛堂 集配
　中葛西 8-21-9 ·················· **03-3680-0073**

クリーニングステージ 21 西葛西店
　西葛西 3-22-6 小島町 2 丁目団地内
　·· **03-5674-0313**

クリーニング中田 集配
　西葛西 3-5-14 ················· **03-3689-3377**

クリーニングポッシュ葛西店
　北葛西 4-1-3 ·················· **03-5658-1215**

㈱東京ベイクリーニング
　東葛西 6-9-10 ················ **03-3877-5603**

㈱白光舎 HP
　葛西営業所
　中葛西 3-29-17 ··············· **03-5878-0626**
　南葛西営業所
　南葛西 2-3-9 東武ストア南葛西店内
　·· **03-6661-4820**

早徳　西葛西 6-24-10 ····· **03-3689-2854**

ドライクリーニング　ヒコタ
　東葛西 7-20-30 ··············· **03-3689-0604**

ファッションクリーニングアベ
　西葛西 5-6-15 ················ **03-3687-2958**

プリーズクリーニング
　宇喜田店　北葛西 2-22-18··· **03-3675-9600**
　環七葛西店
　中葛西 8-21-18 ··············· **03-3878-7222**
　中葛西店
　中葛西 4-8-15-1F ············ **03-3804-9393**
　西葛西 3 丁目店
　西葛西 3-10-15-1F ··········· **03-5676-2121**

集配 **マークは、集配サービスあり**
集配エリア・料金等詳細を確認のうえ、依頼を

西葛西 6 丁目店
　西葛西 6-3-7-1F ············· **03-3675-6000**
西葛西イースト店
　西葛西 6-23-19-1F ··········· **03-6808-5300**
東葛西店
　東葛西 7-9-10-1F ············· **03-6808-1919**
南葛西店
　南葛西 6-15-1-1A ············· **03-3878-7373**

ホームドライ葛西駅前店
　東葛西 5-1-14 ················ **03-6663-8678**

ポニークリーニング
　清新町 1-3-6 パトリア 1F ····· **03-5696-4943**

ママショップ加納 HP 集配
　葛西店　中葛西 5-12-12 ····· **03-5674-7233**
　新葛西駅前店
　中葛西 3-35-1 ················ **03-5605-2455**
　なぎさ店
　南葛西 4-23-14-1F············ **03-3877-2155**
　西葛西店　西葛西 6-22-3 ··· **03-5676-3092**
　東葛西店　東葛西 6-15-19··· **03-5667-5450**

ヤマダクリーニング HP 集配
　中葛西 1-33-13 ··············· **03-3869-6250**

米本クリーニング 集配
　北葛西 1-13-8 ················ **03-3680-6043**

コインランドリー

コインランドリーエムズ葛西店
　中葛西 5-2-12 ················ **03-3877-3660**

フレッシュクリーン
　葛西店　中葛西 3-27-8-1F ··· **03-3877-9981**
　中葛西店　中葛西 8-6-9 ····· **03-3877-9981**
　西葛西店　西葛西 6-19-12 ··· **03-3877-9981**

リラックスする

relax

銭湯

小島湯
　西葛西 1-7-3·················· **03-3680-0942**

スーパー銭湯　湯処葛西 HP
　東葛西 9-3-5 ················· **03-3687-1126**

くらし

165

教会・寺社
church, temple

葬祭
undertaker

教会

葛西聖書バプテスト教会 ⑭
　中葛西 3-26-1-1F ………………… **03-3675-0054**
カトリック葛西教会 ⑭
　中葛西 1-10-15
　　……… Ⓕ 03-5696-4449… **03-3689-0014**
日本基督教団小松川教会 ⑭
　北葛西 4-3-9 ………………………… **03-3869-5261**

★寺社は P58 へ

葬祭業

お葬式のむすびす ⑭
　西葛西 6-12-16 ………………… **0120-72-2195**
後藤葬儀三角支店
　中葛西 1-35-12 ………………… **03-3680-5642**
東京葬祭シティホール西葛西 ⑭
　西葛西 3-4-23 ………………… **0120-88-6111**
平安祭典葛西会館 ⑭
　東葛西 8-3-12 ………………… **03-3804-4741**
東京都瑞江葬儀所（火葬のみ）
　春江町 3-26-1 ………………… **03-3670-0131**

仏壇・神仏具

お仏壇のはせがわ西葛西店 ⑭
　西葛西 1-14-14
　　………… Ⓕ 03-5676-7547… **0120-284194**

石材

㈱石松年 ⑭
　東葛西 2-1-19 ………………… **0120-148-447**
㈲田中石材本社 ⑭　東葛西 2-1-19
　………. Ⓕ 03-3675-0344… **03-3687-0143**

霊園・納骨堂

行徳聖地公園（クリプタ行徳セントソフィア・博愛の絆）⑭
　市川市広尾 2-5-1 ………………… **047-702-8600**
　　　　　　（表紙ウラもご覧ください）

メッセージする
message

携帯電話

iPhone 修理工房葛西店
　中葛西 3-19-9 ありがたや内
　………………………… **0800-800-1665**

au ショップ
　アリオ葛西
　アリオ葛西 2F ………………**03-5659-0250**
　西葛西　西葛西 6-6-1-1F …**03-5675-1580**

ソフトバンク
　アリオ葛西　アリオ葛西 2F **03-5667-5620**
　西葛西　西葛西 6-13-7-2F **03-5658-4251**

てるてるランド西葛西店
　西葛西 4-2-28-3F …………**03-5679-6616**

テルル葛西店
　中葛西 3-29-1 ……………**03-5679-8770**

ドコモショップ西葛西店
　西葛西 6-12-6 ………………**0120-889360**

印章

あづま印房
　北葛西 4-23-13 …………**03-3686-3982**
幸信堂　中葛西 2-2-1 ………**03-3686-9222**
さくら平安堂イオン葛西店
　イオン葛西店 3F ……………**03-3680-1185**
名越印房　西葛西 6-29-20……**03-3675-4558**
はんこ屋さん 21　西葛西店
　西葛西 6-28-14 ……………**03-5878-0277**
はんこ家はん造葛西店
　中葛西 3-29-1 ………………**03-3869-0707**

印刷

㈲アラジン　臨海町 3-6-2 ……**03-3877-2171**
㈱アルファサービス
　西葛西 6-22-3-4F …………**03-3869-2071**
きりはりくらぶ
　中葛西 7-25-7-2F …………**03-3869-4876**

広明社印刷所　中葛西 2-5-6…**03-3680-0890**
ダイヤ印刷
　中葛西 7-28-22 ……………**03-3687-0168**
㈱明光企画
　市川市相之川 3-2-13 …………**047-396-2211**

出版社

㈱日経 BP 読者サービスセンター
　臨海町 5-2-2 …………………**03-5696-1111**

自費出版・HP 制作

㈱明光企画
　市川市相之川 3-2-13 …………**047-396-2211**

タウンメディア
town media

新聞社

葛西新聞社
　市川市相之川 3-2-13 …………**047-396-2211**

CATV

J:COM 江戸川
　東葛西 6-31-7-4F …………**0120-999-000**
　（P1 カラーページもご覧ください）

FM 放送局

エフエム江戸川
　南小岩 7-13-8 ………………**03-5622-7850**

くらし

電話番号、住所など間違い、および『葛西カタログ』に対するご意見・ご希望がありましたら、お手数ですがご一報を！　☎047-396-2211

別荘、見つけた！
区民健康施設を上手に利用しよう

　長野県安曇野市にある「穂高荘」と新潟県南魚沼市にある「塩沢江戸川荘」。どちらも魅力たっぷりの区立の区民健康施設。予約は電話一本で、支払いは現地のフロントでOKと、手続きも簡単。区内から出発する観光付き送迎バスもあり。区民健康施設をどんどん活用しちゃおう！

■利用対象者　　　　　　区内外問わず利用可。ただし、予約開始時期や料金は異なる。
■予約受付時期および申込方法
　☆区民・区内在勤者　　利用月の3カ月前の1日から電話で申し込み。
　　　　　　　　　　　　特定日（ゴールデンウィーク・お盆・年末年始など）利用分は抽選あり。
　　　　　　　　　　　　※受付初日のみ予約が重なる日は抽選。以降は申し込み順。
　☆区外利用者　　　　　利用月の2カ月前から電話・Webで申し込み。
　　※団体で利用の場合は5カ月前の1日から受け付け。

穂 高 荘（40室）　　予約センター　☎03-5662-7051（9:00〜17:00）
※日曜・祝日を除く

長野県安曇野市穂高有明2105−22
☎0263-83-3041
https://www.hotakaso.jp/

　有明山のふもと、標高600mに建つ安曇野の絶景・展望風呂の宿。70℃以上の良質な温泉は、神経痛・五十肩・冷え性などに効果あり。信州の自然を感じながら羽を伸ばそう！

■利用料金（1人／1泊2食付・税込、特定日除く）
　一般（中学生以上）＊ …………… 7,600円〜 9,200円
　65歳以上（区民のみ） ………… 5,800円〜 6,600円
　区外利用の一般（中学生以上）… 8,700円〜10,200円
　別途入湯税150円（一般）
　子ども料金、キャンセル料などはホームページで確認を
　※区民・区内在勤者とその同居家族対象料金

塩沢江戸川荘（22室）　　予約センター　☎0120-007-095（10:00〜16:00 毎月1日のみ9:00〜17:00）

新潟県南魚沼市舞子字十二木2063−29
☎025-783-4701
http://www.edogawaso.com/

　周囲は、越後山脈、魚沼丘陵…、日本有数の米どころに建つ山荘風の建物。夏には川遊び、冬にはスキー遊びの拠点として大活躍！

■利用料金（1人／1泊2食付・税込、特定日除く）
　一般（中学生以上）＊ ………… 7,600円〜 9,000円
　65歳以上（区民のみ） ………… 5,500円〜 6,200円
　区外利用者の一般（中学生以上）8,800円〜10,600円
　子ども料金、キャンセル料などはホームページで確認を
　※区民・区内在勤者とその同居家族対象料金

※17:00以降の予約は、穂高荘（〜20:30）、塩沢江戸川荘（〜20:00）で受け付ける

■江戸川区（葛西駅・一之江駅・総合文化センター前）等と各施設を結ぶ「観光付き送迎バス」※子ども料金はホームページで確認を
【穂高号】13,000円〜 16,000円（中学生以上、コースによる）
【塩沢号】12,000円〜（中学生以上、コースによる）

◎空室情報など詳細は…各施設ホームページへ。
（参考）江戸川区ホームページ
（https://www.city.edogawa.tokyo.jp/e004/kuseijoho/gaiyo/shisetsuguide/bunya/chiku/index.html）

▶**趣味の店へ行く** ……………………… **170**
レコード・CD制作、CD・DVD、CD・DVDレンタル、
書店、古本、文具、額縁・額装・画材、楽器、貸スタジオ、
貸スペース、バラエティ雑貨、包装用品、ガラス工芸、
美術館、生花、園芸、造園、スポーツ用品、屋形船・釣舟、
釣具

▶**ペットを飼う** …………………………… **172**
動物病院、ペットショップ、ペットフード、ペット美容室・
ホテル、ペットシッター、ペット葬祭

▶**写真をとる** ……………………………… **175**
写真スタジオ、航空写真、カメラ店・DPE

▶**車に乗る** ………………………………… **175**
自動車販売（新・中古車）、中古車専門、自動車修理・整備、
自動車板金・塗装、車検、自動車部品・アクセサリー、
自動車ガラス、タイヤショップ、レンタカー、ガソリンス
タンド、バイク販売・修理・買取、自転車

▶**免許をとる** ……………………………… **177**
自動車教習所

▶**娯楽・ゲームを楽しむ** ………………… **178**
カラオケ、ゲームセンター、ボウリング、ビリヤード、
バッティングセンター、ダンスホール、マンガ喫茶・
インターネットカフェ

▶**レジャーにでかける** …………………… **179**
旅行代理店、レジャーランド、多目的ホール、ホテル、
映画館

★本文中赤色になっているのは「葛西カタログ2022-23」協賛店です
★Ⓕ はFAX番号、Ⓣ&Ⓕ は電話番号とFAX番号、ⒽⓅ はホームページのあるお店

趣味・ペット・車

趣味の店へ行く
hobby

レコード・CD 制作

ランサウンド
西葛西 8-2-1-9F **03-3675-0949**

CD・DVD

新星堂葛西店
アリオ葛西 3F **03-5675-4740**

CD・DVD レンタル

ゲオ
葛西店
南葛西 1-12-16-2F **03-3877-2208**
葛西駅前店
東葛西 6-5-3-1F **03-3877-7810**
西葛西店　西葛西 3-17-6 ... **03-3686-5111**

書店

ヴィレッジヴァンガード・西葛西
西葛西 7-3-8-1F **03-5659-2321**
文教堂書店西葛西店
西葛西 6-8-10 .... **03-3689-3621**
文悠葛西店
中葛西 5-19-17 葛西メトロ ... **03-5696-2465**
未来屋書店
イオン葛西店 4F **03-6663-7371**
八重洲ブックセンター
アリオ葛西 3F **03-5675-6880**

古本

BOOK OFF 葛西駅前店
中葛西 5-34-1 .... **03-5667-8263**

文具

文林堂筆荘 (書画用品)
西葛西 5-8-5-1F 小島町 2 丁目団地内
.... **03-3869-3005**
㈱ミフジ (文具製造)
中葛西 7-10-2 .... **03-3675-0080**
森田文具店　中葛西 2-4-51 ... **03-3689-2229**

額縁・額装・画材

㈱オリジン　臨海町 3-6-3 ...... **03-3877-2323**
㈱ミューズ　臨海町 3-6-1 ...... **03-3877-0123**

楽器

島村楽器イオン葛西店 🅷🅿
イオン葛西店 4F **03-3675-1151**

貸スタジオ

島村楽器イオン葛西店 🅷🅿
イオン葛西店 4F **03-3675-1151**
ハウススタジオホロネット 🅷🅿 (パーティー・ブライダル)
東葛西 5-29-9 .... **03-3675-3616**

貸スペース

レンタルスペース　エミング 🅷🅿
市川市相之川 3-2-13 .... **0120-221167**

バラエティ雑貨

キューズ葛西店
アリオ葛西 3F **03-3688-2230**
クリスクロス　西葛西 6-18-3-B1
.... Ⓕ 03-5605-6596 ... **0120-659-577**
Ke Aloha (ハワイアン雑貨)
中葛西 3-2-6-1F **03-6808-3588**
ワールド流通団地管理組合法人
臨海町 3-6-1 .... **03-3877-0007**

日用品・生活雑貨は P149 へ

包装用品

㈱シモジマグループ　パッケージプラザ葛西店 **HP**
　中葛西 5-15-9 ················ **03-3878-6470**

ガラス工芸

アリバス・ジャパン㈲
　東葛西 4-28-4 ················ **03-3689-2706**

美術館

関口美術館 **HP**
　中葛西 6-7-12 ················ **03-3869-1992**

生花

オランダガーデン東京フラワーマーケット **HP**
　南葛西 4-6-4 ················ **03-3687-1187**
グリンピース　中葛西 3-9-11 ·· **03-3877-3987**
東京フラワーマーケット西葛西メトロ店 **HP**
　西葛西 6-14-2-32 西葛西メトロ
　················ **03-3675-4187**
東京フラワーマーケット本社
　中葛西 4-1-11 ················ **03-3689-4187**
花勝生花店　東葛西 5-16-1 ·· **03-3680-6360**
花ちえ　東葛西 6-38-3 ········ **03-3688-0198**
フラワーショップ花忠
　西葛西 5-8-15 ················ **03-5696-1700**
花の峰玉　西葛西 6-6-12 ····· **03-3675-1081**
花大　清新町 1-3-6 パトリア ·· **03-3878-8710**
花結び
　中葛西 5-19-17 葛西メトロ ··· **03-3804-5661**
風林花　西葛西 5-6-17 ········ **03-3869-8766**
フラワーショップけさらんぱさらん
　東葛西 6-10-10-1F ·········· **03-3804-8268**

園芸

ワイルドスカイ
　西葛西 3-7-11 ················ **03-5667-7153**
和光園　南葛西 2-14-17 ········ **03-3688-8877**

造園

㈱松樹園　東葛西 7-20-23 ··· **03-3688-2002**

スポーツ用品

カサイスポーツ
　西葛西 5-9-6 ················ **03-3675-5161**
ゴルフ 5 西葛西 **HP**
　西葛西 1-12-27 ················ **03-3877-4364**
ササキスポーツ **HP**　中葛西 6-18-4
　··········· Ⓕ 03-3680-1986··· **03-3675-2233**
ジーパーズ葛西店 **HP**
　南葛西 2-2-8 ················ **03-3878-7967**
スーパースポーツゼビオ葛西店 **HP**
　アリオ葛西 2F ················ **03-5675-6801**
スズキスポーツ
　西葛西 6-7-2 西葛西メトロ ··· **03-3878-1151**
ユニゴルフイン
　中葛西 4-1-12 ················ **03-3689-3223**

屋形船・釣舟

あみ武 **HP**　東葛西 3-15-8 ····· **03-3686-4675**
須原屋 **HP**
　東葛西 4-58-27 ················ **03-3680-3791**
船宿　西野屋 **HP**
　東葛西 3-16-2-1F ·············· **03-3878-3611**
屋形船　あみ幸 **HP**
　江戸川 5-31-6 ················ **03-3680-5755**
　（P12 カラーページもご覧ください）

釣具

勝田つり具店
　東葛西 9-18-3 ················ **03-3680-4684**

趣味・ペット・車

pet

動物病院

アルカディア動物病院
西葛西 6-19-12 ・・・・・・・・・・・・・・・・・ **03-3680-5133**
診月・火・金・土 8:00 ～ 11:30　15:00 ～ 16:30
※水・日・祝は予約のみ受付　　　　　　　　**休木**

えどがわ犬猫病院 ⓗ
南葛西 6-21-2-1F ・・・・・・・・・・・・・ **03-3869-8360**
診月～日 9:00 ～ 13:00　16:00 ～ 19:00
　　　　　　　　　　　　休木午後・日午後

かさいみなみ動物病院 ⓗ
東葛西 8-28-10 ・・・・・・・・・・・・・・ **03-5696-1280**
診月～土 9:00 ～ 12:00　15:00 ～ 18:30
　　　　　　　　　　　　休木午後・日・祝

葛西りんかい動物病院 ⓗ
中葛西 6-2-3 ・・・・・・・・・・・・・・・・・ **03-6808-6712**
診月～土 9:00 ～ 12:00　16:00 ～ 19:00
水・祝 9:00 ～ 12:00　　　**休水午後・祝午後・日**

苅谷動物病院グループ葛西橋通り病院 ⓗ
西葛西 3-10-16 ・・・・・・・・・・・・・・ **03-3686-8070**
診 9:00 ～ 19:00　※予約制

とおやま犬猫病院
中葛西 4-14-13 ・・・・・・・・・・・・・・ **03-3688-3040**
診月～土 9:00 ～ 12:00　15:30 ～ 18:30
日・祝 10:00 ～ 12:00　15:30 ～ 17:00　　**休木**

西葛西ペットクリニック ⓗ
北葛西 3-1-22 ・・・・・・・・・・・・・・・・ **03-3675-1515**
診月～土 9:00 ～ 12:00　16:00 ～ 19:00
日・祝 10:00 ～ 12:30　14:00 ～ 17:00　　**無休**

バウ動物病院
南葛西 2-1-6-1F ・・・・・・・・・・・・・・ **03-3877-2200**
診 9:00 ～ 12:00　16:00 ～ 19:00
祝 10:00 ～ 13:00　　　　　　　　**休水・日**

フルール動物病院 ⓗ
東葛西 2-12-9 ・・・・・・・・・・・・・・・ **03-6383-3057**
診月～土 9:00 ～ 11:30　15:00 ～ 19:00
日・祝 9:00 ～ 11:30　15:00 ～ 17:00
　　　　　　　　　　　　休火午後・水

安田動物病院 ⓗ
中葛西 2-16-1 ・・・・・・・・・・・・・・・ **03-3687-7778**
診月～金 9:00 ～ 12:00　14:00 ～ 19:00
土・日・祝 9:00 ～ 12:00　14:00 ～ 17:00
※水は予約のみ受付

新浦安太田動物病院 ⓗ
浦安市海楽 1-11-10 ・・・・・・・・・・ **047-381-8881**
診月・火・木・金・土 7:00 ～ 11:45　16:00 ～ 21:00
日 7:00 ～ 11:45　16:00 ～ 19:00　水は予約診療

ペットショップ

ペットの専門店コジマ
アリオ葛西 3F ・・・・・・・・・・・・・・ **03-3686-4111**

ワンニャンハウス㈱
ホームズ葛西店内・・・・・・・・・・・・・・ **03-5679-7227**

ペットフード

YAKUZEN GARDEN（自然の森漢方堂） ⓗ
中葛西 3-16-10 ・・・・・・・・・・・・・・ **03-5659-7292**

ペット美容室・ホテル

GOOD WAN ANNEX 南葛西店 ⒣Ｐ
　南葛西 4-5-4-1F ‥‥‥‥‥‥**03-5579-8555**

Dog School Rinmoca ⒣Ｐ
　西葛西 2-23-9-2F ‥‥‥‥‥‥**03-6456-0376**

犬の美容室ぱぺっと
　中葛西 1-31-5-1F ‥‥‥‥‥‥**03-3686-3180**

ペットの美容室＆ホテル　美秀
　西葛西 5-11-11-B1 ‥‥‥‥‥‥**03-3680-1317**

ペットハウス　WANderful
　中葛西 5-2-29 ‥‥‥‥‥‥‥**03-3680-8555**

ペットシッター

ケアーワン 24（出張サービス） ⒣Ｐ
　東葛西 6-4-18-3F ‥‥‥‥‥‥**03-4362-5344**

ペット葬祭

ケンユー・ペットセレモニー ⒣Ｐ
　市川市高谷 1861-7 ‥‥‥‥‥**047-327-2571**

スポット　木のぬくもりににっこり　2020.11

友好都市・鶴岡市の森林組合から
「庄内あつみ杉」のステップシャワースタンド

◀子どもでも使いやすい

　庄内あつみ杉は、山形県鶴岡市の温海地区で育てられた美しく強固さが特徴の木材。近年は遊具や工芸品などにも使われている。

　新型コロナウイルス感染症の影響で住宅の着工数が落ち込み出荷量は減少。温海町森林組合は、この杉を有効活用しようと、ステップシャワースタンドを製品化。農林中央金庫山形支店が取り組む県産材の利用促進と販路拡大支援の一環で、今回の寄贈が実現した。

　ステップシャワースタンドは足踏み式で、かかとを床につけたまま小さい子どもや高齢者でも安全に踏むことができる。新型コロナウイルス感染症の感染防止とともに、日常的

に利用してもらうことで、木のぬくもりや素材の魅力を実感してもらおうと区に寄贈された。

　子ども未来館では1階入り口と2階受付ロビーに設置。同館を利用している小学生は、「木で作られたステップシャワースタンドは初めて見た。手指の消毒がどこにも触らずにできるのでうれしい」と笑顔で話した。

　ステップシャワースタンドは、子ども未来館のほか共育プラザ中央などに設置されている。

写真をとる 📷
— photograph

写真スタジオ

スタジオアリス　アリオ葛西店
　アリオ葛西 3F ················ **03-5675-4707**

東和フォトサービス
　西葛西 3-22-6-1F 小島町 2 丁目団地内
　····························· **03-3688-0801**

写真館スタジオ　ホワイトルーム葛西店 🅗🅟
　東葛西 6-7-7-2F ··············· **03-5667-6540**

マキノ写真スタジオ
　駅前店 🅗🅟
　東葛西 5-1-1-2F ··············· **03-3680-7530**
　新館　東葛西 5-28-11 ········ **03-3680-7530**

航空写真

㈲東洋航空写真社 🅗🅟
　中葛西 5-28-1-2F ·············· **03-3675-0471**

カメラ店・DPE

コイデカメラ 🅗🅟
　アリオ葛西 1F ················· **03-5675-6887**

車に乗る 🚗
— car

自動車販売（新車・中古車）

アップル江戸川葛西店 🅗🅟
　東葛西 6-50-14 ················ **03-3688-2773**

㈱インターネット（外車輸入代行）
　東葛西 6-7-8 ················· **050-5848-9435**

㈱エイペクス　南葛西 4-10-15 **03-5658-2201**

コバックカーズ江戸川葛西店 🅗🅟
　東葛西 6-50-14 ················ **03-3688-2995**

トヨタ東京カローラ㈱ U-Car 葛西店 🅗🅟
　東葛西 2-1-14 ················· **03-5659-6411**

トヨタモビリティ東京㈱葛西店 🅗🅟
　中葛西 5-7-13 ················· **03-5658-2981**

日産東京販売㈱ 🅗🅟
　葛西店　西葛西 4-2-43 ······ **03-3686-2301**
　P'S ステージ葛西
　中葛西 5-1-1 ················· **03-3686-6311**

東日本三菱自動車販売㈱葛西店 🅗🅟
　東葛西 2-14-11 ················ **03-5674-1911**

ホンダカーズ東京
　葛西店　東葛西 1-2-3 ········ **03-5667-0523**
　葛西橋通り店　中葛西 1-2-1 **03-3877-3281**

MINI EDOGAWA 🅗🅟
　西葛西 2-10-9 ················· **03-5659-3298**

㈱ヤナセ　江戸川支店 🅗🅟
　西葛西 4-6-22 ················· **03-5667-6911**

レクサス江戸川 🅗🅟
　北葛西 4-25-22 ················ **03-5878-4111**

中古車専門

㈲オートスクエア（外車専）
　東葛西 7-4-7 ·················· **03-5696-2300**

㈱ジェイ・エー・エー（オークション会場）
　臨海町 3-3-3 ·················· **03-3878-1190**

㈱ティーユーシー
　中葛西 3-27-20 ················ **03-3687-6363**

㈱トヨタユーゼック 🅗🅟
　臨海町 6-3-2 ·················· **03-5605-8511**

趣味・ペット・車

自動車修理・整備

㈲オートサロンオザワ **HP**
中葛西 4-3-21 ・・・・・・・・・・・・・・・ **03-3878-1313**
栄自動車㈱　西葛西 3-1-3 ・・・・・・ **03-3688-1359**
関口モータース㈲ビーエムエス
東葛西 5-31-13 ・・・・・・・・・・・・・・ **03-3680-4515**
東名自動車工業㈱
東葛西 5-48-12 ・・・・・・・・・・・・・・ **03-3877-8441**
トヨタモビリティ東京㈱西葛西店 **HP**
西葛西 6-12-15 ・・・・・・・・・・・・・・ **03-3689-3131**
西久自動車㈱　東葛西 8-9-13 **03-3680-4166**

自動車板金・塗装

岡本車輌㈱ **HP**
南葛西 2-2-2・・・・・・・・・・・・・・・・・ **03-3680-4377**
㈲シミズオート **HP**
北葛西 4-17-16 ・・・・・・・・・・・・・・ **03-3869-4424**
須永塗装店
西葛西 6-24-18 ・・・・・・・・・・・・・・ **03-3680-9468**

車検

高栄自動車工業㈱ **HP**
東葛西 6-47-16 ・・・・・・・・・・・・・・ **03-3689-8611**
車検のコバック江戸川本店 (鈴木自工㈱) **HP**
東葛西 6-50-14 ・・・・・・・・・・・・・ **0120-589-117**

自動車部品・アクセサリー

㈲赤平自動車商会
東葛西 1-8-7・・・・・・・・・・・・・・・・・ **03-3689-5738**

自動車ガラス

田口自動車ガラス **HP**
西葛西 1-12-4 ・・・・・・・・・・・・・・・ **03-5605-4443**

タイヤショップ

㈲タイヤショップ・ウエスト
南葛西 2-24-23 ・・・・・・・・・・・・・ **03-3680-5505**
㈱マコトタイヤ **HP**
中葛西 7-2-4・・・・・・・・・・・・・・・・・ **03-3689-1141**
矢東タイヤ商事㈱ **HP**
北葛西 4-1-48 ・・・・・・・・・・・・・・・ **03-5696-0810**
㈱ヨコハマタイヤジャパン葛西営業所
東葛西 6-36-11 ・・・・・・・・・・・・・・ **03-3878-9221**

レンタカー

アクティオレンタカー西葛西営業所
西葛西 6-18-8 ・・・・・・・・・・・・・・・ **03-5659-1411**
オリックスレンタカー葛西店
中葛西 3-28-9 ・・・・・・・・・・・・・・・ **03-3675-0543**
サガレンタリース㈱ **HP**
西葛西 3-18-14 ・・・・・・・・・・・・・・ **03-3686-6461**
DIREX 東京 **HP**
南葛西 3-24-11 ・・・・・・・・・・・・・・ **03-6808-5530**
ニッポンレンタカー西葛西駅前営業所
西葛西 6-7-1 西葛西メトロ ・・・ **03-3675-4431**

ガソリンスタンド

江戸川石油㈱
西葛西 4-6-16 ・・・・・・・・・・・・・・・ **03-3680-2440**
㈱エネオスフロンティア東京カンパニー南葛西店
南葛西 6-14-12 ・・・・・・・・・・・・・・ **03-5605-8512**
大高石油販売㈱
宇喜田町 1078 ・・・・・・・・・・・・・・ **03-3688-1167**
共栄石油㈱
宇喜田 SS　西葛西 4-2-1 ・・・ **03-3687-6161**
葛西市場 SS
臨海町 3-4-1 ・・・・・・・・・・・・・・・ **03-5667-0441**
葛西インター SS
南葛西 2-4-2 ・・・・・・・・・・・・・・・ **03-3686-9191**
葛西中央通り SS
中葛西 6-1-4・・・・・・・・・・・・・・・・・ **03-3687-6118**
西葛西 SS　西葛西 3-7-29 ・・・ **03-3689-2121**
㈱東日本宇佐美東京販売支店環七葛西インター
臨海町 4-3-1 ・・・・・・・・・・・・・・・ **03-3878-4804**

バイク販売・修理・買取

㈱アルファオート
　東葛西 2-26-18 ················· **03-5696-4888**

㈱ウィングシャトル
　北葛西 4-2-40 ··················· **03-3680-2801**

㈲オートショップ早知
　南葛西 4-2-2 ····················· **03-3689-4528**

㈱ AUTO SHOP RISING HP
　北葛西 4-25-19 ················· **03-3877-9887**

オートプラザペガサス HP
　東葛西 2-32-8 ··················· **03-3877-4657**

KTM TOKYO EAST HP
　西葛西 7-21-8 ··················· **03-5679-8811**

HONDA DREAM 葛西 HP
　東葛西 1-1-2 ····················· **03-6663-5500**

WORLD PASSAGE in NAKAMURA CYCLE HP
　東葛西 5-37-11 ················· **03-3688-1166**

自転車

サイクルショップウエタケ
　中葛西 7-22-2 ··················· **03-3688-0405**

サイクルショップ小松崎
　南葛西 4-23-18 ················· **03-3686-4172**

サイクルショップたなか
　北葛西 3-1-30 ··················· **03-3686-3833**

サイクルスポーツせきぐち
　東葛西 5-8-22 ··················· **03-3687-5678**

サイクルハウスシロコシ
　西葛西 6-15-20 ················· **03-3675-7813**

サイクルプラザニシノ HP
　中葛西 2-5-21 ··················· **03-3689-2501**

じてんしゃのイマコシ
　清新町 1-3-6 パトリア ········· **03-3878-1233**

セオサイクル HP
　葛西店　中葛西 5-18-9-1F ··· **03-3680-8541**
　西葛西店　北葛西 4-13-1 ··· **03-5878-0162**

免許をとる　driving school

自動車教習所

葛西橋自動車教習所 HP
　西葛西 2-16-11 ················· **03-3680-2341**

趣味・ペット・車

娯楽・ゲームを楽しむ
— karaoke, game

カラオケ

カラオケルーム歌広場葛西店 HP
中葛西 3-37-18-5F ……………… **03-3689-1137**

ビッグエコー葛西店 HP
東葛西 6-1-6-2F ……………… **03-5696-0082**

ゲームセンター

セガワールド葛西 HP
アリオ葛西 3F ……………… **03-5675-4704**

ボウリング

葛西とうきゅうボウル HP
アリオ葛西 3F ……………… **03-5675-6500**

ビリヤード

ダーツ＆ビリヤード NO.9 葛西
東葛西 6-6-15-2F ………… **03-3689-8999**

バッティングセンター

トミーバッティングドーム HP
西葛西 3-3-2 ……………… **03-3675-5050**

ダンスホール

ステップワン HP
東葛西 6-2-7-7F ……………… **03-3675-8436**

ステップワン　パートⅡ HP
東葛西 6-2-7-6F ……………… **03-3804-8444**

マンガ喫茶・インターネットカフェ

アプレシオ西葛西店 HP
西葛西 6-7-1 西葛西メトロ A 棟 2F
……………………………… **03-5676-6881**

将棋は P186 へ

スポット 2021.11.5〜
『魔女の宅急便』をモチーフにした
デザインマンホールカードを配布

　江戸川区は、国際アンデルセン賞作家・角野栄子さんの代表作である『魔女の宅急便』をモチーフにオリジナルキャラクターをデザインしたマンホールカードを、区役所など区内 2 カ所で配布。11月5日の配布初日から好評で、11月9日までに全国から訪れた人約1100 人に配布した。

　デザインマンホールカードは、東京都がGKP（下水道広報プラットホーム）と連携して制作した「マンホールカード特別版」の第2弾。通常発行されているものと異なり、カードの背景色がゴールドになっている。

　描かれているオリジナルキャラクターは、児童文学作家のくぼしまりおさんがデザイン。主人公の「キキ」に見立てた角野さんと「ジジ」をイメージした黒猫が描かれ、背景は角野さんのテーマカラーである「いちご色」。表にはマンホール設置場所の緯度・経度が、裏にはデザインの由来が書かれている。

　なお、実物のデザインマンホール蓋は「（仮）角野栄子児童文学館」開設予定地の「なぎさ公園」入口前と葛西駅、西葛西駅の駅前広場に設置されているので見つけてみよう。
※カード配布は在庫がなくなり次第終了

▲ 西葛西駅前広場のデザインマンホール。「いちご色」が鮮やか

▶ マンホールカード

レジャーに でかける
leisure

旅行代理店

JTB 葛西アリオ店 ⓗⓟ　アリオ葛西 2F
………… Ⓕ 03-5675-6818…**03-6731-4599**
JTB 旅行サロン西葛西 ⓗⓟ　西葛西 5-7-1
………… Ⓕ 03-5667-0825…**03-5667-0820**
㈱峰観光社 ⓗⓟ　中葛西 5-41-4-1F
………… Ⓕ 03-3687-5050…**03-3680-3257**

レジャーランド

★詳しい情報は P46 〜 47 へ
東京ディズニーリゾート
　東京ディズニーランド　浦安市舞浜
　東京ディズニーシー　浦安市舞浜
　東京ディズニーリゾート・インフォメーションセンター
………… （10:00 〜 15:00）**0570-00-8632**
…（一部の PHS・IP 電話・国際電話）**045-330-5211**

多目的ホール

江戸川区総合文化センター ⓗⓟ
　中央 4-14-1 …………………**03-3652-1111**

ホテル

スマイルホテル東京西葛西 ⓗⓟ
　西葛西 3-15-5 …………………**03-3877-3810**
東横イン東西線西葛西 ⓗⓟ
　西葛西 5-11-12 …………………**03-5676-1045**
パールホテル葛西 ⓗⓟ
　東葛西 6-1-7…………………**03-3804-8080**
ファミリーリゾート・フィフティーズ for 舞浜店 ⓗⓟ
　南葛西 4-1-3…………………**03-3688-8808**
レンブラントスタイル東京西葛西 ⓗⓟ
　本館　西葛西 6-17-9…………**03-3675-8900**
　グランデ　西葛西 6-19-18 …**03-3687-3900**
変なホテル　東京西葛西 ⓗⓟ
　西葛西 5-4-7 ………………… **050-5894-3770**
ホテルシーサイド江戸川 ⓗⓟ　臨海町 6-2-2
……… Ⓕ 03-3804-1175…**03-3804-1180**
　予約専用 ………………… **0120-921489**
hotel MONday TOKYO NISHIKASAI ⓗⓟ
　西葛西 6-8-7…………………**03-5605-0160**
ホテルルミエール葛西 ⓗⓟ
　中葛西 5-41-20 ………………**03-6663-2711**

映画館

船堀シネパル 1・2 ⓗⓟ
　船堀 4-1-1-B1 ………………**03-5658-3230**
シネマイクスピアリ ⓗⓟ
　浦安市舞浜 1-4 ………………**047-305-3855**
イオンシネマ市川妙典 ⓗⓟ
　市川市妙典 4-1-1 イオン市川妙典店
……………………………**047-356-0205**

趣味・ペット・車

ルール・マナーを守って自転車に乗ろう
駐輪場&レンタサイクル

江戸川区では、駅周辺の放置自転車を解消するため、自転車駐輪場（40カ所）を設け、西葛西駅をはじめ11駅に「有料の駐輪場」を設置。駅周辺は自転車放置禁止区域のため、放置自転車の撤去を行っている。

■駐輪場
○利用料金
  ＜自転車＞当日利用100円
    定期 1カ月 1880円（学生1050円）
          3カ月 5130円（学生2830円）
  ＜原付バイク＞当日利用210円
    定期 1カ月 3770円（学生3150円）
          3カ月 10270円（学生8380円）
  ＜自動二輪＞当日利用のみ320円
○利用時間 4:30～25:00
○問い合わせ・利用申し込みは各駐輪場へ
  西葛西駅北口   ☎03-3877-9051
  葛西駅東口   ☎03-3804-2038
  葛西臨海公園駅東 ☎03-5675-1810

葛西駅の地下駐輪場

＊ 葛西駅地下の ＊
最新駐輪場

2008年4月に葛西駅地下に完成した駐輪場には、9400台もの自転車が止められる。そのうち6480台が全自動の機械式駐輪場に収容できる（定期専用）。

―― 利用方法 ――
地下1階にある入出庫ブースの扉前にあるレールに自転車を立てる。施錠もスタンドも必要なし。あとは、ブース左横に設置されたボタンを押せば、自動的に扉が開き自転車が吸い込まれる。扉が閉じると地下約15メートルもの筒型の収納庫へと移動。所要時間は数秒だ。自転車を引き取るときは、入出庫ブース横の機械に、登録時に配布されるカードを通すだけ。20秒ほどで自転車が出てくる。

■駐輪場＜西葛西駅・葛西駅・葛西臨海公園駅＞

	当日利用			定期利用		
	自転車	原付 (50cc未満)	自動二輪	自転車	原付 (50cc未満)	自動二輪
西葛西駅 北口・南口	○	－	－	○	－	－
西葛西駅 東	－	－	－	○	○	－
西葛西駅 東2号	○	○	○	○	○	○
西葛西駅 西	○	○	－	○	○	－
葛西駅 西口・東口	○	－	－	○	－	－
葛西駅 東2号	○	○	○	○	○	○
臨海公園駅 東・西	○	○	○	○	○	○

西葛西駅周辺

葛西駅周辺

葛西臨海公園駅周辺

＊レンタサイクルを利用しよう！＊

江戸川区では、eサイクル（レンタサイクル）を推進している。通勤通学に便利な定期利用と、仕事やレジャーに最適な当日利用がある。当日利用は貸し出しをした駅のほか、実施駐輪場どこでも返却可能。便利な電動アシスト自転車もあるので、生活スタイルに合わせて活用しよう。

＜時間＞4:30～25:00
      （小岩駅・平井駅は25:30まで）
＜利用料金＞
■普通自転車 当日利用：210円
定期利用：1カ月 2100円、3カ月 6280円

■電動アシスト自転車 当日利用：340円
定期利用：1カ月 4380円、3カ月 13140円
※当日利用は、京成江戸川駅をのぞく区内11駅で利用可
※定期利用は、登録した駐輪場でのみ貸し出し返却可
【申し込み】 本人を確認できる証明書
※申し込みの際、連絡のとれる電話番号が必要

■問い合わせ・申し込み
  QRコード®から駐輪場へ➡

▶**学ぶ**……………………………… **182**
学習塾、予備校、プログラミング教室、英会話、英語塾、
日本語学校、パソコン教室、幼児教室

▶**習い事をする**…………………… **186**
書道、珠算、絵画、将棋、料理、洋裁・和裁、音楽教室、
ボーカルスクール、音楽個人教授、ダンス、日本舞踊、
総合教室

▶**スポーツする**…………………… **188**
ヨガ・ピラティス、空手・格闘技ほか、フィットネスクラブ、
サッカー・フットサル、テニス、卓球、ゴルフ、ロック
クライミング、ボート免許、ダイビングショップ・サー
フショップ、公営スポーツ施設

★本文中赤色になっているのは「葛西カタログ2022-23」協賛店です
★Ｆ はFAX番号、Ｔ＆Ｆ は電話番号とFAX番号、ＨＰ はホームページのあるお店

塾・習い事・スポーツ

学 ぶ

study

学習塾

Axis（個別指導）HP
西葛西校
西葛西 3-7-7-1F ················ **03-5679-2971**
東葛西校
東葛西 6-28-1-1F ·············· **03-5679-6751**
新・個別指導アシスト東葛西校 HP
東葛西 5-53-8-1F ············· **080-8428-0353**
対小 4 ～中 3　受月～土 17:00 ～ 22:00

休水・日

市進学院 HP
葛西教室　中葛西 8-11-11 ··· **03-6860-9901**
対小 5 ～高 3　受月～土 14:00 ～ 21:00
西葛西教室
西葛西 6-10-12 ··············· **03-3675-2500**
対小 1 ～高 3、高卒　受月～土 14:00 ～ 21:00
ECCの個別指導塾ベストOne 西葛西 葛西中央通り校 HP
西葛西 7-29-16-1F ············ **03-6808-9960**
対小 1 ～高 3、浪人　受月～土 14:00 ～ 21:00
（P24カラーページもご覧ください）
ITTO 個別指導学院 HP
西葛西校
西葛西 7-23-15-1F ············ **03-5696-3434**
対小 1 ～高 3　時 16:00 ～ 22:00
南葛西校
南葛西 6-13-5-2F ·············· **03-3689-3434**
対小 1 ～高 3　時 16:00 ～ 22:00
栄光ゼミナール西葛西校 HP
西葛西 6-8-10-4F ··············· **03-3680-7121**
対小 1 ～中 3　時小学部 16:40 ～、中学部 19:20 ～
英語セミナー・個別の西葛西校 HP
西葛西 6-13-14-2F ············ **03-3680-3309**
対中 1 ～高 3　時火～金 17:00 ～　土 15:00 ～
英語セミナー・集団の西葛西校 HP
西葛西 5-2-10-2F ·············· **03-3878-9981**
対小 3 ～中 3
時週 1 回 1 時間半・2 時間 10 分授業

ena HP
葛西　東葛西 6-2-3-4F ········· **03-6663-8451**
西葛西　西葛西 5-11-3-1F ··· **03-6663-9711**
対小 3 ～中 3
時月～金 16:50 ～ 21:30　土 14:50 ～ 21:30
進学教室　エルフィー HP
南葛西校
南葛西 6-8-10-2F ············· **0120-766-375**
対小 1 ～中 3　時 14:00 ～ 22:00
應修会 HP
西葛西 3-16-12-5F ············ **03-6808-6740**
対小 2 ～ 6
学研教室　対幼児～中学生
なぎさ教室（中村）
南葛西 7 丁目 ················· **070-4338-8926**
西葛西教室（鳴海）
西葛西 7 丁目 ················· **080-6688-4310**
東葛西教室（安藤）
東葛西 2 丁目 ················· **03-3686-0268**
河合塾 Wings 西葛西教室
西葛西 3-16-12-6F ··········· **03-5878-3391**
対小 5 ～中 3
個別指導　京進スクール・ワン HP
中葛西 3-36-11-1F ············ **03-5675-7327**
対小 1 ～高 3
公文式教室　対幼児～一般
葛西教室
東葛西 7-25-5-1F ············ **090-1794-7655**
時月・木 15:00 ～ 19:00
北葛西教室
北葛西 4-1-1-1F ·············· **03-5676-4828**
時月・木 14:30 ～ 20:00　火・金 14:30 ～ 19:00
清新パトリア教室
清新町 1-3-6パトリア2F ····· **03-6808-1233**
時月・木 15:00 ～ 20:00　火・金 15:00 ～ 19:00
第四葛西小東教室
中葛西 8-23-5-3F ··········· **070-5593-7290**
時月・木 14:30 ～ 19:30
中葛西教室
中葛西 3-5-5-2 F ············· **070-3227-5373**
時火・金 14:30 ～ 20:00
中葛西 1 丁目教室
中葛西 1-12-15 ················ **03-3688-3298**
時月・金 14:30 ～ 20:00　水 14:30 ～ 18:30

中葛西 3 丁目教室
中葛西 3-33-11-3F ………… **090-2647-7427**
時火・金 15:00 〜 20:00

中葛西 5 丁目教室
中葛西 5-2-12-2F ………… **090-4121-1917**
時月 15:30 〜 18:00　火・金 14:30 〜 19:30

中葛西 7 丁目教室
中葛西 7-4-9-1F ……………… **03-3688-5412**
時火・金 14:00 〜 20:00

西葛西駅北教室
西葛西 3-14-20-1F ………… **080-5756-7842**
時火・金 14:30 〜 19:00

西葛西駅フローラル教室
西葛西 6-22-2-2F …………… **03-6808-8288**
時月・木 15:00 〜 20:00　火・土 15:00 〜 20:00
土 10:00 〜 12:30

西葛西グリーン教室
西葛西 7-23-10-1F ………… **090-4060-2133**
時火・金 15:00 〜 20:00　月・木 15:30 〜 19:30

西葛西 3 丁目教室
西葛西 3-7-12-2F …………… **03-3877-1916**
時火・金 15:00 〜 19:30

西葛西 4 丁目教室
西葛西 4-2-63 ……………… **090-9829-2500**
時月・木 14:30 〜 19:30

西葛西 7 丁目教室
西葛西 7-1-15 ……………… **090-1880-3332**
時月・木 15:00 〜 20:00

ぴあ南葛西教室
南葛西 6-8-10-3F …………… **03-5878-0910**
時月・火・木・金 14:30 〜 19:00

東葛西教室
東葛西 6-17-10-2F ………… **080-3172-0127**
時月・木 14:30 〜 19:00　火・金 14:30 〜 20:00

東葛西小前教室
東葛西 8-20-16 …………… **080-8300-1469**
時月・火・木・金 14:00 〜 20:00

東葛西 2 丁目教室
東葛西 2-5-14-1F ………… **090-9309-2845**
時火・金 15:00 〜 19:00

フラワーガーデン教室
南葛西 4-11-5-2F ………… **070-3859-8889**
時 14:30 〜 19:30

堀江教室
南葛西 4-1-11-1F …………… **03-3688-7579**
時月・火・木・金 14:00 〜 20:00

南葛西 3 丁目教室
南葛西 3-8-3-2F …………… **070-6466-3846**
時月・木 14:30 〜 21:00

クリップアカデミー北葛西校舎 ⓗ
北葛西 4-5-7-1F …………… **03-5679-5377**
対小〜高　時 16:35 〜 22:00

国大セミナー西葛西 ⓗ
西葛西 6-25-9 ……………… **03-3804-8944**
時月〜金 14:00 〜 22:30

個太郎塾 ⓗ
　葛西教室　中葛西 3-37-3 …**03-5659-6662**
対小 1 〜高卒　時 1 回 1コマ80 分授業
受月〜土 14:00 〜 21:00

　西葛西教室
　西葛西 6-10-12 …………… **03-3675-2500**
対小 1 〜高卒　受月〜土 13:30 〜 21:30

ジェック学院 ⓗ
　南葛西 2-1-20 ……………… **03-3869-2232**
対小 3 〜高 3
時月〜金 16:00 〜 22:00　土 13:00 〜 22:00

自立学習 RED 葛西教室 ⓗ
　中葛西 5-34-7 ……………… **03-3878-0440**
対小・中　受 14:00 〜 21:00

進学プラザTOKYO 西葛西駅前教室 ⓗ
　西葛西 3-15-16-3F …………… **03-6808-7171**
時 14:00 〜 20:00　　　　　休月・日・祝

〈次ページへつづく〉

塾・習い事・スポーツ

学習塾〈前頁から〉

スクールIE ^{HP}
葛西南口校
中葛西 8-11-5-2F ‥‥‥‥‥ **03-3686-2581**
対小～高　受月～土 14:00 ～ 21:00
西葛西北校
西葛西 3-3-3-2F ‥‥‥‥‥ **03-6808-0205**
対小～高　受月～土 14:00 ～ 20:00
南葛西校
南葛西 4-11-5-1F ‥‥‥‥‥ **03-3675-6209**
対小～高　受月～土 14:00 ～ 22:00

駿台　中学部・高校部西葛西校 ^{HP}
西葛西 6-16-4-8F ‥‥‥‥‥ **03-6808-3490**
対小 3 ～高 3　受 13:30 ～ 20:30

葛西の学び舎　斉学舎 ^{HP}
中葛西 5-39-2-3F ‥‥‥‥‥ **03-6885-5140**
対年中～高 3
時月～金 15:00 ～ 22:30　土 11:00 ～ 20:00

東京個別指導学院 ^{HP}
葛西教室
東葛西 6-2-3-5F ‥‥‥‥‥ **03-6848-9698**
対小学生～大学受験生　時月～土 14:00 ～ 21:30
西葛西教室
西葛西 5-2-3-3F ‥‥‥‥‥ **03-3689-3759**
対小学生～大学受験生　時月～土 14:00 ～ 21:30

TOMAS 葛西校 ^{HP}
東葛西 6-2-3-2F ‥‥‥‥‥ **03-5878-3759**
対小～高

成増塾西葛西校 ^{HP}
西葛西 3-15-9-8F ‥‥‥‥‥ **03-3804-4584**
対中 1 ～高 3　時月～土 17:00 ～ 21:30

HAPPY-CLASS
清新町 1-1-6-8F ‥‥‥‥‥ **03-5696-6799**
対小～中　時月～金 16:30 ～ 21:00

一橋セミナー西葛西校 ^{HP}
西葛西 6-8-3 ‥‥‥‥‥ **03-3686-6256**
対小 3 ～高 3　時月～土 15:00 ～ 22:00

ブレーン西葛西校 ^{HP}
西葛西 7-3-3-1F ‥‥‥‥‥ **03-5659-0911**
対小～高
受月～金 14:00 ～ 22:00　土 10:00 ～ 22:00

マップ教育センター ^{HP}
西葛西 5-5-7-3F ‥‥‥‥‥ **03-5676-5584**
対小 1 ～高 3　時月～土 13:00 ～ 22:00

明光義塾 ^{HP}
葛西駅前教室
東葛西 6-2-9-3F ‥‥‥‥‥ **03-5667-4888**
西葛西教室
西葛西 6-10-14-2F ‥‥‥‥‥ **03-5658-8550**
南葛西教室
南葛西 1-13-9-2F ‥‥‥‥‥ **03-5674-3125**
対小～高
時 14:00 ～ 22:00（西葛西教室のみ13:00～）

明利学舎 ^{HP}　西葛西 6-8-16-2F
‥‥‥‥‥ Ⓕ 03-5605-3854‥‥ **03-5605-3796**
対年長～中 3
時月～金 15:00 ～ 22:00　土 13:00 ～ 21:00

森塾　西葛西校 ^{HP}
西葛西 6-8-10-3F ‥‥‥‥‥ **03-5667-2335**
対小～高

予備校

武田塾西葛西校 ^{HP}
西葛西 6-16-7-5F ‥‥‥‥‥ **03-6808-9856**
対高校生～既卒　時月～土 13:00 ～ 22:00

プログラミング教室

ヒューマンアカデミー　ロボット教室 ^{HP}
西葛西教室
西葛西 5-6-2-6F ‥‥‥‥‥ **03-6808-7188**
対5歳～中学生

英会話

イーオン西葛西校 ^{HP}
西葛西 5-1-11-2F ‥‥‥‥‥ **03-3680-1810**
対 1 歳～一般
時火～金 12:00 ～ 21:00　土 10:00 ～ 19:00
休月・日・祝

ECCジュニア西葛西　葛西中央通り教室 ^{HP}
西葛西 7-29-16-1F ‥‥‥‥‥ **03-6808-9960**
対 4 歳～

（P24カラーページもご覧ください）

Win Be 西葛西北校 ^{HP}
西葛西 1-15-1 ‥‥‥‥‥ **03-6456-0401**
対幼児～小学生
時火～金 13:00 ～ 21:00　土 10:00 ～ 18:00

K English School
中葛西 8-23-5-2F ················· **03-3869-2969**

ケンブリッジ英会話 🅗🅟
　中葛西 5-35-6 ················ **080-5171-4113**
　時火〜金 10:00 〜 12:00　14:00 〜 21:00
　土 9:00 〜 12:00　13:00 〜 18:00　　　休月・日

シェーン英会話
　葛西校　東葛西 5-1-2-4F　··· **03-3877-4747**
　対 2 歳〜一般
　時月〜金 13:00 〜 21:00　土 10:00 〜 18:00
　　　　　　　　　　　　　　　　　休火・日

　西葛西校
　西葛西 3-16-12-3F ············· **03-3689-4143**
　対 2 歳〜一般
　時火〜金 13:00 〜 21:00　土・日 10:00 〜 18:00
　　　　　　　　　　　　　　　　　　休月

セイハ英語学院イオン葛西教室
　イオン葛西店 4F ················ **0120-815-718**
　対 0 〜 12 歳

英会話スクール　プログレス 🅗🅟
　東葛西 7-2-1-4F ·············· **090-7904-7687**
　対幼児〜一般
　※英検クラス（オンライン形式）あり

Little London English 🅗🅟
　西葛西 6-27-13-1F ············· **03-5667-2566**
　対幼児〜シニア
　時月 13:00 〜 22:00　火〜金 11:00 〜 22:00
　土 9:00 〜 17:00　　　　　　　　休日・祝

英語塾

アドヴァンス・イングリッシュ 🅗🅟
　南葛西 7-1-6-13F ············· **03-3687-5211**
JOY 英語教室 🅗🅟
　南葛西 4-18-5 ··················· **03-3686-6421**
　対幼・小〜高
東進こども英語塾東葛西教室 🅗🅟
　東葛西 4-54-3 ·················· **03-6240-5748**
　対 3 〜 12 歳

日本語学校

東方国際学院 🅗🅟
　東葛西 5-15-2 ··················· **03-3878-9630**
　対在日外国人
　時月〜金 9:00 〜 12:30　13:15 〜 16:45
東洋言語学院 🅗🅟
　西葛西 7-6-3 ····················· **03-5605-6211**
　対外国人
　時月〜金 9:10 〜 12:25　13:10 〜 16:25

パソコン教室

市民パソコン塾・西葛西校　㈱パソコンライフ 🅗🅟
　西葛西 3-15-8-4F ··············· **03-5658-8010**
　対一般　時 10:00 〜 18:00
　　　　　　　　　　休第 2 土・月・火・日・祝

パソコン市民講座　イトーヨーカドー葛西教室 🅗🅟
　アリオ葛西 3F ··················· **03-5659-7212**
　対小〜一般
　時月 10:10 〜 19:00　水・土・日 10:10 〜 18:00
　金 10:10 〜 16:00　　　　　　休火・木・祝
わかるとできる　イオン葛西校 🅗🅟
　イオン葛西店 4F ················ **03-5679-5192**
　受月〜金 10:00 〜 20:40
　（土・日・祝は17:30まで）

塾・習い事・スポーツ

幼児教室

イーグルインターナショナルスクール 🏠
東葛西 6-4-7-1F ················· **03-3686-8681**
対1歳半〜6歳(学童保育あり)
時月〜金 9:00〜18:00
内早期幼児英語、英会話

講談社こども教室 🏠
イオン葛西店 2F ··············· **0120-327-341**
対0歳〜(知育)、小学生(国語・算数)、0〜12歳(英語・英会話)　受月〜土 10:00〜17:00

コペル葛西駅前教室 🏠
中葛西 5-42-3-5F ··············· **03-5659-3810**
対0歳〜小学生　時 10:00〜18:00　　休月

サイエンス倶楽部西葛西教室 🏠
西葛西 3-15-9-5F ··············· **03-6808-1186**
対年少(秋以降)〜中学生

七田式幼児小学生教室葛西教室 🏠
中葛西 3-37-3-5F ··············· **03-5674-1749**
対胎教、0〜6歳、小学生　内右脳開発レッスン(胎教、幼児、小学生、障がい児、英語)

スマイルインターナショナルスクール 🏠
西葛西 5-8-16 ··················· **03-6821-1171**

チャイルド・アイズ 🏠
葛西南口校
中葛西 8-11-5-2F ··············· **03-3686-2582**
対1歳半〜小学生
時火〜金 10:30〜18:00　土 10:00〜18:00
　　　　　　　　　　　　　　　　休月・日

西葛西行船公園校
西葛西 1-13-1-2F ··············· **03-6808-4103**
対1歳半〜小学生　時 10:00〜18:00

めばえ葛西教室 🏠
アリオ葛西 2F ··················· **0120-557-115**
対1〜7歳

習い事をする
lesson

書道

茜書道教室　中葛西 2-7-12 ··· **03-3689-7458**
対幼児〜一般　時応相談

葛西学院 (水声会)
東葛西 6-31-7-4F ··············· **03-3680-6361**
時火 15:30〜18:30　木・土 15:00〜18:30

恵乃 (めぐみの) 書塾　中葛西第一教室 🏠
中葛西 8-6-2-2F ··············· **090-6524-5131**
対幼児〜一般
時月・火・木 16:00〜20:00
金 10:00〜12:00　16:00〜18:00
土 10:00〜14:00

日本書道　和の輪クラブ
清新町 1-4-7-5F ··············· **03-5878-9533**
対幼児〜一般
時月 15:00〜18:00　火 17:00〜19:00
土 16:00〜18:00

珠算

石戸珠算学園　葛西教室
東葛西 5-2-11-B1 ············· **050-3188-9275**
対幼児〜　時月・火・水・木・金 15:20〜19:30
土 10:00〜16:00　　　　　　　　　　休日

葛西学院　東葛西 6-31-7-4F ··· **03-3680-6361**
時月・水・金 15:40〜19:30

三田そろばん　西葛西 5-9-3 ··· **03-3688-2218**

絵画

アトリエ　スロウパレード
西葛西 7-23-15-1F ············· **03-6808-9776**

将棋

土岐田将棋道場
東葛西 6-44-10 ················· **03-5674-2107**

料理

ホームメイドクッキング西葛西教室 🄷🄿
西葛西 6-8-5-3F ················ **03-5696-6445**
対一般 内パン、天然酵母パン、ケーキ、クッキング、
和菓子、パスタ

洋裁・和裁

ニットソーイングクラブ西葛西店 🄷🄿
西葛西 6-15-12-2F ············· **03-5605-0992**
対一般女性 受10:00 ～ 12:00 13:00 ～ 16:00
休日・祝

音楽教室

石川雅子ミュージックアカデミー 🄷🄿
西葛西 3-22-6-1F 小島町 2 丁目団地内
······························ **03-3878-8371**
······························ **090-5432-1093**
対幼児～一般 時月～日10:00 ～（応相談） 休火
内ピアノ、ヴァイオリン、ヴィオラ、チェロ、フルー
ト、リコーダー、声楽、ソルフェージュ、ボーカル
トレーニング

島村楽器 🄷🄿
　イオン葛西店
　イオン葛西店 4F ·············· **03-3675-1151**
　ミュージックサロン葛西
　中葛西 5-19-20 ·············· **03-3686-7474**
　対 0 歳～
　時10:00 ～ 21:00（日・祝のみ10:00 ～ 17:30）
　ミュージックサロン西葛西
　西葛西 3-22-21-6F ············· **03-3675-9977**
　対 0 歳～
　時月～木11:00 ～ 21:00 金 10:00 ～ 21:00
　土 10:00 ～ 20:00 日・祝 10:00 ～ 18:00
　ミュージックサロンパトリア西葛西
　清新町 1-3-6パトリア2F········ **03-3869-8899**
　対 0 歳～
　時月～土 10:00 ～ 21:00 日・祝 10:00 ～ 18:00

ピアマーレ　ミュージック 🄷🄿
南葛西 6-13-12-3F ·········· **050-3592-6303**
対幼児～ 内ピアノ、フルート

ブリランテ音楽院 🄷🄿
南葛西 4-21-18················ **03-6663-9621**
対 4 歳～一般 内ピアノ

みよしピアノ教室
北葛西 1-4-22 ·············· **080-1075-5045**

宮川明フラメンコギター教室
東葛西 2-2-11-2F ············· **090-8491-6364**

ボーカルスクール

モア東京ボーカル教室葛西駅校 🄷🄿
中葛西 3-37-3-8F ·············· **047-409-6551**
時11:00 ～ 21:00······························ 休不定休

音楽個人教授

岡本音楽教室　清新町 1-1 ··· **03-3687-1715**
対幼児～一般（初心者のみ） 内ピアノ

ダンス

M&Sカンパニー西葛西スタジオ 🄷🄿
西葛西 3-2-15-1F ············ **03-6808-5037**
対幼児～一般
内バレエ、ジャズダンス、タップほか

田中忠ダンススポーツクラブ
中葛西 3-33-11-5F ············· **03-3675-6688**
対中学年～一般 時13:00 ～ 22:00
クラス／水・木・金 19:00 ～ 20:00、個人／予約制
内社交ダンス

スタジオDDF 🄷🄿
西葛西 5-5-15-1F ············· **03-6808-0052**
対 4 歳～一般

日本舞踊

正派若柳流柳扇会舞踊教室
西葛西 2-2-7　········· **03-3680-0211**
対幼児～一般 時予約制

総合教室

東京カルチャーセンター 🄷🄿
東葛西 5-1-3-4F ················ **03-3686-0634**
対幼児～一般 受月～金 9:30 ～ 20:00
土 9:30 ～ 17:00　　　　　　　　　　休日・祝

スポーツする

sports

ヨガ・ピラティス

Hot & Shapeカルド西葛西 🅗
西葛西 6-17-1-2F ……………… **03-6808-7192**
時月～金 10:00 ～ 23:00
土・日・祝 10:00 ～ 20:00

パラダイスヨガ（ハーディマン智子） 🅗
東葛西 6-28-5-1F ………… **090-8559-5150**
時月・水・金・土・日 午前中

ホットヨガスタジオBODY UP 西葛西
西葛西 6-15-24 ……………… **03-6456-0646**

ヨーガすみれ（石川雅子）
西葛西 5-5-15-1F ………… **090-5432-1093**
対一般 **時**月 10:00 ～ 11:30

zen placeピラティス・ヨガ西葛西スタジオ 🅗
西葛西 6-17-6-2F ……………… **03-6808-6451**
時月～金 7:00 ～ 20:00
土・日・祝 7:00 ～ 16:00

空手・格闘技ほか

国際空手道連盟　極真会館東京城東西葛西支部　葛西道場
東葛西 5-1-14-2F …………… **03-6456-0178**
対幼児・小学生・学生・一般・女子・壮年・シニア

掌道会 🅗
東葛西 5-20-6-2F …………… **03-5654-6080**
対 3 歳～　**内**空手

NPO 法人　全世界空手道連盟　新極真会　葛西道場 🅗
西葛西 6-6-12-2F
………… Ⓕ 047-354-2926… **03-6689-1120**
対幼児～壮年

日本空手道玄和会
………………………… **03-3656-6273** （近藤）
対小学生～、一般　**内**空手
場スポーツセンター　**時**土 18:00 ～ 21:00

日本健康武道協会　健進会 🅗
………………… **03-5676-2587** （入川）
内空手をベースに総合武道　護身術（家族一緒に参加可能）
場スポーツセンター
時日（月 2 回）14:00 ～ 17:00

SQUARE-UP KICK BOXING 道場
南葛西 3-24-24 ……………… **03-5676-4323**
時月・火・木・金 14:00 ～ 23:00
土 14:00 ～ 20:00　日 10:00 ～ 16:00

パラエストラ葛西 🅗
西葛西 2-23-7-1F …………… **03-3688-3108**

フィットネスクラブ

エニタイムフィットネス西葛西店 🅗
西葛西 6-8-1-2F ……………… **03-5878-1651**

カーブス 🅗
　アリオ葛西
　アリオ葛西 2F ……………… **03-5679-5105**
　葛西駅前
　中葛西 3-33-11-4F………… **03-6808-8603**
　北葛西
　北葛西 5-12-18-1F………… **03-6276-1033**
　西葛西
　清新町 1-3-6パトリア2F …… **03-3687-1222**
　時月～金 10:00 ～ 13:00　15:00 ～ 19:00
　土 10:00 ～ 13:00　　　**休**日・祝・年末年始

コナミスポーツジュニアスクール　西葛西 🅗
西葛西 6-13-7-5F …………… **03-3686-8301**
内スイミング、体育、空手　**対**子どもほか
受月・水・金・土 10:00 ～ 19:00
日 9:15 ～ 17:00　　　　　　　　**休**火・木

ゴールドジム西葛西東京 🅗
西葛西 6-16-1-3 ～ 7F ……… **03-5679-7474**
時 24 時間（月 7:00オープン～日 20:00 閉店）
　　　　　　　　　　　　　　休第 3 月曜

スポーツクラブNAS 西葛西
西葛西 6-15-24 ……………… **03-6456-0645**
時月～水・金 10:00 ～ 23:00　土 10:00 ～ 21:00
日・祝 10:00 ～ 20:00
内ジム・スタジオ・ゴルフ・エステ・サウナ・風呂・クライミングほか　　　　　　　　　　**休**木

セントラルウェルネスクラブ葛西店 🅟

中葛西 3-33-12 ･･････････ **03-5667-1070**
時火〜金 9:30 〜 22:00　土 10:00 〜 20:00
日・祝 10:00 〜 19:00　　　　　　休月

FASTGYM24 葛西店 🅟

東葛西 6-2-7-5F ･･････････ **03-5679-5360**
受月・火・木 12:30 〜 15:00　16:00 〜 20:00
日・祝 10:00 〜 15:00　16:00 〜 18:00

ヘルスコンサルティング㈱ 🅟

中葛西 2-17-8 ･･････････ **03-3877-7708**
受 10:00 〜 18:00

Body Base 🅟

中葛西 5-42-3-4F ･････････ **03-5878-1247**
内パーソナルトレーニングスタジオ
時月〜金 10:00 〜 22:00　土 9:00 〜 21:00
日・祝 9:00 〜 20:00

サッカー・フットサル

宇喜田サッカークラブ 🅟

西葛西 4-6-5 ･････････････ **03-3689-5428**
時火・金／小 1 〜 3　月・水／小 4 〜 6

テニス

コナミスポーツ　テニススクール　西葛西 🅟

西葛西 6-13-3 ･･････････ **03-3680-4161**
受月・水・木 11:00 〜 22:00　土 7:30 〜 21:30
日 7:30 〜 18:30　　　　　　休火・金

フェリエインドアテニスクラブ 🅟

中葛西 5-21-7 ･･････････ **03-3877-7877**
受 9:00 〜 24:00

---

para Sports

誰もがあきらめずにスポーツを楽しめるように
全国初「東京パラリンピック22競技 "できる" 宣言」

　江戸川区は、東京 2020 大会で実施された
パラリンピック 22 競技の全てを、区内のスポー
ツ施設などで実施できる環境を整備。障害の
有無や年齢などにかかわらず、誰もがスポー
ツに親しむことができる社会の実現に向けて、
全国初「東京パラリンピック 22 競技 "できる"
宣言」を 2020 年 12 月にスタートさせている。
　区ではこれまでに、都内区市町村で初の障
害者スポーツ専担の係を設置するなどしてお
り、地域をあげたパラスポーツ普及への取り
組みはモデルとなる先駆的なものと評価され、
国から「先導的共生社会ホストタウン」に認
定されている。
　バスケットボール、ボッチャ、軽運動、体操、
エアロビクス、水泳など、障害者が定期的・
継続的に通うことができる教室「オランダク
ラブ」や、障害者を含めて自分に適したスポー
ツの相談ができる「スポーツコンシェルジュ」
を、区立スポーツ施設で展開。「車いすラグ
ビー」など 10 競技が区立スポーツ施設の「一
般公開」で利用可能だ。
　また区の施設・民間のスポーツクラブや柔
道場、河川敷などのさまざまな資源を活用し
つつ、他方では足りない条件を補うため総額
約１３００万円をかけて乗馬体験用の馬（※
現在、育成中）や車いすフェンシングの備品
などを取り揃え、民間事業者などの協力を得
て、全 22 競技に取り組める環境を整えた。
　どこでできるかは公式ホームページを。

■ 22 競技の概要
アーチェリー／自転車競技／パワーリフティ
ング／卓球／車いすラグビー／陸上競技／馬
術／ボート／テコンドー／車いすテニス／バド
ミントン／5 人制サッカー／射撃／トライアス
ロン／ボッチャ／ゴールボール／シッティング
バレーボール／車いすバスケットボール／カ
ヌー／柔道／水泳／車いすフェンシング

▲ボッチャを楽しむ

塾・習い事・スポーツ

卓球

T.T Labo 葛西 🅟
中葛西 5-19-30-2F ‥‥‥‥‥‥ **03-6795-9762**
時 9:00 ～ 21:30 ※予約制　　**休**不定休

礼武卓球道場 🅟
中葛西 2-24-12-3F ‥‥‥‥‥‥ **03-3804-0402**
対 4 歳～一般
時月 17:00 ～ 18:00　火～金 9:30 ～ 20:00
土・日 9:30 ～ 18:00

ゴルフ

葛西駅前ゴルフスクール 🅟
東葛西 6-1-6 ‥‥‥‥‥‥‥‥ **03-6808-7000**
時月～金 11:00 ～ 22:00
土・日・祝 10:00 ～ 20:00

GOLFING BASE TOKYO
西葛西 3-22-10 ‥‥‥‥‥‥‥ **03-5659-0818**
時月～金 9:40 ～ 23:30
土・日・祝 8:30 ～ 20:00

ステップゴルフプラス西葛西店 🅟
西葛西 6-16-1-2F ‥‥‥‥‥‥ **03-3680-5333**

ZEN GOLF RANGE 葛西店 🅟
南葛西 1-14-13-1F ‥‥‥‥‥ **050-5357-3129**

ロッテ葛西ゴルフ 🅟
臨海町 2-4-2 ‥‥‥‥‥‥‥‥ **03-5658-5600**

ワイズワンゴルフスクエア西葛西店（スクール） 🅟
西葛西 6-18-10-2F ‥‥‥‥‥ **03-5878-1022**
時月～金 10:00 ～ 21:50　土 9:00 ～ 20:50
日 8:00 ～ 20:50

ロッククライミング

ロックランズ 🅟
東葛西 5-27-16 ‥‥‥‥‥‥‥ **03-5659-0808**
時月～金 12:00 ～ 23:00　土 8:00 ～ 22:00
日・祝 8:00 ～ 21:00　　　　**年中無休**

ボート免許

ニューポートマリンクラブ 🅟
東葛西 3-17-16 ‥‥‥‥‥‥‥ **03-3675-4702**
内ボート免許スクール　※予約制
受 8:00 ～ 17:00　　　　　　**休**火

ダイビングショップ・サーフショップ

スクランブルサーフショップ 🅟
東葛西 1-20-19 ‥‥‥‥‥‥‥ **03-3688-7254**
受月～土 15:00 ～ 21:00　日・祝 12:00 ～ 18:00

㈲東京ダイビングセンター 🅟
西葛西 6-25-9-1F ‥‥‥‥‥‥ **03-3686-6617**

ブルー＆スノーダイビング葛西店 🅟
東葛西 6-16-1-1F ‥‥‥‥‥‥ **03-6808-1322**

公営スポーツ施設

★詳しい情報はP192へ

スポーツセンター
西葛西 4-2-20 ‥‥‥‥‥‥‥ **03-3675-3811**

陸上競技場　清新町 2-1-1 ‥‥‥ **03-3878-3388**

江戸川区球場　西葛西 7-2-1 ‥ **03-3878-3741**

臨海球技場　臨海町 1-1-2 ‥‥‥ **03-3680-9251**

西葛西テニスコート
西葛西 8-17-1 ‥‥‥‥‥‥‥ **03-6808-4158**

新左近川親水公園カヌー場
臨海町 2 丁目先 ‥‥‥‥‥‥ **03-5605-1137**

総合体育館　松本 1-35-1 ‥‥ **03-3653-7441**

**スポーツランド（テニス・フットサル〈通年〉・
アイススケート〈10月～5月〉・プール〈7月～8月〉）**
東篠崎 1-8-1 ‥‥‥‥‥‥‥‥ **03-3677-1711**

水辺のスポーツガーデン
東篠崎 2-3 先 ‥‥‥‥‥‥‥ **03-5636-6550**

小岩テニスコート
北小岩 6-43-1 ‥‥‥‥‥‥‥ **03-3673-0202**

谷河内テニスコート
谷河内 2-9-19 ‥‥‥‥‥‥‥ **03-3677-9569**

松江テニスコート
松江 5-5-1 ‥‥‥‥‥‥‥‥‥ **03-3656-7702**

江戸川グラウンド
江戸川河川敷 ‥‥‥‥‥‥‥ **03-5662-1636**

小松川グラウンド
荒川河川敷 ‥‥‥‥‥‥‥‥ **03-5662-1636**

小松川さくらホール（卓球・バドミントン・温水プール）
小松川 3-6-3 ‥‥‥‥‥‥‥‥ **03-3683-7761**

小岩アーバンプラザ（スカイプール）
北小岩 1-17-1 ‥‥‥‥‥‥‥ **03-5694-8151**

都立篠崎公園（テニス・野球場）
上篠崎 1-25-1 ‥‥‥‥‥‥‥ **03-3670-4080**

江戸川総合人生大学

"地域デビュー"の第一歩を踏み出そう！

地域貢献を志す区民を応援するため、学びと実践の場として
江戸川区が平成16年10月に開学した大学。地域の課題を発見・認識し、
積極的に地域貢献できる人材に成長することを目指す大学だ。

学長 北野大

私たちと一緒に
一歩踏み出して
みませんか？

	学 科	主要テーマ
地域デザイン学部	江戸川まちづくり学科	暮らしやすいまちづくり
	国際コミュニティ学科	国際交流・共生
人生科学部	子育てささえあい学科	子育て支援・地域教育
	介護・健康学科	地域と高齢社会

多種多様な学びのスタイル

キャンパスは江戸川区全体。講義室での座学はもちろん、
江戸川区内のさまざまな現場へ出向いて授業を行う。

講 義

篠崎文化プラザで行う講義で基礎知識を高める。

フィールドワーク

研究テーマに沿った現場に出向き、
意見交換などを通じ学びを深める。

グループワーク

さまざまな切り口でグループを作って討論。
新しいアイデアも生まれる。

発 表

学習の成果を発表し、プレゼンテーション力を高める。

授 業 料	年間3万円	修学期間	2年

入学資格 区内在住、在勤、在学いずれかに該当し、2年間継続して学ぶことができ、その成果を地域貢献活動
として実践する意欲のある人。年齢制限なし。日本語の授業に支障なければ外国人も入学可。

入学申し込み 学生募集は毎年7月頃の予定（入学は10月〜）。詳しくは7月頃から区施設（区役所、各事務所、図書館、
コミュニティ会館など）で配布される入学案内を参照のこと。

問い合わせ 江戸川区篠崎町7-20-19篠崎文化プラザ内
☎03-3676-9075（江戸川総合人生大学事務局）🖥 https://www.sougou-jinsei-daigaku.net/
※江戸川総合人生大学は、学校教育法で定める正規の大学ではありません。

葛西ガイド

いろいろな施設がそろっている
スポーツセンター

西葛西 4-2-20 ☎ 03-3675-3811

👆**ココが ポイント** プールや体育館のほか、柔道場・剣道場やトレーニングマシンなどさまざまな設備を備えた屋内運動場。区の公共施設なので利用料も安い。地域のスポーツ教室や同好会なども多種多様で老若男女問わず誰でも気軽に利用できる。自分に合ったメニューを探していい汗流そう！

😄 **利用しています** 毎週ヨガ教室へ通っています。子どもを連れて行っても、館内にいろいろあるので飽きずに遊べて安心。子どもは温水プールも利用しています。（北葛西 40 代女性）

■**交通** 東西線西葛西駅より徒歩7分
■**駐車場** 83台（有料）
最初の1時間200円、以後1時間毎100円
※毎週土曜、第3駐車場は障害者専用
■**オープン** 1981年11月
■**年間利用者** 92万7176人（2019年度）
■**利用時間** AM9～PM11（日・祝PM10まで）
　※開館時間は8:45～
■**休館日** 6月14日・15日／11月8日／12月29日～12月31日／3月14日（2022～2023年予定）
■**利用料金（2022年4月1日現在）**
　一般公開／高校生相当以上210円、小・中学生50円　※お得な回数券1050円（210円券6枚綴り）、500円（50円券12枚綴り）もあり

■**施設**
○1階…温水プール（大・小）、柔道場・剣道場、卓球室、みんなのスポーツルーム トレーニング室
○2階…会議室（第1・2）、和室、中央更衣室、事務室、医務室
○3階…大体育室、小体育室
○4階…観覧席（大体育室用）

■**一般公開（個人利用）**
　一般公開日であれば、誰でも自由に利用できる。※温水プール・スポーツルームの利用時間は1回2時間を目安に利用可
◆**利用区分（大体育室・小体育室・卓球室）**
　午前（AM9～PM1）
　午後（PM1～6）
　夜間（PM6～10:30、
　　　　日・祝日はPM9:30まで）
※卓球・バドミントンの利用は初回1時間利用。その後30分ずつ延長が可能

■**貸切（団体利用）**
　大体育室、小体育室、卓球室、柔道場、剣道場、会議室、和室を施設利用区分で定めた日に限り貸切利用できる（利用区分についてはスポーツセンターに問い合わせを）。
〈貸切利用受付〉
○利用日の3カ月前から、直接来館か電話で。
○大体育室の半面利用と体育目的外の場合のみ利用日の2カ月前から。
○貸切利用料金は次頁を参照。

スポーツ教室もあるよ！
日ごろの健康づくりと技術の向上をお手伝い
エアロビクス・ヨーガ・親子体操・小学生体操・バレエ・ピラティスやフラダンスほか、多数。詳しくは問い合わせを。

葛西ガイド

■体育棟団体貸切使用料（月〜土曜日）　　　　　　　　　　　　　　　　2022年4月1日現在

区分　施設名	午前 9:00〜12:00	午後 13:00〜17:00	夜間（1）18:00〜20:30	夜間（2）21:00〜22:30	全日 9:00〜22:30
大 体 育 室	12,570 円	16,550 円	17,500 円	10,500 円	57,120 円
小 体 育 室	4,720 円	7,120 円	7,400 円	4,500 円	23,740 円
卓 球 室	3,980 円	5,550 円	5,800 円	3,500 円	18,830 円
柔 道 場	2,200 円	3,040 円	3,200 円	1,900 円	10,340 円
剣 道 場	2,200 円	3,040 円	3,200 円	1,900 円	10,340 円
会 議 室	1,250 円	1,780 円	1,800 円	1,100 円	5,930 円
和 室	520 円	840 円	900 円	500 円	2,760 円

■体育棟団体貸切使用料（日曜日・祝日）

区分　施設名	午前 9:00〜12:00	午後 13:00〜17:00	夜間 18:00〜21:30	全日 9:00〜21:30
大 体 育 室	12,570 円	16,550 円	24,410 円	53,530 円
小 体 育 室	4,720 円	7,120 円	10,270 円	22,110 円
卓 球 室	3,980 円	5,550 円	8,070 円	17,600 円
柔 道 場	2,200 円	3,040 円	4,400 円	9,640 円
剣 道 場	2,200 円	3,040 円	4,400 円	9,640 円
会 議 室	1,250 円	1,780 円	2,410 円	5,440 円
和 室	520 円	840 円	1,150 円	2,510 円

※区外団体の場合、使用料は異なる

プール

■プール（個人利用）

　ウォーキングコースも用意してあるので、初めての人も、泳ぎたい、練習したいという人にもおすすめの室内温水プール。乳幼児から成人まで幅広い年齢層に合わせた水泳教室や、海の日からの夏休み期間中の午前7時〜8時45分に開放される「早朝プール」もあるので気軽に参加してみよう。出勤前にひと泳ぎというのもいいかも。

　団体利用のないときはいつでも利用OKだけど、夏休み期間中とそれ以外は利用スケジュールが変わるので、詳しいことはスポーツセンターへ問い合わせを。
◆25m×15m（公認−7コース）・水深1.2〜1.5mの大プール、15m×8m・水深0.8〜0.9mの小プールの2つ
◆入場時間は1回につき2時間を目安に利用可
◆利用の際は水泳帽を必ず着用
◆幼児（2歳6カ月以上かつおむつがとれている）の利用は、保護者1名につき幼児2名まで

スポーツセンターまつりに行ってみよう

　例年11月3日（文化の日）はスポーツセンターで「まつり」が開かれる。
　大体育室では、一般参加の運動会が繰り広げられる。当日申し込みをした人たちやスポーツセンターのサークルに参加している人たちが、4チームに分かれての玉入れゲームなどを思いっきり楽しんでいる。老若男女を問わず、小さな子どもたちにも大人気。当日参加者、約1万2000人！（2019年度）とまさにスポーツの秋を満喫できる一大イベントなのだ。ゲームだけでなく、豪華景品が当たるクイズもあり、サークルが模擬店を出店したりと一日中楽しめる。

　一日に約1万人もの人が訪れる人気の秘密は、低料金でマメに開催しているいろいろな教室や、施設の充実ぶり。スタッフの対応のよさも目をひく。ということは、その日だけでなく、継続的に利用しているファンが多いということなのでは？　体を動かしたくなったら、スポーツセンターをのぞいてみてはいかが？「まつり」がいいきっかけになるかも。
●問い合わせ　スポーツセンター ☎03-3675-3811

一般公開もあり
江戸川区陸上競技場

清新町 2-1-1　☎ 03-3878-3388

■交通　東西線西葛西駅より徒歩15分
　都営バス（4番のりば臨海町2丁目団地前行
　き）清新ふたば小学校前下車
■駐車場　95台
■オープン　1984年
■年間利用者　約26万人（2019年度）
■利用時間　AM9～PM9
■休場日　12月28日～1月4日

■施設
○日本陸上競技連盟第三種公認施設
○トラック（1周400m8コース）
　3000m障害走路設置
○フィールド（跳躍、投てき、サッカー、ラ
　グビーなど）
○夜間照明設備あり
○観客施設6784人収容
　（メインスタンド2034人、うち車イス席10
　人、バックスタンド2750人、芝生席2000人）
○その他　会議室、売店、男・女更衣シャワー
　室、ロッカー208人分

〈利用受付〉
◆貸切利用（団体利用）
○貸切利用aは利用月の3カ月前から受付。貸
　切利用bは利用月の2カ月前から受付。3カ月
　前の1日に公開抽選。
○受付は陸上競技場で

ココがポイント　国際大会などの大きな大会が行われるりっぱな競技場。大きな大会だけではなく、小中学校の大会なども開催される。個人利用も可能で、中高生から一般の人、実業団選手まで幅広く利用されている。全国レベルのトップアスリートに会えるかも！　陸上競技のほか、フィールドではサッカーもOK！

◆一般公開（個人利用）
○毎週火・木・土曜日の夜間および利用日の一
　週間前までに貸切利用の申し込みがない昼
　間に限り開放。
○受付は陸上競技場で（利用日に直接競技場へ）
○利用を制限する種目もあり

■個人使用料（一般公開使用料）※回数券あり　　2022年4月1日現在

単位時間　　　　利用者の区分	午前 9:00～13:00	午後 13:00～17:00	夜間 17:00～21:00
一般（高校生以上）	210 円	210 円	320 円
小・中学生	50 円	50 円	70 円

■貸切使用料

2022年4月1日現在

貸切利用 (a)			9:00~13:00	13:00~17:00	17:00~21:00	9:00~21:00
施設全体	一般	平　日		33,000円		99,000円
		土・日・祝		39,600円		118,800円
	中学生以下	平　日		16,500円		49,500円
		土・日・祝		19,800円		59,400円
グラウンドおよびメインスタンド	一般	平　日		28,390円		85,170円
		土・日・祝		34,050円		102,150円
	中学生以下	平　日		14,200円		42,600円
		土・日・祝		17,020円		51,060円
グラウンドのみ	一般	平　日		25,670円		77,010円
		土・日・祝		30,800円		92,400円
	中学生以下	平　日		12,830円		38,490円
		土・日・祝		15,400円		46,200円

貸切利用 (b)		9:00~11:00　11:00~13:00　13:00~15:00　15:00~17:00　17:00~19:00　19:00~21:00の単位時間ごとの使用料		
		施設全体	グラウンドおよびメインスタンド	グラウンド
一般	平　日	16,550円	14,250円	12,880円
	土・日・祝	19,900円	17,080円	15,400円
中学生以下	平　日	8,280円	7,120円	6,450円
	土・日・祝	9,950円	8,540円	7,700円

誰でもカヌーに親しめる場に

江戸川区新左近川親水公園カヌー場

臨海町二丁目地先　☎ 03-5605-1137

■**交通**　東西線「西葛西駅」南口徒歩20分
都バス(西葛27臨海町二丁目団地行き)「紅葉川高校前」下車徒歩3分
■**駐車場**　200台(新左近川親水公園の有料駐車場)
■**利用時間**　4~8月 AM9~PM6、9月・3月 AM9~PM5、10~2月 AM9~PM4
■**休場日**　12月28日~1月4日
■**施設**
○カヌースラローム場、カヌースプリント場、カヌーポロ場、多目的カヌー場
・**管理棟**　事務室・多目的トイレ・男女および障害者用更衣室・シャワー室
・**艇庫**　1日もしくは1カ月単位で利用可能

■**利用料金(1時間単位)**
一般(高校生以上)100円、小中学生は50円。貸切の場合は420円。カヌーレンタル(別途一般100円、小中学生50円)
〈利用受付〉
◆**貸切利用**
利用希望日の3カ月前の1日から施設窓口で先着順受け付け。当日使用料を支払う。
◆**個人利用**
1週間前までに貸切利用の申し込みがない時間帯に1時間単位で利用できる。施設窓口で当日先着順受け付けして使用料を支払う。小学生以下の利用は保護者または指導者の付き添いが必要。

広場もあるよ！
江戸川区臨海球技場

臨海町 1-1-2　☎ 03-3680-9251

■交通
JR京葉線葛西臨海公園駅下車徒歩15分
都営バス（東西線西葛西駅から臨海町2丁目
団地前行き）臨海町1丁目下車徒歩5分
■駐車場　42台（うち身障者専用1台）
■オープン　1989年
■年間利用者　20万2712人（2020年度）
■利用時間　AM8～PM9
■休場日　12月28日～1月4日、
　　　　冬季グラウンド補修期間

■施設
○**南面**　少年野球場4面
　（一般利用のときは2面）
○**北面**　多目的グラウンド2面
　（ラグビー・ラクロス・アメフトのときは1面）
○**フットサルコート**　2面
○夜間照明、エスカレーター、更衣室、シャワー
　室（男子7ブース、女子3ブース）、ロッカー
　（男子128、女子24）

■利用料金（2022年4月1日現在）
○グラウンド使用料（フットサルコートも含む）
　一般（高校生以上）1面1570円（1時間）
　中学生以下無料
　※入場料を徴収する場合は、上記使用料の5
　割増し・夜間照明設備使用料
　野球場2620円（南面、1面・1時間）
　サッカー1575円（北面、1面・1時間）
　サッカー以外ラグビー・ラクロスなど
　3150円（2面・1時間）　フットサルコート
　520円（1面・1時間）

〈利用受付〉
○臨海球技場で受付
○中学生以下は利用月の3カ月前から受付
　※3カ月前の10日に公開抽選
○一般は利用月の2カ月前から受付
　※2カ月前の10日に公開抽選
○詳細は臨海球技場へ問い合わせを
　※フットサルコートはインターネット予約のみ

☞ココがポイント　葛西水再生センターの上に
ある球技場。自由に遊べる広場
も併設されているので、気軽に
足を延ばしてみては。

196

スタンドのある区の野球場はここだけ
江戸川区球場
西葛西 7-2-1　☎ 03-3878-3741

■交通　東西線西葛西駅より徒歩3分
■駐車場　40台　■オープン　1984年
■年間利用者　約10万人（2019年度）
■利用時間　AM8～PM9
■休場日　12月28日～1月4日、冬季グラウンド補修期間およびグラウンド整備日

■施設
○グラウンド （両翼90m、中央118m、内野・混合土、外野・芝）・夜間照明、スコアボード（電光表示）
○観客施設4014人収容 （内野席2284人、外野席1700人、多目的観覧エリア10人、車イス席20人）
〈利用受付〉
○毎月2日に利用月3カ月前からの分を公開抽選（少年は利用日の2週間前から受付）
○詳細については問い合わせを

■利用料金(2022年4月1日現在)
○グラウンド使用料　一般　1時間　6300円
　※入場料を徴収する場合は、上記使用料の5割増し
○夜間照明設備使用料　1時間　4190円

ココがポイント　4000人が観覧できるスタンドを備え、高校野球地区予選など大規模な大会も行われる。夜間や休日利用は混み合うので平日利用がおすすめ。

多目的に利用できるテニスコート
西葛西テニスコート
西葛西 8-17-1　☎ 03-6808-4158

■交通　東西線西葛西駅より徒歩15分、都営バス（西葛20甲なぎさニュータウン行き、西葛20乙葛西臨海公園駅行き）中葛西7丁目下車
■駐車場　有料16台　身体障害者用2台
■休場日　12月30日16:00～1月3日

■施設
○ハードコート・フットサル・バスケット兼用2面、人工芝コート6面
○夜間照明、更衣室、シャワー
〈利用受付〉
施設予約システム「えどねっと」から予約（事前登録が必要）

■利用料金(1時間1面)(2022年4月1日現在)
テニス420円　フットサル630円
バスケットボール840円
夜間照明料320円

■利用時間

利用月	平日・土曜	日曜・祝日	夜間照明時間
4～9月	8:00～22:00	6:00～22:00	18:00以降
10月		6:00～21:00	17:00以降
11月		7:00～21:00	16:00以降
12～1月	8:00～21:00	8:00～21:00	
2月		8:00～21:00	17:00以降
3月		7:00～21:00	

葛西ガイド

197

江戸川区葛西区民館

中葛西 3-10-1 ☎ 03-3688-0435

■交通
東西線葛西駅から徒歩5分
都営バス（船堀駅→なぎさニュータウン行き）
葛西区民館前下車
■駐車場　60台
■オープン　1974年8月
■年間利用者　15万4759人（2020年度）
■施設
○1階…葛西事務所
○2階…集会室第1、くつろぎの間
○3階…集会室第2〜3、和室、講座講習室、
　　　レクリエーションホール、管理事務室（施設
　　　予約システム「えどねっと」申し込み窓口）
○4階…ホール
新館（葛西健康サポートセンター）
○2階…健康スタジオ、子育てひろば
○3階…集会室第4〜6、マイナンバーカード
　　　専用窓口
■開館時間　AM9〜PM9:30
■休館日　年末年始

【くつろぎの間】
　江戸川区在住の60歳以上が対象。大広間、
テレビ、カラオケ、囲碁・将棋の部屋がある。
　利用時間／AM9〜PM4:30
　利用料金／無料
　　　　　　（利用証が必要。申し込みは3階の
　　　　　　管理事務室へ）

　1階は区役所の業務の一部を取り扱う葛西事務所（下記参照）。2階から4階と隣の葛西健康サポートセンターの一部が、集会室や健康スタジオ、和室などの貸室に。4階のホールは劇場型となっている。

使用料（円／税込）　※2022年4月1日現在

利用区分 室名	午前 9:00〜 12:00	午後 13:00〜 16:30	夜間 17:30〜 21:30	全日 9:00〜 21:30	定員
ホール 平　日	4,400	8,280	11,210	23,890	501名
ホール 土・日・祝	5,240	9,950	13,410	28,600	
集会室第1	630（1時間単位）				60名
集会室第2	210（1時間単位）				30名
集会室第3	210（1時間単位）				30名
集会室第4	420（1時間単位）				50名
集会室第5	210（1時間単位）				30名
集会室第6	420（1時間単位）				36名
和　　室	320（1時間単位）				30名
講座講習室	630（1時間単位）				70名
健康スタジオ	1,050（1時間単位）				30名
レクリエーション ホール	貸切　630（1時間単位） 一般開放（卓球）　一般（高校生以上）100 　　　　　　　　　小・中学生　　　無料 曜日・時間は問い合わせを。				

一般開放のみ2時間単位。それ以外は1時間単位。
※使用料の減免があります。

葛西事務所

電話／ 03-3688-0431
受付時間／ AM8:30 〜 PM5
閉庁日／土・日・祝、年末年始
【取り扱う事務】
■戸籍・住民基本台帳
○戸籍届（出生・死亡・婚姻など）の受理
○住民異動届（転入・転出・転居など）の受理
○戸籍謄本・抄本、住民票の写しなどの交付
○印鑑登録および印鑑登録証明書の交付
○通知カードの再交付、個人番号カード交付など

■医療
○乳幼児・子ども医療証の発行、後期高齢者医療
　制度の届出など
■その他
○国民健康保険や国民年金への加入、脱退、変更
　などの届出
○住民税の払い込み、納課税証明書の発行など
○軽自動車税の申告、払い込みなど
○生活一時資金の貸付
○乳児養育手当の申し込み　など

葛西ガイド

▶**公共団体**……………………………… **207**
東京商工会議所、（公社）東京青年会議所、ライオンズ
クラブ、生活協同組合、社会福祉協議会、医師会、歯科
医師会

▶**社会活動をする・ボランティアをする**… **207**
社会活動団体、ボランティア団体

▶**サークルに入る** ……………………… **210**
文化サークル、スポーツサークル

★Ⓕ はFAX番号、Ⓣ＆Ⓕ は電話番号とFAX番号、ⒽⓅ はホームページあり

コミュニティー

コミュニティ会館

コミュニティ会館（7館）共通項目

- ■開館時間　AM9〜PM9:30
- ■休 館 日　12/28〜1/4
- ■利用申込　直接来館するか、施設予約システム「えどねっと」への登録が必要。詳細は各会館に問い合わせを。

新型コロナウイルスの状況により、使用条件を制限して開館の場合あり。詳しくは区の公式HPを参照か、コミュニティ会館へ問い合わせを。

臨海町コミュニティ会館

臨海町 2-2-9　☎ 03-3869-2221

土・日・祝日には卓球、バドミントンの開放あり（用具の貸し出しもしている）。「りんかいフェスタ」は、ステージ発表や作品展示、模擬店などを盛り込んだ楽しいイベント。

- ■交通　都営バス（西葛西駅→臨海2丁目団地行き）紅葉川高校下車
- ■駐車場　10台　■オープン　1989年4月
- ■年間利用者　4万6223人（2020年度）
- ■施設
- ○1階…スポーツルーム、音楽室（ピアノ）、集会室第6
- ○2階…集会室第1〜5、和室

使用料／時間(円／税込)　※2022年4月1日現在

スポーツルーム	貸 切	730
	一般開放	一般(高校生以上)100／小・中学生無料
集 会 室 第 1		630
集会室第2・第3・第5		各 210
集会室第4・第6		各 420
和　　　　室		420
音　楽　室		320

スポーツルーム一般開放のみ2時間単位。
※使用料の減免があります。

清新町コミュニティ会館

清新町 1-2-2　☎ 03-3878-1981

- ■交通　東西線西葛西駅から徒歩12分
- ■駐車場　専用なし　■オープン　1983年4月
- ■年間利用者　6万8427人（2020年度）
- ■施設
- ○1階…ホール（客席数160、ステージあり、ピアノ）、レクリエーションホール第1（卓球台4、更衣室）、レクリエーションホール第2（ダンスバー、更衣室）、音楽室第1・2（ピアノ）、集会室第1・2、多目的ルーム（PM5:30〜9:30／カラオケ、ピアノ）
- 【くつろぎの間】　60歳以上専用。日本間、舞台、洋間、カラオケがある。利用時間／AM9〜PM4：30
- ○2階…集会室第3〜5、料理講習室、和室、コミュニティ図書館

地元団体による定期的なコンサートや発表会が行われている。

使用料／時間(円／税込)　※2022年4月1日現在

ホール利用	平　　　日	1,250
	土・日・祝日	1,470
	スポーツルーム利用	630
レクリエーションホール第1	貸 切	630
	一般開放	一般(高校生以上)100／小・中学生無料
レクリエーションホール第2		630
多 目 的 ル ー ム		210
集会室第1〜第5		各 210
和　　　　室		320
料 理 講 習 室		420
音楽室第1・第2		各 210

レクリエーションホール第1一般開放のみ2時間単位。
※使用料の減免があります。

葛西ガイド

北葛西コミュニティ会館

北葛西 2-11-39　☎ 03-5658-7311

行船公園より徒歩1分の
ところに位置する。ホール
にはステージもあり、ス
ポーツルームとしての利用
も可能。11月には「サー
クル発表会」が開催される。

■交通　東西線西葛西駅から徒歩15分、都営
バス（西葛西駅→新小岩行き）北葛西二丁目
下車徒歩5分
■駐車場　7台（身障者用1台含む）
■オープン　1996年4月
■年間利用者　4万6933人（2020年度）
■施設
○1階…ホール（パイプ椅子230、ステージあり、
軽スポーツの使用可）、集会室第1・2
○2階…集会室第3、音楽室、和室

使用料／時間(円／税込)　　※2022年4月1日現在

ホール	ホール利用	平　　日	1,250
		土・日・祝日	1,470
	スポーツルーム利用	貸　切	730
		一般開放	一般（高校生以上）100／小・中学生無料
集会室第1〜第3			各420
和　　　　室			420
音　　楽　　室			320

ホール（スポーツルーム）一般開放のみ2時間単位。
※使用料の減免があります。

長島桑川コミュニティ会館

東葛西 5-31-18　☎ 03-5679-6022

　2011年4月10日、長島・桑川地区にオープ
ンした。スポーツルームや集会室、音楽室など
があるので、サークル活動や文化活動、屋内ス
ポーツなどさまざまな集まりに利用できる。南
向きのエントランスの壁面は総ガラス張り、日
差しがいっぱいだ。

■交通　東西線葛西駅から徒歩15分、都営バ
ス・京成バス長島町交差点下車徒歩10分
■駐車場　11台（身障者用1台含む）
■駐輪場　62台
■オープン　2011年4月
■年間利用者　5万2044人（2020年度）
■施設
○1階…スポーツルーム、レクリエーション
ホール、事務室
○2階…音楽室、健康スタジオ、集会室第1
○3階…集会室第2〜4（第2・3は接続使用
可）、和室

使用料／時間(円／税込)　　※2022年4月1日現在

スポーツルーム	貸　切	730
	一般開放	一般（高校生以上）100／小・中学生無料
レクリエーションホール	貸　切	630
	一般開放	一般（高校生以上）100／小・中学生無料
健　康　ス　タ　ジ　オ		1,050
和　　　　室		420
集会室第1〜第3		各420
集　会　室　第　4		210
音　　楽　　室		420

スポーツルーム・レクリエーションホール一般開放
のみ2時間単位。
※使用料の減免があります。

新田コミュニティ会館

中葛西 7-17-1 ☎ 03-5658-7211

左近川べりに建つ水辺の会館。館内からの見晴らしが良く、親水公園の季節ごとの風景が楽しめる。毎年12月上旬には、同館で活動するサークルが日頃の成果を披露する「サークル発表会」が開催される。

■交通　東西線葛西駅下車徒歩15分、都営バス（西葛西駅→なぎさニュータウン行き）新田下車徒歩3分

■駐車場　5台
■オープン　1996年4月
■年間利用者　3万6931人（2020年度）
■施設
○1階…健康スタジオ（客席数150）、集会室第1
○2階…集会室第2・3（接続使用可）、和室

使用料／時間（円／税込）　　※2022年4月1日現在

健康	貸　切	1,050
スタジオ	一般開放	一般(高校生以上)100/小・中学生無料
集会室第1〜第3		各210
和　室		320

健康スタジオ一般開放のみ2時間単位。
※使用料の減免があります。

東葛西コミュニティ会館

東葛西 8-22-1 ☎ 03-5658-4073

アリオ葛西の向かい側に位置し、コミュニティ会館と区立図書館が併設。公園も隣接し地域住民の憩いの場となっている。

9月中旬には敬老行事として「笑顔いっぱい長寿の集い」が開催される。

毎週土・日（AM9〜PM5)にはバドミントンの一般開放がある。

■交通　都営バス（葛西駅→葛西21系統葛西臨海公園駅前行きまたはコーシャハイム南葛西行き）東葛西8丁目下車徒歩4分
■駐車場　12台
■駐輪場　150台（東側・北側）
■オープン　2005年7月
■年間利用者　6万5009人（2020年度）
■施設
○1階…区立図書館（2階まで）
○2階…集会室第1・2（接続使用可）、和室
○3階…集会室第3〜6（第3・4、第5・6は接続使用可）、音楽室（電子ピアノ、ギターアンプ）、スポーツルーム

使用料／時間（円／税込）　　※2022年4月1日現在

スポーツ	貸　切	730
ルーム	一般開放	一般(高校生以上)100/小・中学生無料
集会室第1〜第6		各420
和　　室		420
音　楽　室		320

スポーツルーム一般開放のみ2時間単位。
※使用料の減免があります。

南葛西会館

南葛西 6-8-9 ☎ 03-3686-9411

　毎年5月にフラワーガーデンで開催される「南江戸川ふるさとまつり」は、ここを拠点に行われる。また、11月にはサークルフェアを開催。

😊 **オススメ Voice**　★民謡舞踊の練習をするため月2回利用しています。　（70代・女性）

■交通　都営バス（葛西駅または西葛西駅→なぎさニュータウン行き）南葛西小学校下車
■駐車場　6台（身障用1台含む）
■オープン　1982年2月
■年間利用者　3万7670人（2020年度）
■施設
○1階…ロビー、学習室
○2階…集会室第1～3（第2、3は接続使用可）、和室
○3階…大広間第1～2（接続使用可、平日の月・水・金AM9～PM4：30は60歳以上専用の「くつろぎの間」となり一般利用不可）
○4階…レクリエーションホール第1（卓球台）
○5階…レクリエーションホール第2、更衣室

使用料／時間（円／税込）　※2022年4月1日現在

集会室第1～第3		各210
和　　　　　室		210
大広間第1・第2		各420
レクリエーションホール第1	貸　切	630
	一般開放	一般（高校生以上）2時間100 小・中学生30分無料
レクリエーションホール第2		630

一般開放のみ2時間単位。※使用料の減免があります。

新川千本桜の拠点 新川さくら館

　江戸川区の新名所「新川千本桜」。『新川さくら館』はその拠点となるもので、イベントや会合を行うことのできる多目的ホールや集会室のほか、伝統工芸品や飲み物を販売している「お休み処」、広場などもあり、地域の人はもちろん、新川散策に訪れた人も気軽に立ち寄れる施設だ。年間を通してさまざまなイベントを計画、館の前の船着場から続く広場橋「桜橋」も各種イベントやお祭り会場として利用されている。春にはお花見散策の休憩所としてぜひ利用したい。

●アクセス　都営バス葛西駅より錦糸町駅行き、船堀駅より葛西駅行き約5分「三角」または「船堀七丁目」下車徒歩3分
●AM9:00～PM9:30（入館は30分前まで）年末年始（12/28～1/4）休館 ※臨時休館あり
●お休み処　AM9:30～PM5:30（夏季6/1～9/30はPM6:00まで）
●入館無料
　※有料イベントは主催者の定めた入場料あり
●駐車場
　5台 小型・普通車／初めの1時間200円、以後1時間ごとに100円
●船堀7-15-12
　☎03-3804-0314

【施設使用料】　（2022年1月現在）

多目的ホール		630円／1時間	ダンス・卓球など軽運動、講演会、舞台、演芸
集会室	1（定員12名）	210円／1時間	各種会議、教室開催など（一体利用も可）
	2（定員24名）	210円／1時間	
広場	写真撮影	1657円／1時間	※利用申し込みはさくら館へ
	ロケーション	14625円／1時間	
	競技会、集会	39円／1日1㎡につき	
	上記以外	39円／1日1㎡につき	

※利用方法（広場以外）「江戸川区施設予約システム利用案内」で登録後、「えどねっと」で予約を。

お休み処▶

図書館へ
行こう

区立図書館は貸出券があれば、どこで借りてもどこで返してもOK。たまにはお散歩ついでに、いつもと違う図書館に行ってみると、新しい発見や出会いがあるかも！
また、各図書館で開催されている『映画会』『朗読会』『おはなし会』などのイベントにも注目してみよう！

区立中央図書館

中央 3-1-3 ☎ 03-3656-6211

区内で最も規模の大きい中央図書館では、利用した人に来てよかったと思ってもらえる図書館、行けば何か新しい発見がある図書館を目指して、豊富な資料と各種サービスを提供している。児童書や洋書も豊富に所蔵しており、レファレンスサービスなども充実している。各種講座・講演・企画展のほかにもCD・DVDなどの視聴覚資料やインターネット閲覧端末の利用など活字資料以外の情報が多いのも魅力。ぜひ一度、足を運んでみては（詳細は問い合わせを）。

■交通
　都営バス（葛西駅または西葛西駅→新小岩駅行き）江戸川区役所前下車徒歩5分
■蔵書数
　一般書約40万冊、児童書約8万冊、雑誌380種、CD約1万5000枚、DVD約4000枚（2021年4月1日現在）
■年間貸出点数
　約62万点（2020年4月～2021年3月）
■施設
○1階…一般図書（現代小説・エッセイ・旅行ガイド・文庫・新書・手芸・料理・大活字本・洋書など）、ティーンズコーナー、こども図書室
○2階…一般図書、視聴覚資料（CD、DVD）、一般閲覧席、新聞・雑誌コーナー、休憩室
○3階…参考図書室（年鑑・白書・辞典など）、地域・行政資料、一般閲覧席、社会人閲覧席（持込パソコン使用可）、インターネット閲覧端末、録音室（2室、防音設備設置）、対面朗読室（3室）、点字・録音資料作業室
○4階…講習室（3室）、研修室（2室）、視聴覚ホール

オススメ
Voice
★置いてある本の数が非常に多いのが魅力的です。　（60代・女性）

区立西葛西図書館

西葛西 5-10-47 ☎ 03-5658-0751

バリアフリーに配慮した利便性のよい図書館。3階のギャラリー（会議室）は一般に貸し出している。

- ■交通　東西線西葛西駅より徒歩5分
- ■オープン　1993年5月
- ■蔵書数　一般書9万4255冊、児童書3万7707冊、雑誌178種、CD6013枚、DVD1569巻（2021年4月1日現在）
- ■年間貸出点数
  61万7011点（2020年4月～2021年3月）
- ■定期的なイベント
  - ・おはなし会、人形劇など
  - ・大人向講座、講演会、朗読会ほか

😄 オススメ Voice
★探していた本以外でも、ふと目にとまって興味がわいた本を借りています。　　　　　　　（30代・女性）
★夜遅くまで開いているので助かります。新刊がよく入っています。

区立葛西図書館

江戸川 6-24-1 ☎ 03-3687-6811

- ■交通　都営バス（葛西駅→錦糸町駅行きまたは平井駅行き）三角下車
- ■オープン　1974年6月
- ■蔵書数　一般書6万3463冊、児童書3万2737冊、雑誌195種、CD6146枚（2021年4月1日現在）
- ■年間貸出点数
  44万9943点（2020年4月～2021年3月）
- ■定期的なイベント
  - ・おはなし会、工作会、人形劇など

周囲に緑の木々が多く、静かなたたずまいの図書館。昼間は幼児連れの親子の姿が目立つ。1階には、紙芝居コーナーがある。

😄 オススメ Voice
★健康について調べたいときに利用しています。コピーや本の検索もスタッフさんが優しくお手伝いしてくださいます。　　　　（60代・女性）

区立清新町コミュニティ図書館

清新町 1-2-2 清新町コミュニティ会館 2F
☎ 03-3878-1926

- ■交通　東西線西葛西駅から徒歩12分
- ■オープン　1983年4月
- ■蔵書数　一般書3万1658冊、児童書1万8617冊、雑誌47種（2021年4月1日現在）
- ■年間貸出点数
  20万7189点（2020年4月～2021年3月）
- ■定期的なイベント　・おはなし会（第4土曜）

緑豊かで、環境の良い清新町コミュニティ会館の2階にある。エントランスの四季折々の展示にも注目を。

😄 オススメ Voice
★スタッフが気軽に声をかけてくれたり、本探しを手伝ってくれたりして利用しやすいです。

葛西ガイド

205

区立東葛西図書館

東葛西 8-22-1 ☎ 03-5658-4008

東葛西コミュニティ会館との併設。アリオ葛西の向かい側にあり、公園にも隣接している。区内でも子どもの多い地区とあって、児童書も約4万3000冊と充実している。

■交通　都営バス（葛西駅→葛西21系統葛西臨海公園駅行きまたはコーシャハイム南葛西行き）東葛西8丁目下車徒歩4分、（葛西駅→葛西22系統一之江駅行き）仲町東組下車徒歩4分

■蔵書数　一般書9万2142冊、児童書4万2946冊、雑誌206種、CD7533枚、DVD2157巻（2021年4月1日現在）

■年間貸出点数
43万5065点（2020年4月～2021年3月）

■施設
○1階…新聞・雑誌・CD・DVDコーナー、児童図書、おはなしの部屋
○2階…一般図書、参考資料、閲覧スペース、風のテラス（屋外閲覧席）

★スタッフの声★
おはなし会、映画会などの行事や、特集展示に力を入れています。毎日来ても、なにか発見がある。そんな図書館を目指しています！

区立図書館共通利用方法

◆開館時間　AM9～PM9:30（小学生以下PM5まで、保護者同伴の場合は閉館まで利用可）。篠崎子ども図書館・鹿骨コミュニティ図書館はPM5まで。

◆休館日　第4月曜日（ただし祝日・振替休日の場合は翌平日）、特別図書整理期間、年末年始（12/31～1/2）、篠崎子ども図書館（12/29～1/3）・鹿骨コミュニティ図書館（12/29～1/3）

◆初めて借りるときは　カウンターで利用者登録をして貸出券をつくる。区内および隣接自治体（葛飾区・江東区・墨田区・足立区・市川市・浦安市）在住者は、住所・氏名・生年月日が確認できるもの（運転免許証・健康保険証など）、在勤・在学者はあわせて在勤（在学）証明書の提示が必要。

◆借りられる資料と貸出限度数
○図書・雑誌・紙芝居／10冊まで 2週間
○CD／3点まで 2週間
○DVD／2点まで 2週間

◆返却は　ブックポストは24時間受付。CD、DVDなどは壊れやすいので必ずカウンターへ返却を。

◆資料の予約　区立図書館で所蔵している資料は、予約をして希望する図書館に取り寄せて受け取ることができる。予約限度数は貸出限度数と同じ。カウンターのほかにOPACやホームページからも予約できる。

こんなに便利！

●OPAC（利用者端末）　館内にあるOPACで所蔵資料の検索や予約、借りている資料の貸出期間延長などができる。

●図書館ホームページ　パスワードを登録すると、予約や貸出期間延長などのサービスが利用できる。メールアドレスを登録すると、予約取置連絡がメールで受け取れる。江戸川区立図書館デジタルアーカイブ・公式Twitterの閲覧が可能。
https://www.library.city.edogawa.tokyo.jp/

●リクエストサービス　区内に所蔵のない図書については、他区などとの相互貸借制度を利用して提供できる場合がある（視聴覚資料や漫画等を除く）。

葛西ガイド

公共団体
public organization

東京商工会議所江戸川支部

事務局 船堀 4-1-1 タワーホール船堀 3F
················· **03-5674-2911**

会　長　森本勝也
副会長　高橋俊三　近藤昭義　白山良一
　　　　　髙橋桂治　西野輝彦　髙橋映治
　　　　　前田吉彦　吉田　誠　斉藤　実
　　　　　守　伸之

(公社)東京青年会議所江戸川区委員会

任期満了日　2022 年 12 月 31 日
事務局
　千代田区平河町 2-14-3 日本青年会議所会館 2F
················· **03-5276-6161**

委員長　　森田悟志
副委員長　柴山知世
副委員長　眞坂勇輝
総括幹事　神尾昭央
運営幹事　倉田　徹
会計幹事　内海真樹

東京江戸川ライオンズクラブ

任期 2022 年 6 月
事務局
　墨田区本所 1-10-5-3F　····· **090-3428-6619**
会　長　　長島常和　············ **03-3655-3030**
幹　事　　田中壽一　············ **03-3679-8021**
会　計　　奈良橋健造　········· **03-3691-7319**

東京江戸川東ライオンズクラブ

事務局　船堀 7-17-18　············ **03-5678-0330**
会　長　松澤和紀
幹　事　須貝利夫
会　計　南雲浩明

東京江戸川中央ライオンズクラブ

任期 2022 年 6 月
事務局　墨田区本所 1-10-5-3F
·········· Ⓕ 03-3633-8898···**090-3428-6619**
会　長　　吉原義智　············ **03-3633-8898**
幹　事　　浜田祐介　············ **03-5622-7652**
会　計　　佐藤　守　············ **03-3670-4451**

生活協同組合

生活協同組合コープみらい　ミニコープなぎさ店
　南葛西 7-1 ······················· **03-3675-6461**

江戸川区社会福祉協議会 Ⓗ

　松島 1-38-1 グリーンパレス内　**03-5662-5557**

江戸川区医師会 Ⓗ

事務局　中央 4-24-14 ············ **03-3652-3166**

(公社)東京都　江戸川区歯科医師会 Ⓗ

事務局　東小岩 4-8-6 ············ **03-3672-1456**

社会活動をする
ボランティアをする
social activity, volunteer

NPO 法人江戸川区視覚障害者福祉協会

理事長　松本俊吾　··········· **03-3877-0089**
　船堀 4-1-1 タワーホール船堀 3F 障害者協議室内
　ガイドヘルパー派遣事業および視覚障害者の社会
的自立と福祉の向上、会員相互の融和と親睦を図っ
ている。

東京進行性筋萎縮症協会

代表　三木　隆
　平井 4-22-2-2F ················· **03-5616-5579**
　医療と福祉の向上などを情報交換し、懇談やレク
リエーション活動を通じて会員の豊かな人間性を養
い、会員相互の親睦を深めることを目的としている。

コミュニティ

特定非営利活動法人　青洞の家

代表　高橋豊子

南小岩 3-11-3 ………………… **03-3659-7007**

　ヒジキの袋詰め作業を行ってきて40数年。障害者総合支援法の施行により、障害者福祉が根本から変化していくなか「青洞の家」も、喫茶室をおこしたり、リサイクル活動の一環としてミニフリーマーケットを開いたりと、デイサービス的な新しい活動に取り組んでいる。今後もさまざまな面で社会貢献を目指している。

社会福祉法人江戸川菜の花の会　菜の花作業所

中葛西 2-8-2 ………………… **03-3680-4735**

　2022年に35周年を迎えた知的障害者授産施設「菜の花作業所」で、33人がバスタオルやマットのクリーニングの仕事を通して生きがいを見つけている。見学随時OK。新しい仲間募集中。

Ⓗ https://www.edogawa-nanohana.or.jp/jigyousho/view/7

✉ nanohanasagyousyo@edogawa-nanohana.or.jp

NPO法人　発達わんぱく会　こころとことばの教室　こっこ葛西校

中葛西 4-9-18-3F

新規問い合わせ …………… **070-3353-5088**

　1歳半から小学校入学前までの発達障害もしくはその疑いのある子どもを対象に、発達段階に合わせて個別療育や集団療育を行っている。無料相談実施中（オンライン相談も可）。

Ⓗ https://www.wanpaku.org

知的障害者(児)の将来を実現する会

代表　村松明代

清新町 2-8-4-522 …………… **03-3878-6849**

　区内の障害児（者）の現状、将来などを話し合い、父母、教職員、ボランティアと交流を行っている。行政に対しても要望や問題点の改善などについて働きかけ、親睦を深めながら子どもたちとともに活動している。

特定非営利活動法人　江戸川・地域・共生を考える会

代表　高村ヒデ

………………………………… **03-3675-9670**

　「赤ちゃんからお年寄りまで、障がいがあってもなくてもいろんな人たちが、ひとつ屋根の下で楽しく過ごす」という富山型の理念に基づいてデイサービス（一緒がいいねひなたぼっこ）などを実施。

活動場所　江戸川区あったかハウス（南葛西 1-1-1）など

日時　第3日曜AM 10〜PM 2
　　　水曜・金曜AM 10〜PM 2

特定非営利活動法人　和船の会

代表　及川　茂 ………… **090-8514-1508**

　広く一般区民を対象にした和船乗船体験、和船文化や操船技術の伝承を通じて川辺に親しんでもらうことで、水辺のまちづくりが進展し、地域が活性化することを目指して活動している。

活動場所　新川さくら館前

日時　毎週金曜AM 9〜PM 3、
　　　第1・第3日曜AM 9〜正午、
　　　新川さくら館主催のイベント時

リサイクル団体 ASOBO 会

事務所　西葛西 5-1-5-2F

…… Ⓕ 050-3488-4797…**070-5043-1056**

　誰もが楽しくできるリサイクル活動を目指し、手作り品・家庭の不用品・日用雑貨・衣類などのフリーマーケットを開催。地元のコラボイベントなど企画し、地域活性化やごみの減量の活動をしている。フリーマーケット開催の詳細はHPで。

活動場所　総合レクリエーション公園自由広場（新田6号公園）や小島町2丁目団地ほか

日時　主に土曜・日曜AM10〜PM 3

Ⓗ http://recycle-asobo.org/

有償ボランティア

特定非営利活動法人 江戸川在宅支援グループ

理事長 大越利依子

一之江 3-7-11-1F ················ **03-5879-3980**

東京都介護保険指定団体、有償サービス団体。ケアプランの作成から援助活動まで NPO 法人として福祉の現場での活動団体。協力者・賛助会員募集中。

入会金 1000 円 **年会費** 3000 円 ※応相談

利用料金 1 時間 1200 円～

報酬 1000 円～、地域密着型介護保険・有償サービス対応

NPO 法人ココ COLOR ねっと江戸川

西葛西 5-6-11-2F

·············· Ⓕ 03-6456-0652··· **03-6456-0653**

介護保険では対応できない高齢者への生活支援サービスを有償のボランティアで行っている(会員制)。

入会金 1000 円 **利用料金** 1 時間 1200 円～

利用会員／お手伝い準備 2000 円

お手伝い会員／研修他 2000 円

Ⓗ http://kokonet-edogawa.org/

NPO 法人 ACT 江戸川たすけあいワーカーズもも

代表 仁ノ平洋子

船堀 6-11-25-1F ················ **03-3686-6730**

赤ちゃんからお年寄りまで、病気や出産などで援助を必要とする人を訪問し、家事援助、介助・介護、子育て支援等を行う。平日 AM9～PM5。時間外は応相談。親子ひろばとカフェもあり。

・**利用する方**

NPO 法人 ACT 年会費 3000 円

利用料金 2420 円／時間（税込）

・**支援等活動する方**

（**入会時**）**NPO 法人 ACT 年会費** 3000 円

もも入会費 5000 円 **年会費** 6000 円

時給 1044 円 ※移動手当等別途あり

NPO 法人 ハンディキャブ江戸川区民の会

代表 芦口清記

船堀 4-1-1 タワーホール船堀 3F

························ **03-5667-3321**

リフト付き自動車（ハンディキャブ）で、障害者や高齢者などの移送サービスを行う。事務所は AM9～PM4、土日祝休み。

年会費 3600 円

利用料 （片道）迎車550円＋基本110円＋176円／km

（公財）えどがわボランティアセンター

区民が共に支え合う地域社会づくりを進めるため、ボランティア活動を推進・支援している。ボランティア情報の提供、相談・紹介、きっかけづくりの講座・講習、ボランティアフェスティバルの開催、活動中の事故やけがに備えたボランティア保険の手続きなどを行っている。

■月曜～金曜 AM 9～PM 5

（土曜は月 2 回・日・祝、年末年始は休み）

■場所 グリーンパレス 1 階（松島 1-38-1）

■問い合わせ

☎ 03-5662-7671

http://edogawa-vc.jp/

相談例
・ボランティア活動に関心がある
・ボランティアをしてみたい
・ボランティアの力を借りたい

コミュニティ

circle activities

★このサークルの連絡先データは 2021 年 12 月現在のものです。本誌発行後、変更することもありますので、ご了承ください。変更になっている場合は、各会館等にお問い合わせください。また、カタログ編集部までご連絡いただければ幸いです。

連…連絡先	場…活動場所	時…活動日時
対…対象年齢	内…活動内容

文 化 サ ー ク ル

詩吟・大正琴・和太鼓

清新愛吟会　連木村初子　……**03-3686-6723**
　場清新町コミュニティ会館　時水 14:00 ～ 16:00
大正琴華の会　連金子良子……**03-3687-3714**
　場葛西区民館　時水 13:00 ～ 16:00
大正琴ひまわり会
　連芳賀蔦枝　………………**03-3680-9492**
　場葛西区民館　時第 1・3 水 10:00 ～ 12:00
新田太鼓　連片桐賢志………**080-5479-0596**
　場新田小　時日 15:00 ～ 18:00
なぎさ太鼓　連蒲原一夫………**03-3675-6955**
　場なぎさニュータウン管理棟ホールほか
　時土か日の午後　対小学生～一般

華道

草月流ふじの会
　連山本佳代子　………………**03-3878-4674**
　場清新町コミュニティ会館
　時第 1・2・4 火 9:30 ～ 11:30
いけばな FUN
　連池尻厚子　………………**090-1651-5320**
　場船堀コミュニティ会館
　時月 1 回土日（不定期）

茶道

茶の湯さざなみ会（表千家）
　連藤田礼子……………………**03-3878-4193**
　場清新町コミュニティ会館
　時第 1・2・4 木 13:00 ～ 17:00

着付

着付教室なでしこ
　連石塚美代子　………………**03-3675-2786**
　場南葛西会館　時第 1・3 火 10:00 ～ 12:00

音楽

ウクレレサークル　ココラバ
　連大西　………………………**03-3686-8684**
　場清新町コミュニティ会館
　時水（月 2 回）11:00 ～ 14:00
　※時間の変更あり

声楽・合唱・カラオケ

臨海混声合唱団
　連柳原利昭………………………**047-336-2667**
　場西葛西図書館か臨海町コミュニティ会館
　時日 18:30 ～ 20:45
葛西おんちコーラス
　連山田幸枝　…………………**03-3680-0293**
　場西葛西図書館　時第 3 水 10:00 ～ 12:00
ひばりカラオケサークル
　連保戸田マツノ　……………**03-3689-0664**
　場南葛西会館　時第 1・2・3 土 14:00 ～ 16:00
カラオケあさり会
　連加藤佐智子………………**03-3878-7255**
　場北葛西コミュニティ会館
　時日（月 3 回）13:00 ～ 17:00
　場長島桑川コミュニティ会館
　時第 1・3 水 13:00 ～ 17:00（女性に限る）

川柳・作文

川柳葛西教室　連井上健史 …**03-5696-5677**
　場葛西区民館　時第2日 13:00 ～ 16:00
作文サークル　つれづれ草
　連浅井久美子 ……………… **090-9247-5025**
　場清新町コミュニティ会館　時土 9:30 ～ 12:00

書道・ペン習字

満潮書道会　連井上 …………… **03-5696-5677**
　場葛西区民館　時第1・3金 9:00 ～ 11:00
北葛西書道会　連大野洋子 …**03-3675-3034**
　場北葛西コミュニティ会館
　時第2・3・4水 16:10 ～ 19:30　対子ども～一般
書道サークル　ネコのしっぽ
　連宇田川洋子 ………………… **03-3680-3451**
　場新田コミュニティ会館　時木 15:00 ～ 18:00
すずりっこ(書道)
　連渡守武(ともたけ)恵子 …… **03-3688-3574**
　場清新町コミュニティ会館　時木 15:00 ～ 19:00
筆麦(書道)　連大木田安子 **080-1221-1872**
　場清新町コミュニティ会館　時土 9:30 ～ 12:00
大貫水声かな書道講座
　連大貫水声 ………… Ⓣ&Ⓕ **03-3680-6361**
　場タワーホール船堀
　時第2・4月 13:00 ～ 14:30
ペン字・書道　葛の会
　連山邊一枝 ………………… **03-3675-4314**
　場新田コミュニティ会館
　時第1・2・4土 9:30 ～ 11:30

絵画

清新絵画クラブ
　連阪本公一 ………………… **03-3878-0149**
　場清新町コミュニティ会館　時火 9:30 ～ 12:00
ひまわりサークル(水彩)
　連宮本峯子 ………………… **03-3686-1908**
　場葛西くすのきカルチャーセンター
　時水(月3回) 9:30 ～ 11:30
大人の絵画教室
　連中村宏子 ………………… **03-3688-5455**
　場スポーツセンター会議室
　時金(月3回) 13:00 ～ 15:00

俳画

楽描きの会　連本田和郷 …… **080-5485-5608**
　場なぎさニュータウン 2 号棟 1F 集会所
　時第 3 水 13:00 ～ 15:00

写真

写真サークル　彩想
　連小宮山エミ子 ………………… **03-5674-5772**
　場清新町コミュニティ会館
　時第2水 18:00 ～ 20:00

演劇

劇団フーダニット
　連松坂 ………………………… **080-5528-3610**
　場清新町コミュニティ会館　時日 14:00 ～ 18:00

手工芸 (ちぎり絵・きり絵ほか)

和紙ちぎり絵虹の会
　連山田恵子 …………………… **03-3878-4816**
　場葛西区民館　時第1・3金 13:00 ～ 15:00
しゅんこうちぎり絵　つくし会
　連山本紀久恵 ………………… **03-3675-9173**
　場南葛西会館　時第1・3土 13:00 ～ 16:00
コスモスきり絵サークル
　連田倉洋子 …………………… **03-3680-3075**
　場臨海町コミュニティ会館
　時第1・3木 10:00 ～ 13:00
トールペイントデイジー
　連田口恵里 …………………… **047-355-7610**
　場臨海町コミュニティ会館
　時月・木(各々月2回) 9:45 ～ 12:45

可能なかぎりの調査に基づいて作成しましたが、万一掲載もれや締め切り後の変更などありましたらお知らせください。　☎047-396-2211

コミュニティ

親子サークル

子ども文化 NPO 江戸川子ども劇場
　連染谷愛美 ⋯⋯⋯⋯⋯⋯⋯ **03-5662-0917**
　内プロの劇団の作品鑑賞や豊かな遊び体験

幼児英語サークル　Tae's English Cubby
　連島　たえ ⋯⋯⋯⋯⋯⋯⋯ **090-1490-2518**
　場スポーツセンター
　時（月3回）45 ～ 50 分
　火14:30 ～（幼稚園児）、15:20 ～（小 1）、
　　16:10 ～（小 2）、17:00 ～（小 4・5）
　水15:20 ～（小 2・4・6）、16:10 ～（小 3・6）
　木14:35 ～（幼稚園児）、15:20 ～（小 2）、
　　16:10 ～（小 3）、17:00 ～（小 5・6）

親子サークル　ラメール
　連細川　弓子 ⋯⋯⋯⋯⋯⋯ **090-1027-6822**
　〈ファーストサイン〉
　場葛西区民館　時火 10:30 ～ 11:30
　オンライン（Zoom）　時水 10:30 ～ 11:30
　〈ファーストトーク〉
　場長島桑川コミュニティ会館
　時月 10:30 ～ 11:30
　〈ベビーサークル（0 歳児クラス・1 歳児クラス）〉
　場葛西区民館　時金 10:30 ～ 11:30

 スポット

「楽しかった。農家はすごい」
「みんなの田んぼ」で田植え体験

　5月7日（2021 年）、東葛西スポーツ公園の一角に作られた「みんなの田んぼ」で、地域ボランティア団体「葛西さざなみ会」の協力のもと、南葛西第二小学校の5 年生 114 人がマスクを着用して田植えを体験した。

　子どもたちは、苗の植え方＝（苗の根に近い部分をしっかり持ち、水田の底に垂直に深く差し込むこと）や移動の仕方＝（つま先から入って、かかとから足を抜く）などと教えてもらい、一人 5 株の苗を持って、はだしになって水田へ。ひざ下までつかった足を一歩ずつ慎重に踏み進め、ていねいに苗を植えていた。また普段なかなか体験できない、泥に足がつかる不思議な感覚を楽しんでいた。

　体験を終えた児童は、「やる前は難しそうだと思ったけれど、やってみると楽しかったし、農家はすごいと感じた。お米ができたらおもちにして食べたい」と笑顔で振り返った。

　午後には、南葛西小学校の児童も田植えを体験。約 4000 株のヒメノモチの苗を植え、葛西さざなみ会の会員が草むしりや水の調整を行い米作りをサポートした。

　育ったもち米は9月半ばに児童たちが収穫。12 月に同会が主催した「収穫祭」で「もちつき体験会」を行い、その場で雑煮にして振舞われた。

▲ 慎重に、ていねいに苗を植える

そのほかのサークル

かっさい大学　連鹿野治 ……… **03-3675-3616**
場長島桑川コミュニティ会館ほか
時土 15:00 ～（不定期）／定例会
内 WEBCM、自主映画、音楽ほか

江戸川健康マージャン
連山口直春………………… **090-2667-6460**
場東葛西コミュニティ会館、長島桑川コミュニティ会館
時木 9:00 ～ 16:00

遊印・彩玉アートの会(消しゴム印・てん刻・ボード彫刻)
連本田和郷 ……………… **080-5485-5608**
場なぎさニュータウン2号棟1F 集会所
時第 4 木 13:00 ～ 16:30

朗読　紙ふうせんの会
連塩野 …………………… **03-3675-6956**
場なぎさニュータウン 5 号棟集会所ホール
時第 1・3 金 14:00 ～ 16:00

清新町高齢社会を考える会
連岡本小百合 ……………… **03-3675-5620**
場すまいる亭シニアサロン／北ハイツ集会所
時木 12:00 ～ 15:00　※年 1 回クリスマス会

ラブリーの会 (犬のしつけ・老人ホームの訪問)
連金田京子 ………………… **03-3675-9669**
場暖心苑　時第1月 14:30 ～ 15:30

異文化交流江戸川ホームステイクラブ（国際交流）
連池尻厚子 ………………… **03-3804-3062**
場江戸川区全域　時不定期

☆このサークルの連絡先データは 2021 年 12 月現在のものです。本誌発行後、変更することもありますのでご了承ください。変更になっている場合は、各会館等へお問い合わせください。また、ご希望により掲載していないサークルもあります。

スポーツサークル

剣道

なぎさ剣友会　連知識修三 …**03-3675-9528**
場南葛西小
時金18:30 ～ 20:00（子ども）
　　20:00 ～ 21:00（一般）
　日14:30 ～ 16:30（子ども）
　　16:30 ～ 18:30（一般）

空手

サンデー空手サークル
連竹川明子………………… **03-3878-8318**
場南葛西会館　時日 13:00 ～ 16:30

行徳空手道教室
連西ヶ谷光彦………………… **090-7831-3542**
場東葛西コミュニティ会館　時土 18:00 ～ 21:00

太極拳

江戸川太極拳クラブ　百合・桔梗の会
連高野 遼 ………………… **03-3687-7357**
場東葛西コミュニティ会館
時第1・2・3木 9:50 ～ 11:20

バレーボール

四葛西クラブ
連笛木久仁子………………… **090-7805-3917**
場第四葛西小
時火・金 19:30 ～ 21:30　※子連れ可

バスケットボール

STEAL　連菅沼元彦 ……… **090-2646-1034**
場清新第二中　時日 19:00 ～ 21:30

バドミントン

サウス　連吉田法夫 ………… **090-9957-8475**
　場南葛西第三小　時火 19:30 ～ 21:30
　場第四葛西小か西葛西小　※事前に確認を
　時土 10:00 ～ 13:00

西葛西バドミントンクラブ
　連松田修一 …………………… **03-3686-8748**
　場西葛西中　時日 19:00 ～ 21:00

卓球

レモンクラブ　連吉田真紀子 … **03-3878-0972**
　場新田コミュニティ会館　時火 13:30 ～ 16:30

サッカー

FC 左近　連富岡正晴 ………… **03-3687-2919**
　場新田小　時土 9:00 ～ 16:00

南葛西キッカーズ
　連横田晋章 ………………… **090-3472-9772**
　場第四葛西小・南葛西小・臨海球技場
　時土・日・祝 9:00 ～ 12:00

臨海小学校サッカークラブ
　連前田耕資 ………………… **090-5191-9044**
　場臨海小　時日 9:00 ～ 13:30

葛西フットボールクラブ
　連笹原　伸 ………………… **090-2455-8396**
　場富士公園グラウンド、東葛西小　時土午後
　場南葛西第二小
　時日 9:00 ～ 12:00(キッズ～小3)、
　12:00 ～ 15:00(小4～6)
　※ 11月～2月の南葛西第二小の活動は冬タイム(1
　時間遅くした時間)あり

ソフトボール

新田フェニックス
　連小林勝三 ………………… **03-3688-2042**
　場新田小校庭　時日 13:00 ～ 16:00

エムケーブレッツ
　連松本宣彦 ………………… **03-3689-9147**
　場南葛西小　時第2・4日 9:00 ～ 11:00

ヨガ

結の会　連斉藤実佐子 ………… **03-5658-4569**
　場新田コミュニティ会館　時木 10:05 ～ 11:40

B・C フィット
　連北原美香 ………………… **090-1792-6901**
　場東葛西コミュニティ会館
　時水 10:40 ～ 11:55

スローフローヨガ　連森林 … **090-1730-3065**
　場東葛西コミュニティ会館　時水 10:15 ～ 11:30

新体操

舞 kids R.P.G
　連奥平寿子 ………………… **090-4843-8782**
　場スポーツセンター
　時月 16:00 ～ 17:00 (年中～)
　場第六葛西小
　時月 18:00 ～ 19:30 (小学生～)
　場東葛西コミュニティ会館
　時金／初級 15:40 ～ 16:40 (3歳～小1)
　中級 16:40 ～ 17:40 (小1～小6)
　上級 17:40 ～ 19:10 (小2～中3)

新体操クラブ　She's R・G
　連七五三直美 ……………… **090-3222-9295**
　場スポーツセンター　時月 18:00 ～ 20:30

トランポリン

ポピンズ　連石村史子 ………… **03-3877-5989**
　場スポーツセンター小体育室
　時火 14:00 ～ 15:30

西葛西トランポリンジュニアサークル
　連石村史子 ………………… **03-3877-5989**
　場スポーツセンター小体育室
　時火 15:30 ～ 17:30

ダンス

ストリートダンス HARAPPA（SDH）
連田中恵美⋯⋯⋯⋯⋯⋯⋯⋯ **090-1886-6303**
対3歳〜一般
場葛西区民館
時水 17:00 〜、18:05 〜、19:10 〜、20:20 〜
場北葛西コミュニティ会館
時木 16:00 〜（未就学児）、
18:00 〜（Jazz クラス）、19:00 〜（Girls）
場長島桑川コミュニティ会館
時土 14:30 〜（Jazz クラス）
場新川さくら館
時火 17:50 〜、20:20 〜（HIPHOP クラス）
※月によっては場所変更あり。要問い合わせを

I.D.dance（ファミリーサークル）🆗
連田中恵美⋯⋯⋯⋯⋯⋯⋯⋯ **090-1886-6303**
M＆mダンスクラス（託児付き）／
場東葛西コミュニティ会館　時金 10:30 〜 12:00
親子ダンスクラス／時不定期

体操・健康体操

ハッピーヘルス　**連加藤友江 ⋯ **03-5605-4102
場清新町コミュニティ会館　時金 9：30 〜 11:00

フラダンス・フラメンコ

レインボーフラクラブ
連平澤富士子 ⋯⋯⋯⋯⋯⋯ **03-3686-1657**
場清新町コミュニティ会館ほか
時火 13:00 〜 14:30

グルーポ・デ・アバニコ（フラメンコ）
連土合幸江 ⋯⋯⋯⋯⋯⋯⋯ **090-5548-2466**
場新田コミュニティ会館　時月 18:30 〜 21:30

エル・パリージョ（フラメンコ）
連土合幸江 ⋯⋯⋯⋯⋯⋯⋯ **090-5548-2466**
場新田コミュニティ会館
時水 10:00 〜 11:00、11:00 〜 12:00

カヴェリナ 🆗
連ドイ ⋯⋯⋯⋯⋯⋯⋯⋯⋯⋯ **090-8947-3774**
場長島桑川コミュニティ会館
時水 16:30 〜 18:00

バレエ

バレエサークルたんぽぽ
連髙橋悦子 ⋯⋯⋯⋯⋯⋯⋯⋯ **03-3654-1835**
場長島桑川コミュニティ会館
時木 15:30 〜 18:30（3 歳〜）

社交ダンス

新田ダンスサークル
連佐久間茂 ⋯⋯⋯⋯⋯⋯⋯⋯ **090-2639-0601**
場新田コミュニティ会館　時土 19:30 〜 21:30

ダンスサークル　エスカルゴ
連安西和夫 ⋯⋯⋯⋯⋯⋯⋯⋯ **03-3675-9589**
場東葛西コミュニティ会館
時水 13:15 〜 15:20　対1年以上の経験者

チェリー　**連みつやま ⋯⋯⋯ **090-7710-0841
場スポーツセンター　時水 13:30 〜 15:30

そのほかのサークル

ユニサイクルなぎさ（一輪車）
連和泉良祥一 ⋯⋯⋯⋯⋯⋯⋯ **03-3675-6771**
場南葛西第二小
時火・金 19:00 〜 21:30
場東葛西コミュニティ会館
時第 2・4 日 13:00 〜 18:00

アメリカンフットボール　アイオライツ
連逆井 ⋯⋯⋯⋯⋯⋯⋯⋯⋯⋯ **090-3060-7183**
場江戸川河川敷グラウンド　時日9:00 〜 12:00

江戸川フラッグフットボールクラブ
連逆井 ⋯⋯⋯⋯⋯⋯⋯⋯⋯⋯ **090-3060-7183**
場水辺のスポーツガーデン
時日 9:00 〜 12:00　対小学生

電話番号、住所など間違い、および『葛西カタログ』
に対するご意見・ご希望がありましたら、お手数
ですがご一報を！　　☎047-396-2211

コミュニティ

葛西の歴史

年	月	出来事
1596年（慶長1）		宇田川喜兵衛により宇喜新田（宇喜田）が開かれる
1613年（慶長18）		徳川家康が葛西で放鷹する
		※この頃の「葛西」とは、現在の葛飾区・江戸川区・江東区を含む広い地域のこと
1617年（元和3）	8月	長島村を検地
1629年（寛永6）		新川が開かれ、これまでの旧水路は古川と呼ばれるようになった
1709年（宝永6）		澪の移動により葛西浦と佃島の間で漁場争いが起こる
		※澪とは潮の流れのことで、昔は洪水や高潮等で地形が変化すると潮の流れも変わっていた
1730年（享保15）		この頃より葛西海苔が地元に起こる
1782年（天明2）		東宇喜田村・長島村・猫実村と船橋村の間に漁場争いの大紛争が起こる
1829年（文政12）		文政10年の葛西浦での試しヒビ粗朶の成績が良かったので、正式な許可願いが出される
1855年（安政2）		江戸大地震で各地の被害甚大
1869年（明治2）		小菅県が設置され、その管轄下に所属する
1882年（明治15）	7月	長島村130番地に修巳小学校が開校（15日）
1883年（明治16）	7月	西宇喜田村1228番地に宇喜田小学校が開校（13日）
1884年（明治17）	7月	東宇喜田村に海静小学校が開校（21日）
1895年（明治28）		妙見島など千葉県の一部が区域（瑞穂村ほか）に編入
1896年（明治29）		江戸川・荒川等が氾濫し、墨東地区が大洪水に見舞われる
1902年（明治35）	6月	修巳・宇喜田・海静小学校の3校が合併し、葛西尋常高等小学校（現葛西小学校）が開校
1903年（明治36）	11月	葛西浦漁業組合結成
		宇喜田稲荷神社に乾海苔創業記念碑がたつ
1907年（明治40）		真蔵院（現葛西4丁目）の境内に乾海苔創業記念碑がたつ
1911年（大正元）		香取神社（現長島1丁目）の境内に乾海苔創業記念碑がたつ
1915年（大正4）		区内初の銀行「椎橋銀行」が西小松川で開業
1917年（大正6）	10月	大津波により葛西をはじめ区内に大被害
1919年（大正8）		江戸川放水路完成
1920年（大正9）		第1回国勢調査が実施された（人口3万9386人）
1925年（大正14）		長島町に葛西市場ができる
1927年（昭和2）	5月	葛西郵便局（現中葛西1郵便局）開局
1928年（昭和3）	11月	葛西橋が架橋される
1930年（昭和4）	10月	国勢調査実施（人口9万6971人）
1931年（昭和6）		荒川放水路完成
1932年（昭和7）	9月	第二葛西尋常小学校（現第二葛西小学校）と第三葛西尋常小学校（現第三葛西小学校）開校
	10月	葛西村を含む3町4村によって江戸川区が誕生
		葛西（現在の葛西図書館の場所）に派出所設置
	11月	初めての区議会議員選挙実施
1935年（昭和10）		浦安橋が架橋される
1944年（昭和19）		葛西派出所を出張所と改称
1947年（昭和22）	3月	葛西出張所を支所と改称
		国民学校を小学校と改称
	4月	葛西中学校開校
1949年（昭和24）	3月	葛西支所新庁舎落成
1950年（昭和25）	10月	行船公園開園
1955年（昭和30）	3月	葛西公会堂（現在の葛西健康サポートセンターの場所）開設
	4月	葛西第二中学校開校
1956年（昭和31）		**人口1万9382人、3944世帯**
	1月	区政のお知らせ（現「広報えどがわ」）創刊
1957年（昭和32）	4月	葛西海岸の堤防完成
	8月	葛西臨海寮（臨海学校の宿舎）（現なぎさ和楽苑の場所）設置
1960年（昭和35）		**人口2万1174人、4416世帯**
	4月	京葉国道（現京葉道路）開通
1962年（昭和37）	12月	漁業補償協定書に調印したことで、葛西浦での漁業が終わりを迎えた
1963年（昭和38）		新中川放水路完成
	10月	新葛西橋開通
1965年（昭和40）	2月	葛西電話局が開局
	8月	葛西支所廃止

1967年 (昭和42)	5月	いこいの家開設
	6月	区議会に葛西沖埋立促進特別委員会を設置
	12月	小島・宇喜田・長島・新田区画整理組合設立が許可される
1969年 (昭和44)	3月	江戸川区防潮堤完成
		地下鉄東西線開通、葛西駅開業
	4月	乳児養育手当・保育ママ制度スタート
	5月	葛西海岸公害対策協議会開催
	12月	葛西土地区画整理組合が認可される
1970年 (昭和45)		人口3万9973人、1万3003世帯
	4月	第四葛西小学校開校
		葛西事務所業務開始
	5月	第一回清掃デー実施
	8月	葛西地区ゴミ公害追放総決起大会が開かれる
	10月	葛西臨海寮を廃止
1971年 (昭和46)	2月	環境パトロールカー「みどり号」「あおぞら号」スタート
	5月	葛西保健相談所開設
1972年 (昭和47)		葛西沖土地区画整理事業決定

1973年 (昭和48)	4月	葛西第三中学校開校
		下水道事業受託開始（普及率7%）
		熟年者専用バス「しあわせ号」スタート
1974年 (昭和49)	2月	長野県穂高町と友好都市協定を締結
	6月	葛西図書館開館
	7月	葛西事務所が移転して開所
	8月	葛西区民館開館
	9月	行船公園にホタルの小川完成
		第六葛西小学校開校
1975年 (昭和50)	2月	全国初の高齢者事業団（現シルバー人材センター）設立
	4月	保健所が区に移管
1976年 (昭和51)	4月	第七葛西小学校開校
	6月	「穂高荘」オープン
	8月	第1回区民納涼花火大会開催
1978年 (昭和53)	9月	区民投票で区の木「クスノキ」、区の花「ツツジ」（サツキ）に決定
		第1回「江戸川区民まつり」開催、20万人が参加
		高速湾岸線開通
	12月	＊月刊ばすけっと創刊

葛西 むかしむかし

環七で遊んだ子どもたち

▲昭和50年ごろの葛西。写真上方を流れるのは荒川。右下から左奥方向に走るのが環状七号線。途中で途切れている　（写真／関口隆雄さんより）

「環七を通すときに、だいぶ反対が出たんだよね。それで長いこと環七の真上に家が2軒あったの。2階建てのうちが2軒ね、反対してたんでしょうね。だから環七もここまでしか最初開通してなかったの」この写真は昭和50年ごろの葛西全体を撮影した航空写真。完成を目前にした環状七号線が、途中でぷっつり途切れているのがわかる。

「うちの娘が生まれたころ、環七はできてたけど通してなかったんですよ。娘を連れて環七をよく散歩したもんよ」と静昭さんの妻・洋子さんも当時を振り返る。「環七が一番いい遊び場だったの。両側1車線だけ車通れるようにしてさ、真ん中がみんな芝生でグリーンベルトになってたの。なかなか開通しないから、芝生植えたんだろうね」環七着工の昭和2年から区内全線開通の59年まで、この間に育った葛西の子どもたちには、環七の真ん中で遊んだ記憶が鮮明にあるようだ。

現在の西葛西6・7丁目と清新町の境にある堤防跡。あれより西南はかつて海だった場所。「嵐の時には、波が見えるわけ、今の清新町のとこ。波がすごくて、しぶきがワーッとあがってるのが、葛西駅前から見えてたんだから」現在の東葛西5丁目、葛西駅前にあった山西牧場から清新町のあたりがすいーっと見渡せていたなんて、信じられない人も多いことだろう。葛西がまだ牧歌的なのどかな町だった、つい30年ほど前の話だ。しかし様変わりしすぎたこの町にとっては、今や想像することさえ難しい昔々の話になってしまった。

（語り手・山西静昭さん）
〈2003-2004 頃取材〉

葛西ガイド

1979年 (昭和54)	4月	南葛西小学校、南葛西中学校開校
	7月	区と区内210軒の日本そば店が全国で初めて災害時の炊き出し協定を調印、41万食を確保
	10月	地下鉄東西線西葛西駅開業
		葛西生きがいセンター(現くすのきカルチャーセンター)落成
1980年 (昭和55)		**人口8万3000人、2万7977世帯**
		江戸川文化財保護条例施行
	4月	西葛西小学校、西葛西中学校開校
		財団法人「江戸川区環境促進事業団」発足
	8月	「なぎさ和楽苑」オープン
1981年 (昭和56)	4月	新田小学校開校
	5月	山形県鶴岡市と友好盟約を結ぶ
	11月	江戸川区スポーツセンター落成
1982年 (昭和57)	2月	南葛西会館オープン
	4月	南葛西第二小学校、東葛西中学校開校
	5月	葛西警察署発足
1983年 (昭和58)	3月	清新町の入居が始まる
	4月	清新第一小学校、清新第二小学校、清新第一中学校開校
		清新町コミュニティ会館オープン
		東京ディズニーランドオープン
	5月	行船公園に自然動物園オープン
	7月	清新町保健相談所オープン
1984年 (昭和59)	3月	環状七号線が区内全線で開通
	4月	清新第三小学校開校
	5月	葛西市場移転、青果部オープン
	6月	陸上競技場オープン
	7月	プールガーデンオープン
	9月	江戸川区球場落成
	11月	スポーツの森(区球場、少年野球広場、虹の広場)が完成
1985年 (昭和60)		「江戸川区熟年人材センター」の愛称が決まる
1986年 (昭和61)	4月	南葛西第二中学校開校
	7月	地下鉄博物館落成
1987年 (昭和62)	4月	清新第二中学校開校
	8月	東葛西土地区画整理組合設立を認可
1988年 (昭和63)	3月	「暖心苑」オープン
	4月	オーストラリア・ゴスフォード市と姉妹都市調印
	12月	JR京葉線「葛西臨海公園駅」開業

1989年 (平成元)	3月	行船公園に平成庭園開園
	4月	南葛西第三小学校開校
		臨海球技場オープン
		江戸川平成庭園・源心庵落成
		臨海町コミュニティ会館オープン
	6月	葛西臨海公園と海浜公園の一部がオープン
		水上バス(日の出桟橋〜臨海公園)就航
	7月	葛西親水四季の道完成
	10月	葛西臨海水族園オープン
		水上バス(スポーツランド〜臨海公園)就航
		2階建バス運行開始
	12月	ホテル「シーサイド江戸川」オープン
1990年 (平成2)		**人口15万175人、5万8130世帯**
	1月	「家賃等助成制度」スタート
	3月	JR京葉線全線開通(10日)
	4月	「江戸川CATV」開局
		鶴岡市東京事務所を葛西に開設
	7月	葛西親水四季の道と太陽エネルギー灯が建設省の「手作り郷土賞」を受賞
1991年 (平成3)	5月	新長島川親水公園完成
	11月	*第14回全国タウン誌会議 「浦安・行徳大会」(月刊ばすけっと主催)開催(17〜19日)
	12月	江戸川ケーブルテレビ株式会社が放送開始
1992年 (平成4)	4月	臨海小学校開校
	11月	*月刊ばすけっと、NTTタウン誌大賞受賞
1993年 (平成5)	4月	なぎさ公園オープン
	5月	西葛西図書館オープン
		新左近川マリーナ完成
	7月	新左近川親水公園ボート場・駐車場オープン
	8月	葛西駅東口改札口完成
1994年 (平成6)	1月	乳児医療費助成制度スタート
		新左近川親水公園全面オープン(1日)
	4月	葛西臨海公園鳥類園オープン(21日)
	12月	江東区との架け橋となる「ふれあい橋」が架橋される
1995年 (平成7)		**人口16万6530人、6万9597世帯**
	3月	非常用持ち出し袋を各戸配布
	9月	乳幼児医療費の助成対象年齢を就学前の6歳までに引き上げ
		*コミュニティペーパー〈葛西新聞〉創刊(22日)

1996年 (平成8)	11月	MXテレビ開局(1日)
	12月	江戸川区平和都市宣言
	2月	下水道普及率100%達成
	3月	葛西臨海公園において「桜ふれあいフェスティバル～荒川・ポトマック川姉妹河川提携記念植樹祭～」開催(28日)
	7月	国道357号線・荒川河口橋が開通(4日)
	8月	一人暮らしの熟年者などへの配食サービス開始(19日)
1997年 (平成9)	3月	総合レクリエーション公園内を走るSL型の新パノラマシャトル「元気くん」が運行開始(1日)
	7月	左近川親水緑道が「手づくり郷土賞」を受賞(15日)
	9月	廃棄自動車のエアコンからフロンガスの回収を開始(1日)
	10月	第17回緑の都市賞「内閣総理大臣賞」を受賞(30日)
	11月	新中川健康の道完成記念ウォーキング大会開催(2日)
		FMえどがわ開局(30日)
1998年 (平成10)		人口17万3298人、7万4507世帯
	8月	江戸川区と区内郵便局、災害時における相互協力に関する協定を結ぶ(19日)
	11月	なぎさ保健相談所オープン(2日)
1999年 (平成11)		人口17万6489人、7万6649世帯
	2月	江戸川区地域振興券交付(26日から)
	3月	＊葛西カタログ創刊(10日)
	4月	江戸川区長選挙で多田正見区長誕生(25日)
	5月	補助289号線の道路開通(26日)
	6月	新川に全国初、川の下の地下駐車場オープン(1日)
	10月	江戸川区で資源ゴミの回収始まる(4日)

2000年 (平成12)		人口17万9153人、7万8675世帯
	2月	新川にかかる「三角橋」開通(11日)

	4月	西葛西地下駐輪場オープン、東西線西葛西駅舎改修工事竣工
	7月	「えがおの家」オープン(4日)
		中央図書館オープン(9日)
	8月	葛西消防署完成、業務開始
	9月	清新第二小学校内に「清新ふれあいセンター」オープン
2001年 (平成13)		人口18万1332人、8万501世帯
	3月	葛西臨海公園内に「ダイヤと花の大観覧車」がオープン(17日)
	4月	ファミリーサポート事業開始　北葛西保育園開園(1日)
	6月	東西線葛西駅舎改修工事終了(エレベーター、エスカレーター設置)
	9月	東京ディズニーシー、東京ディズニーシー・ホテルミラコスタオープン(4日)
2002年 (平成14)		人口18万3831人、8万2505世帯
	1月	葛西臨海水族館、入園者3000万人突破(14日)
	3月	首都高速清新町ランプ開通(29日)
		特別養護老人ホーム「みどりの郷福楽園」オープン(30日)
	4月	東京臨海病院開院、東葛西小学校開校、東葛西8丁目学童クラブ新設、安心生活応援ネットワークスタート、障害者就労援助センター開設(1日)
	5月	葛西地区自治会連合会「警察部会」設立
	10月	全国川サミットin江戸川開催(11～13日)

▲新川モニュメント除幕式（1997.6月）

▲葛西臨海公園駅北側の様子（1998.4月）

▲左近川親水緑道
仲割川遊歩道と交わるところに
理容院があった（2001年）

2003年 (平成15)		人口18万7592人、8万4600世帯
	4月	区立中学校選択制導入
		第二葛西小学校に知的障害学級、清新第三小学校に情緒障害学級を設置
		中葛西に心身障害者複合施設「区立障害者支援ハウス」開所(1日)
		東葛西に「けやき公園」オープン
	6月	地下鉄博物館リニューアルオープン(1日)
	7月	葛西下水処理場用地内(臨海町)に臨海球技場第二オープン
	11月	江戸川区球場前歩道橋完成(1日)
		国道357号の環七立体「海側」開通(11日)
2004年 (平成16)		人口18万6915人、8万5382世帯
	3月	放射16号線荒川横断橋梁「清砂(きよすな)大橋」開通(28日)
	4月	「えどがわエコセンター」開設
	10月	区が「グリーンバンク制度」スタート(4日)
	11月	葛西臨海公園15周年にともない記念フェスティバル(2・3日)
2005年 (平成17)		人口18万8502人、8万6237世帯
	4月	区内の小学校全校で「すくすくスクール」実施
	7月	「東葛西区民施設」のうちコミュニティ施設部分、使用開始
	9月	「東葛西区民施設」のうち図書館部分、使用開始

2006年 (平成18)		人口18万8849人、8万7064世帯
	2月	区内14施設で指定管理者制度スタート
	4月	葛西健康サポートセンター建て替え・移転オープン
	6月	葛西駅⇔東京臨海病院直通バス開通
	7月	地下鉄博物館20周年
	10月	旧葛西健康サポートセンター跡(中葛西2丁目)に、『地域活動・相談支援センターかさい』が誕生
2007年 (平成19)		人口18万9945人、8万8357世帯
	3月	中川防災船着場を葛西橋上流と船堀橋下流に整備
	4月	南葛西5・6丁目(補助289号線)にゲート式駐車場(110台)整備
		「新川千本桜計画」スタート
		環七シャトルバス試験運行開始
	12月	＊月刊ばすけっと12月号で休刊
2008年 (平成20)		人口19万710人、8万9346世帯
	4月	葛西駅地下駐輪場(東西合わせて9400台)オープン
	6月	葛西臨海水族園の入園者4000万人突破
		共育プラザ葛西で「子育てサポートひろば事業」スタート
	7月	「篠崎文化プラザ」オープン
	8月	NPO法人『ふるさと東京を考える実行委員会」が『東京湾海水浴場復活プロジェクト」を始動
	9月	葛西駅前広場完成
	12月	海抜ゼロメートルサミット開催
2009年 (平成21)		人口19万1213人、9万80世帯
	4月	東篠崎に「水辺のスポーツガーデン」オープン
	9月	西葛西駅、葛西駅、葛西臨海公園駅(区内5駅)でレンタサイクル実証実験スタート
	10月	葛西臨海水族園開園20周年

祝 清砂大橋開通

清砂大橋開通式(2004.3月)

The Summit of World Zero Meters Cities

▶世界6カ国、国内4都市が集まった、海抜ゼロメートルサミットでの共同宣言の様子(2008.12月)

220

2010年 (平成22)		人口19万1636人、9万561世帯
	1月	新川西水門広場に火の見櫓が完成
	4月	篠崎に「子ども未来館」がオープン（29日）
	5月	高齢運転者等専用駐車区間制度スタート（葛西区民館前に1台分）
	12月	区内の企業・お店満載の「えどがわ産業ナビ（事業所データベース）」開設
		なぎさ和楽苑東葛西地域包括支援センターオープン（20日）
2011年 (平成23)		人口19万2326人、9万1046世帯
	3月	東日本大震災発生（11日午後2時46分ごろ）
	4月	古着・古布リサイクル移動回収開始
		東葛西5に「長島桑川コミュニティ会館」オープン（10日）
		東葛西に「たんぽぽ保育園」開園
	10月	中葛西4に「みんなの遊々保育園」開園
	11月	「みんなの遊々保育園」に病児・病後児保育室開設
2012年 (平成24)		人口19万2227人、9万1158世帯
	2月	「自転車ナビマーク」登場（6日）
	4月	公立の小・中学校で「読書科」スタート

2013年 (平成25)		人口19万9681人、9万5235世帯
	4月	障害者施設「希望の家」の新館開設
		レンタサイクル区内全域（11駅）に（1日）
	7月	新川さくら館開館（1日）
	9～10月	東京国体開催（9月28日～10月8日）。葛西地区では陸上競技場、臨海球技場第一で少年男子ラグビー競技
2014年 (平成26)		人口19万9922人、9万6247世帯
	5月	江戸川区医師会「夜間・休日急病診療所」が西瑞江5『地域医療支援センター』内に移転（1日）
	12月	共栄橋交番リニューアル（5日）
2015年 (平成27)		人口20万1943人、9万7832世帯
	3月	葛西防災公園オープン、テニスコートリニューアルオープン（15日）
		「新川千本桜」事業完成（平成26年度）
	4月	第1回新川千本桜まつり（5日）
		葛西臨海水族園、移動水族館開始

新川千本桜事業 （2015年3月完成）

工事中の新川

▲新川工事中。新川大橋より。（2011.2.13）

▼新川橋から新川大橋を見る（2013.1.31）

東葛西1丁目付近はこれから工事。川は堤防で見えない（2011.3.3）

▲新川さくら館開館記念イベント（2013.7.1）

▲江戸川南ライオンズクラブが寄贈した、和の雰囲気が漂う「新川櫓時計」。『第3回新川千本桜まつり』の記念式典で除幕式が行われた（2017.4.2）

▲火の見櫓　お披露目の式典にはたくさんの人が（2010.1.31）

2016年 (平成28)	4月	人口20万4358人、10万23世帯
		清新第二・第三小学校が閉校になり、新しく「清新ふたば小学校」が誕生(1日)
	5月	「なごみの家　長島桑川」オープン(7日)
	6月	新川千本桜沿川地区が平成28年度都市景観大賞「都市空間部門」の大賞受賞(7日)
2017年 (平成29)	4月	人口20万6581人、10万1707世帯
		レンタサイクルに電動アシスト付き自転車導入(葛西・西葛西・葛西臨海公園の3駅)
		食品ロスをなくそう 「江戸川区版30・10運動」開始
	5月	区と警察署、薬剤師会が「テロ等の防止に関する協定」締結(26日)
		江戸川区スポーツチャレンジデー2017に32万4112人が参加(31日)
	6月	「地域の力で安全・安心まちづくり大会」開催(15日)
		「えどがわメールニュース」で認知症行方不明者情報の配信開始(19日)
	7月	「ひらい圓蔵亭」開館(15日)
		オランダのホストタウンに登録
	8・9月	「地下鉄博物館」の「日本初の地下鉄車両1001号車」国の重要文化財に指定(9月)および機械遺産に認定(8月)
	9月	船堀コミュニティ会館オープン(2日)
	10月	「東京2020オリンピック1000日カウントダウン記念in江戸川区」開催(28日)
	11月	「アリオ葛西」オープン(17日)

2018年 (平成30)	2月	人口20万8051人、10万3266世帯
		「アリオ葛西」フードコートオープン(23日)
		「えどがわっ子食堂ネットワーク」発足
	4月	江戸川区、空き家耐震化と老朽木造住宅除却費用助成開始
		「なごみの家葛西南部」が清新町にオープン
	8月	介護保険の自己負担が1～3割に
		「アンテナショップ　エドマチ」タワーホール船堀にオープン(21日)
		「江東5区大規模水害広域避難計画」と「江東5区大規模水害ハザードマップ」発表(22日)
	10月	「葛西海浜公園」がラムサール条約湿地に、都内で初めて登録(18日)
2019年 (平成31)	1月	人口20万9362人、10万4501世帯
		江戸川区新庁舎建設基本構想・基本計画策定委員会委員を募集(～2/7)。(船堀4の都有地への建設を検討)
		葛西区民館に自動証明写真機設置
		角野栄子さんに創設初の「江戸川区区民栄誉賞」(23日)
		葛西エリア中心に順次「えどがわ百景」を街区表示板に導入
	2月	江戸川区公式インスタグラム開始。江戸川区の「場所・モノ・コト」などの魅力を発信
	4月	江戸川区立葛西小と葛西中が「併設型小中学校」に
		新左近川親水公園カヌー場お披露目式(6日)。6月より本格オープン
		多田正見区長退職(26日)(5期20年間在職)
(令和元)	5月	新区長斉藤猛氏初登庁(7日)
		「江東5区大規模水害ハザードマップ」に基づき作成した「2019改訂版江戸川区水害ハザードマップ」全戸配布(20日～)

葛西ガイド

▲多田区長退庁の日。多田区長は見送りの地域住民から花束を受け取りあいさつ。その後歓声の中、車に乗り込み本庁舎を後にした(2019.4.26)

▶隈研吾さん、角野栄子さん、斉藤区長が江戸川区役所で初顔合わせ(2020年1月15日)

年	月	できごと
	7月	カヌー・スラロームセンター完成(6日)
	9月	江戸川区と浦安市が災害時に相互支援をする協定締結(12日)
2020年(令和2)		人口21万1178人、10万5970世帯
	1月	「緑化運動」開始から50周年。さらに関心を高めようと「緑化運動PRマスコットキャラクター」募集(14日~2月20日)
		「(仮称)江戸川区角野栄子児童文学館」設計パートナーに隈研吾さん(15日)
	2月	区内町工場の手で「純国産アーチェリー」復活
	3月	新型コロナウイルス感染拡大防止に向け区立小中学校休校、区施設の一部休館(2日)
	4月	新庁舎建設基本構想(素案)を公表(1日)
		江戸川区コミュニティサイクル事業開始(1日)
		東京都・千葉県・神奈川県・埼玉県・大阪府・兵庫県・福岡県の7都府県に新型コロナウイルス感染拡大防止に向けた緊急事態宣言(7日)。こののち全国に拡大された
		ドライブスルー方式の江戸川PCR検査センター開設(22日)
		江戸川区に児童相談所「はあとポート」開設
	6月	区独自の「長期育休支援制度」第1号の認定証授与(19日)
	7月	葛西事務所で住民票の写しなどの諸手数料収納で電子マネー決済導入(1日)
		オリンピック聖火リレーが区内を走る(2021年に延期)
	8月	「ありがとう！江戸川区医療従事者応援事業」で区民から約2200万円の寄付
		新潟県南魚沼市と友好都市盟約をweb会議システムで締結(5日)
	12月	全国初「東京パラリンピック22競技"できる"宣言」スタート
2021年(令和3)		人口21万251人、10万6267世帯
	1月	1都3県に2回目の緊急事態宣言(7日~2月7日)
		JR葛西臨海公園駅高架下に複合商業施設「Ff」開業(30日)
	2月	10都府県に対し3月7日まで緊急事態宣言延長
		区職員が「デリバリー＆テイクアウト」で飲食店を応援
	3月	「江戸川区新庁舎建設基本構想・基本計画」発表
	5月	江戸川区が国から「SDGs未来都市」に選定される
		新型コロナウイルスワクチンの集団接種開始(15日)
		山形県鶴岡市と友好都市盟約40周年。オンラインで記念式典開催(31日)
	6月	「(仮称)江戸川区角野栄子児童文学館」パネル展(8日~17日)
	7月	「ともに生きるまちを目指す条例」策定(1日)
	8月	東京2020パラ聖火リレー採火式開催(20日)
	9月	区がLINE公式アカウントの供用開始(15日)
	10月	SDGs推進月間「SDGs Month EDOGAWA」(9月25日~11月20日)
	11月	「ともに、生きる。江戸川区プロジェクト!」開始(4日)
	12月	新潟県南魚沼市長・市議会一行が江戸川区長・区議会を表敬訪問(22日)
2022年(令和4)		人口20万8625人、10万5901世帯
	1月	「えどがわママパパ応援隊」スタート(17日)
2023年(令和5)	7月	「(仮称)江戸川区角野栄子児童文学館」オープン予定
2028年(令和10年)		新庁舎共用開始予定

スポット
2021.12.4

震災後気仙沼に派遣された区の職員の思いが形に
気仙沼と江戸川区をつなぐ
「気仙沼産地直送新鮮野菜の販売会」

東日本大震災から10年、被災地を支援しようと小島町2丁目団地自治会が企画。団地内でトマト、長ネギ、白菜などの新鮮な野菜の詰め合わせ(1000円相当)を500円で販売し、多くの地元住民が訪れた。

▲「おいしそうな野菜がたくさん入っていて重たすぎる。お得だし楽しい」

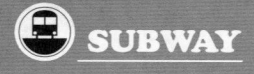
東京メトロ東西線時刻表

葛西駅発

〈上り〉中野・三鷹方面

平日(月〜金)	時	土・休日
14 28 38 50 59	5	14 26 39 51
07 11 18 22 25 29 32 35 38 40 43 46 48 51 53 56 58	6	01 10 17 26 36 43 48 55
00 03 06 09 11 13 16 19 22 25 27 30 33 37 40 42 45 47 49 52 54 56 59	7	00 07 12 18 23 29 32 36 42 47 51 55 59
01 03 06 08 10 13 15 17 20 22 24 27 31 34 36 38 41 43 45 48 52 55 58	8	08 12 16 20 27 30 35 39 46 52 57
01 04 07 11 13 16 19 22 28 32 35 41 44 52 55	9	04 08 12 20 26 34 41 49 56
04 10 19 26 34 41 49 56	10	05 11 19 26 34 41 49 56
04 11 19 26 34 40 49 55	11	04 11 19 25 34 40 49 56
04 11 19 26 34 41 49 56	12	04 11 19 26 34 40 49 56
04 11 19 26 34 41 49 56	13	04 11 19 26 34 40 49 56
04 11 19 26 34 40 49 56	14	04 11 19 26 34 41 49 56
04 11 19 26 34 40 49 56	15	04 11 19 26 34 41 49 56
05 09 12 20 25 34 40 47 54 58	16	04 11 19 26 34 41 49 56
06 11 17 23 29 33 39 43 45 49 56	17	04 11 19 26 34 41 49 56
02 09 12 16 23 26 31 39 43 47 54 56	18	04 11 19 26 34 41 49 57
05 08 16 20 28 32 40 44 46 55 59	19	07 15 24 31 37 46 53 59
07 10 14 20 28 32 36 45 50 57	20	09 16 22 29 39 46 53 59
01 05 13 19 27 31 39 42 47 52	21	09 18 25 33 40 48 55
01 07 12 21 26 31 39 42 48 51 55東	22	04 11 19 27 34 42 49 59
04 10 14 20 32 42 56中終	23	09 20 31 42 56終
08 24東終	0	05 16 24東終

無印…中野行　三…三鷹行　東…東陽町行　九…九段下行　終…終電

〈下り〉西船橋・東葉勝田台方面

平日(月〜金)	時	土・休日
05カ 19カ 37カ 44 50カ 57	5	05カ 19カ 37カ 50
00 05カ 11カ 15 20カ 25 29カ 36 43カ 48 51 54 58	6	01 10カ 21 30カ 37 43 50カ 59
04カ 07 10カ 16 22カ 29 35 39カ 47 50カ 57 59	7	06 15カ 20 25 32 38カ 45 52 55カ 58
03 08カ 11 17カ 21妙 26 29 32カ 37 40 43 48カ 51 54 59	8	04 10カ 16 23 28 34 40 46カ 53 58
02 08 10妙 17カ 20 25 28 33 40 45カ 53	9	03 09 17カ 21 25 34 38 43 51 57
01妙 04 11カ 16 22 26妙 33 36妙 44 53	10	05 12 20 27カ 35 42 50 57
00 08妙 12 21 26 35 42 50 57	11	05 12 20 27カ 35 42 50 57
05 12 20 27 35 42 50 57	12	05 12 20 27カ 35 42 50 57
05 12 20 27 35 42 50 57	13	05 12 20 27カ 35 42 50 57
05 12 20 27 35 42 50 57	14	05 12 20 27 35 41 50 57
05 13 20 26 32 42 51 56	15	05 12 20 27 35 42 50 57
06 10 21 27 36 41 50ツ 55 58	16	05 12 20 27 35 42 50 57
02 11 16 19ツ 25 30 34 40 44 50カ 54	17	05 12 20 27 35 42 50 57
00 06カ 10 14 16カ 22 25 31 41カ 44 50 54ツ	18	05 12 21 28 37カ 43 52 57
00 06カ 11 17 21妙 30 33 38 43 48 52 55	19	05 11 27 36 41 48 57
01 04 12 19 25 30 37 41 45 51カ 55	20	02 09 18カ 24 31 40 46 52カ 58
01 07 13 19カ 27 31 39 45 51 55	21	08 15カ 22 30 38 44カ 50 58
01 06カ 12 19 26 30 37 43 50カ 54	22	07 13カ 19 26 33 40カ 48 55
00 06カ 11 17 23 30 37 44 50 55 59	23	03 11 19カ 26 34 42 49 56
03 08 12 18カ終 22 31妙終	0	05 11 18カ終 31妙終

無印…西船橋行　カ…東葉勝田台行　八…八千代緑が丘行　ツ…津田沼行　妙…妙典行　終…終電

●葛西駅　中葛西 5-43-11……☎ 03-3688-0866

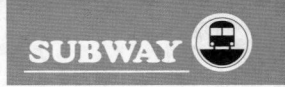

西葛西駅発

〈上り〉中野・三鷹方面

平日 (月〜金)	時	土・休日
16 30 40 52	5	16 28 41 53
01 09 13 20 24 27 31 34 37 40 42 45 48 50 53 56 58	6	03 12 19 28 38 45 50 57
00 03 05 08 11 13 16 18 21 24 27 29 32 34 37 40 42 45 47 49 52 54 56 59	7	02 09 14 20 25 31 34 38 44 49 53 57
01 03 06 08 10 13 15 17 20 22 24 27 29 31 34 36 38 41 43 45 48 50 55 57	8	01 10 14 18 22 29 32 37 41 48 54 59
00 03 07 09 13 15 18 21 24 31 34 37 43 46 54 57	9	06 10 14 22 28 36 43 51 58
06 12 21 28 36 43 51 58	10	07 13 21 28 36 43 51 58
06 13 21 28 36 42 51 57	11	06 13 21 27 36 42 51 58
06 13 21 28 36 42 51 58	12	06 13 21 27 36 42 51 58
06 13 21 28 36 42 51 58	13	06 13 21 27 36 42 51 58
06 13 21 28 36 42 51 58	14	06 13 21 27 36 42 51 58
06 13 21 28 36 42 51 58	15	06 13 21 27 36 42 51 58
07 11 14 22 27 36 42 49 56	16	06 13 21 28 36 43 51 58
00 08 13 19 24 31 35 37 43 47 51 58	17	06 13 21 28 36 43 51 58
04 11 18 25 28 33 41 45 49 56 59	18	06 13 21 28 36 43 51 59
07 10 18 22 30 34 42 46 48 57	19	09 17 26 33 39 48 55
01 09 12 16 22 25 28 34 38 47 52 59	20	01 11 18 24 31 41 48 55
03 07 15 18 22 29 33 36 44 49 54	21	01 11 20 27 35 42 50 57
03 09 14 23 28 33 41 44 50 53 57東	22	06 11 21 29 36 44 51
06 12 16東 22 34 44 58中終	23	01 11 22 33 44 58中終
10 26東終	0	07 18 26

無印…中野行　三…三鷹行　東…東陽町行　九…九段下行　終…終電

〈下り〉西船橋・東葉勝田台方面

平日 (月〜金)	時	土・休日
03 16 35 42 48 54 58	5	03 16 35 48 59
03 08 13 18 22 27 34 37 46 49 52 56 58	6	08 19 28 35 41 48 57
05 10 13 17 24 27 30 37 40 43 48 51 54	7	04 13 18 23 30 36 43 49 53 56
00 03 09 12 19 21 27 30 33 38 40 43 49 52 54	8	02 08 14 20 26 32 38 44 51 56
00 03 08 15 18 20 26 31 37 41 47 54	9	01 07 12 19 23 29 36 41 46 53
02 05 14 17 23 28 34 38 48 58	10	00 09 15 24 30 39 45 54
02 10 16 24 30 39 45 54	11	00 09 15 24 30 39 45 54
00 09 15 24 30 39 45 54	12	00 09 15 24 30 39 45 54
00 09 15 24 30 39 45 54	13	00 09 15 24 30 39 45 54
00 09 15 24 30 39 45 54	14	00 09 15 24 30 39 45 54
00 09 15 24 30 39 45 54	15	00 09 15 24 30 39 45 54
00 08 15 24 30 39 45 52 56 59	16	00 09 15 24 30 39 45 54
05 14 17 21 28 32 36 42 45 52 55	17	01 11 16 25 31 39 46 55
02 06 11 14 17 23 27 32 36 42 46 51 55	18	01 09 15 25 32 40 46 55
01 05 11 15 21 27 32 36 43 46 50 54	19	01 06 12 21 28 33 43 49 55
02 06 13 17 20 27 32 33 43 46 55	20	02 07 18 24 31 42 46 53
04 08 16 20 29 34 42 46 53 56	21	02 18 24 31 42 46 53
04 08 16 21 23 32 40 45 52 56	22	01 11 17 24 31 38 46 53
01 09 14 20 28 33 39 48 52 57	23	01 09 17 24 32 40 47 54
01 06 09 15 20 28	0	02 09 15 28

無印…西船橋行　カ…東葉勝田台行　八…八千代緑が丘行　ツ…津田沼行　妙…妙典行　終…終電

●西葛西駅　西葛西 6-14-1……☎03-3688-5834

葛西臨海公園駅発

〈上り〉 京葉線・武蔵野線 東京方面

平日 (月〜金)	時	土・休日
16 25 43	5	16 25 43
00 03 14 25 32 39 50 52	6	00 03 16 21 25 30 34 42 54 59
00 06 09 19 29 31 34 37 40 43 46 48 51 54 59	7	06 17 21 30 36 42 45 56
02 05 09 14 17 19 22 27 29 39 42 45 50 54 57	8	08 20 24 32 41 49 52
01 05 11 16 18 27 34 43 48 56	9	00 04 13 25 28 41 45 54 59
00 15 21 31 38 43 55	10	03 15 19 28 37 44 55 58
00 11 16 28 36 43	11	12 15 28 34 44 59
00 02 11 16 28 36 43 55	12	02 12 17 28 34 44 55 58
00 11 16 31 36 43 55	13	12 17 30 34 44 55 59
00 11 16 28 36 43 55	14	13 17 28 34 44 55 58
00 11 16 28 36 43 59	15	12 15 28 34 44 58
03 10 15 25 33 36 44 54 58	16	01 13 25 28 42 46
02 11 17 26 30 34 41 50 54	17	02 06 10 27 30 39 50 56
02 06 11 20 25 33 41 44 57	18	13 15 24 33 38 42 52
02 07 12 15 24 33 36 47 51 55 58	19	02 10 18 22 33 38 45 53 58
07 15 26 31 34 44 49 56	20	01 04 14 18 29 39 42 52 56
04 11 20 33 35 39 49 56	21	04 08 23 28 33 45 52 56
03 06 10 19 26 34 41 48 57	22	06 10 14 20 25 33 41 50 58
06 12 29 40 45	23	06 14 29 40 45
00 25	0	00 25

無印 = 東京

〈下り〉 京葉線・武蔵野線 舞浜・新浦安・府中本町方面

平日 (月〜金)	時	土・休日
09 25 48	5	09 25 48
04 16[府] 23 35 39 46 57	6	02 21 29[府] 39 48 53
02[府] 09 19 22[府] 30 38 42[府] 46 53 58[所]	7	02 09 15 30 33 41 54[府] 58
02 05[府] 08 13[府] 15 18 21[所] 23 26 29 31 36 39 41[習] 44 47 52 55 57	8	09 14 17[府] 28 39 44 54
00[西] 02 12 17[府] 19 29 32[習] 35 40 51 56 59	9	02 10[府] 19 25[海] 38 41 52
04[府] 11[習] 16 25[府] 34 39 53 59	10	01 09[府] 19 26[海] 38 41 51[府] 55
04[海] 19 23 34[府] 39 53 59	11	10 19 26[海] 38 41 54
07[海] 19 23 34[府] 39 53 59	12	02[府] 11 20[海] 26 38 41 54
04[海] 19 23 34[府] 39 53 59	13	02 11 19[海] 26 38 42 54
07[海] 19 24 34[府] 39 53 59	14	02 11[府] 19 26[海] 38 41 53
04[海] 19 24 34[府] 39 53 59	15	02 10[府] 19 26[海] 38 41 54
07[海] 19 22 32[府] 39 50[海] 55	16	02 11[府] 21 25[海] 38 41 54
06 13 18 23 33[府] 41 45 54	17	03 12[府] 20 33 38 43[海] 54
01[府] 09 19 22[府] 35 41 46[府] 55 59	18	00 12[府] 22 26 40 46 54
12 16 24 34 40 46[西] 56 59[府]	19	02 11[府] 15 29 34 46 54
12 17[府] 26 34 38 43[西] 54 57	20	00 08 16[府] 23 36 41[府] 48 56[所]
11 17[府] 26 38 43[府] 58	21	12[西] 17 28 32 37 42[府] 57
03 12[府] 20 26 37[府] 43 50 55	22	02 17[府] 21 37 41 45[所] 50 55
06 10[所] 18 30 47[所]	23	06 11[府] 18 30 43 47[所]
00 20 38[習]	0	00 20 38[習]

無印 = 蘇我　習 = 新習志野　海 = 海浜幕張　府 = 府中本町
所 = 東所沢　西 = 西船橋

時刻表

葛西駅前発

（葛西21）葛西臨海公園駅前行・コーシャハイム南葛西行

時	〈平日〉	〈土〉	〈休日〉
6	30 39 46 53	30 45	30 51
7	00 06 12 18 24 30 36 42 48 54	00 15 28 41	09 26 41 56
8	00 06 12 18 24 30 36 42 48 54	02 12 22 31 39 47 56	11 26 41 56
9	00 07 14 20 26 32 38 45 52	04 12 20 28 36 44 52	10 22 32 42 52
10	00 09 18 27 37 48	00 09 19 29 39 49	02 13 24 35 46 57
11	02 15 30 45	01 13 25 38 51	08 19 30 41 53
12	00 15 30 45	06 21 35 49	05 16 26 36 46 56
13	00 15 30 45	03 17 29 41 53	06 16 26 36 46 56
14	00 15 29 43 57	05 17 29 41 53	06 16 26 36 46 56
15	09 21 32 43 53	05 17 29 41 53	06 16 26 36 46 56
16	01 09 17 25 33 41 49 57	05 17 29 40 50 59	06 16 26 36 46 56
17	05 12 19 26 33 40 47 54	08 17 26 35 45 55	06 16 26 36 46 56
18	01 08 15 22 29 36 43 51 59	05 15 25 35 45 55	06 16 26 38 50
19	07 15 23 31 40 49	05 15 25 35	01 15 30 45
20	01 14 29 45	05 19 30 55	01 17 34 53
21	01 17 33 49	15 36 58	15 36 58
22	04 20	20	20

○ = 葛西臨海公園駅前行　無印 = コーシャハイム南葛西行

（葛西22）一之江駅前行

時	〈平日〉	〈土〉	〈休日〉
6	30 48	30	30 55
7	06 26 46	00 30	21 47
8	06 28 57	05 25 45	14 40
9	27 56	05 27 54	07 35
10	26 55	24 51	03 31 59
11	23 51	20 49	27 55
12	20 48	18 47	23 51
13	17 45	16 45	21 48
14	10 37	13 42	14 44
15	07 36	10 39	12 41
16	04 33	06 36	09 38
17	00 30 58	06 36	08 35
18	26 55	06 36	03 30 57
19	22 48	06 36	24 51
20	17 42	06 35	18 45
21	08 35	06 35	13
22			

（新小22）新小岩駅前行

時	〈平日〉	〈土〉	〈休日〉
6	30 38 46 53	30 45 58	30 50
7	00 07 13 19 25 31 36 42 48 55	10 20 30 40 51	10 30 50
8	02 11 20 29 38 47 56	02 12 22 32 43 54	10 29 48
9	05 16 28 40 53	05 18 31 44 57	08 28 48
10	05 17 30 42 55	10 23 36 49	08 26 44
11	08 21 34 47	02 15 28 41 54	02 19 35 51
12	00 13 28 42	07 23 39 53	06 21 36 51
13	00 15 30 45	04 19 34 49	06 22 39 57
14	00 20 34 48	07 21 37 51	15 33 51
15	05 19 34 48	05 21 37 53	08 24 40 55
16	02 11 20 29 38 47 56	11 27 39 53	10 26 42 58
17	05 15 25 35 46 56	08 24 40 56	14 30 47
18	08 24 38 55	12 28 43	04 21 38 55
19	10 22 38 55	12 30 48	12 30 48
20	13 31 50	05 24 43	11 36
21	10 30 46	06 30 46	03 30 55
22	02	02	

○ = 船堀駅前行　△ = 一之江駅前行

（葛西24）なぎさニュータウン行

時	〈平日〉	〈土〉	〈休日〉
6	48	46	46
7	05 21 27 39 44 57	05 21 39 57	07 29 52
8	01 14 19 32 42 47	16 33 51	15 38
9	03 19 33 48	10 29 47	01 26 49
10	03 18 35 51	05 20 39 58	13 39
11	09 27 47	17 36 55	03 27 48
12	11 36	12 27 42	09 28 45
13	02 27 52	12 27 42	04 23 41 59
14	11 29 48	12 27 42	18 37
15	07 27 46	12 27 42	10 28 47
16	05 23 39 55	12 27 42 57	05 24 42
17	10 26 41 57	12 27 42 57	01 19 38 55
18	13 28 43 58	12 27 42	14 33 50
19	14 32 54	11 27 50	06 26 48
20	17 41	14 38	15 35 57
21	03 25 48	02 26 48	19 42
22			04 26 48

（葛西24）船堀駅前行

時	〈平日〉	〈土〉	〈休日〉
6	26 40 57	29 40 59	29 49
7	12 30 47	19 38 54	15 38
8	03 20 37 49	12 30 50	01 24 47
9	03 18 35 54	08 25 40 58	10 34
10	11 29 47	17 36 55	00 24 48
11	07 31 56	14 31 47	09 30 48
12	22 47	02 17 32 47	06 25 44
13	07 31 56	02 17 32 47	02 20 39 58
14	07 26 46	02 17 32 47	16 31 49
15	05 23 39 55	02 17 32 47	08 26 45
16	02 18 34 50	02 17 32 47	03 22 40 59
17	11 17 32 40	02 16 31 47	16 35 53
18	17 32 48	01 16 32 49	12 28 49
19	17 40	13 37	19 42
20	04 26 48	01 25 48	05 27 49
21	12	12	12

時刻表

227

葛西駅前発

〔錦25〕錦糸町駅前行

時	平日	土	休日
6	30 37 43 48 53 58	30 46 55	30 45 59
7	03 08 13 18 23 28 33 38 43 48 53 59	04 13 22 30 38 46 53	12 24 36 48
8	05 11 17 23 29 35 41 48 55	00 07 14 21 28 35 42 49 56	00 11 21 31 40 49 57
9	03 11 19 27 35 43 48 51 59	03 06 10 17 24 31 38 45 52 55 59	04 10 16 22 28 34 40 46 52 58
10	02 07 15 23 26 31 39 47 55	06 13 20 27 34 41 48 55 58	04 10 17 23 30 36 43 49 56
11	03 11 19 22 27 35 43 46 51	01 07 13 19 22 25 31 38 45 52 59	03 10 17 24 31 38 45 52 59
12	00 08 16 22 25 28 37 43 52	06 13 20 27 34 41 48 51 55	06 13 20 27 34 42 49 56
13	01 10 13 19 22 28 36 39 44 52	02 09 16 23 30 38 46 54	06 13 20 27 34 40 45 51 58
14	00 08 16 24 32 40 48 56	03 07 11 19 27 35 43 50 57	06 13 20 27 34 40 43 46 52 58
15	04 12 20 28 36 44 52 59	04 11 18 25 32 39 46 53 59	04 10 16 22 28 34 40 46 52 58
16	07 13 19 25 31 37 43 49 55	05 11 17 23 29 35 41 48 55	04 10 16 22 28 34 40 46 52 58
17	01 07 13 25 33 40 47 54	01 08 15 22 30 37 44 51 58	07 15 23 32 41 49 57
18	02 10 18 26 35 43 51	06 15 24 34 38 43 53	05 13 22 31 40 50
19	00 09 18 26 37 47 57	03 13 23 33 44 55	00 12 23 32 42 54
20	07 18 29 39 49 59	07 19 34 49	06 21 35 40 50
21	09 19 29 40 51	04 19 34 50	05 20 35 50
22	05 20 37	05 20 35	05 20 35

○ ＝ 東小松川車庫前行　△ ＝ 京葉交差点行

〔秋26〕秋葉原駅前行

時	平日	土	休日
6	12 23 33 42 50 57	13 35 54	23 50
7	04 10 16 22 29 36 43 51	10 26 41 57	15 40
8	01 13 25 40 57	13 29 46	05 26 47
9	16 35 57	04 23 42	07 27 47
10	23 50	03 24 46	07 27 47
11	17 45	09 32 55	07 27 47
12	12 39	18 41	07 27 47
13	06 31 53	04 27 51	07 27 47
14	12 31 51	14 37	07 27 47
15	13 34 55	00 25 51	07 27 47
16	14 32 48	17 43	07 27 47
17	03 19 36 54	09 35	07 27 49
18	15 35	00 26 54	11 34 57
19	02 35	26	21 46
20	10 45	01 45	13 45

※秋葉原駅周辺の経路は平日・土と休日は異なる

〔臨海28−1〕葛西臨海公園駅前行

時	平日	土	休日
6	28 40 50 57	28	
7	06 13 20 27 33 40 46 53 59	08 23 37 53	04 22 40 58
8	06 11 15 21 24 28 34 39 45 52 59	10 28 43 57	16 34 52
9	05 10 15 20 24 29 30 35 41 47 54	14 27 33 50	10 18 32 47
10	04 17 29 39 49	05 22 38 53	02 18 33 49
11	00 11 23 36 49	10 27 44	04 11 20 36 51
12	02 20 30 43 56	01 24 41 59	06 22 38 53
13	03 20 37 54	06 23 42	03 09 25 41 49 57
14	10 30 49	07 24 41 58	12 28 44
15	08 28 48	15 31 47	00 16 32 48
16	05 23 42	03 19 35 51	04 14 20 27 35 50
17	01 12 35 58	07 23 38 53	01 13 26 39 52
18	22 36 55	03 23 38	05 17 29 41 56
19	12 32 50	02 16 37 56	11 26 41 56
20	06 21 36 53	20 42	13 32 51
21	13	13	10 35

○ ＝ 臨海車庫前行

〔臨海28−2〕臨海車庫行

時	平日	土	休日
6	30 43	30	30
7	05 19 43	03 19 43	08 40
8	06 29 44 45 54	00 18 40 56 58	13 21 47 52 58
9	04 14 31 44 46 58	15 19 33 40 50 53	00 31 43 48
10	07 10 13 22 25 36 39 43 50 52	09 16 21 22 25 33 37 49	05 22 50 52 57
11	06 15 21 27 38 43 55	00 11 12 18 37 49 56	08 46 51
12	02 18 41 42	11 15 24 36 38 58	10 17 31 55
13	16 17 53	02 08 21 41 44 46	07 11 27 28 32 38 53 58
14	08 30 33	04 07 35 50 54 56	05 32 46 54
15	11 12 23 39 55	13 18 31 41 43 59	11 19 32 57
16	12 20 32 33 52 57	05 06 10 13 28 47 58	15 30 34 37 55
17	13 30 49 50 56	02 05 18 28 45 58	11 14 38 51 53 54 57
18	19 20 38 39 50	05 09 23 35 58	31 32 51 51
19	03 05 19 29 31 35 38 41 43 47 52 54 56	07 08 09 22 25 42 47 52 58	01 11 15 20 22 50 57
20	08 26 37 43 51 59	07 14 19 26 29 32 51	05 12 28 33 59
21	04 09 24 26 33 34 43	02 09 24 25 33 34 43	19 27 38 44 54 56
22	09		14 24 26 43
23			

（臨海28－1）（臨海28－2）一之江橋西詰行

〈平日〉	〈土〉	時	〈休日〉
13 15 16 21 34 44 46 58	11 12 16 30 44 58	6	12　29　47
04 09 15 20 22 29 36 42 48 55	05 13 15 30 48	7	01　20　38　56
01　14　27　40　52	03　17　34　52	8	14　32　50
01　09　20　33　50	09 24 32 39 56	9	08 22 36 50 53
00 09 18 34 44 55	13　44	10	09 24 25 39 55
08　21　34　48	00　17　34　51	11	10 26 31 41 57
02　15　28　43	20　43	12	11　26　41
00　17　34　51	00　16　32　48	13	06　22　38
08　25　42　54	07 24 41 54 58	14	04　20　36　52
00　13　18　34　49	14　31　39　47	15	08　24　39　54
01　12　24　36　50	03 20 37 53 54	16	05　26　36　48
04 08 18 22 31 44 55	10　26　42　57	17	00 14 27 39 51
04 13 22 31 40 49	12　28　44	18	04　17　32　47
00　12　24　40	00　16　32　48	19	02　21　31　48
06　23　40　56	09　32　54	20	07　26　46
11　28　45	16　43	21	11　41
01	01	22	

○ = 一之江駅前行

（新小29）東京臨海病院前行

〈平日〉	〈土〉	時	〈休日〉
		6	
		7	
58	48	8	
26　57	25	9	33
25	06　51	10	20
00	46	11	32
13　42		12	30
49	20　58	13	20
42		14	15
	31	15	11　51
	26	16	32
00	39	17	
		18	
		19	
		20	
		21	
		22	

■西葛西駅前発

りんかいシャトル

「東京臨海病院〜葛西駅〜瑞江駅」運行中！

	葛西駅発		東京臨海病院発	
時	平日	第2・4土	時	平日　第2・4土
7	22	22	7	47　47
8	56	56	8	
9			9	20　20
10			10	
11	50	50	11	
12			12	15　15
13	26	26	13	50　50
14			14	
15			15	
16			16	△=瑞江駅行
17	17		17	40　○=江戸川
18			18	スポーツ
				ランド行

■運賃　大人220円（葛西駅まで210円）
　　※京成バス一日乗車券・シルバーパス、東京都内
　　フリー定期券、東京都内金額式IC定期券が利用可
■問い合わせ　京成バス江戸川営業所☎03-3677-5461

（西葛20乙）葛西臨海公園駅前行

〈平日〉	〈土〉	時	〈休日〉
20　43	20　42	5	
08　33　50	11　35　51	6	11　40
05 18 28 38 49 58	04　18　31　43　56	7	00　22　40
09　19　30　41　53	07　22　35　52	8	00　23　41
10　25　40　58	02　20　41	9	06　24　53
22　45	04　23　40	10	10　36　53
10　35　56	08　26　46	11	17　41
24　46	08　32　58	12	11　35　55
00　20　44	11　33　56	13	20　43
05　27　45	16　42	14	15　35
08　31　49	10　28　46	15	
13　36　54	13　38　57	16	01　24　46
15　32	21　40	17	08　30　57
00　18　39	05　24　40	18	15　40
01　24　41	03　23　46	19	23　54
04　21　50	04　23　50	20	32
05　30	08　30	21	10　40
		22	30

○ = 臨海車庫前行

（西葛20甲）なぎさニュータウン行

〈平日〉	〈土〉	時	〈休日〉
30　49	30　47	6	47
00 10 19 27 35 43 51 59	07　24　38　48　58	7	07　27　48
07 15 22 29 36 43 52	08　18　28　38　48　58	8	08　28　48
05　13　21　29　37　45　54	08　17　28　38　48　58	9	08　28　46
04　15　26　38　50	09　20　32　46　59	10	03　16　30　42　54
03　17　31　47	01　17　33　49	11	08　21　33　45　57
03　36　52	04　19　34　49	12	09　21　33　45　57
09　28　46	02　17　33　49	13	09　27　46
10　25　49	05　20　34　49	14	09　28　46
10　23　49	05　19　34　49	15	07　33　51
01　13　25　35　44　53	05　20　34　49	16	04　19　37　49
01 09 17 25 33 41 49 57	04　19　34　49	17	03　16　20　40　53
05　13　21　29　38　47　56	03　18　33　48	18	07　22　37　52
05　16　31　47	13　27　44	19	25　42
09　20　32　46　58	06　27　50	20	00　19　34　50
12　26　40　55	10　33　52	21	15　35　52
10　25　40　55	15	22	15

深夜バス 2022年3月1日現在

深夜03
西葛西駅前➡コーシャハイム南葛西

| 23 | 15　36　57 |
| 24 | 18　41 |

バスのりば／西葛西駅1番のりば

深夜10 西葛西駅前➡臨海町二丁目団地前（循環）
（4月4日から運行休止）

| 23 | 11　31　51 |
| 24 | 11　41 |

バスのりば／西葛西駅4番のりば
○＝臨海町二丁目団地前止まり

■運賃　大人420円　子ども210円
　　※平日深夜のみ運行
■問い合わせ　☎03-3687-9071／
東京都交通局江戸川自動車営業所

時刻表

西葛西駅前発

〔新小21〕新小岩駅前行

〈平日〉	〈土〉	時	〈休日〉
30 44 51 57	30 42 54	6	30 45
02 07 12 17 22 27 32 37 42 49 56	06 17 28 38 48 58	7	00 15 29 43 57
03 11 19 27 35 43 51 59	08 18 28 37 47 57	8	10 22 33 44 54
07 15 23 31 39 47 55	07 16 25 34 43 52	9	04 14 24 34 44 54
03 12 21 30 39 48 57	01 10 20 30 40 50	10	04 14 24 34 44 54
06 15 24 33 42 51	00 06 16 26 36 43 46 56	11	04 14 24 34 44 54
00 09 19 29 39 49 59	06 16 26 36 46 56	12	04 14 24 34 44 54
09 19 29 38 47 56	05 14 23 32 41 50 59	13	04 14 24 34 44 54
05 14 23 32 41 50 59	08 17 26 35 44 53	14	04 13 22 31 40 49 58
08 16 24 32 39 47 55	02 11 20 29 38 47 56	15	07 16 25 34 43 52
03 10 17 21 24 31 38 45 52 59	05 14 23 32 41 50	16	01 10 19 28 37 44 46 55
06 13 16 21 29 37 45 53	00 10 20 30 42 50	17	04 14 24 34 44 54
01 09 17 25 33 41 50 53	04 16 28 40 53	18	04 12 24 35 46 57
09 19 28 37 46 55	06 19 32 46	19	11 25 40 56
05 15 25 35 40 45 56	00 16 32 48	20	12 28 44
08 20 32 44 56	04 33	21	00 16 32 48
08 20		22	04 33

○ = 船堀駅前行

〔臨海22〕船堀駅前行

〈平日〉	〈土〉	時	〈休日〉
08 20 28 38 56	08 13 37	6	08 13 48
13		7	55
	06	8	44 54
	49 52	9	
36	35	10	14 15
	36	11	
		12	29
	48	13	06 21 58
20 31	14 41	14	39
39	36 41	15	20
06 29 31	33	16	47
	38	17	39
15		18	
	15	19	
		20	
		21	

〔西葛26〕船堀駅前行

〈平日〉	〈土〉	時	〈休日〉
53		5	
		6	
13 34 55		7	
20		8	
08 56	54	9	54
49	49	10	49
49	49	11	49
54	54	12	54
59	59	13	59
		14	
06	06	15	06
09 40	09	16	09
14 24	14	17	14
12		18	
		19	
		20	
		21	

〔西葛27〕臨海町二丁目団地前行

〈平日〉	〈土〉	時	〈休日〉
45 54	45 56	6	45 59
02 10 18 23 28 33 38 43 49 54■ 59	07 18 29 40 51■ 59	7	14 29 45
04 09 14 19 24 29 35 41 46 52 58	08 17 25 34 43 52	8	00 13 25 36 47 58
04 10 16 22■ 28 35■ 43 51	01 10 19 28 37 46 55■	9	09 20 31 42 54
00 09 20 31 42 53■	04 13 22 32 43 54	10	05 15 25 35 45 55
04 15 27 39 51	05 16 27 38 49	11	05 15 24 33 42 51
03 14 26 38 50	00 11 22 33 44 55	12	00 09 18 27 36 45 54
01 12 23 34 45 56■	06 17 28■ 39 50	13	03 12 21 30 39 48■ 57
07 18 29 40 51	01 12 23 34 45 56	14	06 15 24 34 44 54
02■ 12 22 32 42 51	07 18 29 39 48 57	15	04 14 24 34 44 54
02 12 22 32 41 50 59	06 14 22 30 38 47■ 56	16	03 12 21 31 41 51
07 15 23 31 39 47 55	05 13 22 31 40 50	17	01 11■ 22 32 43 55
03 11 20 29 38 47 56	00 10 20 30 41 50	18	07 19 31 43 55
05 14 23 32■ 42 52	03 15 32 50	19	07 18 30■ 42 58
04 16 27 38 50		20	16 33 49
02 14 26 38 51	07 25■ 42	21	06 22 42■
	00	22	00

○ = 葛西水再生センター経由　◎ = 西葛西駅前（新田住宅循環）行　△ = 葛西市場経由せず　■ = 中左近橋行

時刻表

（亀29）亀戸駅前行

〈平日〉	〈土〉	時	〈休日〉
11 25 36 47 58	11 31 44 57	6	34 57
11 21 29 37 45 53	09 21 33 45 57	7	17 36 55
01 09 18 27 36 46 56	09 20 31 41 52	8	10 22 34 46 58
06 17 28 39 50	03 14 25 36 47 58	9	09 21 33 45 58
00 12 25 38 51	09 20 31 42 52	10	11 24 37 49
05 19 33 47	01 11 21 31 41 51	11	01 13 25 37 49
02 17 32 47	01 11 22 33 44 55	12	01 13 25 36 48
02 17 32 46 59	06 17 28 39 50	13	00 12 24 36 49
12 26 39 52	01 12 24 35 47 59	14	02 15 28 41 54
05 18 31 44 57	11 23 35 47 59	15	07 20 32 45 57
10 23 35 46 56	11 23 35 47 59	16	10 24 39 53
06 16 26 36 47 58	11 23 36 49	17	08 23 38 53
09 20 31 42 54	02 15 29 44 59	18	09 25 41 56
10 26 43	15 31 48	19	11 26 42
03 22 41	06 24 46	20	00 20 42
01 19 37	08 36	21	05 35
		22	

（亀29）なぎさニュータウン行

〈平日〉	〈土〉	時	〈休日〉
16 50	15 42	6	29
28 52	21 46	7	31
16 43		8	32
33	17 40	9	
43	47	10	26
52		11	
	50	12	41
07	45	13	54
04 57	18	14	
50	06 30	15	33 59
28	19 43	16	25 38
02 32	21 47	17	30 59
03 25	25	18	
11 43	18	19	27
58	05 44	20	12 57
		21	38
		22	

■ 葛西臨海公園駅前発

（西葛20乙）西葛西駅前行

〈平日〉	〈土〉	時	〈休日〉
32	35 48	6	
00 20 30 39 50	01 14 26 38 49	7	04 22 42
00 11 22 35 52	04 17 34 44	8	05 23 42
07 22 32 40 58	02 23 46	9	06 32 52
04 27 52	05 25 49	10	18 35 59
17 38	06 28 50	11	23 47
06 28 56	10 28 50	12	12 36
16 42	11 34 53	13	01 24 47
02 26 47	15 38 58	14	13 33 56
09 27 50	08 24 52	15	15 41
12 30 35 46 54	09 34 55	16	04 26 48
12 17 35 56	19 20 42	17	12 37 55
13 41 59	01 20 45	18	16 39
20 43	06 29 45	19	05 42
06 23 47	06 29 47	20	14 52
04 33 48	08 33 51	21	30
13	13	22	13

○＝臨海車庫前行

（葛西21）葛西駅前行

〈平日〉	〈土〉	時	〈休日〉
	02 26 36 55	6	00 30 45
09 21 33 45 57	12 29 45	7	00 15 30 44 56
09 21 33 47 59	01 17 25 42	8	06 16 26 36 47 57
11 18 33 42 51	02 22 34 46 58	9	08 19 30 41 52
00 10 21 35	11 24 39 54	10	03 14 26 38 49 59
04 18 33 48	08 23 30 50	11	09 19 29 39 49 59
03 18 33 48	02 14 26 39 50	12	09 19 29 39 49 59
03 17 31 43 55	02 14 26 39 50	13	09 18 28 38 48 58
06 27 35 43 51 59	02 13 32 41 50	14	08 18 28 38 48 58
15 23 31 39 46 53	02 13 32 41 50	15	08 18 28 38 48 58
00 07 21 35 49	08 28 48	16	08 18 28 38 48 58
03 10 17 33 49	08 28 48	17	08 19 29 39 49 59
05 14 23 40 53	08 37 53	18	11 23 35 48
03 19 35 51	10 29 49	19	04 23 34 51
07 23 38 54	10 32 54	20	08 27 49
		21	10 32 54
		22	

（臨海28-1）一之江橋西詰行

〈平日〉	〈土〉	時	〈休日〉
45 51 56	45	6	50
02 09 16 23 29 35 42 48 54	00 17 35 50	7	09 27 45
01 07 14 20 27 33 39 43 46 52 56	04 21 39 56	8	03 21 39 57
01 07 12 20 28 37 47 56	11 26 43	9	11 25 35 41 57
05 12 21 31 42 49 55	00 15 31 47	10	12 27 43 58
08 14 21 35 49	04 21 38 55	11	14 29 45
02 15 30 47	12 29 46	12	01 19 31 47
04 12 21 38 55	03 20 37 54	13	03 11 19 51 59
12 29 47	11 20 28 45	14	07 23 39 55
05 21 36 48 59	01 18 34 50	15	11 26 41 57
11 17 23 37 51	07 24 32 41 57	16	12 23 35 47 54
05 18 31 42 51 57	13 29 44 59	17	01 14 26 38 51 57
00 09 18 27 36 41 47 54 59	08 15 31 47 56	18	04 33 43 49
11 17 31 35 43 53	03 19 37 47 56	19	04 19 40 55
05 27 43 58	03 19 41	20	14 35
15 32 48	03 30 48	21	00 15 30 48
02	02	22	

○＝一之江駅前行　　△＝葛西駅前行

時刻表

■なぎさニュータウン発

（西葛20甲）西葛西駅前行

時	〈平日〉	〈土〉	〈休日〉
5	30 51	30 50	
6	00 08 16 24 32 40 48 56	06 20 30 40 50	30 50
7	03 10 17 24 31 38 46 54	00 10 20 30 40 50 59	10 30 50
8	02 10 18 26 35 45 56	09 19 29 39 50	10 30 50
9	07 19 31 44 58	01 13 27 42 58	10 28 44 57
10	12 28 44	14 30 46	11 23 36 50
11	00 17 33 50	00 15 29 43 58	03 15 27 39 51
12	05 21 36 51	14 30 46	03 15 27 40 52
13	06 22 37 52	01 17 30 46	04 17 33 51
14	05 18 31 43 55	00 15 31 46	10 28 49
15	07 17 26 35 43 51 59	01 16 31 46	05 20 33 46 58
16	07 15 23 31 39 47 55	00 14 28 42 56	08 19 32 46 59
17	03 11 20 29 38 47 56	10 25 40 55	11 23 36 50
18	06 15 26 39 52	10 29 49	05 20 35 50
19	03 15 29 42 56	10 33 53	08 25 43
20	10 24 40 55	16 35	03 22 40 59
21	10 24 39	00	19 36
22	00		00
23			

（葛西21）葛西駅前行

時	〈平日〉	〈土〉	〈休日〉
5	36 43 50 56	36 58	
6	02 08 14 20 26 32 38 44 50 56	13 26 37 47 56	36 54
7	02 08 14 20 26 32 38 44 51 58	06 15 23 31 40 48 56	11 26 41 56
8	04 10 16 22 29 36 44 53	04 12 20 28 36 44 53	11 26 41 55
9	02 11 21 32 46 59	03 13 23 33 45 57	07 17 27 37 47 58
10	15 29 44 59	09 22 35 50	08 19 30 41 52
11	14 29 44 59	05 19 33 47	03 14 25 37 49
12	14 30 45	01 13 25 37 49	00 10 19 30 40 50
13	00 14 28 42 54	01 13 25 37 49	00 10 20 30 40 50
14	06 17 28 38 46 54	01 13 25 37 49	00 10 20 29 39 49 59
15	02 10 18 26 34 42 50 57	01 13 25 34 43 52	09 19 29 39 49 59
16	04 11 18 25 32 39 46 53	01 10 19 29 39 49 59	09 19 29 39 49 59
17	00 07 14 21 28 36 44 52	09 19 29 39 48 59	09 19 30 40 50
18	00 08 16 25 34 46 59	09 19 32 48	00 10 22 34 46 59
19	14 30 46	04 21 40	14 29 46
20	02 18 34 49	00 21 43	02 19 38
21	05 21 41	05 41	00 21 43
22			05 41

（葛西24）船堀駅前行

時	〈平日〉	〈土〉	〈休日〉
5	15 29 45	30 49	
6	00 09 18 26 35 44 51	08 27 43	40
7	00 08 18 25 37 51	01 19 38 56	05 28 50
8	06 23 42 59	13 28 46	13 36 59
9	17 35 55	05 24 43	23 48
10	19 44	02 19 35 50	12 36 57
11	10 35 59	05 20 35 50	18 36 54
12	18 36 55	05 20 35 50	12 30 50
13	14 34 53	05 20 35 50	08 27 46
14	12 30 45	05 20 35 50	04 19 37 56
15	00 15 30 46	05 20 35 50	14 33 51
16	02 18 34 49	05 20 35 50	10 28 47
17	05 20 36 51	05 20 35 50	05 24 42
18	07 23 42	05 20 40	01 17 38
19	06 29 54	03 27 51	03 28 48
20	16 39	15 39	10 33 56
21	03	03	18 40
22			03

（西葛26）船堀駅前行

時	〈平日〉	〈土〉	〈休日〉
7			
8			
9	33	31	31
10	26	26	26
11	26	26	26
12	31	31	31
13	36	36	36
14	43	43	43
15	46	46	46
16	46	46	46
17	51	51	51
18			
19			
20			
21			
22			
23			

○ = 葛西駅前行

232

（亀29）亀戸駅前行

〈平日〉	〈土〉	時	〈休日〉
39 52	39	6	39
10 26 50	15 39 51	7	18
27	23 56	8	04
31	18 40	9	03
32	43	10	19 43
	13	11	19
29	48	12	30
28	43	13	18 44
	06	14	23
39	17 53	15	27
38	29	16	06 35
51	18	17	35
13 36	26	18	23
08	30	19	
04 43	06 50	20	02
		21	
		22	

東京臨海病院前発

（西葛27）西葛西駅前行

〈平日〉	〈土〉	時	〈休日〉
33 41 49 57	33 45 56	6	47
05 10 15 20 25 30 35 40 45 50 55	07 18 29 39 47 56	7	03 18 34 49
00 05 10 15 21 27 33 39 45 51 57	05 13 22 31 40 49 58	8	02 14 25 36 47 58
03 09 15 22 30 38 47 56	07 16 25 34 43 52	9	09 20 31 42 53
07 18 29 40 51	01 10 20 31 42 53	10	03 13 23 33 43 53
02 14 26 38 50	04 15 26 37 48 59	11	03 12 21 30 39 48 57
01 13 25 37 48 59	10 21 32 43 54	12	06 15 24 33 42 51
10 21 32 43 54	05 16 27 38 49	13	00 09 18 27 36 45 54
06 17 28 39 50	00 11 22 33 44 55	14	03 12 22 32 42 52
00 10 20 30 40 50	06 17 27 37 47 57	15	02 12 22 32 42 51
00 10 20 29 38 47 55	07 17 27 36 45 54	16	00 09 19 29 39 49 59
03 11 19 27 35 43 51 59	03 11 19 27 36 45 54	17	10 20 31 43 55
08 17 26 35 44 53	02 11 20 29 39 49 59	18	07 19 31 43 55
02 11 20 30 41 53	09 19 30 41 52	19	07 19 31 47
05 16 27 39 51	04 21 39 56	20	05 22 38 55
03 15 27 40 53	14 31 49	21	11 30 50
07 25	20	22	20

（西葛26）葛西臨海公園駅前行

〈平日〉	〈土〉	時	〈休日〉
51	48	7	
36	35	8	48
50	41	9	35
35	36	10	41
40	43	11	36
45	45	12	43
50	51	13	46
58	56	14	55
		15	56
		16	
01	01	17	01
02	01	18	01
		19	
		20	
		21	

（西葛26）船堀駅前行

〈平日〉	〈土〉	時	〈休日〉
		7	
		8	
45	43	9	43
38	38	10	38
38	38	11	38
43	43	12	43
48	48	13	48
55	55	14	55
58	58	15	58
58	58	16	58
		17	
03	03	18	03
		19	
		20	
		21	

（新小29）東新小岩四丁目行

〈平日〉	〈土〉	時	〈休日〉
		7	
		8	
		9	
03	32	10	23
12	10 47	11	00 52
11		12	28
08	16 52	13	24
03 43	27	14	
27	22	15	05
12 57	18 55	16	25
12	34	17	44
		18	
		19	
		20	
		21	

時刻表

船堀駅前発

（西葛20甲）西葛西駅前行

時	平日	土	休日
6	09 22 29 35 43 53	10 22 33 40 53	12 27 37 53
7	00 07 14 22 30 38 44 50 56	06 19 31 43 56	08 23 38 53
8	02 08 13 18 23 28 33 38 43 48 53 59	08 19 30 41 51	09 24 38 53
9	06 12 19 26 33 41 48 56	01 11 21 31 41 51	07 19 30 41 53
10	04 12 20 28 36 44 52	01 11 20 30 40 49 59	04 14 24 34 44 55
11	00 08 17 26 35 44 53	09 18 27 37 47 57	06 16 26 36 46 56
12	02 11 20 29 38 47 56	07 18 29 41 51	06 16 26 36 45 55
13	05 14 24 34 44 54	02 13 23 33 43 53	05 15 25 35 45 55
14	04 14 24 34 43 52	02 09 11 20 29 38 47 56	04 14 24 34 44 54
15	01 10 19 28 37 46 55	05 14 23 32 41 50 59	04 13 22 31 40 49 59
16	04 14 22 32 38 46 54	08 17 27 36 45 54	09 19 29 39 49 59
17	02 10 17 25 32 39 46 52 53	03 13 22 31 41 51	03 12 21 30 40 48 57
18	00 06 13 20 27 34 42 50 55 58	09 19 29 38 48 57	05 15 25 34 43 53
19	05 13 21 29 36 44 52	06 15 23 32 42 53	01 11 17 21 31 41 52 59
20	00 09 18 26 35 44 53	04 15 26 38 49	06 20 34 50
21	01 11 21 31 41 51	02 15 27 41 55	06 22 37 53
22	03 15 28	11 28	08 27

（錦25）葛西駅前行

時	平日	土	休日
6	11 30 56	11 30 41 52	11 35 50
7	08 21 30 41 49 56	03 14 25 37 46 54	08 26
8	03 08 15 20 26 31 37 42 47 52 57	03 13 22 31 39 47 56	00 14 26 39 51
9	02 07 12 17 23 28 34 40 45 51 56	03 11 19 27 35 43 50 58	05 18 29 41 51
10	02 08 15 23 31 39 47 55	05 13 20 28 31 36 43 50 57	01 10 17 23 29 35 41 47 53 59
11	03 11 19 27 35 39 43 51 58	05 12 19 26 33 40 47 54	05 11 17 23 30 36 43 49 56
12	06 14 22 30 38 46 54	01 08 15 21 27 33 36 39 46 53 57	02 09 16 23 30 37 44 51 58
13	02 10 19 27 35 41 46 54	04 11 18 25 32 39 46 53	05 12 19 26 33 40 47 55 59
14	02 08 11 20 29 39 48 56	00 07 14 21 28 35 42 49 57	02 09 16 23 30 44 51 58
15	04 12 15 20 28 37 45 53 55	01 05 13 20 28 35 43 53	04 11 18 23 30 45 51 58
16	01 09 14 17 25 30 33 41 49 57	02 09 16 23 30 38 44 50 56	04 11 18 23 30 37 44 50 57
17	00 05 13 20 27 33 39 45 51 57	06 14 20 26 32 38 44 50 56	05 11 17 23 29 35 41 47 53 58
18	02 08 14 20 26 32 38 40 48 55	02 08 16 23 30 39 44 47 54	04 11 19 27 34 42 50 57
19	02 10 18 25 33 43 53	02 11 20 30 40 51	05 15 21 36 46 58
20	03 13 24 35 45 54	02 13 25 40 55	10 25 39 54
21	04 14 24 34	10 25	09 23
22			

（葛西24）なぎさニュータウン行

時	平日	土	休日
6	30 47	30 49	30 51
7	02 19 37 54	04 22 40 59	13 36 59
8	12 28 45	16 34 53	22 45
9	01 15 30 45	12 30 48	09 32 56
10	00 17 34 52	03 22 41	22 46
11	10 30 54	00 19 38 55	10 31 52
12	19 45	10 25 40 55	11 34
13	10 34 53	10 25 40 55	06 24 42
14	11 30 49	10 25 40 55	01 20 38 53
15	09 28 47	10 25 40 55	11 30 48
16	05 21 37 52	10 25 40 55	07 25 44
17	07 23 39 55	10 25 40 55	02 21 38 57
18	11 26 41 57	10 25 40 55	16 34
19	15 38	11 34 58	19 41
20			
21	01 25 47	22 46	03 26 48
22	09 32	10 32	10 32

深夜急行バス（2022年2月末現在運休中）

東京駅 → 葛西駅・一之江駅行

東京駅	0:45 発
葛西臨海公園駅	1:05 発
葛西駅	1:10 着（降車のみ）
一之江駅	1:16 着（降車のみ）

※月曜深夜〜金曜深夜運行（土日祝および8月13〜15日・12月30日〜1月3日深夜運休）

■運賃　東京駅から950円　葛西臨海公園駅から420円
　※乗車時に現金・ICカード（Suica、PASMO等）で支払う
■座席予約　不要
　※満席時は乗車できない　※先着順の定員制
■のりば　東京駅八重洲口3番のりば
　葛西臨海公園駅南口0番のりば
■問い合わせ　京成バス奥戸営業所　☎ 03-3691-0935

時刻表

〔FL01〕葛西駅前 ⇄ 錦糸町駅前

	葛西駅前発			
	土曜		休日	
9	49			
10	17　45		00　25　53	
11	16　48		22　49	
12	16　46		17　46	
13	20　59		28	
14	31		03　43	
15	01　29		13　37	
16	01		07	
17			08	

	錦糸町駅前発			
	土曜		休日	
10	29　57		36	
11	25　54		01　31　59	
12	28　56		27　55	
13	25　59		24	
14	37		06　41	
15	09　39		21　51	
16	07　38		15　45	
17	08		09	

※ FL01 系統（土・日曜、祝日のみ運行）⇒葛西駅前～船堀駅前～錦糸町駅前（葛西駅～船堀駅は錦25系統の各停留所に停車）

（錦22）臨海車庫前発　錦糸町駅前行

	〈平日〉		〈土〉		5		〈休日〉	
	15　41　54		15　25　41		6			
	15　33　49		10　49		7	18　58		
			03　34		8	19　35　52		
	22		19　34		9	07　12　35		
					10	22		
	51		25		11	03　14　40　53		
			15　45		12	53　59		
	10　39　57		27　35		13	41		
	14		20　41		14	31　41		
	07　35		19　54		15	41		
	22　28		45		16	37		
					17	58		
					18	55		

その他発

高速バス　葛西駅からスカイツリーへ

■標準運行時刻（平日・土休日同じ、遅延する場合あり）

▽東京メトロ葛西駅→東京スカイツリータウン着

発　着※	発　着※	発　着※
★ 07:14　07:44	11:44　12:14	18:24　18:54
★ 08:04　08:34	12:44　13:14	18:59　19:29
★ 09:04　09:34	13:54　14:24	19:54　20:24
09:44　10:14	14:44　15:14	20:49　21:19
10:09　10:39	15:44　16:14	21:49　22:19
10:39　11:09	16:34　17:04	★ 22:24　22:54
★ 11:09　11:39	17:34　18:04	★ 22:54　23:14●

※東京スカイツリータウン到着時刻。JR錦糸町駅着は10分前（降車のみ）　●JR錦糸町駅止まり　★3月3日運休中

▽東京スカイツリータウン→東京メトロ葛西駅着

発※　着	発※　着	発※　着
★ 06:50　07:20	11:30　12:00	17:20　17:50
07:20　07:50	★ 12:30　13:00	18:20　18:50
09:10　09:40	13:40　14:10	19:10　19:40
09:50　10:20	14:40　15:10	19:50　20:20
10:30　11:00	15:30　16:00	★ 20:50　21:20
	16:10　16:40	★ 21:50　22:20
	16:40　17:10	

※東京スカイツリータウン出発時刻。JR錦糸町駅出発は10分後。東京メトロ葛西駅は降車のみ

■運賃　東京メトロ葛西駅⇔JR錦糸町駅⇔東京スカイツリータウン（片道・税込）大人600円、子ども300円　※乗車時に現金・ICカード（Suica、PASMO）で支払う
■のりば　東京メトロ葛西駅北側14番のりば、東京スカイツリータウン3番のりば

■経路　東京ディズニーリゾート®⇔東京メトロ葛西駅⇔JR錦糸町駅⇔東京スカイツリータウン
■座席予約　不要　※先着順の定員制
■問い合わせ　京成バス奥戸営業所　‥‥‥‥‥ ☎ 03-3691-0935
東武バスセントラル足立営業事務所　‥‥‥‥ ☎ 03-3899-0801

環七シャトル（シャトル☆セブン）

■運賃（例）
〈葛西臨海公園駅⇔亀有駅・小岩駅、葛西臨海公園駅⇔東京ディズニーシー®〉大人210円　子ども110円
〈葛西駅⇔東京ディズニーシー®〉大人320円　子ども160円
〈小岩駅⇔東京ディズニーシー®〉大人420円　子ども210円
※京成バス一日乗車券・シルバーパスは都内区間で利用可

■のりば
葛西駅/1番のりば（小岩方面）、10番のりば（TDR方面）
葛西臨海公園駅/0番のりば（上り・下り）

■問い合わせ
京成バス江戸川営業所
☎ 03-3677-5461

葛西駅発 葛西臨海公園駅・TDR行	下り	葛西臨海公園駅発 TDR行
14　34　54　59	6	44
09　14　24　29　44　54	7	09　24　39　54
11　24　29　44　56	8	04　21　34　39　54
04　16　37　56	9	06　14　26　47
05　29　46	10	06　15　39　56
04　19　41　59	11	14　29　51
14　31　49	12	09　34　59
13　34　54	13	23　54
10　29　46	14	20　39　54
07　16　37　56	15	18　46　54
04　16　39　57	16	08　27　45　53
07　22　32　52	17	06　17　34　59
07　29　37　57	18	19　37　47
07　22　32　52	19	06　17　39　47
07　22　42　52	20	12　27　32　52
	21	03　17　42
	22	02

葛西駅発 亀有駅・小岩行	上り	葛西臨海公園駅発 亀有駅・小岩行
49　53	6	38　42
13　24　42　49	7	02　13　31　38　49
00　14　36　49	8	03　25　38　52　**59**
04　**10**　27　45	9	18　33　53
04　17　37	10	06　26　50
01　13　30　55	11	02　19　44
11　**32**　54	12	00　21　43　57
08　21　34　48	13	16　33　53
06　18　34　48	14	07　23　37　54
05　23　45　53	15	00　23　37　53
00　21　33　53	16	02　19　49
05　19　33　53	17	00　22　44　56
07　**23**　38　**53**	18	08　22　40　53
08　20　**43**　53	19	09　**32**　42
11　**23**　38　53	20	12　27　**42**　53
13	21	09　**32**　42
	22	02　12　27
	23	02

黒字＝東京ディズニーランド®東京ディズニーシー®行　赤字＝亀有駅行　**太字**＝一之江駅行
赤字＝葛西臨海公園駅行　※平日・土休日同じ　黒細字＝小岩駅行　※平日・土休日同じ

時刻表

高速バス 葛西駅から羽田へ一直線
■標準運行時刻（平日・土休日同じ、遅延する場合あり）

▽東京メトロ葛西駅→羽田空港第2ターミナル→第1ターミナル→第3ターミナル

葛西駅発	(第1)着	発	着※	発	着※
05:09	05:35	08:19	09:00	15:24	15:55
05:14	05:40	08:34	09:15	15:54	16:25
05:24	05:50	08:49	09:30	★16:24	16:55
★05:29	06:00	09:09	09:45	16:49	17:25
05:39	06:10	09:29	10:00	17:24	18:00
05:49	06:20	★09:49	10:25	17:49	18:25
05:59	06:30	10:14	10:50	18:24	19:00
06:09	06:45	★10:39	11:15	18:49	19:25
06:19	06:50	11:14	11:50	19:24	19:55
06:29	07:05	11:54	12:25	19:44	20:15
06:39	07:15	12:24	12:55	★20:14	20:45
★06:49	07:25	12:54	13:25	21:09	21:40
06:59	07:35	13:24	13:55	★21:39	22:10
★07:04	07:45	13:54	14:25	★22:04	22:35
07:19	08:00	★14:24	14:55		
07:34	08:15	14:54	15:25		
07:49	08:30				
08:04	08:45				

※第2ターミナル到着は5分前、第3ターミナル到着は10分後

▽羽田空港第3ターミナル→第2ターミナル→第1ターミナル→東京メトロ葛西駅

(第2)発	葛西駅着	発※	着	発※	着
★06:25	06:50	16:05	16:35	20:50	21:15
07:40	08:15	16:35	17:05	21:05	21:30
★08:10	08:45	17:05	17:40	21:20	21:45
09:05	09:35	17:35	18:10	21:35	22:00
09:35	10:05	18:05	18:40	★21:40○	22:10
★10:35	11:05	★18:10○	18:40	22:05	22:15
11:05	11:35	18:35	19:10	★21:55○	22:15
11:35	12:05	★18:40○	19:10	22:05	22:30
★12:05	12:35	18:50	19:35	22:20	22:45
★12:35	13:05	19:05	19:35	22:35	23:00
13:05	13:35	19:20	19:50	★22:40○	23:00
14:05	14:35	19:50	20:05	22:50	23:15
14:35	15:05	20:05	20:35	★23:20	23:45
15:05	15:35	20:20	20:50	★24:20▲	24:45
15:35	16:05	20:35	21:00		

※第1ターミナル出発は5分後、第3ターミナル出発は10分前
○第1ターミナル始発時刻　▲第1ターミナル通過
★3月1日現在運休中

■運賃　葛西駅⇔羽田空港（片道・税込）大人1050円、子ども530円　※羽田空港行きは乗車時に現金・ICカードまたは回数券・乗車券で、羽田空港発は到着ロビー内リムジンバスチケットカウンターまたは自動券売機で事前に乗車券を買い求めて乗車。
■経路　JR亀有駅⇔JR小岩駅⇔都営線一之江駅⇔東京メトロ葛西駅⇔羽田空港

■のりば　葛西駅東側13番のりば、羽田空港〈第1〉〈第2〉とも到着ロビー1階6番のりば、国際線ターミナル発は5番のりば
■座席予約　不要　※先着順の定員制
■問い合わせ
京成バス奥戸営業所 ………………………… ☎03-3691-0935
リムジンバス案内センター ………………… ☎03-3665-7220

高速バス 葛西駅から成田へ一直線
■標準運行時刻（平日・土休日同じ、遅延する場合あり）

▽東京メトロ葛西駅→成田空港第3ターミナル→第2ターミナル→第1ターミナル

葛西駅発	(第1)着※1
★04:30	05:29▲
★05:19	06:18
06:04	07:03
★06:24	07:28
★06:44	07:55
★07:29	08:40
★07:59	09:10
★08:29	09:40
09:59	11:10
★10:59	12:10
★12:44	13:55
★13:59	15:10
15:09	16:13
★16:29	17:28
★17:34	18:33

▽成田空港第3ターミナル→第2ターミナル→第1ターミナル→東京メトロ葛西駅

(第2)発※2	葛西駅着
★08:10	09:20
★09:40	10:50
★10:40	11:50
12:50	13:55
★13:40	14:45
★14:40	15:50
★15:20	16:30
16:10	17:25
★17:10	18:20
17:50	19:00
★18:30	19:40
★19:30	20:35
★20:20	21:25
★21:10	22:05
★21:40	22:45
★22:40	23:45

■運賃　葛西駅⇔成田空港（片道・税込）大人1600円、子ども800円　成田空港行きのみ予約制。成田空港発は乗車当日にロビー内のバスチケットカウンターで乗車券を買い求めて乗車。座席先着順の定員制

■予約（成田空港行きのみ）下記の方法で
乗車日の1カ月前9:00から前日17:00まで
・インターネット「京成BUSチケ」「発車オーライネット」「JTB」「バスぷらざ」で検索。予約後コンビニエンスストアや販売窓口で受け取り
・コンビニエンスストア（ファミリーマート、ローソン、ミニストップ、セブンイレブンの店頭端末 ※新規予約受付は前日16:20まで）
・旅行代理店（近畿日本ツーリスト・日本旅行・JTBの各支店）
・京成高速バス予約センター☎047-432-1891（予約後受け取りはコンビニエンスストアや、販売窓口で）
詳しくは各問い合わせ先へ

■のりば　葛西駅東側13番のりば、成田空港〈第1〉到着階5番のりば、〈第2〉到着階12番のりば、〈第3〉6番のりば

■経路　JR小岩駅⇔都営線一之江駅⇔東京メトロ葛西駅⇔成田空港

■問い合わせ　京成バス奥戸営業所………………… ☎03-3691-0935
千葉営業所………………… ☎043-433-3800

※1　第2ターミナル到着は5分前、第3ターミナル到着は8分前
※2　第1ターミナル出発は5分後、第3ターミナル出発は8分前
▲　第2ターミナル止まり
★　3月1日現在運休中

時刻表

ごみの出し方

①決められた曜日の朝8時までにきちんと分けて出す
②引越し、植木の刈り込みなどで、臨時・大量に出るごみは有料
③有害性・危険性があるもの、悪臭を発するものは収集できない
④事業系のごみ・資源はすべて有料　※ごみを出す容器の容量、袋の容量に応じた有料ごみシールを貼付すること

	品　目	出し方・注意点
燃やすごみ 週2回収集	生ごみ、貝殻、卵の殻、食用油、紙くず、木の枝・草花、紙おむつ・生理用品、衣類、たばこ、保冷剤、ゴム製品、皮革製品、プラマークのないプラスチック製品、汚れの残っている容器包装プラスチックなど ※古着・古布リサイクル回収に出すこともできる。詳細は区役所環境部清掃課まで　☎03-5662-1689)	■ふた付きの容器または透明・半透明の袋（中身の見える袋）に入れる ■生ごみは水切りをする ■竹串などの鋭利なものは紙などに包む ■食用油は紙や布にしみこませるか固める ■木の枝などは30cm程度の長さに切って束ねる ■紙おむつは汚物を取り除く
燃やさないごみ 月2回収集	金属製品、乾電池、スプレー缶・カセットボンベ・ライター、30cm未満の小型家電、ガラス、割れたびん、油のびん、陶磁器・刃物類、電球・蛍光灯、水銀体温計、電気コードなど ※水銀体温計は区役所清掃課・清掃事務所へ持ち込みも可	■ふた付きの容器または透明・半透明の袋に入れる ■スプレー缶、ライターなどは最後まで中身を使い切ってから、中身の見える別袋に分ける ■ガラス、刃物などの鋭利なものは、新聞紙などに包んで「危険」と表示する ■電球・蛍光灯は紙のケースに入れる ■水銀体温計は、中身の見える別袋に「水銀体温計」と表示する
資源 町会などの集団回収やスーパーマーケットなどの店頭回収、新聞販売店回収や他の回収に出せない場合にご利用を 週1回回収	**＜資源となる容器包装プラスチック＞** マークがあり、汚れや銀色部分のない容器包装プラスチック （例）食品包装用のトレイ、洗剤などのボトル容器、プラスチック製のキャップ類、発泡スチロールなどの保護材、プリンなどのカップ容器、卵・イチゴなどのパック容器、レジ袋・菓子の外袋、ペットボトルのラベルなど	■ふた付きの容器または透明・半透明の袋に入れる ■内容物が付着している場合は、軽く洗って汚れを取り除く ■商標ラベルや値札シールはついたままでも構わない ■ペットボトル、びん、缶と一緒に混ぜて出さない ■汚れの取れないもの、アルミなど銀色の部分のあるものは燃やすごみへ
	＜ペットボトル＞ マークのついている飲料・しょう油などのペットボトル	■キャップ、ラベルをはずし、中を洗って、つぶしてから集積所の緑色の回収ネットに入れる ■キャップ、ラベルは容器包装プラスチックへ
	＜びん＞ ジュース・ワインなどの飲料用のびん、ジャム・調味料などの食料用のびん	■中身を空にし、洗って、黄色のコンテナへ袋から出して入れる ■油・化粧品・くすりのびんは燃やさないごみへ ■割れたびん、電球、板ガラスは燃やさないごみへ ■一部店舗では、ビールびん、一升びんなど繰り返し使うびん（リターナブルびん）を引き取っている。※詳細は購入店舗に確認を
	＜缶＞ ビール・ジュース・お茶・クッキーなどの飲料用または食料用のスチール缶やアルミ缶	■中身を空にし、洗って、青色のコンテナへ袋から出して入れる ■スプレー式の缶、油缶、ペンキ缶などは中身を空にし、燃やさないごみへ
	＜古紙＞ 新聞（折り込みちらし含む）、雑誌・雑がみ、段ボール、紙パック	■種類別にひもでしばる ■雑がみは雑誌と一緒に束ねるか、または雑がみだけを束ねて出す ■紙パックは内側が白色のもので、洗って、プラスチック製の口を切り取り開いて、乾かす ■酒のパックなど内側が銀色のものは燃やすごみへ
粗大ごみ 有料・申込制	家具、電気製品・寝具、自転車、ストーブなどおおむね一辺が30cm以上のもの 30cm以上 **＜粗大ごみで収集できないもの＞** ■家電リサイクル法対象物 　エアコン、テレビ（ブラウン管・液晶・プラズマ）、洗濯機、衣類乾燥機、冷蔵庫・冷凍庫 ■パソコンリサイクル法対象物 　パソコン、ディスプレイ、ノートパソコン 　※家電リサイクル、パソコンリサイクルについては次ページ参照 ■自動車、オートバイ、タイヤ、消火器、金庫、バッテリーなど回収困難物は専門業者へ	**■事前の申し込みが必要（直接持ち込む場合も必要）** ● インターネット・電話で「粗大ごみ受付センター」へ申し込む 　粗大ごみ受付センターホームページ 　http://sodai.tokyokankyo.or.jp/ 　インターネット受付：24時間（年末年始を除く） 　粗大ごみ受付センター　☎03-5296-7000 　電話受付：月曜～土曜　8:00～19:00 　　　　　　（年末年始を除く） 　※インターネットでは待ち時間もなく24時間受付ができる ● コンビニなどで粗大ごみ処理券を購入する ■収集を希望する場合 　収集指定日の朝8時までに玄関または指定の場所に粗大ごみ処理券を貼って出す（年末年始を除く） ■区指定の場所に直接持ち込む場合（収集する場合より割安になる） 　指定日の9時～15時30分の間に下記施設に持ち込む（年末年始を除く） 　※北部粗大ごみ持込施設／江戸川区篠崎町2-62-17 　※南部粗大ごみ持込施設／江戸川区西葛西1-10-16

■資源回収・ごみ収集

地域別曜日表

		資源 週1回	燃やすごみ 週2回	燃やさないごみ 月2回
宇喜田町	全　域	土	月・木	第2・4金
北葛西	1・2丁目	金	月・木	第1・3土
	3〜5丁目	土	月・木	第2・4金
清新町 1丁目	清新中央ハイツ・清新南ハイツ	火	水・土	第2・4金
	コーシャハイム清新	火	水・土	第1・3金
	清新プラザ、シティコープ清新・清新北ハイツ	月	水・土	第2・4木
	都営清新町1丁目アパート・清新住宅	金	月・木	第1・3土
清新町 2丁目	(1〜10) 都営清新町2丁目アパート含む	土	月・木	第1・3金
	都営清新町2丁目第ニアパート	月	水・土	第1・3金
中葛西	1・2丁目	火	水・土	第2・4月
	3〜5丁目、8丁目	水	火・金	第2・4木
	6・7丁目	水	火・金	第1・3木
西葛西	1・2丁目	金	月・木	第1・3土
	3〜6丁目	金	月・木	第2・4土
	7・8丁目	水	火・金	第1・3木
東葛西	1〜4丁目	月	水・土	第1・3火
	5丁目 (1〜52) (53〜56の補助 289号線西側)、9丁目 (4〜23)	月	水・土	第2・4火
	5丁目 (53〜56の補助289号線東側) (57)	月	水・土	第1・3火
	6丁目	月	水・土	第2・4火
	7・8丁目	木	火・金	第2・4水
	9丁目 (1〜3)	木	火・金	第1・3水
南葛西	1丁目	水	火・金	第1・3木
	2・3丁目	木	火・金	第2・4水
	4〜7丁目	木	火・金	第1・3水
臨海町	1丁目	月	水・土	第1・3木
	2丁目	水	火・金	第1・3土
	3丁目	－	－	－
	4・5丁目	木	火・金	第2・4水
	6丁目	木	火・金	第1・3水

［問い合わせ］葛西清掃事務所 ☎03-3687-3896

■区では収集できないもの

★**有害性のあるもの、危険性のあるもの、著しく悪臭を発するもの**
ガスボンベ、石油類、廃油、火薬、バッテリー、塗料など

★**処分場の管理または処分作業に支障をきたすおそれのあるもの**
消火器、金庫、薬品類など

★**その他**
自動車、オートバイ、タイヤ、ピアノ、土、石、砂、ブロックなど

※上記のものは、販売店などに引き取ってもらうか、専門業者に処理を依頼する

■古着・古布をリサイクルしよう

回収品目
●回収できるもの
◇古着 (スーツや着物など身につける衣類全般)
◇古布 (カーテン・タオル・毛布など)
※古着・古布はきれいなもの
※ファスナー、ボタンは付けたままで出す
●回収できないもの
◇汚れているもの・布団・座布団・枕・カーペット・マットレス・じゅうたん・雨ガッパ・ぬいぐるみ・毛糸玉・靴・ぬれているものなど

出し方
◇透明または半透明の袋に入れ、しばって出す
◇専用の移動回収車が待機している時間中に直接持っていく
◇車では持ち込まない(葛西清掃事務所除く)
◇家庭から出る古着・古布、区民からの排出に限る

■家電リサイクル

| 対象家品 | エアコン・テレビ（ブラウン管、液晶、プラズマ）・洗濯機・衣類乾燥機・冷蔵庫・冷凍庫 |

■自宅まで収集を依頼する場合
①購入した店、買い替えをする店に連絡する。
②購入した店が遠い、わからない、または収集を希望する場合
●家電リサイクル受付センター ☎03-5296-7200
（月曜〜土曜8:00〜17:00）
https://kaden23rc.tokyokankyo.or.jp

■自分で持ち込む場合
①中間集積所に直接持ち込む場合
※別途収集運搬金が必要（下記場所まで電話で申し込みが必要）
●三東運輸㈱ 篠崎町2-62-17 ☎03-3679-2323
●㈱イヅイ 東葛西1-17-15 ☎03-3687-6047
②指定引取場所に持ち込む場合 ※収集運搬金不要
（郵便局で家電リサイクル料金を振込みのうえ、指定引取場所に持ち込む）
●岡山県貨物運送㈱江戸川事業所
臨海町4-3-1 葛西トラックターミナル2号棟
☎03-5667-7060

■リサイクル料金（2019年10月1日からの税込額）
※大手メーカーの一例
●エアコン　990円　●テレビ　2970円
●洗濯機　2530円　●冷蔵庫　4730円
※別途収集運搬料金や家屋からの引出し料金がかかるため、申込時に確認のこと（例）2000〜3500円

■パソコン

 は、平成15年（2003年）10月以降に販売された家庭向けパソコンに貼付されている。このマークの付いたパソコンは、パソコンメーカーが無償で回収しリサイクルする。
PCリサイクルマークのついていないパソコン（平成15年9月までに購入された製品）は、捨てる人が回収再資源化料金を負担する必要がある。

■不要になった家庭用パソコンは、パソコンメーカーに連絡してリサイクルする

■メーカーが不明なものや自作パソコンなどの場合は、（一社）パソコン3R推進協会へ引き取りを依頼する
（一社）パソコン3R推進協会
☎03-5282-7685
（平日9:00〜12：00、13：00〜17:00）
http://www.pc3r.jp/

■小型家電リサイクル法認定事業者のリネットジャパンリサイクル㈱に宅配便での回収を依頼する
https://www.renet.jp/

2011年4月から行われている「古着・古布リサイクル回収」。回収された古着・古布は中古衣料やウエス（工業用雑巾）、軍手などに加工され、リサイクルされる。

■ 回収日時と場所（葛西事務所管内）

回収曜日	待機時間	施設名	車両待機場所
第1火曜	AM 9:00〜10:00	南葛西会館	駐車場
第1火曜	AM10:00〜11:00	船堀中公園	公園内
第2火曜	AM 9:00〜10:00	清新町コミュニティ会館	駐車場（さざなみ公園隣）
第2火曜	AM11:00〜12:00	二之江コミュニティ会館	会館前
第3火曜	PM 0:45〜 1:45	葛西くすのきカルチャーセンター	正面入口前駐車場
第4火曜	AM 9:00〜10:00	長島桑川コミュニティ会館	駐車場
第4土曜	PM 1:00〜 2:00	葛西区民館	正面入口前

※月1回、専用の移動回収車で回収　※回収車の待機時間は60分
※各施設での保管、受け取りはできない　※雨天、祝日も回収
※第5火曜の回収はなし
※「資源・ごみ集積所」からの古着・古布の回収はしていない
※毎月の回収のほかに臨時回収も。詳細は広報えどがわやHPなどで確認を

通常回収に出せない人は常設回収の利用を!

●常設回収場所
小松川清掃分室（平井1-8-8）
葛西清掃事務所（臨海町4-1-2）
※葛西清掃事務所に限り、車での持ち込み可
●回収日時
月曜〜土曜（祝日含む）
AM9:00〜PM3:00の間に直接持っていく
※年末年始（12/24〜1/10）は回収なし
●注意事項
・持ち込んだ際は、必ず清掃事務所へ声掛けを
・回収できるもの以外は持ち帰りを

＜問い合わせ＞環境部清掃課ごみ減量係 ☎03-5662-1689

葛西ガイド

かさい コインパーキング LIST お出かけの前にチェック!

路上駐車は交通渋滞を招くだけでなく、事故の要因にもなり得る。車で出かけるときは、コインパーキングをチェックして安全運転を心がけよう!

江戸川区なぎさ南駐車場

- ■住 所 南葛西6-3
- ■収容数 第一66台、第二45台 ■利用時間 24時間
- ■料 金 8:00～24:00 最初の1時間200円(以降は30分毎100円)
  24:00～ 8:00 最初の1時間100円(以降は60分毎100円)
  ※ただし、30分以内の出庫であれば無料

打ち切り料金…6時間毎/最大500円

【西葛西駅周辺】

※料金・時間等のデータは2022年1月現在のものです。発行後、変更になっている場合もあります。

	名称	利用時間	台数	料金
①	タイムズデニーズ西葛西店	24h	16台	8～22時は30分220円、22～8時は60分110円
②	タイムズ西葛西6丁目	24h	7台	8～20時は20分220円、20～8時は60分110円。昼間最大1540円、夜間最大440円
③	富士パーク西葛西6丁目	24h	5台	8～22時は20分200円、22～8時は60分100円。夜間最大500円
④	ラッキーパーキング西葛西第2	24h	12台	8～23時は30分200円、23～8時は60分100円。7～19時最大1600円、19～7時最大1300円
⑤	リピートパーク西葛西第1	24h	4台	8～21時は30分200円、21～8時は60分100円。入庫後4時間最大1000円、夜間最大500円
⑥	ナビタワー西葛西第2	24h	47台	7～23時は30分100円、23～7時は1泊500円。昼間最大1400円、20～10時の宿泊パック1000円*タワーパーキング 高さ制限2.05m
⑦	プリマパーク時間貸駐車場	24h	7台	9～21時は30分100円、21～9時は60分100円。入庫後最初の60分100円
⑧	タイムズ西葛西第6	24h	6台	オールタイム30分330円。入庫後24時間最大1980円、20～8時最大440円
⑨	ユアーズパーキング西葛西第1	24h	4台	オールタイム30分200円。入庫後24時間最大1800円、20～8時最大400円
⑩	コインパーキング西葛西6丁目	24h	3台	オールタイム30分200円。8～20時最大1400円、20～8時最大400円
⑪	ビーシティパークファランドール西葛西	24h	2台	8～20時は30分200円、20～8時は60分100円。入庫後12時間最大1200円、夜間最大300円
⑫	ファインパーキング西葛西第1	24h	3台	8～22時は20分100円、22～8時は60分100円。昼間最大1400円、夜間最大400円
⑬	ビーフラット西葛西6丁目	24h	14台	入庫後24時間1000円。料金前払い制
⑭	ナビパーク西葛西第6	24h	11台	8～24時は20分200円、24～8時は60分100円。入庫後24時間最大2200円、夜間最大400円
⑮	GSパーク	24h	4台	オールタイム20分200円
⑯	パークステーション西葛西	24h	11台	8～24時は20分200円、24～8時は60分100円
⑰	e-PARKタワー西葛西第1	8:30～18	10台	60分100円。昼間最大500円。高さ制限1.62m
⑱	タイムズメッセ西葛西ビル	24h	202台	オールタイム30分300円。月～金の8～21時最大1540円、全日21～8時最大550円
⑲	DパーキングスポーツクラブNAS西葛西	24h	9台	オールタイム12分200円。8～22時最大1600円、22～8時最大500円
⑳	ピコパーキング西葛西6丁目	24h	16台	8～24時は25分200円、24～8時は60分100円。6～11番のみ入庫後24時間最大1700円。夜間最大500円
㉑	ナビパーク西葛西第20	24h	12台	8～22時は40分200円、22～8時は60分100円。入庫後24時間最大1900円、夜間最大400円
㉒	スペースナビ西葛西第6	24h	20台	8～22時は40分200円、22～8時は60分100円。夜間最大500円
㉓	コナミスポーツ西葛西駐車場	24h	15台	8～24時は20分100円、24～8時は60分100円。夜間最大500円
㉔	リパーク西葛西	24h	69台	8～24時は40分200円、24～8時は60分100円。入庫後24時間最大1400円
㉕	パークレボ西葛西第2	24h	9台	8～24時は25分100円、24～8時は60分100円
㉖	行船Gパーク	24h	5台	8～22時は30分100円、22～8時は60分100円
㉗	ナビパーク西葛西第5	24h	9台	8～20時は15分100円、20～8時は60分100円。夜間最大300円
㉘	タイムズ西葛西第17	24h	5台	オールタイム30分220円。入庫後24時間最大1760円、20～8時最大440円
㉙	リビングパーク西葛西第1	24h	37台	入庫後24時間1500円。料金前払い制
㉚	タイムズ西葛西第3	24h	3台	8～22時は60分440円、22～8時は60分110円。夜間最大660円
㉛	メトロパーク西葛西5丁目	24h	13台	8～22時は20分100円、22～8時は60分100円
㉜	ナビパーク西葛西第27	24h	4台	8～20時は20分300円、20～8時は60分100円。夜間最大400円
㉝	リパーク西葛西駅前第4	24h	3台	8～24時は15分200円、24～8時は60分100円
㉞	パラカ西葛西第1	24h	8台	オールタイム15分300円。24～8時最大400円

葛西ガイド

35	クイックパーク西葛西	24h	20台	8〜深夜1時は15分100円、深夜1〜8時は60分100円
36	メトロパーク西葛西3丁目	24h	13台	8〜24時は40分300円、24〜8時は60分100円。入庫後12時間最大2000円、夜間最大400円
37	ナビパーク西葛西第2	24h	15台	8〜20時は30分200円、20〜8時は60分100円。当日最大1900円、夜間最大300円
38	パラカ西葛西第4	24h	3台	オールタイム40分200円。入庫後24時間最大1600円、19〜9時最大500円
39	ナビパーク西葛西第29	24h	2台	8〜20時は30分200円、20〜8時は60分100円。入庫後24時間最大1700円、夜間最大300円
40	NTTル・パルク西葛西第1	24h	7台	8〜20時は30分200円、20〜8時は60分100円。入庫後24時間最大1400円、夜間最大600円
41	リパーク西葛西3丁目第2	24h	7台	8〜20時は25分200円、20〜8時は60分100円。入庫後24時間最大1500円、夜間最大500円
42	タイムズ西葛西3丁目	24h	7台	8〜20時は30分220円、20〜8時は60分110円。夜間最大440円
43	D-Parking 西葛西3丁目第1	24h	10台	オールタイム30分200円。8〜18時最大1200円、18〜8時最大500円
44	キプト西葛西	24h	5台	8〜19時は30分100円、19〜8時は60分100円。昼間最大1000円、夜間最大300円
45	ナビパーク西葛西第12	24h	9台	8〜20時は30分200円、20〜8時は60分100円。入庫後24時間最大1600円、夜間最大500円
46	タイムズ西葛西井上眼科前	24h	8台	8〜20時は30分220円、20〜8時は60分110円。昼間最大1100円、夜間最大440円
47	タイムズ井上眼科	24h	10台	オールタイム60分550円
48	ナビパーク西葛西第36	24h	6台	8〜20時は30分200円、20〜8時は60分100円。入庫後24時間最大1900円、夜間最大300円
49	タイムズ西葛西3丁目第2	24h	3台	オールタイム40分220円。入庫後24時間最大1760円、20〜8時最大440円
50	パラカ西葛西第3	24h	4台	オールタイム30分200円。入庫後24時間最大1500円、20〜8時は最大600円
51	ナビパーク西葛西第23	24h	3台	8〜20時は20分200円、20〜8時は60分100円。入庫後12時間最大1700円、夜間最大400円
52	ピコパーキング西葛西3丁目	24h	4台	8〜20時は30分200円、20〜8時は120分100円。入庫後24時間最大1300円、夜間最大400円
53	タイムズ西葛西第2	24h	8台	8〜20時は30分220円、20〜8時は120分220円。昼間最大1540円、夜間最大440円
54	ナビパーク西葛西第30	24h	2台	8〜22時は15分100円、22〜8時は60分100円。夜間最大500円
55	タイムズ小島町2丁目第2	24h	10台	8〜24時は30分220円、24〜8時は60分110円。入庫後24時間最大1760円
56	タイムズ小島町2丁目第1	24h	5台	8〜24時は30分220円、24〜8時は60分110円。入庫後24時間最大1760円
57	ナビパーク西葛西第10	24h	5台	月〜金8〜15時は15分200円、15〜24時は40分200円、24〜8時は60分100円。土日祝8〜24時は40分200円、24〜8時は60分100円。土日祝の当日最大1300円*朝日信金利用者割引あり
58	NTTル・パルク葛西第1	24h	19台	8〜22時は30分200円、22〜8時は60分100円。入庫後24時間最大1400円、夜間最大500円
59	スポーツセンター駐車場	24h	83台	最初の60分まで200円、以降60分100円

【葛西駅周辺】

※料金・時間等のデータは2022年1月現在のものです。
　発行後、変更になっている場合もあります。

❶	パラカ東葛西第1	24h	8台	オールタイム30分200円。入庫後12時間最大1000円、20〜8時は最大500円
❷	ラッキーパーキング東葛西第2	24h	30台	8〜24時は40分200円、24〜8時は60分100円。入庫後12時間最大1000円
❸	東葛西6丁目駐車場	24h	9台	8〜24時は30分200円、24〜8時は60分100円。入庫後24時間最大2000円
❹	ダイレクトパーク東葛西6丁目第2	24h	13台	8〜22時は15分100円、22〜8時は60分100円。入庫後8時間最大1000円
❺	タイムズ東葛西第3	24h	16台	8〜24時は20分110円、24〜8時は60分110円。入庫後24時間最大990円
❻	ナビパーク東葛西第19	24h	14台	8〜22時は20分100円、22〜8時は60分100円。入庫後24時間最大1000円
❼	ナビパーク東葛西第1	24h	20台	8〜24時は30分200円、24〜8時は60分100円。入庫後24時間最大2100円、夜間最大500円
❽	リパーク東葛西6丁目	24h	3台	8〜22時は25分200円、22〜8時は60分100円。入庫後24時間最大1000円、夜間最大700円
❾	タイムズ中葛西第2	24h	17台	月〜金9〜15時は30分440円、15〜9時は30分220円。土日祝9〜15時は30分220円、15〜9時は30分220円
❿	パラッツォ駐車場	24h	280台	10〜23時は30分200円、23〜10時は30分300円。 *タワーパーキング高さ制限2.1m、23〜10時は出庫不可
⓫	PEN中葛西5丁目パーキング	24h	9台	8〜22時は15分200円、22〜8時は60分100円。 入庫後12時間最大平日1700円、土日祝900円。夜間最大500円
⓬	リパーク葛西駅前	24h	13台	オールタイム30分500円。入庫後24時間最大900円、18〜8時最大600円
�13	リパーク中葛西5丁目第3	24h	16台	オールタイム30分300円。入庫後24時間最大900円、18〜8時最大600円
�14	タイムズ業務スーパー河内屋葛西店	24h	16台	オールタイム15分220円。月〜金7〜19時最大880円。19〜7時は全日最大330円
�15	エスパーキング葛西	24h	4台	7〜19時は20分200円、19〜7時は60分100円。夜間最大500円
�16	タイムズ中葛西第3	24h	13台	月〜金9〜15時は30分440円、15〜22時は15分110円、22〜9時は60分110円。土日祝9〜22時は15分110円、22〜9時は60分110円
�17	パークアテンド葛西第1	24h	13台	8〜22時は30分200円、22〜8時は60分100円。昼間最大1000円、土日祝900円、夜間最大500円
�18	ナビパーク中葛西第14	24h	16台	8〜22時は20分200円、22〜8時は60分100円。入庫後12時間最大2100円、夜間最大400円
⓳	ザ・パーク中葛西5丁目第1	24h	6台	8〜20時は30分200円、20〜8時は60分100円。昼間最大1000円、夜間最大400円
⓴	ナビパーク中葛西第42	24h	10台	8〜20時は30分200円、20〜8時は60分100円。入庫後24時間最大1000円、夜間最大400円
㉑	ユニデンパーキング葛西駅前	24h	5台	月〜金8〜15時は30分300円、15〜24時は30分200円、24〜8時は60分100円。土日祝8〜24時は30分200円、24〜8時は60分100円。月〜金の15〜24時は最大1000円。土日祝の昼間最大1500円。夜間は全日最大300円。*東京東信金利用者割引あり
㉒	JPM中葛西パーキング	24h	37台	8〜22時は30分200円、22〜8時は60分100円。入庫後24時間最大最大1200円

東西線西葛西駅・葛西駅周辺エリア

―― パーキングメーター　9〜19時 60分以内　日・祝のぞく

コインパーキングMAP

西葛西駅周辺

葛西駅周辺

㉓	ナビパーク中葛西第30	24h	7台	8〜20時は30分200円、20〜8時は60分100円。入庫後24時間最大1200円、夜間最大500円
㉔	タイムズ中葛西14	24h	5台	8〜22時は40分220円、22〜8時は60分110円。入庫後24時間最大1100円
㉕	パークプラザ東葛西5丁目パーキング	24h	4台	8〜深夜2時は30分200円、深夜2〜8時は60分100円
㉖	エースパーク中葛西第2	24h	5台	8〜22時は20分100円、22〜8時は60分100円。入庫後24時間最大1500円
㉗	ナビパーク東葛西第7	24h	8台	8〜20時は30分200円、20〜8時は60分100円。入庫後24時間最大1600円、夜間最大400円
㉘	プリーズパーク東葛西	24h	7台	オールタイム40分100円。19〜8時大400円
㉙	エコロパーク東葛西第4	24h	3台	8〜20時は25分200円、20〜8時は60分100円。入庫後24時間最大800円、夜間最大300円。高さ制限2.2m
㉚	リパーク東葛西5丁目第2	24h	8台	8〜20時は40分200円、20〜8時は60分100円。入庫後24時間最大1000円、夜間最大600円
㉛	ナビパーク東葛西第10	24h	12台	8〜20時は30分200円、20〜8時は60分100円。入庫後24時間最大1200円、夜間最大400円
㉜	リパーク東葛西5丁目第4	24h	6台	10〜20時は30分400円、20〜10時は60分100円
㉝	ナビパーク東葛西第2	24h	9台	8〜20時は30分300円、20〜8時は60分100円。入庫後24時間最大1300円、夜間最大400円
㉞	エイブル中葛西3丁目	24h	4台	8〜20時は40分200円、20〜8時は60分100円。入庫後24時間最大1000円、夜間最大300円
㉟	タイムズ中葛西第10	24h	12台	8〜24時は20分220円、24〜8時は60分220円。入庫後24時間最大2200円
㊱	タイムズ中葛西第11	24h	17台	オールタイム30分220円。入庫後4時間最大1200円
㊲	ナビパーク中葛西第41	24h	4台	8〜24時は30分200円、24〜8時は60分100円。入庫後24時間最大1700円、夜間最大500円
㊳	セントラルウェルネスクラブ葛西	24h	21台	オールタイム30分200円。月のみ入庫後12時間最大1400円
㊴	ラッキーパーキング中葛西第2	24h	3台	8〜24時は20分100円、24〜8時は70分100円。20〜8時最大400円
㊵	ナビパーク中葛西第37	24h	5台	8〜22時は30分200円、22〜8時は60分100円。入庫後24時間最大1700円、夜間最大500円
㊶	リパーク中葛西3丁目第4	24h	5台	オールタイム25分200円。入庫後24時間最大1200円
㊷	タイムズ中葛西第6	24h	5台	オールタイム60分440円。8〜19時最大1320円、19〜8時最大440円
㊸	ナビパーク中葛西第44	24h	6台	8〜20時は30分200円、20〜8時は60分100円。入庫後24時間最大1300円、夜間最大400円
㊹	ナビパーク中葛西第32	24h	13台	8〜20時は30分200円、20〜8時は60分100円。入庫後24時間最大1300円、夜間最大400円
㊺	ナビパーク中葛西第40	24h	14台	8〜20時は60分400円、20〜8時は60分100円。入庫後24時間最大1200円、夜間最大300円
㊻	ナビパーク中葛西第43	24h	15台	8〜22時は20分100円、22〜8時は60分100円。入庫後24時間最大900円、夜間最大300円
㊼	にこにこパーキング中葛西第2	24h	8台	8〜22時は20分100円、22〜8時は60分100円。入庫後24時間最大900円
㊽	タイムズ中葛西第21	24h	2台	8〜20時は60分220円、20〜8時は60分110円。夜間最大440円
㊾	リパーク中葛西3丁目第2	24h	3台	オールタイム40分200円。入庫後24時間最大900円、18〜8時最大400円
㊿	ナビパーク中葛西第28	24h	4台	8〜20時は30分200円、20〜8時は60分100円。入庫後24時間最大1200円、夜間最大300円
51	タイムズ中葛西第22	24h	3台	8〜20時は30分220円、20〜8時は60分110円。入庫後4時間最大700円
52	ナビパーク中葛西第35	24h	7台	8〜20時は30分200円、20〜8時は60分100円。入庫後24時間最大1200円、夜間最大400円
53	ラッキーパーキング中葛西第1	24h	17台	8〜24時は30分200円、24〜8時は60分100円。入庫後10時間最大1000円
54	リパーク中葛西3丁目第3	24h	11台	オールタイム25分200円。入庫後24時間最大1200円、20〜8時最大300円
55	ザ・パーク中葛西3丁目第5	24h	4台	8〜18時は20分100円、18〜8時は60分100円。昼間最大900円、夜間最大400円
56	ナビパーク中葛西第10	24h	6台	8〜20時は30分200円、20〜8時は60分100円。入庫後24時間最大1300円、夜間最大300円
57	ナビパーク中葛西第8	24h	3台	8〜20時は30分200円、20〜8時は60分100円。入庫後24時間最大1200円、夜間最大400円
58	ナビパーク中葛西第22	24h	9台	8〜20時は30分200円、20〜8時は60分100円。入庫後24時間最大1200円、夜間最大300円
59	リパーク中葛西5丁目	24h	4台	8〜20時は20分100円、20〜8時は60分100円。月〜土曜間最大1200円、日祝昼間最大600円、夜間最大300円
60	リパーク中葛西4丁目第2	24h	6台	8〜20時は40分200円、20〜8時は60分100円。入庫後24時間最大1200円、夜間最大300円
61	ナビパーク中葛西第46	24h	12台	8〜22時は40分200円、22〜8時は60分100円。入庫後24時間最大1300円、夜間最大500円

葛西ガイド

協賛店INDEX

あ 屋形船あみ幸 12
ありがたや葛西店 160

い ECC ジュニア西葛西 24
ECC の個別指導塾
ベスト One 西葛西 24
医聖よろずクリニック 90

う うちだ歯科・小児歯科医院
裏表紙

え 江戸川区歯科医師会葛西会
96・97

お オーラルケア浦安歯科
小児歯科・矯正歯科
裏表紙
おかはら胃腸クリニック
34・85
オランダガーデン東京
フラワーマーケット 171

か 葛西橋自動車教習所 177

き 行徳フラワー通りクリニック
90

く クリプタ行徳セントソフィア
表紙ウラ
クレア歯科医院 35・98

け ケンユーペットセレモニー
174

こ 小池寿司食堂葛西市場 12
児玉歯科医院 99
小林歯科 99

さ さくら皮フ科スキンケア
クリニック 92

し Ｊ：ＣＯＭ江戸川 1
柴山泌尿器科・内科
クリニック 34・91
CP 明光 48・128
新浦安太田動物病院 173

せ 石松年 166

た 太陽自動機 1
タナカ整骨院 35
たろう歯科医院 100

と 税理士法人 Dream24 163

な なかにし小児科クリニック
87

は パソコンライフ 185

ひ 薬局ビーエヌファーマシー
108

ふ プランニングアート 6

ほ 星田小児クリニック 88
細谷皮膚科クリニック
35・92

み みのり保育園 26
宮澤クリニック 89
みやのこどもクリニック 89
ミルキー薬局 108

め 美容室メイク・ユー 125

よ 吉利医院 89

わ わかば歯科医院 102
わたなべ糖内科クリニック
90

緊急連絡電話メモ

警 察 署 **110**番
　葛西警察署 　　　　　03-3687-0110

消 防 署 **119**番
　葛西消防署 　　　　　03-3689-0119
　葛西消防署南葛西出張所 03-3680-0119

江戸川区役所 　　　　　03-3652-1151
　葛西事務所(葛西区民館内) 03-3688-0431

江戸川保健所 　　　　　03-5661-1122
　葛西健康サポートセンター 03-3688-0154
　なぎさ健康サポートセンター 03-5675-2515
　清新町健康サポートセンター 03-3878-1221

FMえどがわ 　**84.3**MHz

東京電力パワーグリッド㈱
　　　　　＜停電など＞ **0120-995-007**
（上記番号を利用できない場合）**03-6375-9803**(有料)
水道局　江戸川営業所 　**03-5661-5085**
東京ガス㈱　お客さまセンター
　　　　　　　　　　　03-6838-9020

NTT
　電話の新設・移転・各種相談など **116**
　電　報 　　　　　　**115**(有料)
　番号案内 　　　　　**104**(有料)
　電話の故障 　　　　　　**113**
　　　　　　※携帯から **0120-444-113**
　お話し中調べ 　　　　　**114**
　災害用伝言ダイヤル 　　**171**

非常持ち出し品チェック表

各家庭で、災害時に3日間程度自足してしのぐための備えをしておこう。置き場を決め半年に一度は点検を!

〔持ち出し品〕 0次(携帯)いつも使うバッグに / 1次(非常持ち出し)家庭や職場に / 2次は[備蓄]

	品目	0次	1次	2次
基本用品	① 非常持ち出し袋		○	
	② 飲料水(1人0次0.5ℓ、1次1.5ℓ目安)	○	○	○
	③ 携帯食(チョコ、キャンディーなど)	○	○	
	④ 非常食(乾パン、水や調理のいらないものなど)		○	○
	⑤ 防災ずきん・帽子・運動靴		○	
	⑥ ホイッスル	○		
	⑦ 軍手・革手袋		○	
	⑧ 懐中電灯(予備電池も)	○	○	
	⑨ 万能ハサミ・ナイフ		○	
	⑩ ロープ 10m		○	
	⑪ 携帯ラジオ(予備電池も)		○	
	⑫ 携帯電話(充電器・バッテリーも)	○	○	
	⑬ 筆記用具・メモ	○	○	
	⑭ 身分証明書(保険証・免許証・パスポート)	○	○	
	⑮ 油性マジック(太)		○	
	⑯ 現金(10円玉含む)	○	○	
	⑰ 救急用品(毛抜き(とげ抜き・ピンセットとして使える)、消毒薬、脱脂綿、ガーゼ、ばんそうこう、包帯、三角巾)	○	○	
	⑱ 常備薬・持病薬(処方箋コピー)など	○	○	
	⑲ 簡易トイレ		○	○
	⑳ ティッシュペーパー・トイレットペーパー	○	○	
	㉑ ウエットティッシュ		○	
	㉒ 使い捨てカイロ		○	
	㉓ サバイバルブランケット		○	
	㉔ タオル		○	
	㉕ ポリ袋(大小合わせ10枚程)		○	○
	㉖ レジャーシート・ブルーシート		○	○
	㉗ ライター・マッチ		○	
	㉘ ガムテープ(布製・カラーがよい)		○	
	㉙ 雨具(ポンチョ・かっぱ)	○	○	
	㉚ マスク	○	○	○
	㉛ 連絡メモ・備えリスト	○	○	

◇以下は個々人や家庭の事情によって検討

事情に応じて

必需品・貴重品	現金、予備鍵、預金通帳のコピー、印鑑、予備メガネ・コンタクトなど	□
女性用品	生理用品(ガーゼの代用にも)、化粧品、防犯ブザー、ブラシ、鏡 おりものシート(下着の代用としても)など	□
高齢者用品	介護手帳、紙おむつ、介護用品、入れ歯、補聴器など	□
赤ちゃん用品	粉ミルク、哺乳瓶、離乳食、紙おむつ、だっこ紐、母子健康手帳など	□

※通帳や免許証、各種証書などはコピーがあると便利
※水・食品や電池は、日常使いながら補充していくと期限切れの心配がない

〔2次備蓄生活用品〕 キッチンや押し入れに

避難した後で少し余裕が出てからの避難生活で必要なもの。3日間くらいしのぐため

① 飲　料	(飲料水、非常用給水袋・タンクなど)	□
② 食　糧	アルファ化米、乾パン、缶詰、インスタント食品、塩・調味料など	□
③ 衣　類・毛　布		□
④ 生活用品	卓上コンロ、ガスボンベ、固形燃料、鍋、ラップ、アルミホイル、皿・コップ(紙やステンレスなど)、わりばし、スプーン、缶切りなど	□

葛西カタログ 2022-2023 〈vol.24〉

令和4年3月25日発行　　定価　880円(税込)

発行所 **株式会社 明光企画**

〒272-0143　市川市相之川3-2-13
TEL.047-396-2211 (代)
FAX.047-397-0325
http://www.meiko-kikaku.co.jp

●発 行 人	高橋 亙
●編 集 人	中村成子
●営業マネージャー	入井優樹
●ス タ ッ フ	湊美紀枝／大竹由紀／外﨑文／市川恵美子
●編 　 集	岸田通代／佐藤いずみ
●制 　 作	原 南帆／柴田俊之／太田順子
●表紙デザイン	武井美幸
●印 刷 所	シナノ印刷株式会社

プライバシー 10830469(06)